解 説

民法（債権法）改正のポイント

大村敦志・道垣内弘人 編

石川博康・大澤　彩・加毛　明・角田美穂子
筒井健夫・幡野弘樹・吉政知広

有斐閣

はしがき

　今回の民法改正はこれまで「債権法改正」とよばれてきたが，その実質は「契約法」の改正である。たしかに，民法の編別からすると，改正は，「第3編債権・第2章契約」に限定されているわけではなく，「第1編総則」，「第3編債権・第1章総則」に及び，さらに，関連して，「第2編物権」や「第3編債権・第5章不法行為」にも影響を及ぼしている。しかし，それらは契約法を改正するにあたり，必要な範囲での改正となっている。

　これは，民法典の制定（1898年施行）以来はじめて，契約法部分を全面的に見直すという改正であるので，その作業にはかなりの時間を要することとなった。法案提出に先立ち，法務省に設置された法制審議会民法（債権関係）部会で原案が検討されたが，審議は2009年11月24日から2015年2月10日まで，部会だけでも99回，分科会を含めると計117回の会議を通じて行われた。その資料や議事録は法務省のウェブサイトで閲覧することができるが，膨大なものになっている。

　上記の審議会での議論を経て，改正法案は，2015年の通常国会（第189回国会）に3月末（3月31日）に提出された。同国会の会期は延長されて9月27日までとなったものの，安保関連法案による紛糾などがあって，民法改正法案は審議入りにも至らなかった。その後，2016年の臨時国会（第192回国会）で審議入りしたものの継続審議となり，2017年の通常国会（第193回国会）でようやく可決成立した（2017年5月26日成立，6月2日公布）。

このように新法成立までには時間を要することとなったが，すでに法案の提出時からその内容はかなり広い範囲で知られるようになっていた。たとえば，有斐閣の「ポケット六法」「判例六法」には，別冊の形で法案を織り込んだ「来るべき改正民法」が収録されていた。大学の民法の授業でも法案に触れられることが多くなり，私たち自身も含めて，学生が別冊を手元に持っていることを前提に，法案の条文を解説する教員は少なくなかった。

このように，法案の条文を目にするようになり，民法学習の随所で部分的な解説を聞くことは多くなってはいたが，その全体像を把握することは必ずしも容易なことではない。それでも学生諸君はある程度のことを知る機会があるだろうが，様々な形で契約実務に携わっている社会人の方々には，なかなかそうした機会も少ないことだろう。さらに言えば，一般市民にとっては，その機会はほぼ皆無に近い。新法が成立した今日においても，この状況は基本的には変わらない。

新法が成立してから施行に至るまでには一定の期間（施行日は公布から3年を超えない範囲で政令で定めることとされている）が設けられることになろう。とはいえ，新法が施行される前に対策を講ずるために，また，施行後に戸惑うことがないように，早い時期にその内容を知っていることは望ましいことだと言える。また，新法の内容が契約実務に密接にかかわるのはもちろんだが，それは消費者としての一般市民にとっても重要なものである。民法を学ぶ学生諸君にとっても，授業の各所で聞く新法の内容を改めてまとめてとらえ直すことは有益なことである。

はしがき

　本書は新法成立前に刊行する予定で企画された。諸般の事情によって実際の刊行は新法成立直後になったものの，国会審議において法案に実質的な修正が加えられることはなかったので，本書の解説は新法の解説としてそのまま通用する。本書が，今回の改正の内容を包括的に理解するための一助となれば幸いである。

　2017 年 8 月

大 村 敦 志

道垣内弘人

付　記

　平成 29 年（2017 年）12 月 20 日に，「民法の一部を改正する法律の施行期日を定める政令」（平成 29 年政令 309 号）が公布され，改正法全体の施行は，平成 32 年（2020 年）4 月 1 日からと決定した。

（2018 年 1 月）

執筆者紹介

五十音順。＊は編者。

石 川 博 康（いしかわ　ひろやす）

東京大学教授 　　　　　　第2章第3節・第17節・第19節・第20節

大 澤 　 彩（おおさわ　あや）

法政大学教授 　　　　　　第2章第4節・第11節・第21節

＊大 村 敦 志（おおむら　あつし）

学習院大学教授 　　　　　第3章

加 毛 　 明（かも　あきら）

東京大学教授 　　　　　　第2章第5節・第12節〜第14節

角 田 美 穂 子（すみだ　みほこ）

一橋大学教授 　　　　　　第2章第1節・第16節・第18節

筒 井 健 夫（つつい　たけお）

法務省大臣官房審議官 　　第1章

＊道 垣 内 弘 人（どうがうち　ひろと）

東京大学教授 　　　　　　第4章

幡 野 弘 樹（はたの　ひろき）

立教大学教授 　　　　　　第2章第2節・第8節〜第10節

吉 政 知 広（よしまさ　ともひろ）

京都大学教授 　　　　　　第2章第6節・第7節・第15節

目　　次

第１章　改正の経緯─────────────── 1

  Ⅰ　はじめに　2

  Ⅱ　改正の必要性　2

  Ⅲ　法制審議会での審議経過　4

  Ⅳ　国会での審議経過　7

第２章　改正法の内容─────────────── 11

第１節　法律行為 ··· 12

第２節　代　　理 ··· 32

  Ⅰ　代理行為の瑕疵　32

  Ⅱ　代理人の行為能力　34

  Ⅲ　復代理人を選任した任意代理人の責任　36

  Ⅳ　自己契約・双方代理その他の利益相反行為　38

  Ⅴ　代理権の濫用の明文化　42

  Ⅵ　代理権授与の表示による表見代理　44

  Ⅶ　代理権消滅後の表見代理　46

  Ⅷ　無権代理人の責任　50

第３節　消滅時効 ··· 53

  Ⅰ　消滅時効期間に関する規律の単純化と統一化　53

  Ⅱ　不法行為による損害賠償請求権の消滅時効　60

  Ⅲ　生命・身体の侵害による損害賠償請求権の消滅時効　62

  Ⅳ　定期金債権等の消滅時効　64

  Ⅴ　時効の完成猶予および更新　67

  Ⅵ　消滅時効の効果および援用権者　77

第4節　法定利率 81

第5節　債務不履行等 96

Ⅰ　総　説——「債権（債務）」概念理解の変遷　96

Ⅱ　履行強制——実体的効力と執行手続　98

Ⅲ　履行強制——限界事由　102

Ⅳ　損害賠償——原始的不能　105

Ⅴ　損害賠償——債務の不履行と債務者の帰責事由　108

Ⅵ　損害賠償——賠償の範囲　119

Ⅶ　損害賠償——賠償額の減額（過失相殺）　123

Ⅷ　損害賠償——賠償額の予定　126

Ⅸ　代償請求　128

Ⅹ　受領遅滞　130

第6節　解　　除 135

第7節　危険負担 152

第8節　債権者代位権 167

Ⅰ　債権者代位権の要件　167

Ⅱ　代位行使の範囲　170

Ⅲ　代位債権者への支払または引渡し　173

Ⅳ　相手方の抗弁　176

Ⅴ　債務者の取立てその他の処分の権限等　177

Ⅵ　被代位権利の行使にかかる訴えを提起した場合の
訴訟告知　179

Ⅶ　登記または登録の請求権を保全するための
債権者代位権　181

第9節　詐害行為取消権 184

Ⅰ　受益者に対する詐害行為取消権の要件①
——一般的要件　184

Ⅱ　受益者に対する詐害行為取消権の要件②
——破産法上の否認権との要件の調整　187

目　次

Ⅲ　転得者に対する詐害行為取消権の要件　194

Ⅳ　詐害行為取消権の行使の方法等　197

Ⅴ　詐害行為取消権の行使の効果　203

Ⅵ　詐害行為取消権の期間の制限　210

第10節　多数当事者の債権および債務 ………………………………213

Ⅰ　連帯債務の適用場面等　213

Ⅱ　連帯債務者の一人について生じた事由の効力等①
　　——履行の請求　215

Ⅲ　連帯債務者の一人について生じた事由の効力等②
　　——連帯債務者の一人による相殺等　217

Ⅳ　連帯債務者の一人について生じた事由の効力等③
　　——連帯債務者の一人との間の免除と求償権　219

Ⅴ　連帯債務者の一人について生じた事由の効力等④
　　——連帯債務者の一人についての時効の完成と求償権　221

Ⅵ　連帯債務者の一人について生じた事由の効力等⑤
　　——相対的効力の原則　223

Ⅶ　連帯債務者間の求償関係①
　　——連帯債務者間の求償権　224

Ⅷ　連帯債務者間の求償関係②
　　——通知を怠った連帯債務者の求償の制限　226

Ⅸ　連帯債務者間の求償関係③
　　——償還をする資力のない者の負担部分の分担　229

Ⅹ　連帯債務者間の求償関係④
　　——連帯の免除をした場合の債権者の負担　231

Ⅺ　不可分債務　232

Ⅻ　連帯債権①——連帯債権者による履行の請求等　237

ⅩⅢ　連帯債権②
　　——連帯債権者の一人について生じた事由の効力等　239

ⅩⅣ　不可分債権　242

vii

第11節 保　証 245

Ⅰ　保証債務の付従性　245

Ⅱ　主たる債務者の有する抗弁等　247

Ⅲ　保証人の求償権　249

Ⅳ　連帯保証人について生じた事由の効力　256

Ⅴ　根保証　258

Ⅵ　保証人保護の方策の拡充　264

第12節 債権の譲渡等 274

Ⅰ　債権譲渡総説　274

Ⅱ　債権の譲渡性　275

Ⅲ　債権譲渡の対抗要件　285

Ⅳ　債務者の抗弁　288

Ⅴ　将来債権の譲渡　291

Ⅵ　債務の引受け・契約上の地位の移転　294

第13節 弁済 等 300

Ⅰ　総　説──「債権の消滅」　300

Ⅱ　弁済の要件──弁済の当事者　301

Ⅲ　弁済の要件──弁済の内容・方法　310

Ⅳ　弁済の効果──弁済による債権の消滅　315

Ⅴ　弁済の効果──弁済者の権利　319

Ⅵ　弁済の提供　332

Ⅶ　代物弁済　334

Ⅷ　弁済供託　336

第14節 相 殺 等 340

Ⅰ　相殺の要件　340

Ⅱ　相殺の効果　352

Ⅲ　更　改　356

第15節 契約の成立 362

第16節 定型約款 373

viii

目　次

第17節　売　　買 ··· 394

Ⅰ　売主・買主の義務　394

Ⅱ　売主の担保責任をめぐる規律の見直し（総論）　397

Ⅲ　物・権利に関する契約不適合に対する買主の救済手段　401

Ⅳ　契約不適合を理由とする買主の権利についての
期間制限　409

Ⅴ　危険の移転　413

Ⅵ　贈　　与　417

第18節　賃　貸　借 ··· 421

第19節　役務提供契約 ··· 433

Ⅰ　役務提供契約・総論　433

Ⅱ　雇　　用　436

Ⅲ　請　　負　439

Ⅳ　委　　任　445

Ⅴ　寄　　託　451

第20節　要物契約の諾成契約化 ·· 457

Ⅰ　要物契約・総論　457

Ⅱ　消費貸借における要物性の見直し　459

Ⅲ　使用貸借の諾成契約化　465

Ⅳ　寄託の諾成契約化　468

第21節　組　　合 ·· 473

Ⅰ　契約総則の規定の不適用　473

Ⅱ　組合員の一人についての意思表示の無効等　476

Ⅲ　組合の債権者の権利の行使　478

Ⅳ　組合員の持分の処分等　480

Ⅴ　業務執行者がいない場合における組合の業務執行　481

Ⅵ　業務執行者がいる場合における組合の業務執行　483

Ⅶ　組合代理　485

Ⅷ　組合員の加入　487

ix

Ⅸ　組合員の脱退　488

Ⅹ　組合の解散事由　491

第3章　改正債権法と市民社会————————493

Ⅰ　理念なき改正？　494

Ⅱ　改正作業開始時の特徴　496

Ⅲ　改正法の特徴　499

Ⅳ　それでも希望は残る？——Unbuilt を可視化する　504

第4章　改正債権法と取引社会————————507

Ⅰ　はじめに　508

Ⅱ　取引社会にとって望まれる民法　508

Ⅲ　債権法改正の実相　511

Ⅳ　債権法改正に見る日本社会　518

条文索引（521）

事項索引（536）

凡　例

1　法令について

⑴　民　法

　本書が解説の対象とする，民法（債権法）の改正法（平成 29 年法律第 44 号による改正）の条文は，「改正○条」と表記した。なお，同法の施行日は公布の日（平成 29 年 6 月 2 日）から起算して 3 年を超えない範囲で政令で定める日とされている。

　現行民法については，原則として条・項・号のみを表記しているが，改正法との区別を明確にすべき箇所には，「現」と付した。

⑵　その他の法令

　その他の法令については，原則として正式名称で表記した。

2　判例について

　判例は以下のように表記した。

　　最判平成 15 年 12 月 11 日民集 57 巻 11 号 2196 頁

　　＝最高裁平成 15 年 12 月 11 日判決，最高裁判所民事判例集 57 巻 11 号 2196 頁所収

　□略　語
　〈判　決〉

最（大）判	最高裁判所（大法廷）判決
大（連）判	大審院（連合部）判決
高　　判	高等裁判所判決
地　　判	地方裁判所判決

〈判例集〉

民　　集	大審院民事判例集／最高裁判所民事判例集
民　　録	大審院民事判決録
集　　民	最高裁判所裁判集　民事
新　　聞	法律新聞
判　　時	判例時報
金　　法	金融法務事情
LLI/DB	判例秘書データベース

3　法制審議会の資料

　法制審議会民法（債権関係）部会の資料については下記の略語を用いた（各資料は法務省ウェブサイトに掲載されている）。

部会資料	法制審議会民法（債権関係）部会資料
中間的な論点整理	民法（債権関係）の改正に関する中間的な論点整理
中間試案	民法（債権関係）の改正に関する中間試案
中間試案の補足説明	民法（債権関係）の改正に関する中間試案の補足説明

第 1 章

改正の経緯

第1章　改正の経緯

Ⅰ　はじめに

　民法のうち債権法の分野について全般的な見直しを行うものである「民法の一部を改正する法律」（平成29年法律第44号）は，第193回国会（平成29年常会）において，「民法の一部を改正する法律の施行に伴う関係法律の整備等に関する法律」（同年法律第45号）とともに成立し，いずれも同年6月2日に公布された。

　この民法一部改正法と整備法は，法制審議会が5年あまりの調査審議を経て平成27年2月に法務大臣に答申した「民法（債権関係）の改正に関する要綱」に基づいて，立案されたものである。その施行日は，ごく一部の例外を除いて，公布の日から3年を超えない範囲で政令で定めることとされており，この範囲内で，平成32（2020）年から施行される見通しである。

Ⅱ　改正の必要性

　民法のうち第3編債権を中心とする債権関係の諸規定については，平成16年に民法財産編の条文表現を現代語化した際に保証制度の見直しが行われるなど，部分的な改正は行われているものの，これまで全般的な見直しが行われたことがなく，おおむね明治29（1896）年の制定当時の規定内容のまま現在に至っている。

　この間における我が国の社会・経済情勢は，取引量が劇的に増大するとともに，取引の内容が複雑化・高度化する一方で，情報伝達の手段が飛躍的に発展したことなど，様々な面において著し

く変化している。このような変化に対しては，これまで，法務省の所管法令の範囲に限らず，関係省庁とも連携し，民法の特則を定めた法律を制定すること等により対処されてきたが，取引に関する最も基本的なルールを定めている民法の債権関係の規定についても，この変化に対応させていく必要が生じている。

また，この間における裁判実務では，多数の事件について民法を解釈・適用する中で，膨大な数の判例が蓄積されてきている。さらに，確立した学説上の考え方が実務で広く受け入れられ，不文のルールとして解釈の前提とされているものも多い。しかし，それらの中には，条文からは必ずしも容易に読み取ることのできないものも少なくないため，法律の専門家でない国民一般にとっては，民法が定める基本的なルールが分かりにくい状態となっている。

このため，民法のうち債権関係の規定について，その中でも，取引社会を支える最も基本的な法的インフラである契約に関する規定を中心に，社会・経済の変化への対応を図るための見直しを行うとともに，国民一般に分かりやすいものとする観点から，判例や通説的見解など現在の実務で通用している基本的なルールを適切に明文化するなど，全般的な見直しを行う必要性が高まっていた。

III 法制審議会での審議経過

1 諮問

平成21年10月28日、法務大臣から法制審議会に対し、民法（債権関係）の見直しに関する諮問がされた。その諮問事項の全文は、「民事基本法典である民法のうち債権関係の規定について、同法制定以来の社会・経済の変化への対応を図り、国民一般に分かりやすいものとする等の観点から、国民の日常生活や経済活動にかかわりの深い契約に関する規定を中心に見直しを行う必要があると思われるので、その要綱を示されたい。」というものである。

諮問された見直しの対象は、民法のうち契約を中心とする債権関係の規定である。「債権関係の規定」という表現で、民法第3編（債権）の規定のみでなく第1編（総則）の法律行為や消滅時効の規定も検討対象に含まれることが示されており、「契約に関する規定を中心に」という文言で、第3編（債権）のうちでも不法行為等の法定債権の規定は主たる検討対象としないことが示されている。また、見直しを行う観点（見直しの必要性）として、前述したように、①社会・経済の変化への対応と、②国民一般にとっての分かりやすさの向上という2つが掲げられている。

この諮問第88号を受けて、法制審議会は、新たな専門部会として民法（債権関係）部会を設置することを決定した。

2 審議経過

　民法（債権関係）部会（部会長＝鎌田薫・早稲田大学総長）では，必要十分な時間をかけて慎重に審議を進める趣旨で，平成21年11月の審議開始の際には最終的な要綱案を取りまとめる期限を設定せず，全体のスケジュールを大きく3つに区分し，各ステージごとに目標を定めて審議が進められてきた。第1ステージでは審議対象となる論点の整理を行い，第2ステージで中間試案の取りまとめを行った後，第3ステージで最終的な要綱案の取りまとめを目指すというものである。

　このうち第1ステージでは，審議開始から1年半を経た平成23年4月に「中間的な論点整理」を取りまとめ[1]，1回目のパブリック・コメントの手続が実施された。これに続く第2ステージでは，平成23年7月から1年8か月ほどをかけて，部会（全体会）の下に3つの分科会を設置して補充的な議論を行うなど，審議の充実を図りながら，論点の取捨選択と意見の一本化を目指す審議が進められた。その成果として，平成25年2月に「中間試案」の取りまとめが行われ[2]，2回目となるパブリック・コメントの手続が同年4月から6月にかけて実施された。

　このような経緯を経て，平成25年7月から，最終的な要綱案の取りまとめを目指す第3ステージの審議が行われた。ここでは，

---

1)　正式な名称は「民法（債権関係）の改正に関する中間的な論点整理」であり，民法（債権関係）部会が平成23年4月12日開催の第26回会議において決定したものである。その全文と，法務省事務当局（民事局参事官室）による説明文書である「民法（債権関係）の改正に関する中間的な論点整理の補足説明」は，法務省ホームページから入手可能である。

第1章　改正の経緯

要綱案の決定プロセスを二段階に分け，まず実質的な見直しの内容を先行して固める趣旨で，平成26年8月に「要綱仮案」が決定された[3]。その後は，なおも意見対立が残っていた定型約款に関する審議を継続する一方で，法務省事務当局による条文化の作業が進められ，その成果を踏まえて最終調整が図られた上で，平成27年2月10日開催の第99回会議で，全会一致をもって，定型約款に関する規律も盛り込まれた「民法（債権関係）の改正に関する要綱案」が部会決定された。

3 答　申

民法（債権関係）部会が取りまとめた要綱案は，平成27年2月24日開催の法制審議会総会において，鎌田部会長から報告され，審議・採決の結果，全会一致をもって原案どおり採択され[4]，直ちに法務大臣に答申することとされた。

---

2)　正式な名称は「民法（債権関係）の改正に関する中間試案」であり，民法（債権関係）部会が平成25年2月26日開催の第71回会議において決定したものである。その全文と，法務省事務当局（民事局参事官室）による説明文書である「民法（債権関係）の改正に関する中間試案（概要付き）」及び「民法（債権関係）の改正に関する中間試案の補足説明」は，法務省ホームページから入手可能である。

3)　正式な名称は「民法（債権関係）の改正に関する要綱仮案」で，民法（債権関係）部会が平成26年8月26日開催の第96回会議において決定したものであり，その全文は法務省ホームページから入手可能である。また，この要綱仮案の取りまとめが行われた趣旨の詳細については，ジュリスト1474号78頁の霞が関インフォ欄をご覧いただきたい。

4)　民法（債権関係）部会が取りまとめた「民法（債権関係）の改正に関する要綱案」と，法制審議会総会で採択された「民法（債権関係）の改正に関する要綱」（要綱案と同文）は，いずれも法務省ホームページから入手可能である。

Ⅳ　国会での審議経過

　以上のような法制審議会の答申に基づき起草された「民法の一部を改正する法律案」と，その整備法案である「民法の一部を改正する法律の施行に伴う関係法律の整備等に関する法律案」は，平成27年3月31日，第189回国会（平成27年常会）に提出された（衆議院先議）。もっとも，両法案は，同じ第189回国会に先に提出された刑事法や入国管理関係の法案の審議に時間を要したこと等から，その後の数国会にわたり審議に入ることができないまま継続審議の扱いとされ，第192回国会（平成28年臨時会）において，ようやく衆議院法務委員会で審議入りした。

　衆議院法務委員会では，平成28年11月16日に提案理由説明を聴取した上で，同月18日から対政府質疑を開始し，その後，同月22日と12月7日に参考人の意見陳述と質疑を行ったことを含め，合計8日間にわたる審議が行われたが，第192回国会の会期中には質疑の終局に至らず，再び継続審議の扱いとされた。次いで，第193回国会（平成29年常会）では，法務委員会において平成29年4月5日から対政府質疑を再開し，同月12日にも対政府質疑を行ったのち，同委員会での採決が行われ[5]，民進党を除く与野党の賛成多数をもって，ごく形式的な修正のみを行った上

---

5)　採決に先立って，民進党・無所属クラブから，民法の一部を改正する法律案について修正案が提出されている。この修正案は，いわゆる暴利行為に関する規定を新設することや，事業性の貸金等債務に係る保証契約では，いわゆる第三者保証を原則として無効とすること等を内容とするものであるが，反対多数で否決された。

7

第 1 章　改正の経緯

で[6] 政府原案のとおり可決すべきものと決せられた。これを受けて，同月 14 日の衆議院本会議では，法務委員会と同様に，民進党を除く与野党の賛成多数をもって両法案が可決され，参議院に送付された。

　参議院においても，まず法務委員会において，平成 29 年 4 月 20 日に提案理由説明が行われ，同月 25 日から対政府質疑を開始し，その後，5 月 11 日に行われた参考人の意見陳述と質疑を含め，同月 25 日の質疑終局までの間に合計 6 日間にわたる審議が行われた。同委員会では，同日，採決が行われ，衆議院と同様に，民進党を除く与野党の賛成多数をもって原案どおり両法案を可決すべきものと決せられた。これを受けて，平成 29 年 5 月 26 日の参議院本会議において，民進党を除く与野党の賛成多数をもって両法案が可決され・成立した。

　衆参両院の法務委員会における対政府質疑で取り上げられた項目としては，改正の意義や法制審議会における審議経過などの総論的事項のほか，個別の改正項目では，保証が最も多く，公証人による保証意思確認の手続の有用性や対象者の範囲等（改正後の民法 465 条の 6 以下）を中心に，多くの質問がされた。また，定型約款（同法 548 条の 2 以下），法定利率（同法 404 条ほか），消滅時効（特に不法行為に関する特則の見直し，同法 724 条・724 条の 2 ほか）なども，数多く取り上げられた。なお，衆参両院の法務委員会では，それぞれ民法の一部を改正する法律案に対して附帯決議が付され

---

6)　法案の提出から議了までに時間を要した関係で，民法一部改正法案の附則と整備法案において引用されている法律番号の表記を「平成二十七年」から「平成二十九年」に改める等の技術的修正が必要となったものである。

ている[7]。

〔筒井健夫〕

---

7) 衆議院法務委員会（平成 29 年 4 月 12 日）と参議院法務委員会（同年 5
月 25 日）における附帯決議の内容は，それぞれ多岐にわたるが，主に，
保証，定型約款，法定利率，消滅時効や，消費貸借などの改正項目に関し
て，政府に対し，その趣旨の周知徹底を図るとともに，改正法の施行後の
状況を勘案し，必要に応じ対応を検討することを求めるもの等である。そ
の全文は，衆参両院のホームページで公表されている。

第 2 章

改正法の内容

第 2 章　改正法の内容

第 1 節
法律行為

改正のポイント

□「意思能力」の規定の創設（改正 3 条の 2）……①

□「公序良俗違反による法律行為の無効」規定の現代化は最小限に
（改正 90 条）……②

□錯誤法の現代化（改正 95 条）……③

──「動機の錯誤」に関する規定の創設（改正 95 条 1 項 2 号，
2 項）

──錯誤の効果が「無効」から「取消し」へ（改正 95 条 1 項）

□意思表示の効力が否定される要件，第三者保護の要件の整備（改正
93 条・改正 95 条・改正 96 条）……④

□契約の効力が否定される場合の清算ルールの明文化（改正 121 条
の 2）……⑤

□意思表示の「到達」が意思表示一般についての効力発生要件に（改
正 97 条）……⑥

──「隔地者間の意思表示」から「意思表示」一般へ

──了知可能状態，勢力範囲・支配圏に置かれずとも「到達したも
のとみなす」

12

第1節　法律行為

 改正の趣旨・概観

　本節では，法律行為に関係する規律が，現行法ではどのようになっており，それが改正法によってどのように変わろうとしているのかを取り上げる。大まかにいえば，契約をするなどの意思表示に効力が認められるための要件が主要テーマとなる。紙幅の関係もあって上記ポイント6点に絞って検討を加えるが，各論的検討に先立って，各ポイントと今回の改正法の理念との関係について大まかな見取り図を示すことにしたい。

　今回の改正を牽引した理念のひとつは「分かりやすい民法」にするというものである（→**第3章**）。この理念との関係では，利用頻度が高いにもかかわらず条文には書かれていなかった判例法理である ①「意思能力」や ③「動機の錯誤」の規定が創設されること，不明瞭な法状況にあった⑤契約清算ルールが明文化されることは，紛争解決規範の可視化，あるいは法的安定性に資するという点で，その意味は小さくない。④「意思表示の効力が否定される要件，第三者保護要件の整備」や⑥「意思表示の効力発生要件としての到達」は，テクニカルな整理との印象を拭えないものの，広い視点から規律に適切な位置づけを与えたという意味で「分かりやすさ」を向上させたということも可能かもしれない。

　他方，もうひとつの理念である「制定以来120年余りの間の社会・経済の変化への対応」という面では，改正法はミニマムなものにとどまっている。本節のテーマとの関係でも当初の目論見からみれば，改正法は大きく後退しているからである。

　まずは，昨今の重要な政策課題として，高齢社会，高度情報化社会の到来にむけた法的インフラの整備があることに異論はない

第 2 章　改正法の内容

であろう。しかし，高齢社会の到来との関係では，①「意思能力」に関する規律内容はミニマムなものにとどまったうえに，②「公序良俗」則を現代化して高齢社会の法的インフラとして機能を発揮することが期待されていた「暴利行為」の明文化も見送られている。高度情報化社会の到来には，⑥意思表示の効力発生時期に関するルールが関係はするものの，これも改正法の内容はミニマムなものにとどまる。

　もうひとつ，この 120 年余りの間に生じた重要な社会の変化として，高度消費社会の出現（消費者問題の社会問題化）を挙げることができる。また，「格差社会」という言葉も用いられるようになってきている。改正論議の初期段階では，民法における「人」を具体的属性を捨象された抽象的存在としての「人」から，その人の具体的な属性，いわば「身の丈」に合わせた規範を導入することが探られた。具体的には，「消費者」「事業者」概念を導入して消費者保護のために意思表示の瑕疵類型を拡充すること（消費者契約法の民法典への統合），「信義則や権利濫用その他の規定の適用にあたり」契約の当事者間の情報や交渉力の「格差の存在を考慮しなければならない」との契約に関する基本原理を定める規定を導入すること（中間試案・第 26）が検討されたのであるが，そのいずれもが見送られている。

2　改正法の内容

(1)　改正のポイント①：「意思能力」の規定の創設

　(i)　**意味と機能**　　現行法においては，権利義務の主体となり得る資格として「権利能力」（現 3 条），単独で有効な法律行為を

なし得る資格として「行為能力」（現 4 条以下，未成年者＋成年後見制度），自らの不法行為に対して損害賠償責任を問われる「責任能力」（現 712 条・713 条）などの規定があるが，意思表示をなし得る資格に関する規定は存在しない。

　例えば，乳幼児が商店で物をつかみ口に入れてしまったとしても，代金を支払って「これを買いたい」という意思表示をしたと認めることなどできない。この点に異論はないであろう。それは「自由な意思形成をなし得る知的判断能力」を欠いているからであり，それが「意思能力」で，講学上は古くから認められ，判例も意思能力を欠いた状態でおこなった意思表示は「無効」であるとしてきた。

　ここで，自然人の成長過程に目を向けてみると，「出生」により権利能力（現 3 条），7 歳程度でこの「意思能力」（改正 3 条の 2），満 20 歳で行為能力（現 4 条）を取得し単独で有効な法律行為ができることになる。「成年」になれば，市民社会の構成員として自由・独立の存在として，自らの意思に従って法律関係を形成することができ（私的自治，契約自由の原則），その裏面として，その結果が不利益をもたらすとしても結果は引き受けなければならない（自己責任原則）。しかし，例えば，認知症の高齢者のように自己責任原則を貫徹することができない場合，制度的に保護者を付すのが成年後見制度である（後見人・保佐人・補助人という保護者が付され，高齢者の代わりに法律行為をする，高齢者自身の判断に対する同意・追認，契約の効力の否定〔取消し〕ができる）。これに対して，裁判で争って法律行為の効力を否定するのが「意思無能力・無効」である。すなわち，ここでは，自己責任原則とのせめぎ合いが直接，裁判を通して問題になる。

　一つの典型的な事例として，90 歳を超えて老人性痴呆がある

15

第2章　改正法の内容

程度進行していた者が他人の3億円の債務を保証し，自分の不動産を差し出して抵当権を設定するといった「やや込み入った処分行為」については，きちんと契約書に署名捺印がなされて形式は調っていても，それは意思能力を欠いた状態で「その意味を理解できないままにしたものというべきことが明らかであって……無効の意思表示というべきである」とされた裁判例（東京地判平成8年10月24日判時1607号76頁）を挙げることができる。もっとも，改正法における意思能力の有無の基準時は「意思表示をした時」（改正3条の2）であるため，これを後から，裁判において証明するのは難しい。この事案もその一例であるが，契約締結時点と成年後見が開始された時期が近接している事案では意思無能力を認められやすい傾向が指摘されてきたのはそのためである。このような実態から，審議過程においては，意思無能力・無効が，成年後見制度の前倒しとして制度設計すべきかが争点となった。

(ii)　**「意思能力」とは何か**　　この点は，「意思能力」とはいかなる能力をいうのかという定義をめぐる争いにも発展し，結果として合意形成に至らず，定義をおくことは見送られている。

一つの立場は，成年後見制度との連続性を肯定するもので，「意思能力」とは「事理弁識能力」をいうと主張した。これを欠く常況にあれば家庭裁判所に「後見開始の審判」を申し立てることができ，認められれば後見人が選任されることになる（現7条参照）。事理弁識能力を欠く常況の目安としては，「日常的に必要な買物も自分ではできず誰かにやってもらう必要がある程度の者」といわれている。

他方で，もう一つの立場は，「意思能力」とは「その法律行為をすることの意味を理解する能力」というのだと主張した。「その法律行為をすることの意味」とは，例えば，物を買えば目的物

16

の使用・処分の自由が可能になるが，代金を支払わなければならない，所有物を売れば代金を得られる代わりに目的物の自由な使用・処分はできなくなることを指す。ふたつの立場の違いは，次の点にあらわれる。先の主張は人の一般的な属性に照準を合わせているのに対して，この主張は「その法律行為」に照準を合わせている。したがって，「その法律行為」が単純なものか，複雑で重大な効果をもたらすものかによって必要な知的判断能力のレベルが変わる可能性を肯定することになるのである。より具体的には，特に複雑で重大な経済的負担を強いる取引，客観的に合理性のない取引は，表意者がある程度の判断能力を有していても意思能力がないとして，その効果を否定して法的保護を認めることになる。金融商品取引の世界では，顧客の属性にそぐわないハイリスクな取引を勧誘してはならないという適合性原則（金融商品取引法 40 条 1 号）というルールがあり，特に高齢顧客との取引について勧誘制限を設けているが，「意思能力」の定義に関する後者の考え方は適合性原則とも親和性をもつものであった。しかしながら，この考え方は改正法に結実しなかったことは前述のとおりである。

(iii) **意思無能力の効果**　　意思無能力の効果は「無効」とされた（改正 3 条の 2）。これは，判例法理（大判明治 38 年 5 月 11 日民録 11 輯 706 頁）の明文化である。審議過程においては，成年後見制度と同様に「取消し」とすべきとの見解もあったが，取り消されるまではなされた法律行為も不確定的に「有効」と扱われることで，表意者に不利益が及ぶことが危惧されたことによる。

第2章　改正法の内容

(2)　改正のポイント②：「公序良俗違反による法律行為の無効」規定の現代化ならず

(i)　**暴利行為の明文化の見送り**　　この点はすでに冒頭で述べたとおりであるが，「暴利行為」とは，「相手方の心理的窮状，経済的困窮，軽率，無知，無経験等に乗じて過大な利益を獲得する法律行為」を無効とする大判昭和9年5月1日民集13巻875頁以来の判例法理である。リーディングケースでは，貸金業者が農業従事者に金銭の貸付を行うにあたり，担保とした農業従事者の生命保険契約ではその解約返戻金が貸付金の倍額近くになることを貸金業者は知りながら，弁済ができなければ解約返戻金をそのまま貸金業者が受け取れる等の特約を付けていたことが問題となった。農業従事者は弁済ができなかったため，貸金業者が約定に基づき解約返戻金を丸取りしたところ，これが農業従事者の無知と窮迫に乗じ，その旨を秘して，特に短期間の弁済期を定めて先の特約を付して貸金を行っていた点でこれに当たるとしたのである。

この「暴利行為」は，認知症の高齢者等の法的保護を担う判例法理として一定の役割を果たしてきていたところである。例えば，不動産会社Yが86歳のひとり暮らしの女性で不動産売買の経験に乏しく，不動産の時価相場に疎いXから，少なくとも700万円以上の価値をもつ不動産を150万円で買い取った場合，「高齢者の無知ないし判断力の乏しさを利用して不動産を時価を著しく下回る価格で買取り，不当な利益を得るために不動産売買契約を締結した」として公序良俗に反して無効とした東京地判平成24年5月24日判例集未登載を挙げることができる（部会資料73B・16頁，認知症の高齢者に大量の高価な商品を販売した事案なども）。

この例については，意思能力の問題ではないか，との疑問が生

第1節　法律行為

じるかもしれない。しかし，ここで今一度，意思無能力は裁判で
立証するのが非常に難しいこと，契約締結時点と後見開始審判
（当時は，禁治産宣告）の時期が近接している事案であれば，当該
手続で用いた医師の診断書によって，契約時点でも意思能力のな
かったことを示しうることもあろうが，一般にはそのような診断
書はないことを想起されたい。これに対して「暴利行為」は，リ
ーディングケースが貸金業者と農業従事者，もう一つのケースが
不動産業者とひとり暮らしの高齢者というように，およそ対等と
は言い難い立場にある当事者間で締結された契約の内容を問題と
する法理である。当事者間に「情報と交渉力」の構造的格差があ
る——その典型が，消費者と事業者であるが，雇用関係にいう労
働者の「従属性」に近い関係，プロとアマなど，現代的経済社会
においては随所にみられる構造的格差を「利用して」「これに乗
じて」（主観的要件）締結され，かつ，その契約によって優位者が
過大な利益を獲得しているという契約内容の不当性（客観的要件）
を組み合わせるという，経済的社会的実態に踏み込んだ法理とい
うことができる。改正法では「適切な定式について合意形成が困
難」との理由から前述のとおり明文化は見送られているものの，
そのこと自体は決してこれからの判例法理の形成・発展を妨げる
ものではないと受け止めるべきであろう。

　(ii)　**「を目的とする」の削除のみ**　　他方，公序良俗則の現代化
として実現をみるのは，現行法の規定から「を目的とする」とい
う文言を削除することのみである。この要件は「法律行為の内容
を問題とする」という意味だったところ，公序良俗に反するかの
判断にあたっては，法律行為の内容のみならず，法律行為が行わ
れたプロセスその他の事情も考慮に入れられている。この点を反
映したものである。

19

第2章　改正法の内容

(3)　改正のポイント③：錯誤法の現代化

(i)　「動機の錯誤」に関する規定の創設　　紙幅の関係から，錯誤法の現代化については「動機の錯誤」規定の創設と効果に絞って解説を加える。まず，「動機の錯誤」をめぐっては古くから判例・学説で激しく争われてきたところ，今回の改正ではじめて意思表示の効力が否定されるための要件が規定されることになっている。その要件は，「表意者が法律行為の基礎とした事情についてのその認識が真実に反する錯誤」が，ⓐその法律行為の目的（めざしていたもの），ⓑ取引上の社会通念に照らして（一般的にみても）重要（重大）であること（改正95条1項2号），そして，「その事情が法律行為の基礎とされていること」が「表示されていた」ことである（改正95条2項）。

　　a)　判例法理の明文化　　これは判例法理を明文化したものであるが，審議過程においては判例法理をいかに理解するかが激しく争われた。動機の錯誤も「動機が相手方に表示されて法律行為の内容となり，もし，錯誤がなかったら表意者が意思表示をしなかったであろう」と認められれば錯誤無効が認められる。この点についての理解は一致していたのであるが，問題は「動機が表示されていた」と「それが法律行為の内容になる」の関係をどう捉えるかであった。「法律行為の内容になる」を重視する立場（甲説）は，表意者の認識が相手方に了解されていた＝合意内容になっていたかを問題とするのに対し，動機が「表示されていた」ことを重視する立場（乙説）は，表示されていさえすれば，それが相手方に了解され，合意内容になっていたかは要件とされないとしたのである。

　　ところで，「表示されていた」につき，判例は明示的である必

要はなく黙示的なものでもよいとしている。有名な例として，離婚に伴う財産分与の際，不動産を財産分与すれば，した側に課税されるのを，逆に受け取る側に課税されると認識していた事案で，課税されるという事態に及んで，財産分与をした元夫が錯誤無効を主張して認められた最高裁判決（最判平成元年9月14日家月41巻11号75頁）がある。そこでは，財産分与をした元夫が元妻に「税金の負担は大丈夫か」と相手を気遣う発言をしていたことで「黙示の表示」があったとしている。これは，税金は妻の側が払うことになるということを前提に財産分与をしたということを元妻側は知っていたはずだ，といった考慮が働いていたと思われる。この点を甲説からは，その前提が「法律行為の基礎とした事情についての認識」が合意内容になっていたとして，それが真実に反する錯誤が重要であれば取消しが可能となると説明することになる。これに対して，乙説は，「表示」は事実として表示されたことで，「表意者が法律行為の基礎とした事情についての認識」が了解されていたことまでは必要ないということになる。

この関連では，近時，最高裁が，金融機関が融資した企業が暴力団などの反社会的勢力と判明した場合，その融資を弁済する債務を保証していた信用保証協会による保証契約が要素の錯誤によって無効か否かが争われた裁判において，主債務者が反社会的勢力と事後的に判明した場合に保証契約の効力を否定することまでを「当事者双方が前提としていたとはいえない」としたうえで，「動機は，たとえそれが表示されても，当事者の意思解釈上，それが法律行為の内容とされたものと認められない限り，表意者の意思表示に要素の錯誤はない」，と甲説に親和的な立場をとったことは注目に値する（最判平成28年1月12日民集70巻1号1頁）。

最高裁の事案は，融資や保証のプロである金融機関，信用保証

協会が当事者であるが，その判示内容は一般論に近く，一般市民との取引にも汎用性を有するものであろう。例えば，新築マンションを購入したところ，設計段階で構造計算書に偽装が行われて法が定める耐震強度を満たしていなかったような場合，買主は「法令が要求する耐震強度を満たしているから買い受ける」と動機を表示していなかったとしても，当事者双方が所定の耐震強度を備えていることは大前提として了解していて，それが法律行為の基礎とした事情となっていたというのが妥当なのではなかろうか（同種の事案で特に表示があったか否かを問題としなかった札幌地判平成22年4月22日判時2083号96頁参照）。

b）「不実表示」と錯誤法理　　審議過程では，「詐欺」と「錯誤」の中間に位置する「不実表示」の立法化も争点となった。現在，消費者契約法では，重要事項に関する「不実告知」が「詐欺」を少し広げた概念として規定され，取消しを認めている（消費者契約法4条1項1号）。審議過程では当初，それを民法に規定することで，事業者と消費者の間で締結された消費者契約だけでなく，事業者間契約や消費者間契約にも適用されるルールにすることが検討されていたが，途中から議論の焦点は，この法理を錯誤法理に包摂することができるかに移った。この焦点の移行に伴い，「不実表示」の定式化も変化している。すなわち，当初は「契約を締結するか否かの判断に影響をおよぼすべき事項について，誤った事実を告げられたことによって『誤認』し，『誤認』に基づいて意思表示をした場合」とされていたのが（中間的な論点整理・第30-5），「表意者の錯誤が，相手方が事実と異なることを表示したために生じたものであるとき」[下線筆者]にも，（動機に関する表意者の認識が法律行為の内容となっていたときと並んで）動機の錯誤があったものとして意思表示の取消しを認めることが

できるかが問われた（中間試案・第3-2(2)イ）。

このような相手方の行為によって事実の存否・その内容について錯誤が生じた場合に着目したルールは改正法には結実していない。しかしながら，例えば，未公開株式を「近く上場予定で，上場すれば値上がりは確実」と勧誘を受けて買ったが，実際には上場予定などなかったというケースで，上場予定時期や上場後の予想価格について錯誤に陥っていたのは「動機の錯誤」に該当することになるが，相手方は表意者が「錯誤に陥っていたことは十分に知っていたと認めるのが相当であり……動機は，明示又は黙示に表示されていた」とし，かつ，その錯誤は重要なものであったとして株式売買契約は無効になるとした裁判例がある（ただし，詐欺による取消しなども主張され，認められている事案。東京地判平成19年2月9日〔LLI/DB・L06230632〕）。相手方の行為によって錯誤が惹き起こされていることで，その動機が表示されていたこと，および，相手方は当然了解しているので「法律行為の内容となっていた」と認めることにさほどの困難はないように思われる。すなわち，「不実表示」という相手方の行為に着目した要件は定式化に至らなかったものの，改正95条を不実表示事案に適用することも妨げられないのではあるまいか。

　(ⅱ) **錯誤の効果が「無効」から「取消し」へ**　　現行法は，錯誤の効果を「無効」と規定しているが，改正法では「取消し」となっている（改正95条1項）。しかし，これは内容に変更を加えることを企図したというよりはむしろ，原則として表意者以外の第三者が無効を主張することはできないとする判例（最判昭和29年11月26日民集8巻11号2087頁）を「相対的無効」「取消的無効」と説明してきたところを正面から「取消し」と規定するものである。

第2章　改正法の内容

(4)　改正のポイント④：意思表示の効力が否定される要件，第三者保護のあり方の整備

　第4点は，意思表示の効力が否定される要件や，そのような意思表示を前提に第三者が登場した場合に第三者が保護される要件をどのような考え方によって定めるかというテクニカルな問題である。ポイントは，表意者の帰責性の大きさ，表意者を保護する必要性と第三者の正当な信頼を保護する必要性とのバランスの取り方について，いくつかの制度を横断する一貫した考え方に従って要件が規定し直されたことである。

(a)　第三者がおこなった詐欺による意思表示は，相手方が「知っていた」場合だけでなく，「知ることができた」場合にも取消しが認められるようになる（改正96条2項）。

　現行法では，相手方でない第三者によって欺罔された詐欺の被害者は，相手方が，そのことを「知っていた」場合しか取消しができない。しかし，この表意者と相手方の利益のバランスの取り方は，心裡留保と比較した場合には合理的といえるのだろうか。心裡留保では，相手方が，その意思表示が真意によるものでないことを「知り又は知ることができたとき」は無効となる（現93条，改正93条1項も維持）。心裡留保は，真意でないのに意思表示を行ったので表意者の帰責性が大きいのに対して，第三者詐欺の被害者は，帰責性は小さいということで，相手方に過失があった場合にも保護される可能性を認めることとされた。

(b)　心裡留保による意思表示の無効は，「善意」の第三者に対抗することができないとの規定が新設された（改正93条2項）。これは，判例法理を明文化したものである。

(c)　詐欺・錯誤による意思表示の取消しは，「善意」でかつ「過

失がない」第三者に対抗することができないこととなる（改正
95条4項〔新設〕・改正96条3項）。

意思表示の取消しを「第三者に対抗することができない」とは，
表意者と相手方の間でなされた法律行為，例えば，不動産の売買
契約を前提に，相手方からその不動産を買い受けた第三者が，意
思表示の取消しによる契約の清算関係に巻き込まれることなく保
護されるということを意味する。これは裏返せば，表意者は権利
を失うことを意味するので，従来から，第三者が保護されるため
には，意思表示に対する第三者の信頼が法的に保護に値するもの
である必要があり，それは取消原因について「善意」であるだけ
ではなく「無過失」であることをも要するとの理解が有力であっ
た。改正法は，この考え方を取り入れたものである。

これに対して，通謀虚偽表示（債権者からの財産の差押えを免れ
ようとして不動産の名義を移すなどが典型）では，表意者の帰責性が
大きいので，第三者は「善意」であれば保護されるとの現行法
（現94条2項）が維持される。

(5)　改正のポイント⑤：契約の清算ルールの整備

(i)　契約関係の清算としての「原状回復の義務」　　一旦は契約
をしたために目的物を引き渡していたり，代金を支払ったとして
も，契約締結に向けた意思表示が無効であったり，取り消されて
「初めから無効であったとみな」されるために，目的物や代金の
受領に「法律上の原因がない」こととなって不当利得法の関係に
なる。しかし，不当利得法の原則を定める現行法の規定内容（現
703条・704条）は，およそ「分かりやすい」とは言い難い状況に
あった。それが「無効な行為に基づく債務の履行として給付を受
けた者」は，契約がなかったのと同じ状態に戻す，すなわち「相

25

手方を原状に復させる義務を負う」ことが明確になる（改正121条の2）。

ここにいう「原状に復させる義務」とは，「契約の解除」の効果の規定（現545条1項）に揃えたものである。このことは，不当利得を統一的に理解するのではなく，そこには様々な問題類型が含まれているとの理解をもとに（類型論），そのなかでも契約の清算ルールを「給付利得」と捉える近時の有力説と軌を一にするものである。

(ii) **原状回復の効果**　その効果は，原則として，契約に基づいて給付を受領していた場合，現物があればそれを返還し，現物返還ができなければ価額償還を行う義務を負うというものである。返還にあたって利息を付すべきか否か，果実を生じた場合の扱い如何は，規定されていない。解除については規定が置かれているのと異なり（現545条2項・3項参照），これらの問題は解釈に委ねられている（部会資料79-3・4頁）。

以上の原則には，2つの例外が認められている。第1の例外が，贈与などのように無償行為に基づく債務の履行として給付を受けていた者についてのもので，同人が給付を受け取った時点でその行為が無効であった／その行為を取り消すことができるものであることを知らなかったときは，「現に利益を受けている限度」で返還すればよい（改正121条の2第2項）。つまり，利得が消滅してしまった場合，その旨を主張すればよいことになる。

この例外は「無償行為に基づく債務の履行として給付を受けていた」場合に認められるものであることから，売買契約のように有償行為に基づく給付であれば，そのような利得が消滅してしまった旨を主張して，返還を免れる，あるいは現物返還できない場合の価額償還の縮減は認められないことを意味する。審議過程で

は，詐欺や強迫の被害者に酷を強いるのではないかとの意見もあったが，詐欺や強迫による被害の保護は，意思表示の取消しを認めることによって既に図られているとして，清算ルールの段階まで保護を及ぼすことは賛同を得るには至らなかった。

第2の例外が，「行為の時に意思能力を有しなかった者」と「制限行為能力者」で，おなじく「現に利益を受けている限度」での返還をすればよい（改正121条の2第3項）。意思無能力者についての規定の整備(1)とともに，制限行為能力者の清算ルール上の保護（現121条ただし書）をここにも及ぼしたものである。

(6) 改正のポイント⑥：意思表示の「到達」が意思表示一般についての効力発生要件に

（i）「隔地者間の意思表示」から「意思表示」一般へ　　改正法97条1項を現行法97条1項と見比べてみても，その違いは冒頭の「隔地者に対する」という「意思表示」の修飾語が削除されることにとどまる。しかし，その意味は，意思表示の効力は到達時に発生するとのルールが，現行法では「隔地者に対する意思表示」に妥当するものとして位置づけられていたところ，これが「意思表示」一般の原則としての位置づけを獲得することになる点で，決して小さくはない。そして，先に述べたとおり，この改正が，情報通信技術の多様化，高度化を経た今日においてなお現行法の合理性は維持できるのかを問うことを経て実現したという意味で，「民法典制定以来の社会・経済の変化への対応」という意味ももっている。

では，なぜ現行法は「隔地者間」の意思表示に着目したルールを置いていたのであろうか。一般論として，意思表示は，表意者が書面に書くなどの「表白」，手紙として投函するなどの「発信」，

27

第2章　改正法の内容

そして，相手方の住所等への配達などの「到達」を経て，「了知」されるに至るというプロセスをたどる。これが，対話者の間では意思表示の内容が直ちに了知されることから，意思表示の効力がいつ発生するのかを問う必要はない。つまり，「隔地者間」のルールを置く合理性は「タイムラグがある場合はどうなるのか」を明確にすることに求められてきた。

　しかし，情報通信技術の発展は，「隔地者」概念に動揺をもたらすことになった。つまり，先に説明したとおり，「隔地者」というためには「タイムラグ」が重要であり「物理的に離れている」ことは重要ではない。例えば，電話はタイムラグがないため「対話者」，メールは「隔地者」とされてきたが，チャットとなるとその実態はメールによる対話に近く，様々なコミュニケーション・ツールが出現したときに「隔地者」か「対話者」かで切り分ける合理性は乏しいのではないかが問題とされた。

　他方で，対話者間の意思表示についても到達主義を定める必要があるのではないかとの指摘もなされた。例として挙げられたのは次のようなものであった。対話者間でも都合が悪い話に対して耳をふさげば「了知」できないのではないか，といったもので，このような場合についても「到達」はあったとして効力の発生と認めるべきである，という訳である。

　(ii)　**「到達」とは何か**　　ところで「到達」とは何であろうか。審議過程では，定義規定を置くことも検討されたが見送られている。とはいえ，中間試案の定義が参考にはなろう。

　それによれば，「相手方が意思表示を了知した」場合と同列のものとして，「意思表示を記載した書面」が，例えば郵送された場合の典型として「相手方又は相手方のために意思表示を受ける権限を有する者……の住所，常居所，営業所，事務所又は相手方

28

等が意思表示の通知を受けるべき場所として指定した場所におい
て，……配達されたこと」のほか，「その他，相手方等が意思表
示を了知することができる状態に置かれたこと」とされている
（中間試案・第3‐4(2)）。この最後の定式が「到達」を書き下した
ものとして理解されてきたものであり，了知可能の状態に置かれ
たことをいい，支配圏内に入ったことで足りる，というものであ
る。この「了知可能状態」とは，規範的な要件であり，表意者か
ら主張されても相手方は甘受せざるを得ない状況であったかが問
われる。

　例えば，会社に対する意思表示の到達が争われた事案で，その
会社の社員ではなく，たまたま会社に遊びに来ていた代表取締役
（退社予定）の娘が，書状（支払催告書）を受け取り，その代表取
締役の机の中から印鑑を勝手に取り出して送達簿に押印，社員に
何も告げずに，その催告書を机の引き出しに入れておいた場合で
も「到達あり」とした最高裁判決がある（最判昭和36年4月20日
民集15巻4号774頁）。もっとも，この事案はマージナルなものと
受け止められていることにも注意が必要である。

　以上を前提に，情報化社会における主たる意思伝達手段として
の位置を占める電子メールによる意思表示に当てはめて「到達」
の有無を考えてみることとしよう。まず，ⓐメールを未開封のま
まにしておいた場合はどうであろうか。この場合，相手方が指定
したアドレスにメールが着信すれば支配圏内に入っており，「了
知可能」であったといえ，到達はあったということができるであ
ろう。これに対して，ⓑメールが文字化けしていた場合などは，
了知可能性がないことから，支配圏内に入ったとしても到達を認
めることはできないと思われる。では，ⓒ指定されたアドレスに
メールが着信したが，受取人が海外赴任中であった場合はどうで

第2章　改正法の内容

あろうか。一概には言えず，個別具体的な事情によって判断されることになろうが，メールアドレスを指定してから長期間が経過して，かつ，そのアドレスを用いた通信が長期間行われていなかった場合には到達は否定されると考えられる。

(iii) **了知可能な状態，勢力範囲・支配圏に置かれずとも「到達したものとみなす」ルールの明文化**　このほか，表意者がきちんと通常であれば到達すべき方法で意思表示を発信したにもかかわらず，相手方が「正当な理由なく意思表示の通知が到達することを妨げた」ときは，相手方の事情によって到達しなかったので，もはや到達させる手段がない等々の要件を加重することなく，「通常到達すべきであった時に到達したものとみなす」（改正97条2項）。

ここにいう「正当な理由なく」には，住所における郵便物の受領の拒絶などのほか，不在配達通知書を受け取りながら受領しなかった場合などがあるが，具体的には個別事情によって判断される。

到達したとみなされる「通常到達すべきであった時」は，受領を拒絶した場合には拒絶した時点ということになるが，不在配達通知書が残された場合はどうであろうか。書留郵便で内容証明郵便が発送されたが，相手方が不在のため配達されず，不在配達通知書により内容証明郵便が送付されたことは知ったが，仕事が多忙であるとして受領に赴かず，そのまま留置期間が経過したことで返送された事案で，「社会通念上……了知可能な状態に置かれ，<u>遅くとも留置期間が満了した時点で……到達したものと認めるのが相当［下線筆者］</u>」とした最高裁判決がある（最判平成10年6月11日民集52巻4号1034頁）。意思表示の内容を推知することができたこと，長期間の不在，その他郵便物を受領し得ない客観的状

30

況にあったとはいえないこと,「仕事が多忙」であったとしても,受領の意思があれば,受け取り方法指定などによって,さしたる労力,困難を伴うことなく内容証明郵便を受領することができたことが考慮されての判断である。

〔角田美穂子〕

第2章　改正法の内容

第2節
代　　理

Ⅰ　代理行為の瑕疵

改正のポイント

□代理行為の瑕疵について，代理人が相手方に対して意思表示をした
場合と相手方が代理人に対して意思表示をした場合に分けて規律が
なされた。それとともに，代理人が相手方に対して詐欺行為をした
場合は，改正101条の適用対象とならないことが明らかにされた。

1　現行制度の概要

　代理行為の瑕疵については，以下の3つの場面が問題となりう
る。第1は，代理人がした意思表示の効力が，意思の不存在，詐
欺，強迫によって影響を受けるべき場合である。たとえば，代理
人が錯誤に基づいて意思表示をした場合，101条1項に基づき，
当該意思表示についての95条の適用の有無は，代理人について
判断することになる。第2は，代理人がした意思表示の効力が，

32

第2節 代　理

ある事情を知っていたことまたは知らなかったことにつき過失があったことによって影響を受けるべき場合である。たとえば，代理人が錯誤に基づいて意思表示をしたが重大な過失があった場合，当該意思表示についての95条の適用の有無は，代理人について判断することとなる。第3は，相手方がした意思表示の効力が，意思表示を受けた者がある事情を知っていたことまたは知らなかったことにつき過失があったことによって影響を受けるべき場合である。たとえば，第三者による詐欺に基づいて相手方がした意思表示について，代理人が第三者による詐欺の事実を知っていた場合，当該意思表示についての96条2項の適用の有無は，代理人について判断することになる（以上，部会資料66A・12頁）。

以上3つの場面に加えて，大審院判決には，第4の場面，すなわち代理人が相手方に詐欺をした場合における相手方の意思表示についても101条1項を適用するとしているものもある（大判明治39年3月31日民録12輯492頁）。これに対して，代理人からの詐欺等についても101条1項の適用があるとしてしまうと，本人による詐欺等の場合に説明に窮することになるとして批判する見解がある。この見解によると，本人による詐欺，代理人による詐欺双方につき，101条の適用はなく，96条の問題として処理することとなる。

2　改正の議論と改正法の内容

改正にあたり，上記の第4の場面について，改正101条の適用場面ではないという立場が採用された。その上で，現101条1項の規定を，代理人が相手方に対してした意思表示の場合（改正101条1項）と相手方が代理人に対してした意思表示の場合（同条

第 2 章　改正法の内容

2 項）に分けて定めている。代理人が相手方に対してした意思表示の場合（改正 101 条 1 項）は，「意思の不存在，錯誤，詐欺，強迫又はある事情を知っていたこと若しくは知らなかったことにつき過失があったこと」が全て問題となる。すなわち，同項は，先の第 1 の場面と第 2 の場面双方について適用がある。これに対して，相手方が代理人に対してした意思表示の場合（同条 2 項）については，「ある事情を知っていたこと又は知らなかったことにつき過失があったこと」のみが問題となる。すなわち，先に述べた第 4 の場面は同項の適用対象にならないため，第 3 の場面，つまりある事実についての知・不知のみ同項が適用される。

Ⅱ　代理人の行為能力

改正のポイント

□現 102 条の規律に，法定代理の場合に関する例外が設けられ，制限行為能力者が他の制限行為能力者の法定代理人である場合には，当該法定代理人が自ら当事者としてしたとすれば行為能力の制限によって取り消すことができる行為についての取消しが認められることとなった。

1　現行制度の概要

102 条の「代理人は，行為能力者であることを要しない」とい

う定めは，制限行為能力者が代理人である場合でもその者が代理人としてした行為は行為能力の制限によっては取り消すことができないことを意味する。

この規定は，法定代理の場合にも適用がある。そのため，制限行為能力者が他の制限行為能力者の法定代理人になることもある。たとえば，未成年者の親権者が被保佐人または被補助人であることによって親権の行使が否定されるわけではない。そこで，未成年者Ａの親権者Ｂが被保佐人である場合に，ＢがＡの親権者としてした代理行為は，それが13条1項1号から9号に列挙された行為であったとしても，取り消すことができないことになる。同様の事態は，成年被後見人，被保佐人または被補助人が成年後見人，保佐人または補助人になるという形でも起こりうる。

ところで，制限行為能力者が他の制限行為能力者の法定代理人である場合に，その代理行為を常に有効としてしまうと，本人（上記の未成年者Ａ）の保護という制限行為能力制度の目的が十分に達せられないおそれがある。また，本人が代理人の選任に直接関与するわけではないため，代理人が制限行為能力者であることによって生ずるリスクを本人に引き受けさせる根拠にも乏しいと考えられる。

２ 改正の議論と改正法の内容

改正102条ただし書は，上記のような問題点を考慮して，制限行為能力者が他の制限行為能力者の法定代理人である場合には，当該法定代理人が自ら当事者としてしたとすれば行為能力の制限によって取り消すことができる行為についての取消しを認めることとしている。先の例でいえば，未成年者Ａの親権者Ｂが被保

佐人であった場合，BがAの親権者としてした代理行為は，それが13条1項1号から9号に列挙された行為であれば，取り消すことができることとなる。

ここにも注意！

この改正に伴い，改正13条1項10号が新設され，被保佐人が同項1号から9号に掲げる行為を制限行為能力者の法定代理人としてすることを，保佐人の同意を要する行為に含められることになった。
また，改正120条1項に，制限行為能力者（先の例のB）が他の制限行為能力者（先の例のA）の法定代理人としてした行為は，当該他の制限行為能力者（A）またはその承継人等も取り消すことができるとの規定が追加された。

III 復代理人を選任した任意代理人の責任

改正のポイント

☐現105条が削除された。

1 現行制度の概要

復代理とは，本人Aが代理人Bに代理権を与えた場合に，代理人Bが，代理権を有する事項について，本人Aのために別の代理人B′を選任することである。また，このB′を復代理人とい

第 2 節　代　理

う。ここでは任意代理人が復代理人を選任した場合が問題となる。104 条は，任意代理の場合について，本人の承諾を得たときか，やむをえない事情があるときのみ，代理人は復代理人を選任できるとしている。そして，105 条は，104 条が復代理人の選任を厳格にしているために，復代理人を選任した任意代理人の責任を軽減している。より具体的には，①復代理人 B′ を選任・監督するにあたって代理人 B 自身に過失があった場合と，②代理人 B が，本人 A の指名に従って選任した者 B′ が復代理人として不適任または不誠実であることを認識しながら，そのことを本人 A に通知しなかったり解任しなかったりした場合に限って，代理人 B は，本人 A に対して責任を負うとしている。

2　改正の議論と改正法の内容

改正法では，現 105 条が削除された。復代理人を選任した任意代理人の責任の問題は，より一般的な問題，すなわち債権者 P が債務者 Q に対してその債務の履行に第三者 R を用いることを許諾した場合，債務者 Q が自己の債務を履行しないことによって債務不履行責任を負うか，という問題の一部として位置づけることが可能である。P が本人，Q が代理人，R が復代理人と考えれば，復代理の場合の代理人の責任は，債務者が自らの債務を第三者に履行してもらった場合の一種であると位置づけることができる。このような問題については，債務不履行の一般原則の問題として判断することができる。現 105 条は，債務不履行の一般原則の問題から，代理人が復代理人を選任した場合を切り出し，一律に代理人の責任を軽減しているが，改正法は，そのように一律に軽減すべきでなく，債務不履行の一般原則に従って処理される

第2章　改正法の内容

べきであるという考え（部会資料66A・17頁，および**第5節Ⅴ**を参照）に基づいて，現105条を削除した。

なお，それに伴い，法定代理人による復代理人の選任に関する現106条は，条番号が改正105条へと繰り上がるとともに，現106条後段の「前条第1項の責任のみを負う」という文言は，「本人に対してその選任及び監督についての責任のみを負う」という文言に改められた。内容に実質的な変更はない。

> **ここにも注意！**
>
> 　現105条の削除に伴い，同条を参照していた遺言執行者の復任権に関する現1016条2項も削除された。

Ⅳ　自己契約・双方代理 その他の利益相反行為

改正のポイント

□自己契約・双方代理とされた場合の法律行為の効果が明文化され，「代理権を有しない者がした行為」，つまり無権代理行為とみなされることとなった。

□自己契約・双方代理に該当しない，「代理人と本人の利益が相反する行為」についても，自己契約・双方代理をした場合と同様の効果が認められることとなった。

第 2 節　代　理

 現行制度の概要

(1) 自己契約・双方代理とその拡張

　自己契約とは，同一の法律行為について，当事者の一方が他方当事者の代理人となることである。たとえば，本人 A から A 所有の不動産を売却することについて代理権を与えられた B が，A の代理人として自らを買主とする売買契約を締結した場合，B は自己契約をしたことになる。双方代理とは，同一の法律行為の当事者双方の代理人になることである。たとえば，売主 A の代理人 B が，買主 C の代理人を兼ねて AC 間の売買契約を締結する場合，B は双方代理を行ったことになる。

　108 条は，自己契約・双方代理という 2 つの行為を禁止しているが，これらの行為を行った場合の効果については明示されていない。

　また，形式的には自己契約および双方代理に該当しない行為であっても，実質的には自己契約と同等の結果がもたらされる行為について，同条の規律が及ぶと解する判例がある（大判昭和 7 年 6 月 6 日民集 11 巻 1115 頁〔相手方が本人に白紙委任状を提出させ，それによって選任された代理人が相手方と通謀して本人の不利益を図った事例〕）。この点，法定代理人である親権者や後見人に関しては，利益相反行為を禁止する規定が存在している（826 条・860 条）。826 条 1 項にいう「親権を行う父又は母とその子との利益が相反する行為」とは，親権を行う父または母の利益となる一方でその子には不利益となる行為をいい，その判断は，代理行為自体を外形的・客観的に考察して行われる（最大判昭和 42 年 4 月 18 日民集 21

39

巻 3 号 671 頁参照)。たとえば，未成年の子 A の親権者 B が A を代理して，B が第三者 C に対して負っている債務の保証人となる契約をしたとしよう。この場合の B の代理行為は，自己契約にも双方代理にも当たらない。しかし，判例は，行為の外形から判断して，親権者のために子の利益を犠牲にする行為であるとして，利益相反行為に該当するとしている (大判昭和 11 年 8 月 7 日民集 15 巻 1630 頁)。

(2) 自己契約・双方代理の効果

自己契約・双方代理を行った場合の効果については，古い判例に無効とするものがあった (大判明治 43 年 2 月 10 日民録 16 輯 76 頁)が，その後は無権代理と解するのが一般である (たとえば，最判昭和 47 年 4 月 4 日民集 26 巻 3 号 373 頁)。

改正の議論と改正法の内容

(1) 利益相反行為への拡張

現 108 条は，自己契約および双方代理を禁止する旨を定めているが，その禁止の趣旨は，本人と代理人との利益が相反する行為を自由に認めると本人に不利益を生ずるおそれが高いという点にある。そうであれば，形式的には自己契約および双方代理に該当しない行為であっても，代理人と本人との利益が相反する行為については，同条の規律が及ぶと解すべきであり，このような解釈を明文化することが望ましい (部会資料 66A・19 頁)。そこで，改正法では，「利益が相反する行為」を禁止するという解釈を明文化した (改正 108 条 2 項)。どのような行為が「代理人と本人の利

第2節　代　理

益が相反する行為」であるかについては，民法826条1項の解釈と同様，代理行為自体を外形的・客観的に考察して行われることとなろう。

なお，改正108条2項ただし書は，例外的に許容される行為として，自己契約・双方代理に関する改正108条1項ただし書（現108条ただし書と同一）とは異なり，「債務の履行」を挙げていない。これは，債務の履行など本人の利益を害さない行為については，利益相反行為に該当しないとされるためである（部会資料66A・21頁）。

(2)　自己契約・双方代理その他の利益相反行為の効果

自己契約・双方代理の効果については，改正により，「代理権を有しない者がした行為とみなす」（改正108条1項）と定められることとなった。これは，自己契約および双方代理の効果は無権代理と同様に扱う旨を判示している現在の判例法理を明文化するものである。改正により創設される利益相反行為の効果についても同様である（同条2項）。

これらの行為が無権代理とみなされるとすると，本人は追認・追認拒絶権を有することとなる（113条）。そして，相手方は催告権・取消権を有するとともに（114条・115条），代理人に対して責任追及をすることもできる（117条）。このように無権代理に関する規定が適用されることとなる。

V　代理権の濫用の明文化

改正のポイント

□代理権濫用行為について，新たに規定が設けられた。
□効果としては，現行民法の判例法理とは異なり，無権代理とみなされることとなった。

1　現行制度の概要

(1)　規定の不在

　代理権の濫用とは，代理人が自己または第三者の利益を図る目的で代理権の範囲内の行為をすることをいう。たとえば，薬品の販売会社Aの主任Bは，薬品の仕入れ権限を有していたが，転売代金を着服する目的で製薬会社C社から本来仕入れる必要のない薬品を仕入れたとしよう。この場合，Bは，客観的には代理権の範囲内の行為をしている。しかし，Bは，本人であるA社の利益のためではなく，代理人であるB自身のために行為をしている。このような場合にBの行った代理行為が有効となるかどうかが代理権濫用の問題である。現行民法は，このような行為に関する規定を置いていない。

第 2 節 代　理

(2) 判例法理による解決

判例（最判昭和 42 年 4 月 20 日民集 21 巻 3 号 697 頁等）は，代理権濫用行為について，代理権の範囲内の行為であるから，その代理行為の効果は本人（先の例の A）に帰属するのが原則であるという立場を前提としつつ，相手方（先の例の C）が代理人（B）の目的を知りまたは知ることができたときは，93 条ただし書を類推適用し，その代理行為の効果を否定する旨判示していた。

 改正の議論と改正法の内容

(1) 代理権濫用行為に関する規定の新設

先に述べた通り，現行民法には代理権濫用行為に関する規定が置かれていないが，改正の議論では，同じく代理権の範囲内の行為に関する規定である現 108 条と同様に，代理権濫用行為についても明文化する必要があると考えられた。そこで，改正 107 条として規定が新設された。

(2) 代理権濫用行為の効果

代理権濫用行為について，判例は 93 条ただし書類推適用という構成を採用しているが，「類推適用」という構成からも分かるように，代理権濫用行為は 93 条の本来の適用場面である心裡留保そのものではない。すなわち，先の例でいえば，代理人 B は，代理権を濫用しようという意図をもってはいるものの，本人 A に効果を帰属させる意思をもってその旨の意思表示をしている。意思表示自体に問題はないという観点からすると，93 条ただし

書の効果である意思表示の無効を導く必然性はない。むしろ、改正108条の自己契約・双方代理その他の利益相反行為のように、無権代理という構成を採用した方が、本人による追認（113条）や代理人に対する責任の追及（117条）などをすることが可能となり、より柔軟な解決を図ることができる（部会資料66A・23頁）。そこで、改正法では、代理権濫用行為の効果として、「代理権を有しない者がした行為とみなす」こととした。

Ⅵ 代理権授与の表示による表見代理

改正のポイント

□判例により認められていた109条と110条の重畳適用が新たに明文化された。

1 現行制度の概要

109条は、本人Aが相手方Cに対してBに代理権を授与する表示をした場合に、実際にはBが代理権を有しなくても、それを信じた相手方Cを保護する規定である。この規定は、代理権を与えた旨を表示されたBが「その代理権の範囲内において」相手方との間で行為をしたことが必要とされている。しかし、判例は、Bがその代理権の範囲を超えて相手方Cとの間でした行為について、109条と実際に代理権を有している代理人がその権限外の行為をした場合の規定である110条を重畳適用することに

より，相手方Ｃがその行為についてＢに代理権があると信じ，かつ，そのように信ずべき正当な理由がある時は，本人が責任を負うとしている（最判昭和45年7月28日民集24巻7号1203頁）。たとえば，Ａが実際には与えていない「不動産甲の売買」についての代理権をＢに授与する旨の表示をＣに対してしたが，ＢはＣとの間で表示された権限の範囲から外れた「不動産甲と不動産乙との交換」をした場合，以下で述べる109条と110条の重畳適用の要件が満たされれば，Ｃは「不動産甲と不動産乙との交換」契約の履行をＡに対して求めることができることとなる。

109条と110条の重畳適用の場合，110条の規範に109条が組み込まれる構造になる（部会資料66A・27頁）。つまり，代理権授与表示にかかる代理権（先の例でいえば「不動産甲の売買」についての代理権）について109条の表見代理が成立すると，110条の代理人が代理権を有すること（本人による基本代理権の授与）という要件が満たされることになる。その上で，実際の代理行為（「不動産甲と不動産乙との交換」）の代理権について相手方が誤信する正当な理由がある場合に，109条と110条の重畳適用により，当該代理行為の代理権があったのと同様の責任を本人が負担することになる。

109条の相手方の善意無過失の立証責任は，同条ただし書において，第三者が悪意または有過失のときはこの限りでないと定めていることを一つの根拠として，表見代理の成立を否定する本人の側が，相手方の悪意または有過失を主張立証しなければならないとされている。これに対して，110条の誤信の正当な理由の主張立証責任については，同条本文において，正当な理由があるときは表見代理が成立する旨を定めていることを一つの根拠として，表見代理の成立を主張する相手方の側が，自己の正当な理由を主

張立証しなければならないとされている。そこで，109条と110条の重畳適用の場合は，代理権授与表示にかかる代理権についての相手方の悪意または有過失については，本人の側が主張立証責任を負い，実際の代理行為の代理権について相手方が誤信する正当な理由を有することに関しては，相手方の側が主張立証責任を負うことになる（以上，部会資料66A・27頁）。

2 改正の議論と改正法の内容

現109条と110条が重畳的に適用されることは，条文上明文化されていなかったが，改正の議論では，明文化する必要があるという意見が採用された。そこで，改正109条2項において，明文化がなされている。重畳的に適用される際の立証責任の分配については，規定ぶりからは必ずしも明らかではないが，現行民法におけるそれと変更はないものと考えられている。

VII 代理権消滅後の表見代理

改正のポイント

☐ 代理権消滅後の表見代理が認められる際の「善意」の意味が明確にされた。
☐ 判例により認められていた110条と112条の重畳適用が新たに明文化された。

現行制度の概要

(1) 112条の「善意」の意味

112条本文は,「代理権の消滅は, 善意の第三者に対抗することができない」と定めている。同条の趣旨は, 代理権が消滅したことを知らずに無権代理人と取引をした第三者を保護する点にある。同条の「善意」の意味については,「過去に存在した代理権が代理行為の前に消滅したことを知らなかったこと」であるという解釈と,「代理行為の時に代理権が存在しなかったことを知らなかったこと」(過去に代理権が存在したことを知っていた者が, その代理権が消滅したことを知らなかったというプロセスは不要)であるという解釈が存在し, 疑義を生じていた。そこで, 同条の「善意」の意味を明確にする必要があった(以上, 部会資料66A・29頁)。

次のような具体例をもとに考えてみよう。AはBに, Aが所有する不動産甲を売却することについての代理権を与え, その旨の委任状も作成したが, その後AB間でBの代理権を消滅させることについて合意をした。しかし, AがBから委任状を取り戻す前に, BがAの代理人と称して不動産甲をCに売却した。この場合, 112条の「善意」の意味は「過去に存在した代理権が代理行為の前に消滅したことを知らなかったこと」であると解するとき,「過去にBが不動産甲の代理権を有していたことは知っていたが, Bによる代理行為の前には消滅していたことは知らなかった」ことの立証が必要となる。これに対し,「善意」の意味は「代理行為の時に代理権が存在しなかったことを知らなかったこと」であると解するとき,「Bが代理行為をした時に, Bが代

第2章　改正法の内容

理権を有していなかったことを知らなかった」ことの立証が必要になる。判例（最判昭和 32 年 11 月 29 日民集 11 巻 12 号 1994 頁，最判昭和 44 年 7 月 25 日集民 96 号 407 頁）は，前者の立場であると解されていた。

⑵　110 条と 112 条の重畳適用

112 条が適用されるには，代理権消滅後に無権代理人となる B が，消滅した「代理権の範囲内において」相手方 C との間で行為をすることが必要となる。しかし，判例は，B が過去に与えられていた代理権の範囲を超えて相手方 C との間でした行為について，112 条と 110 条を重畳適用することにより，相手方 C がその行為について B に代理権があると信じ，かつ，そのように信ずべき正当な理由があるときは，本人 A が当該行為について，その責任を負うとしている（大連判昭和 19 年 12 月 22 日民集 23 巻 626 頁，上記最判昭和 32 年 11 月 29 日参照）。たとえば，A が「B を債務者とする甲債務について A が保証する」ことについて B に代理権を授与したが，その後撤回し，それにもかかわらず，B は C との間で，A を代理して「C を債権者とし B を債務者とする乙債務について A が保証する」旨の契約をした場合，以下の 112 条と 110 条の重畳適用の要件が満たされれば，C は乙債務についての保証債務の履行を A に対して求めることができることとなる。

112 条と 110 条の重畳適用の場合，110 条の規範に 112 条が組み込まれる構造になる（部会資料 66A・30 頁）。つまり，消滅した代理権（先の例でいえば「B を債務者とする甲債務について A が保証する」ことについての代理権）について 112 条の表見代理が成立すると，110 条の要件である基本代理権の授与についての要件が満た

されることになる。その上で，実際の代理行為の代理権（「C を債権者とし B を債務者とする乙債務について A が保証する」ことについての代理権）について相手方が誤信する正当な理由がある場合に，112 条と 110 条の重畳適用により，当該代理行為の代理権があったのと同様の責任を本人が負担することになる。

112 条の相手方の善意無過失の立証責任は，同条本文において「善意の第三者に対抗することができない」と定め，ただし書において「第三者が過失によってその事実を知らなかったときは，この限りでない」と定めていることを一つの根拠として，表見代理の成立を主張する相手方の側が自らの善意を主張立証し，その主張立証を受けて表見代理の成立を否定する本人の側が相手方の有過失を主張立証しなければならないとされている。110 条の誤信の正当な理由の主張立証責任については，同条本文において，正当な理由がある時は表見代理が成立する旨を定めていることを一つの根拠として，表見代理の成立を主張する相手方の側が，自己の正当な理由を主張立証しなければならないとされている。そこで，112 条と 110 条の重畳適用の場合は，消滅した代理権については 112 条に基づいて主張立証責任が負担され，実際の代理行為の代理権についての相手方の誤信の正当な理由に関しては，110 条に基づいて主張立証責任が負担されることになる（以下，部会資料 66A・31 頁）。

2 改正の議論と改正法の内容

(1) 112 条の「善意」の意味の明確化

改正 112 条において，同条の「善意」の意味は，「過去に存在

第2章 改正法の内容

した代理権が代理行為の前に消滅したことを知らなかったこと」であることが明確にされた。

(2) 110条と112条の重畳適用の明文化

現112条と110条が重畳的に適用されることは，条文上明文化されていなかったが，改正時の議論では，明文化する必要があるという意見が採用された。そこで，改正112条2項において条文化された。重畳的に適用される際の立証責任の分配については，規定ぶりからは必ずしも明らかではないが，現行民法におけるそれと変更はないものと考えられている。

◤ Ⅷ 無権代理人の責任 ◢

改正のポイント

□無権代理人の責任について，現117条2項の規定を基本的に維持した上で，無権代理人が自己に代理権がないことを知っていた場合には，相手方がその者に代理権がなかったことを過失により知らなかった場合でも，相手方は無権代理人に対して履行または損害賠償の責任を追及することができる旨の規定が追加された。

1 現行制度の概要

117条は，1項において「他人の代理人として契約をした者は，

第2節　代　理

自己の代理権を証明することができず，かつ，本人の追認を得ることができなかったときは，相手方の選択に従い，相手方に対して履行又は損害賠償の責任を負う」と規定し，2項において「前項の規定は，他人の代理人として契約をした者が代理権を有しないことを相手方が知っていたとき，若しくは過失によって知らなかったとき，又は他人の代理人として契約をした者が行為能力を有しなかったときは，適用しない」と規定している。

117条2項のうち，無権代理であることを相手方が知らなかったことにつき過失がある場合に無権代理人の責任を否定している趣旨について，判例は，同条が無権代理人に無過失責任という重い責任を課していることとのバランスを考慮して相手方の無過失を要求する趣旨のものであるとしている（最判昭和62年7月7日民集41巻5号1133頁参照）。

もっとも，無権代理人が自己に代理権がないことを知っていた場合については，無過失の無権代理人の責任を追及しているわけではないから，相手方に過失があったとしても，無権代理人の責任を否定すべきではないという見解が有力に主張されていた（以上，部会資料66A・32頁）。

2 改正の議論と改正法の内容

改正117条2項2号は，上記のような見解を採用し，無権代理人が自己に代理権がないことを知っていた場合には，相手方に過失があったとしても，無権代理人の責任を認めることとしている。なお，改正117条2項1号および3号は，現117条2項の規定の内容を基本的には維持している（3号は，現117条2項の「行為能力を有しなかったとき」という文言を「行為能力の制限を受けていたとき」

51

第2章　改正法の内容

に改めている）。

　その結果，無権代理人が自己に代理権がないことを知らなかっ
たときには，相手方は善意かつ無過失の場合にのみ無権代理人に
対して責任を追及できることになり，無権代理人が自己に代理権
がないことを知っていたときには，相手方は善意であれば有過失
であっても無権代理人に対して責任を追及できることになる。

〔幡野弘樹〕

第3節
消滅時効

I 消滅時効期間に関する
規律の単純化と統一化

改正のポイント

□職業別の短期消滅時効および商行為によって生じた債権に関する短期消滅時効（商事消滅時効）は，廃止されることとなった。

□債権の消滅時効における時効期間と起算点に関する原則的な規律として，①権利を行使することができる時（客観的起算点）から10年，または②権利を行使することができることを知った時（主観的起算点）から5年，という二重の消滅時効期間が導入された。

1 現行制度の概要

消滅時効とは，権利が行使されないという事実状態が，法律の定める一定の期間継続した場合に，権利を失わしめる制度である。消滅時効の要件に関する原則的規律として，①「権利を行使することができる時」が起算点となること（166条1項），②時効期間

53

に関し，債権については 10 年間，その他の財産権については 20 年間行使しないことによって消滅することが定められている（167 条）。

　消滅時効に関する以上の原則的な規定に加え，民法典の内外に，それとは異なる特別の時効期間および起算点等を定める諸規定が点在している。具体例として，職業別の短期消滅時効（170 条〜174 条），定期金債権および定期給付債権の消滅時効（168 条・169 条），確定判決等により確定した権利の消滅時効（174 条の 2），取消権の消滅時効（126 条），詐害行為取消権の消滅時効（426 条），不法行為に基づく損害賠償請求権の消滅時効（724 条），遺留分減殺請求権の消滅時効（1042 条），商行為によって生じた債権に関する消滅時効（商法 522 条）などが挙げられる。

　なお，消滅時効の原則的な起算点となる「権利を行使することができる時」の意義に関しては，学説上，①権利行使に関する法的な障害がなくなったこと（法的可能性説：我妻栄『新訂民法総則』〔岩波書店・1965 年〕484 頁など）と，②権利の性質や権利者の置かれている具体的状況に照らして，権利行使が現実に期待可能となったこと（現実的期待可能性説：星野英一「時効に関する覚書——その存在理由を中心として」同『民法論集　第 4 巻』〔有斐閣，1978 年〕310 頁など）という 2 つの見解が対立している。この点に関し，判例は，権利行使に関する事実上の障害があっても時効は進行するものと解する一方（大判昭和 12 年 9 月 17 日民集 16 巻 1435 頁），供託金取戻請求権の消滅時効に関する事案等においては，「権利を行使することができる時」とは，単にその権利の行使につき法律上の障害がないというだけではなく，さらに権利の性質上，その権利行使が現実に期待のできるものであることをも必要と解するのが相当である，と判示するものもある（最大判昭和 45 年 7 月 15 日

民集 24 巻 7 号 771 頁,最判平成 15 年 12 月 11 日民集 57 巻 11 号 2196 頁)。

 ## 改正の議論と改正法の内容

(1) 職業別の短期消滅時効の廃止

現 170 条から現 174 条までにおいて,医師・弁護士・小売商人などの各種の職業の区分に応じた短期の消滅時効が定められている。しかし,これらの規定については,理論上も実際上も多くの問題を含むものであることがかねてより指摘されている。

例えば,現 170 条 1 号は,「医師,助産師又は薬剤師の診療,助産又は調剤に関する債権」については消滅時効期間は 3 年となる旨定められているところ,あん摩師やマッサージ師による施術についてこの規定が適用または類推適用されるかどうかに関しては,見解が分かれている。同様に,「弁護士,弁護士法人又は公証人の職務に関する債権」の消滅時効期間は 2 年となる旨定める現 172 条 1 項の規定についても,公認会計士・税理士・司法書士といった各種の隣接の職種に適用または類推適用されるかについては,不透明な状況となっている(以上の点に関し,川島武宜編『注釈民法(5)』〔有斐閣,1967 年〕342 頁以下・353 頁［平井宜雄］を参照のこと)。このように,短期消滅時効に関する各規定については,その適用範囲が不明確であるとともに,(いかにその限界を画したにせよ)それらの規定の適用対象から外れる隣接職種との間で異なる取扱いをすることに合理的な理由は見出し難い。なお,職業別の短期消滅時効の趣旨については,これらの場合においては取引慣行上速やかに請求と弁済が行われる蓋然性が高く,また弁済等に関する証拠が長期間保存されない可能性も高い,といった点

を考慮したものとして理解されている（梅謙次郎『民法要義巻之一総則編』〔有斐閣，1896 年〕361 頁）。しかし，以上の趣旨は日常的な取引関係に際してより広く一般的に妥当し得るものと考えられ，少なくともその妥当範囲を一定の職種のみに制限することは適切とは言い難い（以上につき，中間試案の補足説明 67 頁以下）。

　以上のような問題点を踏まえ，改正法においては，職業別の短期消滅時効に関する現 170 条から現 174 条までの規定を削除することとなった。この点を含め，改正法では，消滅時効の期間および起算点については，可能な限り一般的規定の適用によって画一的に処理されるべきものと考えられており，その特則に関しては合理性の認められる範囲・内容となるように見直しが図られている。このような消滅時効期間の単純化・統一化を通じて消滅時効制度を簡明で見通しの良いものとすることにより，国民一般にとっての利便性と理解可能性を高めることが，その目的である。

(2)　債権の消滅時効における原則的な時効期間・起算点の見直し

　債権の消滅時効における原則的な時効期間および起算点をめぐっては，職業別の短期消滅時効の廃止を前提として，時効期間の単純化・統一化という消滅時効制度の見直しの方針に照らしていかなる原則的規律が設けられるべきかにつき，法制審議会において盛んな議論が行われた。そこでは，職業別の短期消滅時効に関する規定の中には，「生産者，卸売商人又は小売商人」の売買代金債権（現 173 条 1 号）のように相当に広い適用範囲を持つものも含まれているため，これらの規定の廃止によって消滅時効期間が全体として大幅に長期化する結果とならないように適切に対処すべきことなどが考慮された。その結果，中間試案では，①「権利を行使することができる時」（現 166 条 1 項）という起算点を維

第3節　消滅時効

持した上で，10 年という時効期間を 5 年に改めるものとする案
（甲案：原則的な時効期間を単純に短期化する考え方）や，②「権利を
行使することができる時」という起算点から 10 年の時効期間を
維持した上で，「債権者が債権発生の原因及び債務者を知った時
（債権者が権利を行使することができる時より前に債権発生の原
因及び債務者を知っていたときは，権利を行使することができる
時）」という起算点から［3 年間／4 年間／5 年間］の時効期間を
新たに設け，いずれかの時効期間が満了した時に消滅時効が完成
するものとする案（乙案：起算点を異にする長短 2 種類の時効期間を
組み合わせる考え方）などが，両案併記の形で示された（以上につ
き，中間試案の補足説明 68 頁以下）。

　以上の各案をめぐっては，まず甲案につき，事務管理・不当利
得に基づく債権や安全配慮義務に基づく損害賠償請求権について
は，債権発生後においても債権者が債権発生の原因および債務者
を認識することが困難な場合もあり得るが，このような場合につ
いてまで時効期間が単純に 10 年から 5 年に短縮されるべき立法
事実は見当たらない等の問題点が指摘された。また，乙案につい
ては，主観的起算点から［3 年間／4 年間／5 年間］という 3 種
類の期間が示されていたところ，5 年という選択肢を採った場合
には，甲案との間の実質的な相違は（特に契約上の債権に関しては）
極めて僅かなものとなるとともに，原則的な時効期間が現状より
も実質的に短期化されることによる影響を最小限に抑えることが
できる，といった指摘がなされた（以上につき，部会資料 63・2 頁
以下）。法制審議会での審議の結果，主観的起算点からの時効期
間を 5 年とした上で乙案を採用することとし（部会資料 69A・1 頁），
また，主観的起算点を示す文言については，権利を行使すること
ができることを知るという表現は債務者を知ることも含むものと

57

第2章　改正法の内容

解されることを踏まえ，乙案の「債権者が権利を行使することができること及び債務者を知った時」という表現から「債権者が権利を行使することができることを知った時」に改められた（部会資料80-3・1頁）。

　以上の経緯に基づき，改正法では，債権の消滅時効における原則的な時効期間・起算点に関する規定として，客観的起算点（権利を行使することができる時）から10年，または主観的起算点（権利を行使することができることを知った時）から5年，という二重の消滅時効期間が導入された（改正166条1項）。これにより，契約に基づいて生じる一般的な債権については，権利発生時にその権利行使の可能性を認識しているのが通常であるため，以上の主観的起算点は客観的起算点と基本的に一致し，その時点から5年で消滅時効にかかることになる。したがって，短期消滅時効に関する特則の廃止に伴う時効期間の長期化の影響は，契約上の債権に関する限り，最小限に抑えられることになる。

　なお，客観的起算点としての「権利を行使することができる時」の意義については，その解釈に関して以上の二重期間化による影響が及ぶものではなく，この点に関する従来の判例の立場を含め，現行法下と同様の状況が維持されるものと考えられている（部会資料69A・4頁）。

(3)　商事消滅時効の廃止

　債権の消滅時効における原則的な時効期間および起算点が以上のように改められると，契約上の一般的な債権については（「権利を行使することができることを知った時」と通常一致するところの）契約時から5年で消滅時効にかかることになる。そのため，商行為によって生じた債権に関して5年の消滅時効期間を定める商法

58

第3節　消滅時効

現522条の規定については，その特則としての存在意義は乏しいものとなる。また，そもそも商事消滅時効制度に対しては，その適用範囲の不明確性や適用対象に関する区分の不合理性といった問題点が従来から指摘されている。すなわち，①商法現522条が適用または類推適用される債権は「商行為に属する法律行為から生じたもの又はこれに準ずるもの」であると判例上解されており（最判昭和55年1月24日民集34巻1号61頁），いかなる債権が本条の適用対象となるのか（特に，「これに準ずるもの」にいかなる債権が含まれるのか）については，個別具体的な事案ごとの判断の下で相当に不透明な状況となっていること，②銀行の貸付債権については商事消滅時効（5年）が適用される一方，農業協同組合や信用金庫の（非商人に対する）貸付債権については民法上の消滅時効（10年）が適用されることになるが，同種の取引主体相互において以上のような取扱いの差異を設けることに合理性はほとんど存在しない，といった問題である（以上につき，部会資料78A・12頁以下）。

　以上を踏まえ，改正法では，商事消滅時効に関する商法現522条を削除し，この場合の処理については民法上の消滅時効に関する原則的規定の適用に委ねることとされた（民法の一部を改正する法律の施行に伴う関係法律の整備等に関する法律3条）。

第2章 改正法の内容

Ⅱ 不法行為による
損害賠償請求権の消滅時効

改正のポイント

□不法行為による損害賠償請求権の期間制限に関し，不法行為時から
20 年の期間制限（現 724 条後段）も消滅時効であることが法文
上明確化された。

1 現行制度の概要

　不法行為による損害賠償請求権に関しては，被害者またはその
法定代理人が損害および加害者を知った時から 3 年（724 条前段），
不法行為の時から 20 年（同条後段）の期間制限が設けられている。
前段の 3 年の期間制限が消滅時効を定めるものであるのに対し，
後段の 20 年の期間制限が消滅時効であるのか除斥期間であるの
かに関しては，解釈上争いがある。この点につき，判例はこれを
除斥期間とするのに対し（最判平成元年 12 月 21 日民集 43 巻 12 号
2209 頁），学説上は消滅時効と解する立場が有力である（内池慶四
郎『不法行為責任の消滅時効──民法第 724 条論』〔成文堂，1993 年〕
51 頁以下，河上正二『民法総則講義』〔日本評論社，2007 年〕594 頁，
松本克美『続・時効と正義──消滅時効・除斥期間論の新たな展開』〔日
本評論社，2012 年〕53 頁以下など）。すなわち，724 条後段の期間制
限を除斥期間と解した場合には，中断や停止の余地なく期間の経
過をもって画一的かつ法上当然に権利が消滅することになるが，

60

第 3 節　消滅時効

不法行為の場合において被害者救済の必要性を後退させてまで権利関係を画一的に確定させるべき公益上の要請は見出し難く，これを除斥期間として取り扱うことには実践的にも理論的にも問題が少なくないためである。判例においても，724 条後段の期間制限を除斥期間と解しつつも，時効の停止に関する規定（158 条・160 条）の法意に照らしてその停止を認めた事案があり（最判平成 10 年 6 月 12 日民集 52 巻 4 号 1087 頁，最判平成 21 年 4 月 28 日民集 63 巻 4 号 853 頁），被害者救済および正義・公平の観点から除斥期間による画一的処理に従わない帰結が（例外的にであれ）容認されている。

2　改正の議論と改正法の内容

　不法行為による損害賠償請求権の期間制限に関し，改正法では，現 724 条前段の規律が維持された上で（改正 724 条 1 号），後段の不法行為時から 20 年の期間制限についても消滅時効であることが，法文上明確なものとなった（改正 724 条 2 号）。現 724 条後段の期間制限を除斥期間と解することの問題性が考慮された結果である。これにより，客観的起算点と主観的起算点とを組み合わせる二重の時効期間制度が，一般の債権に関してもまた不法行為による損害賠償請求権に関しても共通して採用されたことになり，消滅時効の期間および起算点の枠組みにおける整合化が図られたものと評価できる。

　なお，審議の過程では，以上のように債権の消滅時効に関する原則的な規律として二重の時効期間制度が採用されるならば，不法行為による損害賠償請求権に関する特則を廃止して，その場合を含めた統一的な枠組みを設けるべきである——それにより，請

第2章 改正法の内容

求権競合の場合において，損害賠償請求権が不法行為と債務不履行のいずれに基づくものであるのかによって異なった取扱いとなることの不合理性も回避できる——という提案もなされた（中間試案の補足説明 76 頁）。しかし，客観的起算点からの長期の時効期間に関し，不法行為に関する 20 年をより短期化したり一般の債権に関する 10 年をより長期化したりすることについての積極的な意見は乏しく，これらについて同一の期間に統合することは実際上困難であると考えられたため，この提案の採用は見送られた（部会資料 69A・11 頁）。

Ⅲ　生命・身体の侵害による損害賠償請求権の消滅時効

改正のポイント

□生命・身体に対する侵害による場合には，その損害賠償請求権が債務不履行と不法行為のいずれに基づくものであっても，客観的起算点から 20 年および主観的起算点から 5 年という統一的かつより長期の時効期間の規律に服することとなる。

1　現行制度の概要

現行法では，生命または身体に対する侵害による損害賠償請求権の消滅時効に関する特則は設けられていない。しかし，生命や身体は極めて要保護性の高い法益であり，人身に対して重大な侵害が生じた場合には時効の完成を妨げるために必要な措置をとる

62

第3節　消滅時効

ことが困難な状態に陥ることもあり得る。そのため，生命・身体に対する侵害に関しては一般の債権の場合よりも長期の時効期間を定める特則を設け，十分な権利行使の機会を保障することの必要性が説かれている（金山直樹編『消滅時効法の現状と改正提言』〔商事法務，2008年〕303頁以下，民法（債権法）改正検討委員会編『詳解・債権法改正の基本方針III』〔商事法務，2009年〕192頁以下など。以上につき，部会資料63・8頁以下を参照のこと）。

2 改正の議論と改正法の内容

　改正法では，重要な法益である生命・身体に対する侵害に関してはより長期の権利行使期間を保障するため，生命・身体に対する侵害による損害賠償請求権の消滅時効に関する特則として，①債務不履行に基づく損害賠償請求権については，改正166条1項2号における客観的起算点からの長期の時効期間（10年）を20年に伸長すること（改正167条），②不法行為に基づく損害賠償請求権については，改正724条1号における主観的起算点からの短期の時効期間（3年）を5年に伸長すること（改正724条の2），という各規定が新設された。これにより，生命・身体に対する侵害による場合には，その損害賠償請求権が債務不履行と不法行為のいずれに基づくものであっても，客観的起算点から20年および主観的起算点から5年という統一的な時効期間の規律に服することになる。

　なお，審議の過程では，この場合における主観的起算点からの時効期間を5年とする案と10年とする案とをめぐって議論がなされた（部会資料69A・11頁以下）。10年とする案は，安全配慮義務違反による債務不履行に基づく損害賠償請求権などに関し，現

第 2 章　改正法の内容

行法における 10 年の時効期間から短期化されることを避ける趣旨に基づくものであった。しかし，身体への軽微な侵害についても以上の特則の適用対象となることとの関係上，10 年とする案では債務者側の負担が現行法におけるよりも重いものとなり得ることを考慮し，この場合における主観的起算点からの時効期間については 5 年とする案が採用された（部会資料 78A・17 頁以下）。

Ⅳ　定期金債権等の消滅時効

改正のポイント

□定期金債権の消滅時効に関し，債権者が支分権たる各債権を行使することができることを知った時から 10 年間行使しないとき，または支分権たる各債権を行使することができる時から 20 年間行使しないときは，定期金債権は時効によって消滅する旨の特則が設けられた。

□定期給付債権の消滅時効に関する特則（現 169 条）は削除され，定期給付債権についても，一般の債権と同様の原則的な消滅時効の規律が妥当することとなる。

1　現行制度の概要

(1)　定期金債権の消滅時効

　定期金債権とは，年金債権や扶養料債権などのように，定期的に一定額の金銭等を給付させることを目的とする基本権としての

債権である。定期金債権の消滅時効に関しては，現行法上，第1回の弁済期から20年（168条1項前段），または最後の弁済期から10年で消滅時効にかかる旨規定されている（同項後段）。債権の消滅時効に関する原則的規律に従うとすれば，支分権たる債権が継続的に発生する限り定期金債権は実際上消滅時効にかからないこととなり得るため，時効の起算点を第1回の弁済期とした上で，時効期間を（定期金債権がその性質上長期間継続して存在するものであることを考慮して）一般の債権よりも長期の20年として規定したものである（以上につき，川島武宜編『注釈民法(5)』〔有斐閣，1967年〕327頁以下［平井宜雄］を参照のこと）。

　もっとも，定期金債権がその基礎となる法律関係の存在を前提としてまたはその法律関係の一部として発生する場合には，その法律関係の存続と独立して時効を観念する余地はなく，本条の適用は否定されるものと解されている（川島編・前掲325頁以下［平井］。一定の親族関係を基礎として発生する扶養料債権や，賃貸借・消費貸借に関する契約上の地位を基礎として発生する賃料債権・利息債権などがこれに当たる）。そのため，定期金債権に関して168条1項が適用される場面は，実際上は狭い範囲に限られている。

(2)　定期給付債権の消滅時効

　定期給付債権とは，一定の期日の到来によって定期金債権から具体的に発生する支分権としての請求権である。この定期給付債権のうち，年またはこれより短い時期によって定めたもの（1年以下の期間で弁済期が繰り返されるもの）については，5年間行使しないことによって消滅時効にかかる旨定められている（169条）。慣習上，これらの債権については短期間で請求および弁済が完了するのが通常であることや，弁済等に関する証拠が長期間保存さ

れない場合も多いことなどを考慮した，短期消滅時効の規定である（梅謙次郎『民法要義巻之一　総則編』〔有斐閣，1896年〕360頁以下）。

改正の議論と改正法の内容

(1) 定期金債権の消滅時効

　定期金債権の消滅時効に関しては，まず，現行法では客観的起算点に基づいた時効期間に関する規律のみが定められているところ，それに重ねて主観的起算点に基づいたより短期の時効期間を新たに導入すべき必要性に関しては，定期金債権も一般の債権と変わるところはないものと考えられた（部会資料69A・5頁以下）。また，客観的起算点の内容としては，支分権について弁済がなされたときは基本権に対する承認があったものとして時効の更新（中断）が生じることを前提として，支分権たる各債権を行使することができる時を客観的起算点として定めることとされた（部会資料80-3・1頁以下）。また，時効期間については，現168条1項における20年という時効期間が一般の債権に関する原則的な時効期間（10年）の2倍であることを踏まえ，定期金債権の消滅時効については，客観的起算点から20年および主観的起算点から10年という時効期間の特則を設けることとされた（部会資料69A・6頁）。

　以上に基づき，改正法では，債権者が支分権たる各債権（「定期金の債権から生ずる金銭その他の物の給付を目的とする各債権」）を行使することができることを知った時から10年間行使しないとき，または支分権たる各債権を行使することができる時から20年間行使しないときは，定期金債権は時効によって消滅する旨定

められた(改正168条1項)。なお,最後の弁済期から10年の消滅時効について定める現168条1項後段の規律に関しては,最後の弁済期が到来して全ての支分権が発生した場合にはその支分権の消滅時効のみを問題とすれば足りるのであって,それとは別に基本権たる定期金債権の消滅時効を問題とすることの意義は乏しいとして,同項後段の規定は削除された(中間試案の補足説明75頁)。

(2) 定期給付債権の消滅時効

定期給付債権の消滅時効に関し,改正法において,債権の消滅時効に関する原則的な規律として主観的起算点から5年の消滅時効期間を新たに導入する場合には,定期給付債権について5年の短期消滅時効を定めた現行法の規律の趣旨はこれによって概ね達せられることになるため,現169条の規定については削除することとされた(部会資料69A・8頁以下)。これにより,定期給付債権についても,一般の債権と同様の原則的な消滅時効の規律が妥当することになる。

V 時効の完成猶予および更新

改正のポイント

- □時効障害制度を再編成するに当たり,「中断」から「更新」へ,「停止」から「完成猶予」へと用語の変更が行われた。
- □更新・完成猶予をもたらす事由の捉え方につき,「裁判上の催告」に関する判例法理を取り込む形で体系的に再編され,①時効の更新事

第2章　改正法の内容

由については，従前の時効期間の進行が確定的に解消され新たな時
効期間が進行を始める時点を示すべき事由をもって把握することと
し，②その更新事由にかかる手続の進行中（およびその手続が更新
事由を構成せずに終了した場合には，その終了時点から6か月を経
過するまで）は時効の完成が猶予されることとなる。

□仮差押え・仮処分については，（現行法における中断事由から）完成
猶予事由に改められ，仮差押え・仮処分が終了した時から6か月を
経過するまでは時効は完成しない旨規定された。

□催告による時効の完成猶予に関し，その完成猶予期間内になされた
再度の催告については完成猶予の効力を生じない旨の規定が新設さ
れた。

□協議を行う旨の合意による時効の完成猶予の制度が，新たに導入さ
れた。

① 現行制度の概要

(1) 時効の中断および停止

　時効の進行を妨げるための手段として，現行法上，時効の中断
および停止という2種類の制度が定められている（なお，これら
は取得時効と消滅時効に共通の制度である）。時効の中断とは，それ
まで進行した時効の期間が解消され，その時点から新たな時効期
間が開始する制度である。これに対し，時効の停止とは，時効の
進行が妨げられるべき一定の事由がある場合に，その事由の後一
定期間が経過するまで時効期間の満了が延期される制度である。

　時効の中断事由として，147条は，請求（1号），差押え・仮差
押え・仮処分（2号），承認（3号）という3種類の事由を定めて
いる。同条1号の「請求」には，裁判上の請求・支払督促・和解

68

および調停の申立て・破産手続参加等・催告が含まれるものの（149条〜153条参照），裁判外での請求としての「催告」には完全な時効中断効は認められておらず，催告後6か月以内に裁判上の請求等の裁判所の関与する手続を行わなければ時効中断の効力は生じない（153条）。また，裁判上の請求については，訴えの却下・取下げの場合には中断の効力は生じないとされ（149条），この場合には訴えの提起によって一度生じた時効中断効が事後的に失われることになる。これと同様の取扱いが，①支払督促につき，債権者が民事訴訟法所定の期間内に仮執行宣言の申立てをしないことによりその効力が失われる場合（150条），②和解・調停の申立てにつき，相手方の不出頭または和解・調停の不調の後1か月以内に訴えを提起しなかった場合（151条），③破産手続参加等につき，その届出が取り下げられまたは却下された場合（152条）においてなされ，これらの場合には時効中断効が失われることになる。

　時効の停止に関しては，未成年者または成年被後見人に法定代理人がいない場合（158条1項），未成年者または成年被後見人がその法定代理人に対して債権を有する場合（同条2項），夫婦間での債権の場合（159条），相続財産に関してそれを管理する者がいない場合（160条），天災等により時効の中断ができない場合（161条）について，それぞれ一定の時期まで時効の完成が延期されている。

(2) 判例法理としての「裁判上の催告」

　以上の149条以下の規定に従って，各手続が中途で終了したことによって時効中断効が失われる場合につき，そのような場合でも権利行使の意思が表明されている以上，「催告」としての効力

第2章　改正法の内容

は認められるべきであると一般に解されている（我妻栄『新訂民法総則』〔岩波書店，1965年〕466頁以下など）。この場合には，各手続の進行中は催告が継続的になされているとして（いわゆる裁判上の催告），その手続の終了から6か月の間は時効が完成しないものと解している。判例においても，裁判上の請求や破産手続参加等に関して，裁判上の催告としての効力が認められている（最判昭和45年9月10日民集24巻10号1389頁など）。なお，裁判上の催告は，時効中断効が失われる場合にも催告としての効力を認めるという場面だけでなく，裁判上の請求による時効中断効の客観的範囲を催告としての効力の限度で拡張するという場面においても認められているという点にも，留意を要する（株券引渡請求訴訟において，被告として留置権の抗弁を提出した場合につき，その被担保債権に関する裁判上の催告としての効力を認めたものとして，最大判昭和38年10月30日民集17巻9号1252頁がある）。

２　改正の議論と改正法の内容

(1)　時効障害事由に関する用語の変更

改正法では，時効障害制度を再編成するに当たり，まず，「中断」から「更新」へ，「停止」から「完成猶予」へと用語の変更を行っている。時効の中断という表現は，時効の進行が一時的に停止しその後に（途中から）再開されるという誤解を招き易いことなどを考慮し，中断・停止の各概念についてその意味内容をより適切に表現し得る用語に改める趣旨である（中間試案の補足説明79頁）。

第3節　消滅時効

(2)　更新事由と完成猶予事由の再編成

　以上の用語の変更は，中断および停止という従来の概念の意味内容自体については変更を及ぼすものではないが，更新・完成猶予をもたらす事由の捉え方については，「裁判上の催告」に関する判例法理を取り込む形で体系的な再編成が行われている。すなわち，時効の更新事由については，従前の時効期間の進行が確定的に解消され新たな時効期間が進行を始める時点を示すべき事由をもって把握することとし，その更新事由にかかる手続の進行中（およびその手続が更新事由を構成せずに終了した場合には，その終了時点から6か月を経過するまで）は時効の完成が猶予されることになる。したがって，現行法では時効の中断事由とされていた裁判上の請求や差押え等については，それらの手続の申立ては完成猶予事由となり，確定判決等による権利の確定や強制執行等の手続の終了をもって更新事由となる。

　また，改正法では，以上の観点に基づき，裁判上の請求，強制執行，仮差押え・仮処分といった時効障害にかかる事実的態様ごとに，完成猶予および更新の効果が以下のように整理して規定されている。

　(i)　**裁判上の請求等による時効の完成猶予および更新**　　まず，改正147条では，裁判上の請求，支払督促，裁判上の和解・民事調停・家事調停，破産手続参加・再生手続参加・更生手続参加の各事由につき，①確定判決または確定判決と同一の効力を有するものによって権利が確定したときは，それらの各事由が終了した時に時効の更新が生じること（2項），および②それらの各事由が終了するまで（および確定判決等によって権利が確定することなくその事由が終了した場合には，その終了時から6か月を経過するまで）は

71

第2章　改正法の内容

時効は完成しないこと（1項）が定められている。

　なお，中間試案では，裁判上の請求による時効の完成猶予は，債権の一部について訴えが提起された場合であってもその債権の全部に及ぶとする規定を新設することが提案され（中間試案・第7-7 (2)），明示的一部請求の訴えの提起がなされた場合において残部につき裁判上の催告としての効力が生ずることを認めた近時の判例（最判平成25年6月6日民集67巻5号1208頁）をも踏まえて審議が行われた。しかしながら，裁判上の請求以外の場合の取扱いに関する解釈が不透明な状況にあっては，裁判上の請求の場合についての規律のみを明文化することは適切ではないなどの理由により，この点に関する提案の採用は見送られた（部会資料69A・24頁以下）。

　また，確定判決等により権利が確定した場合における時効期間については，確定判決等により権利の存在が公に確定されたことを踏まえて時効期間は一律に10年となる旨定めた現174条の2の趣旨に鑑みて，改正169条において，（二重の時効期間を定める原則的規律にかかわらず）ここでは主観的起算点に関する規律を導入することなく，現174条の2と同様の規定を維持することとなった（部会資料69A・20頁）。

　(ii)　**強制執行等による時効の完成猶予および更新**　　現147条2号の「差押え」に関しては，それに含まれるかが不明確であった諸事由（差押えを経ない強制執行や担保権の実行としての競売，形式的競売など）についても，権利の実現に向けられた手続への着手として評価できる限り，「差押え」と同様の取扱いをすべきであると考えられた（部会資料69A・18頁）。それを受けて，改正148条では，強制執行，担保権の実行，形式的競売（民事執行法195条），財産開示手続（民事執行法196条）の各事由につき，①それらの各

事由が終了するまで（および申立ての取下げまたは法律の規定に従わないことによる取消しによってその事由が終了した場合には，その終了時から6か月を経過するまで）は時効は完成しないこと（1項），および②それらの各事由によって権利の満足に至らない場合には，その事由が終了した時に時効の更新が生じること（2項）が定められた。

(ⅲ) **承認による時効の更新，仮差押え・仮処分による時効の完成猶予**　承認に関しては，これを中断事由とする現行法と同様，改正法においても更新事由として規定されている（改正152条）。それに対し，仮差押え・仮処分については，現行法においては中断事由とされていたのに対し，改正法では完成猶予事由に改められ，仮差押え・仮処分が終了した時から6か月を経過するまでは時効は完成しない旨規定されている（改正149条）。民事保全手続の開始には債務名義は不要であり，またそれは後に本案の訴え提起等を予定する暫定的な手続であることからすれば，仮差押え・仮処分については本案の訴え提起までの間の時効完成を妨げる効力を認めることで必要かつ十分であると考えられたためである（部会資料69A・19頁）。

(ⅳ) **催告による時効の完成猶予**　催告に関しては，現153条において催告から6か月以内に裁判上の請求等を行うことによって初めて時効中断効が生じるものとされていたことを踏まえ，これを完成猶予事由として定めることとし，催告から6か月を経過するまでの間は時効は完成しない旨規定されることとなった（改正150条1項）。

また，催告による時効の完成猶予期間内になされた再度の催告については，完成猶予の効力を生じない旨の規定が，新たに定められている（改正150条2項）。催告を繰り返すだけで時効の完成

第 2 章　改正法の内容

を引き延ばし続けることができるという帰結は不合理であり，また判例（大判大正 8 年 6 月 30 日民録 25 輯 1200 頁）においても再度の催告による時効中断効は否定されていることを踏まえ，この判例法理を明文化する趣旨である（部会資料 69A・20 頁以下）。

　なお，中間試案においては，手続の申立てと取下げの繰り返しによって時効の完成が永続的に妨げられることを回避するため，裁判上の催告の繰り返しについても完成猶予の効力を認めない旨の提案が示されていた（中間試案・第 7-7(1)第 2 文）。しかし，この問題と関連する最判平成 25 年 6 月 6 日民集 67 巻 5 号 1208 頁（時効期間満了前における裁判外の催告から 6 か月以内になされた明示的一部請求の訴え提起により，残部について裁判上の催告が行われたものと認められた場合につき，その再度の裁判上の催告には時効中断の効力はないとした）において示された論理が，訴え提起以外の方法による裁判上の催告の場合についても妥当するのかについては見解が分かれ得るところであり，この点についての規定を置くことは見送られた（部会資料 69A・24 頁）。

(v)　協議を行う旨の合意による時効の完成猶予の規定の新設

改正 151 条は，協議を行う旨の合意による時効の完成猶予について規定している。当事者間で協議が継続されていても，時効完成間際にあって時効の完成を阻止するためには訴えの提起等のより強硬な手段を採らざるを得ないとすれば，協議による自律的・自発的解決を図ろうとする当事者のいずれにとっても不利益な取扱いとなり得ることに鑑みて，そのような事態を回避するための規律である（中間試案の補足説明 86 頁）。当事者間での協議を通じた自律的解決を支援するために，従前の規定における時効障害の諸事由とは異なる新しい枠組みを導入するものであり，実務上の活用状況を含め今後の制度運用が注目される重要な改正事項の一つ

74

である。

協議を行う旨の合意による時効の完成猶予については，まず，権利についての協議を行う旨の合意が書面（電磁的記録を含む）でなされることがその要件となる（改正151条1項・4項）。また，これによる完成猶予の期間については，①合意があった時から1年を経過した時，②協議を行う期間として1年に満たない期間を定めたときは，その期間を経過した時，③当事者の一方から相手方に対して協議の続行を拒絶する旨の通知が書面（電磁的記録を含む）でされたときは，その通知の時から6か月を経過した時，という①～③の各時点のうちのいずれか早い時までの間は時効は完成しない旨定められている（改正151条1項1号～3号）。以上の規定においては，協議の存否および時効の完成猶予の効力が生じる期間を明確にして事後の紛争を防止するために，（協議の継続中の期間ではなく）協議を行う旨の合意から一定の期間について時効の完成を猶予することとした上で，さらにその合意が書面によることが要求されている（部会資料69A・22頁）。

協議を行う旨の合意による時効完成猶予の期間については，協議の進行状況によっては時効の完成猶予期間の伸長が当事者において望まれる場合があり，また自律的な紛争解決の支援という観点からは一定の範囲でその伸長を認めることが合目的的であると考えられる。他方で，時の経過に伴う証拠保全の困難化から当事者を救済するという時効制度の公益性に鑑みれば，協議を行う旨の繰り返しの合意による完成猶予期間の伸長は無制限に認められるべきではなく，自律的解決が現実的に期待可能なものとなり得る合理的な範囲においてのみ猶予期間の伸長が許容されるべきことになる（以上につき，部会資料80-3・5頁以下）。以上を踏まえ，改正法では，①協議を行う旨の合意による時効の完成猶予期間内

第2章　改正法の内容

に再度の（協議を行う旨の）合意が行われた場合にも，その再度の合意に時効の完成猶予の効力を認めることとした上で，②これによる完成猶予期間の伸長は，時効の完成が猶予されなかったとすれば時効が完成すべき時から通じて5年を超えることができない，との規定が置かれている（改正151条2項）。このように，5年を限度としてであれ当事者の（繰り返しの）合意による時効完成猶予期間の伸長が認められていることは，他の完成猶予事由には見られない取扱いであり（改正150条2項は，再度の催告について時効完成猶予の効力は認めない旨規定している），この点からも，自律的解決の支援を目的とした「協議を行う旨の合意」による時効完成猶予の固有の制度的特質が窺われる。

　また，協議を行う旨の合意による時効の完成猶予と催告による時効の完成猶予が競合した場合の取扱いについては，改正法は，両者の完成猶予の効力の重複を認めない立場に立っている。すなわち，催告によって時効の完成が猶予されている間になされた協議を行う旨の合意，および協議を行う旨の合意によって時効の完成が猶予されている間になされた催告については，時効の完成猶予の効力は認められないこととされている（改正151条3項）。権利者が時効の更新に向けたさらなる措置を講ずるための期間を確保するという観点において，協議を行う旨の合意と催告は同一の趣旨を含む時効の完成猶予事由であること，および再度の催告に時効の完成猶予の効力が認められないこと（改正150条2項）に鑑みて，それぞれによる完成猶予の効力を重複して認める必要はないと考えられたためである（部会資料80-3・6頁）。なお，以上の規律をめぐる法制審議会での審議においては，催告に基づく時効完成猶予の期間中に協議を行う旨の合意がなされた場合については，その合意の効力を尊重してそれによる時効完成猶予が認めら

れるべきであるとの批判もあった（部会第92回会議議事録15頁〔潮見佳男幹事発言〕など）。しかし，再度の合意により猶予期間の伸長も可能となる「協議を行う旨の合意」による時効完成猶予の効果が，協議による自律的解決の支援の観点から特別に認められたものであることに鑑みれば，協議を行う旨の合意が本来の時効期間が満了すべき時点までに達せられた場合に限ってその完成猶予の効力を認めるという透明性・明確性の高い制度枠組みをもってこれを取り扱うことは，制度設計のあり方として十分に合理的なものと評価できよう。

(vi) **現行法における時効の停止事由**　現158条から161条において時効の停止事由とされていたものについては，改正法においても，基本的に従前の内容のまま完成猶予事由として規定されている（改正158条〜161条）。ただし，天災等による時効の完成猶予に関しては，完成猶予期間が現161条における2週間から3か月に延長された（改正161条）。

VI　消滅時効の効果および援用権者

改正のポイント

☐消滅時効の効果については，改正の対象から外され，現行法における取扱いが維持されることとなった。
☐消滅時効の援用権者たる「当事者」に関し，「（消滅時効にあっては，保証人，物上保証人，第三取得者その他権利の消滅について正当な利益を有する者を含む。）」とのかっこ書を追記する形で，消滅時効の援用権者に関する（判例法理を基礎とした）基準と具体例の明文化が行われた。

第 2 章　改正法の内容

現行制度の概要

(1) 消滅時効の効果

消滅時効の効果に関し，現行法では，時効の起算日に遡って権利が消滅する旨定められる一方（144条・167条），時効は当事者が援用しなければ裁判所はそれによって裁判できないとされている（145条）。この時効の効果と援用との関係につき，判例は，時効による権利消滅の効果は時効期間の経過によって確定的に生じるものではなく，時効の援用がなされることによって初めて確定的にその効力が生じるとして，いわゆる不確定効果説（停止条件説）を採用している（最判昭和61年3月17日民集40巻2号420頁）。しかし，この判例は，農地売買に必要な知事の許可を申請するに際して買主が売主に協力を求める権利（許可申請協力請求権）の消滅時効という特殊な事案に関するものであり，判例が債権一般の消滅時効に関して停止条件説を採用しているのかについては，必ずしも十分に明らかになっているわけではない。

(2) 消滅時効の援用権者

145条は，時効は「当事者」が援用しなければ裁判所はそれによって裁判できない旨定めている。時効の援用権者たる「当事者」の意義に関し，判例は，「時効により直接利益を受ける者」という基準を示しているものの（大判明治43年1月25日民録16輯22頁），判断基準としては十分な明確性を有するものではなく，具体的な判断に際して以上の定式が持つ意味は必ずしも大きなものではない（実際，第三取得者等による時効援用の可否に関して判例が

第3節 消滅時効

この基準の下で行った判断には，変遷が見られる）。判例において消滅時効の援用権者として認められた例としては，保証人（大判大正 4 年 7 月 13 日民録 21 輯 1387 頁），連帯保証人（大判昭和 7 年 6 月 21 日民集 11 巻 1186 頁），物上保証人（最判昭和 42 年 10 月 27 日民集 21 巻 8 号 2110 頁），第三取得者（最判昭和 48 年 12 月 14 日民集 27 巻 11 号 1586 頁），詐害行為の受益者（最判平成 10 年 6 月 22 日民集 52 巻 4 号 1195 頁）などが挙げられる。

改正の議論と改正法の内容

(1) 消滅時効の効果

消滅時効の効果に関し，中間試案の段階では，消滅時効の援用がされた権利は時効期間の起算日に遡って消滅する旨定めるとする本案と，消滅時効の援用がされた権利の履行を請求することができない旨を定めるとする別案がそれぞれ提案されていた（中間試案・第 7-8(2)）。以上の本案は，時効の援用によって初めて権利の消滅という効果が確定的に生じるという判例の停止条件説を明文化する趣旨に基づく。それに対し，別案は，時効援用後に債務者からの弁済が行われた場合については不当利得を構成しないものと解するのが合理的であり，かつその帰結を無理なく導くためには援用後も債権の給付保持力は失われないものと解すべきであることなどを論拠として，時効の援用（履行拒絶）によって債権の請求力（および強制力）が失われるという構成（履行拒絶権構成）を採るものであった（以上につき，中間試案の補足説明 88 頁以下）。

もっとも，以上の本案についても，停止条件説を採用した判例（前掲最判昭和 61 年 3 月 17 日）の事案はやや特殊なものであり，そ

第 2 章　改正法の内容

の判例を根拠にして停止条件説を一般化することには問題があるといった意見が示されたこと，また，時効総則の規定である 144 条を改正する場合には取得時効に関する規律のあり方についても問題となってくることなどを踏まえ，消滅時効の効果をめぐる改正については見送られることとなった（部会資料 69A・25 頁）。

⑵　**消滅時効の援用権者**

　改正法では，改正 145 条において，時効の援用権者たる「当事者」に関し「（消滅時効にあっては，保証人，物上保証人，第三取得者その他権利の消滅について正当な利益を有する者を含む。）」とのかっこ書を追記する形で，消滅時効の援用権者に関する基準と具体例についての明文化が行われている。「直接利益を受ける者」という従来の判例の基準に関しては，「直接」と「間接」の実質的な判断要素は明らかでなくまた判断基準としても実際上有効に機能していないとの批判（四宮和夫＝能見善久『民法総則〔第 8 版〕』〔弘文堂・2010 年〕405 頁など）があることを踏まえ，消滅時効の援用権者の範囲に関する判例法理をより的確に表現するという観点から，判例上援用権者として認められている代表的な者を例示した上で，従来の基準に代えて「正当な利益を有する者」という文言を用いることとしたものである（中間試案の補足説明 88 頁，部会資料 69A・23 頁以下）。したがって，「正当な利益を有する者」という文言に置き換えられているものの，改正 145 条においても，消滅時効の援用権者に関する従来の判例法理は実質的に維持されているものと解される。

〔石川博康〕

第4節
法定利率

改正のポイント

□法定利率が，改正法施行時に現行民法の5%から3%となり，以後，3年ごとに見直されることとなった（固定制から「緩やかな変動制」へ）。

□遅延損害金は当該債務につき「債務者が遅滞の責任を負った最初の時点における」法定利率によるものとすることが明文化された。

□中間利息控除を行う場合には，「その損害賠償の請求権が生じた時点における法定利率」によることが明文化された。

1 現行制度の概要

(1) 法定利率について

法定利率が適用される場合としては，契約による利率の定めが明らかでない場合，および，利息が法律の規定によって発生する場合，具体的には，不当利得の法定利息（704条）や金銭債務の不履行における損害賠償の場合がある（419条）。

現行法では，404条で「利息を生ずべき債権について別段の意思表示がないときは，その利率は，年5分とする」と定められてい

るように，法定利率の定め方については固定方式がとられている。

なお，商事の法定利率については年 6% の特則が設けられている（商法 514 条）。

(2)　金銭債務の特則

金銭の給付を目的とする債務の不履行については，その損害賠償の額は，法定利率によって定める（419 条 1 項）。債務不履行や不法行為による損害賠償や契約の取消し・解除後の不当利得返還の場面での金銭債務の履行遅滞に備えた，いわゆる遅延損害金についても法定利率が適用されるということを定めた条文である。

ただし，約定利率が法定利率を超えるときは，約定利率による（同条 1 項ただし書）。

(3)　中間利息控除

中間利息控除とは，不法行為等に基づく損害賠償額の算定に当たり，将来の逸失利益や出費を現在価値に換算するために，損害賠償額算定の基準時から将来利益を得られたであろう時までの利息相当額を控除することである（部会資料 74B・9 頁）。

中間利息控除については，1999 年に東京・大阪・名古屋地裁の交通部において，地域格差を是正し被害者相互間の公平を図るために，特段の事情がない限り年 5% の法定利率によるという提言がなされたが（井上繁規ほか「交通事故による逸失利益の算定方式についての共同提言」判時 1692 号 162 頁），金利の低迷もあって下級審裁判例の中には法定利率よりも低い利率をもって中間利息控除を行うものもあった（概要は髙橋眞「判批（最高裁平成 17 年 6 月 14 日判決）」平成 17 年度重要判例解説 88 頁以下を参照）。その後，損害賠償額の算定に当たり，被害者の将来の逸失利益を現在価値に換

第 4 節　法 定 利 率

算するために控除すべき中間利息の割合は，民事法定利率によらなければならないという判決（最判平成 17 年 6 月 14 日民集 59 巻 5 号 983 頁）が出されたことにより，実務の取扱いが統一された。同判決が中間利息の控除割合を法定利率によるものとした理由として，中間利息控除に当たっては法的安定および統一的処理の必要性，被害者相互間の公平の確保，損害額の予測可能性による紛争の予防があげられている。

また，いくつかの特別法でも中間利息控除は民事法定利率による旨が明文化されている（民事執行法 88 条 2 項，破産法 99 条 1 項 2 号，民事再生法 87 条 1 項 1 号 2 号，会社更生法 136 条 1 項 1 号 2 号など）。

2　改正の議論と改正法の内容

(1)　法定利率について

(i)　**改正の議論**　現行民法の法定利率である年 5% については，昨今の低金利などをふまえても高すぎるとの批判がなされていた。しかし，民法典の制定以来，公定歩合が 5% を超えていた時期は決して少なくないことから，今後は 5% よりも低い法定利率を定めて固定すればよい，ということにはならない。そこで，学説では，諸外国でも採用されている市場の金利変動に対応した変動方式を採用することが提案されていた。例えば，市場金利と連動した変動方式によって法定利率を定める旨の提案や（民法（債権法）改正検討委員会編『詳解債権法改正の基本方針 II』〔商事法務，2009 年〕174 頁以下。なお，それ以前に概説書において変動利率制を提案していたものとして，加藤雅信『新民法大系 III　債権総論』〔有斐閣，2005 年〕35 頁以下)，民法ではなく「基準利率」を政令で定める旨

83

第2章　改正法の内容

の提案が存在した（民法改正研究会編『民法改正　国民・法曹・学界有志案』〔日本評論社，2009 年〕165 頁）。

　法制審議会においては，市場金利の動向等に連動して法定利率も変動するような枠組み（変動利率制）を採用すべきであるという考え方について検討がなされている。その前提となっているのは固定利率制に対する次のような批判である。

　一方で，市場金利が低金利で推移する現状においては，法定利率が市場金利を大幅に上回っているため，利息について法定利率が適用される場合には，債権者にとって市場金利より相当有利な利率が適用されることになり，結果として，金銭債権の通常の運用益以上の利益を債権者に認めることとなって当事者間の公平を害する。その一方で，市場金利が法定利率を上回った場合には，債務者は，弁済資金を調達するために融資を受けるよりは，債務の履行を遅滞した方が有利となり，債務の支払遅延を招くおそれがあり，やはり当事者間の公平を害する。

　その上で，変動利率制を採用するに当たって，①連動させる指標として，どのような市場金利等を採用すべきか，②その指標に基づく基準金利の算出方法，③法定利率を変動させる頻度・回数，④法定利率を変動させるか否かの運用基準，⑤変動利率制の法定利率に基づき継続的に利息または遅延損害金が発生している途中で利率が変動した場合の処理が検討事項としてあげられている（部会資料 19-2・9 頁）。

　もっとも，変動利率制導入に対しては，契約に基づく場合には当事者間で利息が定められるのが通常である以上，法定利率が機能するのは実質的には損害賠償の場面であるとすると，市場金利と比べて現行法の法定利率が高すぎるからといって変動利率制をとる必要性がどれほど高いのか，むしろ変動利率制にすることで

84

第 4 節 法 定 利 率

煩雑となるのではないかという疑問を呈する意見もあった（第19回会議における中井康之委員発言）。すなわち，現行法の5％という法定利率が経済情勢に合わないものであるという認識は共有されているが，変動利率制に改めることによるコストが高くなることへの懸念も示されていた。

　以上の議論を経た中間試案（第8-4）の内容は以下のようなものである。

⑴　変動利率制による法定利率
　　民法第404条が定める法定利率を次のように改めるものとする。
　ア　法改正時の法定利率は年［3パーセント］とするものとする。
　イ　上記アの利率は，下記ウで細目を定めるところに従い，年1回に限り，基準貸付利率（日本銀行法第33条第1項第2号の貸付に係る基準となるべき貸付利率をいう。以下同じ。）の変動に応じて［0.5パーセント］の刻みで，改定されるものとする。
　ウ　上記アの利率の改定方法の細目は，例えば，次のとおりとするものとする。
　　㋐　改定の有無が定まる日（基準日）は，1年のうち一定の日に固定して定めるものとする。
　　㋑　法定利率の改定は，基準日における基準貸付利率について，従前の法定利率が定まった日（旧基準日）の基準貸付利率と比べて［0.5パーセント］以上の差が生じている場合に，行われるものとする。
　　㋒　改定後の新たな法定利率は，基準日における基準貸付利率に所要の調整値を加えた後，これに［0.5パーセント］刻みの数値とするための所要の修正を行うことによって定めるものとする。

85

第 2 章　改正法の内容

> （注 1）　上記イの規律を設けない（固定制を維持する）という
> 　　　　考え方がある。
> （注 2）　民法の法定利率につき変動利率制を導入する場合にお
> 　　　　ける商事法定利率（商法第 514 条）の在り方について，そ
> 　　　　の廃止も含めた見直しの検討をする必要がある。
>
> ⑵　法定利率の適用の基準時等
> 　　ア　利息を生ずべき債権について別段の意思表示がないときは，
> 　　　　その利率は，利息を支払う義務が生じた最初の時点の法定利
> 　　　　率によるものとする。
>
> 【イは後掲⑵ⅰ⟩】
>
> 　　ウ　債権の存続中に法定利率の改定があった場合に，改定があ
> 　　　　った時以降の当該債権に適用される利率は，改定後の法定利
> 　　　　率とするものとする。

　中間試案は法定利率の変更の有無をその時点での政治判断に委ねるのではなく，法定利率の変更のルールを法律で定めることで利率変更についての予測可能性を高めるために以上のような本文の案を採用した（内田貴『民法改正のいま』〔商事法務，2013 年〕33頁）。また，改正時の法定利率が 3％ とされたのは，債権者が同額の金員を他から得るために要するコストを塡補するという観点や，履行のインセンティブを確保するという要請にもバランスよく配慮し，様々な場面に画一的に適用され得る利率としてできる限り広く納得の得られる水準とする必要があることを考慮した結果であった（中間試案の補足説明 96 頁以下）。

　中間試案の後，基準金利として，銀行が行う短期貸付けの平均利率を用いるという提案がなされた。具体的には，「法務省令で定める前年又は前々年の連続した 12 か月における短期貸付けの

第4節　法定利率

平均利率（当該各月において銀行が新たに行った貸付け（貸付期間が1年未満のものに限る。）に係る利率の平均をいう。）の合計を 12 で除して計算した割合として法務大臣が告示する割合」を基準割合とするというものである。銀行は国民一般から預金を受け入れるとともに，間接金融の中心的役割を果たしていることから，銀行が行う貸付けの利率の変動が市中における金利の動向を表す指標として適切であるという理由による（部会資料 74B・3 頁）。

　また，変動の頻度については，パブリック・コメントにおいて，頻繁に法定利率を変動させるということになると，多数の債権を管理する事務処理の負担が過大になるという批判があったことから，変動は最低でも1年に1回に留め，さらに基準割合に 0.5 以上の変更があった場合に限り変動させるという提案がなされた（部会資料 74B・5 頁）。その後，ヒアリングにおいて特に中間利息控除において適用される法定利率も変動するとなると，法定利率の数値の違いによって損害賠償額に差が生じ得ることが問題視された。これに対して法定利率の変動を抑制的なものとすればよいという意見が出た（部会資料 81B・4 頁）ことや，法定利率の見直しの間隔をあまりにも長くすると（例えば5年とすると），直近の市中金利との大きな乖離が生ずる可能性が高くなるということもふまえた結果，変動の頻度については3年ごとに変動させるという提案がなされ（部会資料 81B・5 頁以下），改正に至った。

　また，中間試案の(2)ウについては，元本債権の存続中にこれに適用される法定利率が変わるとすると事務的な負担が大きいとの批判がなされ，改正法では採用されなかった。

　(ii)　**改正法の内容**　　改正によって，これまで年 5％ に固定されていた法定利率が，変動利率制に変わることになる（改正 404条）。具体的には，次のようになる。

87

第2章　改正法の内容

㋐　改正法施行時の法定利率　　3% となる。

㋑　変動の頻度　　法定利率は，法務省令で定めるところにより，3 年を一期として，一期ごとに㋒，㋓のルールに従って見直される。

㋒　基準割合　　法務省令で定めるところにより各期の初日の属する年の 6 年前の年の 1 月から前々年の 12 月までの各月における短期貸付けの平均利率（当該各月において銀行が新たに行った貸付け〔貸付期間が 1 年未満のものに限る〕に係る利率の平均をいう）の合計を 60 で除して計算した割合（その割合に 0.1% 未満の端数があるときは，これを切り捨てる）として法務大臣が告示するものを「基準割合」とする。

㋓　変動の幅　　各期の法定利率は，法定利率に変更があった期のうち直近の期（以下「直近変動期」という。なお，改正法施行後変更がなかったときには改正法の施行後の期）における基準割合と当期における基準割合との差に相当する割合（その割合に 1% 未満の端数があるときはこれを切り捨てる）を直近変動期における法定利率に加算し，または減算した割合とする。要するに，基準割合の金利差が 1% 以上生じないと法定利率は変動しない。

　以上のように，利率の見直しの頻度は 3 年ごとであることや，金利差が 1% 未満の端数は切り捨てられ 1% 単位でしか変動しないため，変動頻度や変動幅が緩やかなものであることから，「緩やかな変動制」であると言われている（潮見佳男『民法（債権関係）改正法案の概要』〔金融財政事情研究会，2015 年〕51 頁，中井康之「法定利率」金融法務事情 2021 号〔2015 年〕48 頁）。変動後の法定利率の周知方法については，改正法の施行後の状況を勘案し，必要に応じた対応を検討することとされている（平成 29 年 5 月 25 日付参議院法務委員会附帯決議）。

第4節　法定利率

　適用利率を決定する基準日であるが，利息については「その利息が生じた最初の時点」の法定利率が適用されることが明文化された（改正 404 条 1 項）（遅延損害金については(2)を参照）。これは，中間試案の補足説明でも明らかにされているように「その利息を支払う義務が生じた最初の時点」という意味であり，「利息を支払う義務の履行期」とは異なる（中間試案の補足説明 100 頁）。具体的には，利息を支払う特約があるときには，利息は金銭の交付時より生じるため，金銭交付の時点における法定利率が適用される。

　また，元本債権が存続している間に法定利率が変更されても，当該債権に適用される利率は改定されない。

　なお，改正によって，商事の法定利率を定めた商法 514 条は削除されることとなっていることから，民事の法定利率と商事の法定利率の区別はなくなる（ただし，今回の民法改正に合わせて改正される手形法 48 条 1 項 2 号および小切手法 44 条 2 号参照）。

(2)　金銭債務の損害賠償額の算定に関する特則

　（i）　**改正の議論**　　諸外国では遅延損害金について法定利率に一定の上乗せをした規定を置く立法例があることから，学説では短期の法定利率としても 2 種のもの（A と A′）を用意し，遅延損害金の場合以外には控えめな利率（A′）での運用を擬制することを提案するものがあった（民法（債権法）改正検討委員会編・前掲 174 頁）。

　これに対して，前述した，民法ではなく「基準利率」を政令で定めることを提案する学説は，金銭債務の不履行による損害賠償の額を基準利率によって定めることを提案している（ただし，約定利率が基準利率を超えるときは，約定利率によるとする）（民法改正研究会編・前掲 163 頁）。

89

第2章　改正法の内容

　法制審議会においては，法定利率を変動利率制に改め，市場金利と連動させた場合，債務者にとって遅延損害金の負担と債務の弁済資金を調達するための利息負担が等価となり，結果として，債務の支払遅延を招くおそれがあるという指摘があることから，金銭債務における遅延損害金の算定に適用される利率については，法定利率に一定の加算をし，あるいは，一定の割合を乗ずるなどして，法定利率よりも高い利率とすべきであるという考え方についてどのように考えるかという問題が提起されている（部会資料19-1・3頁）。

　審議においては，債務者に金銭債権の支払遅延を行わせないようなインセンティブをもたせるためや，紛争の早期解決という観点から，金銭債権の遅延損害金の算定利率を法定利率よりも高い利率とすべきであるという考え方に賛成する意見もあったが（第19回会議において，中井委員によって弁護士会の意見として紹介されている），特に不法行為に基づく損害賠償や善意無過失による不当利得の返還に制裁的要素をもたせることには，損害賠償はてん補賠償であるというわが国の基本的な考え方に合わないのではないかという疑問が出されるなど，反対する声が多数であった。

　結局，中間試案では「金銭の給付を内容とする債務の不履行については，その損害賠償の額は，当該債務につき債務者が遅滞の責任を負った最初の時点の法定利率によるものとする」（中間試案・第8-4⑵イ）という案が採用され，そのまま改正に至った。

　(ii)　**改正法の内容**　　改正によって，現419条1項の規律が維持された上で，法定利率が変動利率制となることから損害を算定する際の法定利率の基準時を明確にする必要があるため，基準時が当該債務につき「債務者が遅滞の責任を負った最初の時」と明文化された（改正419条1項）。

90

第4節　法定利率

　基準時は，具体的には以下のようになる（部会資料 81B・7 頁参照）。

　第 1 に，期限の定めのない債務（例えば，安全配慮義務違反に基づく損害賠償請求権〔最判昭和 55 年 12 月 18 日民集 34 巻 7 号 888 頁〕）は債権者が履行請求をした時から遅滞となる（現 412 条 3 項）ため，損害賠償額の算定に用いる法定利率は請求時のものとなる。厳密に言えば，債務者は請求を受けた日に履行すれば遅滞の責任を負わず，履行せずにその日を徒過することにより，請求の到達の翌日から遅滞の責任を負う（大判大正 10 年 5 月 27 日民録 27 輯 963 頁）ので，法定利率の基準日も「履行の請求」があった日の翌日となる（中田裕康『債権総論〔第 3 版〕』〔岩波書店，2013 年〕104 頁，山野目章夫「民法（債権関係）改正のビューポイント③」NBL1040 号〔2014 年〕69 頁）。

　同じく期限の定めのない債務と解されている法定債務として，不法行為による損害賠償債務がある。不法行為についての損害賠償債務については，一般に不法行為時に発生し，直ちに遅滞に陥ると考えられていることから（最判昭和 37 年 9 月 4 日民集 16 巻 9 号 1834 頁），損害賠償額の算定に当たっては不法行為時の法定利率が適用される。なお，後遺症による逸失利益を算定する場合にも，障害の原因となった不法行為時が利率の基準時となる（潮見・前掲 65 頁）。

　第 2 に，期限の定めがある債務は，期限が到来した時から遅滞となる（現 412 条 1 項）。例えば金銭を支払う債務の遅滞については，支払をすべき日の翌日から遅延損害金が発生するので法定利率の基準日も支払をすべき日の翌日となる。ただし，以上の点は期限到来によって直ちに履行遅滞になる場合にあてはまるものであり，例えば取立債務の場合には債権者が必要な協力をしなけれ

第2章　改正法の内容

ばそもそも遅滞の責任が生じない（中田・前掲 103 頁）。

(3) 中間利息控除

（i）**改正の議論**　前述したように近年では低金利時代が続いていることから，市場金利よりも大きな利率である法定利率によって中間利息控除がなされることは不合理であると批判されていた。とりわけ人身損害の場合にはこの批判が妥当する。そこで，学説では，仮に中間利息を控除する際に法定利率によるという現在の算定方式を維持するのであれば，人身損害については長期間による利率変動を平準化した利率（長期の法定利率。例えば，基準金利の過去 40 年分あるいは 30 年分の平均）を使用し，それ以外の場合には基準時を定めてその時点での短期の法定利率によるという提案が存在した（民法（債権法）改正検討委員会編・前掲 176 頁以下）。これに対して，中間利息控除による不合理性を回避するために定期金による支払の規定を設けることを提案する学説も存在した（民法改正研究会編・前掲 229 頁）。

　法制審議会においては，学説による以上の 2 つの提案をふまえ，また，不法行為における損害賠償の在り方の問題として，保険制度への影響をも加味しつつ，議論がなされた。審議においては，今日の金利に照らすと人身損害を受けた被害者が 5% で中間利息を控除された金額しか賠償金額を受け取ることができないという現状への問題意識はある程度共有されていたが，今後の不法行為法の発展に委ねるべきという慎重な意見も見られた。

　以上の議論を経て公表された中間試案（第 8-4(3)）の内容は以下のとおりである。

　損害賠償額の算定に当たって中間利息控除を行う場合には，そ

第4節　法定利率

れに用いる割合は，年［5パーセント］とするものとする。
（注）　このような規定を設けないという考え方がある。また，中
　　間利息控除の割合についても前記（1）の変動利率制の法定利
　　率を適用する旨の規定を設けるという考え方がある。

　このように中間試案では中間利息控除をする場合には法定利率
がどのようになっているかにかかわらず年5％という固定された
率によって行うという見解が採用された。これは，法定利率を変
動利率制とした場合には法定利率をそのまま中間利息控除に利用
する根拠が弱まることや，実際上，どの時点の法定利率を参照す
べきか等の疑義を生ずることが考慮されたことによる。

　しかし，パブリック・コメントにおいて，①中間利息控除は原
則として運用利率に近い利率で行うべきであり，5％は高すぎる，
②法定利率と中間利息控除の割合との比較において後者だけ高い
まま固定されることは被害者救済の観点から著しく不合理である
といった反対意見が寄せられた。これらを踏まえ，中間利息控除
に法定利率を用いるとした場合にどのような社会的影響があり得
るかなどが検討された（部会資料74B・10頁以下）。審議において
はとりわけ損害保険制度における事務的なコストの増加，被害者
が被害を受けた時期によって賠償額が異なり得るという点が懸念
として出される一方，法定利率と中間利息控除の利率を区別すべ
きであるという見解も出された。もっとも，緩やかな変動利率制
による法定利率であれば中間利息控除に当たっても同じ利率を使
う余地があり得るという意見も複数あった（第83回議事録を参照）。
その後，ヒアリングや審議をふまえた上で中間利息控除において
も法定利率を用いるとしつつ，どの時点の法定利率によるかとい
う基準時を明確にするために「将来において取得すべき利益につ

93

第2章　改正法の内容

いての損害賠償の額を定める場合において，その利益を取得すべき時までの利息相当額を控除するときは，損害賠償の請求権が生じた時の法定利率によってこれをしなければならない」という案が出され（部会資料81B・1頁），さらにその後，将来において負担すべき費用（例えば被害者が将来負担することとなる介護費用）についての損害賠償額を定める場合において中間利息控除を行う際も同様とするという条文案が追加された上で（部会資料84-1・11頁，同84-3・1頁），改正に至った。

(ii) **改正法の内容**　改正によって中間利息控除に関するルールが初めて明文化された（改正417条の2）。それによると，将来において取得すべき利益（就労可能年齢までの平均収入など）についての損害賠償額を算定する場合に，その利益を取得すべき時までの利息相当額を控除するとき，および，将来において負担すべき費用（将来の介護費用など）についての損害賠償額を算定する場合においてその費用を負担すべき時までの利息相当額を控除するときには，「その損害賠償の請求権が生じた時点における法定利率」によることが明文化された。中間利息控除を行う際にも法定利率によるという最高裁判例の立場を維持しつつ，そこでの法定利率が変動利率制となることから中間利息控除に用いられる法定利率の基準時を損害賠償請求権が生じた時点であると明文化した点に特徴がある。もっとも，中間利息控除に用いる利率の在り方について，改正法施行後の市中金利の動向等を勘案し，必要に応じて対応を検討することとされている（平成29年4月12日付衆議院法務委員会附帯決議）。

損害賠償請求権が生じた時点とは，不法行為の場合には不法行為の時点，債務不履行の場合には不履行の時点，安全配慮義務違反の場合には義務違反の時点である。もっとも，いわゆるじん肺

94

第4節　法定利率

訴訟等で問題となった蓄積型損害が発生した場合に，何をもって
「不法行為時」とみるかについては検討の余地がある（山野目・前
掲 69 頁。なお，同じ問題は，遅延損害金の場合にも生じる）。

〔大澤　彩〕

第5節
債務不履行等

I 総　説
——「債権（債務）」概念理解の変遷——

　債務不履行に関する民法改正の背景には，「債権（債務）」概念に関する理解の変遷が存在する。現行民法は第3編「債権」において，契約・事務管理・不当利得・不法行為という債権の発生原因に関する諸規定（第2章から第5章）に先立って総則（第1章）を設ける。これは，ある債権（債務）がいかなる原因に基づいて発生したのかという問題から切り離して，抽象的に債権（債務）を観念するという発想に基づく。そこでは，債権は，債務者に一定の財産上の行為を求める法的権限と理解される（梅謙次郎『民法要義巻之三〔訂正増補第33版〕』〔有斐閣，1912年〕1頁）。このような債権概念の構想は，債務者に対する人格的支配の排除という思想を前提とする。ある者が他者と法律関係を形成する場合，当該他者の人格全体を支配することはできず，支配の対象は個別の行為に限られる。債権は，他者の個別的行為に対する支配として理解されるのである。そして，そのような支配から債務者を解放するのが，債務者自身による債務の履行（給付）である。こうして履行（給付）が債務の中核的内容をなすことになる（平井宜雄『債

第 5 節　債務不履行等

権総論〔第 2 版〕』〔弘文堂，1994 年〕1-2 頁）。

　以上のような債権（債務）概念の理解に対しては，既に戦前から批判が向けられていた。有力な学説は，債権を「〔それ〕を発生させる社会的目的の達成を共同の目的とする当事者間の一個の法律関係，すなわち，債権関係の一内容として存在するもの」として観念し，債権者・債務者の関係を信義則によって支配される協同体とみるべきことを主張した（我妻栄『新訂債権総論（民法講義Ⅳ）』〔岩波書店，1964 年〕7 頁〔初版 1940 年〕）。戦後になると，契約に基づく債権について，契約当事者の付随義務に関心が向けられるようになり，中核的な履行（給付）義務の周辺に付随義務を措定する段階的な契約責任論が展開されることになる（北川善太郎『契約責任の研究』〔有斐閣，1963 年〕361-362 頁）。さらに学説上は，契約当事者の義務を中核・周辺と二分するのではなく，債権発生原因である契約の内容に着目して当事者の債務を確定すべきという見解が有力になる（平井・前掲債権総論 49-50 頁）。こうした議論を受けて，近時の学説では，債権の内容や債務不履行の効果などを，契約の内容を基礎として判断すべきとする見解が支配的になっている。その背後には，契約責任の帰責の根拠を当事者の合意（契約の拘束力）に求めるべきであるという理解が存在するのである。

　このように民法制定後の議論は，債務者の履行（給付）を中核として抽象的に債権（債務）概念を把握する立場から，発生原因に結び付けて債権（債務）を理解する立場へと展開してきたということができる。このことを前提として，本節では履行強制（Ⅱ，Ⅲ），損害賠償（Ⅳ〜Ⅷ），代償請求（Ⅸ），受領遅滞（Ⅹ）につき——改正の対象となった規定に関連する限りで——現行制度から改正法へと至る議論の変遷をみていくことにしたい（中間利息の

第2章 改正法の内容

控除に関する改正 417 条の 2，および金銭債務の不履行の損害賠償額に
関する改正 419 条 1 項については，**第 4 節**参照）。

Ⅱ 履 行 強 制
──実体的効力と執行手続──

改正のポイント

□債権の実体的効力と執行手続の関係について民法と民事訴訟法の規
定が整序された。

1 現行制度の概要

(1) 民法の規定

414 条 1 項本文は「債務者が任意に債務の履行をしないときは，
債権者は，その強制履行を裁判所に請求することができる」と規
定する。債務者が債務を任意に履行しない場合に，債権者がいか
なる条件のもとで履行を強制することができ，あるいは損害賠償
を請求できるにとどまるのかについて，諸外国の法制は一様でな
い。414 条 1 項は，債権一般について原則として履行の強制を認
めつつ（本文），債務者による任意の履行がない限り目的を達し
ない債務については履行の強制が許されないこと（ただし書）を
明らかにした規定であると説明される（梅・前掲 50-51 頁）。同項

98

は債権の実体的効力としての履行の強制可能性に関する規定と理解されるのである（なお債権者が債務者に対して履行を請求する場合であっても、損害賠償を請求することは妨げられない〔414条4項〕）。

さらに414条は、債権を実現するための執行手続についても規定する。まず作為債務（債務者の積極的行為を内容とする債務）について、第三者による代替的履行が可能である場合には、債権者は第三者に債務を履行させたうえで、その費用を債務者に請求することができる（414条2項本文。法律行為を目的とする債務については、裁判をもって債務者の意思表示に代えることが認められる〔同項ただし書〕）。次に不作為債務（債務者が一定の行為をしないことを内容とする債務）について、債権者は、債務者の費用で、債務者がした行為の結果を除去し、または将来のため適当な処分をすることを裁判所に請求できる（414条3項）。これらの規定を前提として、現行民事執行法は代替執行（171条）と意思表示の擬制（174条）という執行方法を定める。さらに同法は、債務者に対して金銭（強制金）の支払という不利益を課すことによって債務の履行を促すという執行方法（間接強制）をも認めるのである（172条・173条・167条の15・167条の16）。

作為債務・不作為債務と異なり、引渡債務（金銭の支払や物の引渡しを目的とする債務）について、現行民法には執行手続に関する規定が存在しない。しかし現行民事執行法は、引渡債務の履行強制が認められることを前提として、執行機関の実力により債務の内容を直接に実現する執行方法（直接強制）を規定する（同法43条～167条の14・168条～170条）。

(2) 伝統的通説

414条について民法制定後の学説では、民法起草時と異なる理

99

第2章　改正法の内容

解が有力化する。ドイツ法学の影響のもとで，債権者が債務者に対して債務の履行を請求する権限を有し，裁判所に訴えを提起できる（債権が請求力・訴求力を有する）のは当然であり，明文の規定は不要であると考えられるようになったのである。そこで414条1項本文は，債権者が債務者に執行手続を行える（債権が執行力を有する）ことを定めた規定であると理解されることになる（鳩山秀夫『増訂改版日本債権法総論』〔岩波書店，1925年〕116-117頁）。414条1項本文の「強制履行」は直接強制を意味し，2項は，債務の性質上，直接強制が許されない場合に，代替執行が許容されることを定めたものとされる。また間接強制は，直接強制・代替執行が許されない場合に限って認められる執行方法と位置付けられる（間接強制の補充性。我妻・前掲債権総論90-91頁）。ここには，債務者の人格的自由の尊重という理念に基づいて，債務者に対する人格的強制となる執行方法が抑制されるべきという理解が存在する。間接強制は——直接強制・代替執行と異なり——債務者自身による債務の履行を促すので，債務者への心理的強制を伴うものと評価されるのである（我妻栄「作為又は不作為を目的とする債権の強制執行」『民法研究Ⅴ』〔有斐閣，1968年〕81頁〔初出1932年〕）。以上の通説を前提として，昭和54年制定の現行民事執行法は，直接強制も代替執行もできない場合に限って間接強制が認められる旨を規定することになった（172条）。

(3)　批　判

しかし民事執行法制定と相前後して，学説では，間接強制の補充性に対する批判が有力化した。債務者に対する人格的強制の抑制という点において，執行機関による物理的な強制を伴う直接強制の方が，金銭の支払によって履行を強制する間接強制よりも，

第 5 節　債務不履行等

債務者に与える影響が大きいともいえる（星野英一『民法概論Ⅲ（債権総論）〔補訂版〕』〔良書普及会，1981 年〕40 頁）。むしろ迅速かつ効率的に執行の目的を達成するうえでは，間接強制が有用であると考えられる（平井・前掲債権総論 247 頁）。さらに，通説を支える発展的な執行法史観についても，実証的な裏付けを欠くものであることが明らかにされたのである（森田修『強制履行の法学的構造』〔東京大学出版会，1995 年〕324-328 頁〔初出 1992-1993 年〕。さらに歴史認識に基づく規範認識の正当化のあり方が批判の対象とされる〔同 328-330 頁〕）。

　こうした議論の展開を受けて，平成 15 年および平成 16 年の民事執行法改正では，間接強制が許容される場面が拡張された（現行民事執行法 173 条・167 条の 15・167 条の 16）。間接強制の補充性という通説の主張は，大きく後退することとなったのである。

② 改正の議論と改正法の内容

　民法（債権関係）改正作業では，債権者が債務者に債務の履行を請求できるという基本原則（債権の・請・求・力）を明文化することが検討された（中間試案・第 9-1）。しかし，当然の事柄は規定しないという法制執務の方針に基づいて，このような基本原則の明文化は見送られることになった（山本敬三「契約責任法の改正――民法改正法案の概要とその趣旨」曹時 68 巻 5 号〔2016 年〕1227-1228 頁。ただし債権の請求力を前提として改正 412 条の 2 第 1 項が新設されたことに注意を要する。Ⅲ2 参照）。

　その一方で改正法は，現行 414 条の改正を通じて債権の実体的効力と執行手続の関係を整序する。まず作為債務・不作為債務の執行手続を定める現行 414 条 2 項および 3 項が削除される（現

第2章　改正法の内容

414条4項が繰り上がって改正414条2項となる）。そして改正414条
1項本文は「債務者が任意に債務の履行をしないときは，債権者
は，民事執行法その他強制執行の手続に関する法令の規定に従い，
直接強制，代替執行，間接強制その他の方法による履行の強制を
裁判所に請求することができる」（傍点筆者。以下同様）と規定す
る。ここでは「履行の強制」が「強制執行の手続」，「直接強制，
代替執行，間接強制その他の方法」と対置される。これらの改正
を通じて，まず，改正414条が債権の実体的効力に関する規定で
あることが明らかにされる（部会資料68A・4-5頁）。また，「履行
の強制」が「強制執行の手続」によって実現されるという意味で，
債権の実体的効力と執行手続の関連性が明示されるのである。

　他方，削除される現行414条2項および3項の内容は民事執行
法に移される（改正民事執行法171条1項）。こうして改正法のもと
では，債権の実体的効力は民法に，執行手続は民事執行法などの
手続法に，それぞれ規定が設けられることになるのである。

Ⅲ　履 行 強 制
──限界事由──

改正のポイント

□履行請求権の限界事由として債務の履行不能が明文化された。
□債務の履行不能の判断について債務の発生原因を考慮すべきことが
　明文化された。

現行制度の概要

　伝統的な債権（債務）概念によれば，債務の行不能（債務を履行できないこと）は，履行強制との関係で重要な法的意味を有する。債務者に債務の履行を求めるには，債務の履行が可能であることが前提となる。契約当事者が最初から履行できない内容の債務を合意した場合（原始的不能の場合）には，履行請求権は成立しないし，当初は履行可能であった債務が事後的に履行できなくなった場合（後発的不能の場合）には，履行請求権は消滅することになる。この意味で，履行不能概念は履行請求権の限界を画す機能を有する。旧民法は「不能ノ作為又ハ不作為ヲ目的トスル」合意を無効とし（財産編 322 条 1 項），債務が「履行ノ不能ニ因リテ消滅」することを定めていた（財産編 539 条 1 項）。現行民法の制定過程では，これらの規定が当然の事柄を定めたものに過ぎないとして削除されたが（広中俊雄編著『民法修正案（前三編）の理由書』〔有斐閣，1987 年，以下「修正案理由書」〕501 頁，『法典調査会民法議事速記録三』〔商事法務，1984 年，以下「民法議事三」〕638 頁〔富井政章〕），判例・学説は債務の履行不能によって債務者が履行義務を免れることを認めてきた。そこでは，履行不能の意義について，債務の目的物が滅失した場合などの「物理的不能」に加えて，「社会通念上の不能」――債務の履行が事後的に法律で禁止された場合や，不動産が二重に譲渡され第二買主が所有権移転登記を備えた場合（大判大正 2 年 5 月 12 日民録 19 輯 327 頁，最判昭和 35 年 4 月 21 日民集 14 巻 6 号 930 頁）など――が含まれると説明される（我妻・前掲債権総論 143 頁）。

　しかし「社会通念上の不能」概念には，その外延が不明確であ

り，履行請求権の限界を画す基準として機能しがたいという問題がある。そこで近時の有力な学説は，債権（債務）概念を契約という発生原因に結び付けて理解する立場に基づいて，履行請求権の限界に関する基準を明確化すべきことを主張する。例えば，当事者が契約によって実現しようとした目的が法的保護に値するのはどこまでかを問題とし，契約によって実現されるべき利益（債権者の利益）が，給付対象を調達するために要する債務者のコストと比べて著しく過小である場合には，履行請求権が消滅すると考えるべきとされるのである（潮見佳男『債権総論Ⅰ〔第2版〕』〔信山社，2003年〕166頁。請負契約の注文者の瑕疵修補請求権に関する634条1項ただし書はこの理解を体現する規定と説明される）。

改正の議論と改正法の内容

改正412条の2第1項は「債務の履行が契約その他の債務の発生原因及び取引上の社会通念に照らして不能であるときは，債権者は，その債務の履行を請求することができない」と定める。この新設規定は，債権者が債務者に対して債務の履行を請求する実体的権利を有すること（債権の請求力）を前提として，その限界を定めるものである。履行請求権の限界を画する基準として「不能」概念を明文化し，従前の通説との接合を図るものといえる。その一方で，「不能」の判断を「契約その他の債務の発生原因及び取引上の社会通念に照らして」行うものとすることで，債権の発生原因に着目する近時の有力説の主張を取り込むものと評価することができる（潮見佳男『民法（債権関係）改正法案の概要』〔金融財政事情研究会，2015年〕54頁，山本・前掲1229頁）。なお「契約その他の債務の発生原因」に加えて「取引上の社会通念」が並列さ

れる点について，契約の内容から乖離した判断が「取引上の社会通念」を根拠として正当化されるわけではないことが指摘されている（潮見・前掲概要 48-49 頁）。

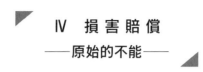

IV 損害賠償
—— 原始的不能 ——

改正のポイント

□債務の原始的履行不能が塡補賠償請求権の成立の妨げとならないことが明文化された。

 現行制度の概要

(1) 伝統的通説

伝統的通説によれば，履行不能概念には，損害賠償請求権の成立との関係で特別な法的意義が認められる。前述（Ⅲ1）のように，契約締結時に債務の履行が不能である場合（原始的不能の場合），履行請求権は成立しない。そこで問題となるのが，履行請求権に代わる損害賠償請求権（塡補賠償請求権）の成否である。

わが国の実務・学説では，明治末から大正にかけて——ドイツ法学の影響のもとで——原始的に不能な給付を内容とする契約は無効であって，当該契約に基づいて債権は成立しないという法理（原始的不能の法理）が定着することになった。その根拠として，

まず，不可能な給付を目的とする契約の効力を認める必要がない
ことが挙げられる。履行（給付）を中核とする伝統的な債権（債
務）概念を前提とすれば，債務者が履行できない債務を認めても
意味がないと考えられる（石坂音四郎「給付不能論」『改纂民法研究
下巻』〔有斐閣，1920年〕189頁〔初出1911-1912年〕）。次に，原始的
不能の法理は，契約当事者の合理的意思によっても基礎づけられ
る。契約締結の時点で債務を履行できないことを知っていたとす
れば，当事者は契約を締結しなかったであろうと想定されるから
である（磯村哲「Impossibilium nulla obligatio 原則の形成とその批判理
論」『私法学の諸問題（一）』〔有斐閣，1955年〕424頁）。さらに，履
行請求権のみならず，塡補賠償請求権の成立までもが否定される
根拠となるのが，債権法の体系性である。「わが民法は，債務不
履行に基づく損害賠償債務を，一度成立した債務の変形（塡補賠
償）または拡張（遅延賠償）とみていると解すべきだから……，
最初から不能な——従つて現実的な履行請求権を認める余地のな
い——債務について損害賠償債務だけを発生させることは，解釈
論として妥当を缺く」と説明されるのである（我妻栄『債権各論上
巻（民法講義V₁）』〔岩波書店，1954年〕80頁）。ここには塡補賠償請
求権が履行請求権の変形であるという考え方（転形論）が表れて
いる。伝統的通説は，塡補賠償請求権が有効な履行請求権を前提
として成立する権利であると理解するのである。

　もっとも伝統的通説は，原始的不能の法理によって契約の有効
性を信頼した当事者に一切の法的保護を否定することは妥当性を
欠くとする。そこで，契約当事者が契約締結にあたって相手方に
不慮の損害を被らせないようにする信義則上の義務を負うという
理解を前提として，「過失によつて無効な契約を締結した者は，
相手方がその契約を有効なものと誤信したことによつて蒙る損害

第 5 節　債務不履行等

を賠償する責任がある」という法理（契約締結上の過失の法理）を採用する（我妻・前掲債権各論上巻 39 頁）。当事者の信頼を保護する限度で特別な損害賠償責任を認めるのである。

(2)　批　判

以上の通説を批判する形で，戦後の学説は展開することになる。通説の第 1 の根拠については，債務の履行不能は履行請求権の成立を否定するに過ぎず，損害賠償請求権の成立までを否定する必然性はないといえる。第 2 の根拠についても，債権者が債務の履行がそもそも不能である可能性（リスク）を引き受けたうえで契約を締結したのであれば，契約を有効とすべきと考えられる。債権をその発生原因と結び付けて理解する立場によれば，契約の有効性（塡補賠償請求権の成否）もまた契約当事者の合意（リスク負担）の内容に着目して判断すべきことになるのである（潮見・前掲債権総論Ⅰ 45-46 頁）。さらに第 3 の根拠については，そもそも塡補賠償請求権が有効な履行請求権を前提とするものであるのかが問題となる。後述（Ⅴ1(3)(i)）のように，現在の学説では履行請求権の消滅と塡補賠償請求権の成立を切り離して理解する立場が有力なのである。

2　改正の議論と改正法の内容

以上の議論の展開を踏まえて，改正法は，原始的に不能な給付を内容とする契約を有効とする余地を肯定する。改正 412 条の 2 第 2 項は「契約に基づく債務の履行がその契約の成立の時に不能であったことは，第 415 条の規定によりその履行の不能によって生じた損害の賠償を請求することを妨げない」と定める。この規

第 2 章　改正法の内容

定は，債務の内容が原始的に不能であっても，当事者の合意の内容次第では，契約が有効に成立する可能性があることを前提とする。その場合，債権者は——債務の履行を請求できないものの——履行がないことによって生じた損害の賠償を請求できるのである。同項は損害賠償についてのみ規定するが，このほかにも契約の有効性を前提とした場合の法的効果としては，債権者による契約の解除（改正 542 条 1 項 1 号）や代償請求（改正 422 条の 2）などが考えられる（潮見・前掲概要 54-55 頁）。

Ⅴ　損 害 賠 償
——債務の不履行と債務者の帰責事由——

改正のポイント

□填補賠償請求権の成立要件が明文化された。
□債務者の帰責事由の不存在が免責事由であることが明確にされた。
□債務者の帰責事由の判断について債務の発生原因を考慮すべきことが明文化された。
□債務の履行遅滞後に債務の履行不能が生じた場合に債務者の帰責事由が擬制されることが明文化された。

第5節　債務不履行等

 現行制度の概要

(1) 民法の規定

(i) **412条**　債務不履行に基づく損害賠償請求の要件について，民法は412条と415条という2つの規定を設ける。まず412条は債務者が履行を遅滞した場合の責任について規定する。債務の履行に確定期限があるときは「期限の到来した時」(1項)，不確定期限があるときは「期限の到来したことを知った時」(2項)，期限の定めがないときは「履行の請求を受けた時」(3項) から，それぞれ債務者は遅滞の責任を負う。その結果，債権者は——履行請求権とともに——履行遅滞によって生じた損害の賠償を請求する権利（遅延賠償請求権）を有することになる。

(ii) **415条**　次に415条前段は「債務者がその債務の本旨に従った履行をしないときは」，債権者は損害賠償を請求することができると定める。そして同条後段は「債務者の責めに帰すべき事由によって履行をすることができなくなったときも，同様とする」と規定する。後発的履行不能によって履行請求権は消滅するが，履行不能が債務者の帰責事由による場合，債権者は，履行の請求に代わる損害の賠償を請求する権利（塡補賠償請求権）を有するのである。

これらの規定についてまず問題となるのが，「債務の本旨に従った履行をしない」(415条前段) ことの意義である。履行遅滞（412条）や（後発的）履行不能（415条後段）といかなる関係にあるのかが問題となる。次に，415条後段のみが債務者の帰責事由を要件とすることも問題となる。415条前段に基づく損害賠償請

109

求について，債務者の帰責事由が要件とされるのか否かが，条文上明らかでないからである。

前者の問題について，現行民法の起草段階では，415条が債務不履行に基づく損害賠償請求の要件を包括的に定める規定であり，履行遅滞（412条）も415条に該当するものと説明されていた（修正案理由書405頁）。また415条が前段と後段に分かれることも，債務を「履行をしない」という文言に，債務を履行できないこと（履行不能）を読み込むのが困難であるからと説明される（民法議事三641頁［富井］）。債務不履行について，履行遅滞や履行不能という下位類型を立てる意図はなかったということができる。

次に後者の問題について，民法起草者の一人は，債務者の帰責事由が債務者の「過失」または「（履行）遅滞後ニ於テ履行ノ不能ヲ生ジタ」ことを意味するとしたうえで（民法議事三638頁［富井］），415条前段が債務者の帰責事由について規定しないのは，文言の繰り返しによって条文が冗長になることを避けるためであると説明する（民法議事三642頁［富井］）。これによれば，415条前段についても，債務者の帰責事由が損害賠償請求の要件とされることになる。そして債務者の帰責事由は，債務不履行責任を免れようとする債務者が，その不存在を証明する責任を負うものと説明されていたのである（民法議事三641頁［富井］）。

(2) 伝統的通説

(i) **債務の不履行**　　以上に対して，民法制定後の学説は——ドイツ法学の影響のもとで——起草段階とは異なる議論を展開した。まず債務不履行について，不履行の態様に着目して，3つの類型を区別することが主張された。⑦債務が期限までに履行されなかった履行遅滞，⑦債務が履行できなくなった履行不能，そし

て⑰債務者が一応履行を試みたものの，その内容が債務の本旨に
適合していなかった結果として債権者に損害を与えることになっ
た不完全履行である。民法に規定がある履行遅滞と履行不能を独
立した債務不履行の類型としたうえで，それらに該当しない債務
の不履行を不完全履行と位置付けたのである（岡松参太郎「所謂
『積極的債権侵害』ヲ論ス」法学新報 16 巻 1 号〔1906 年〕70-71 頁）。

　また履行遅滞については，不確定期限がある場合に関する解釈
論が展開された。412 条 2 項によれば，債務者が遅滞の責任を負
うために「期限の到来したことを知った」ことが必要とされる。
しかし期限が到来したことを債権者が債務者に通知すれば，たと
え債務者が期限の到来を知らなかったとしても，債務者に履行遅
滞の責任を負わせるべきであると考えられるようになったのであ
る（鳩山・前掲 132 頁）。

　(ii)　**債務者の帰責事由**　　債務者の帰責事由の意義についても，
ドイツ法学の影響のもとで通説が形成された。そこでは債務者の
帰責事由が――不法行為の場合と同様――故意または過失を意味
するものとされる。債務者が債務不履行による損害発生を容認し
ていた場合には故意，注意の欠缺があった場合には過失があるこ
とになる（鳩山・前掲 155 頁，157-158 頁）。行為者（債務者）の行動
の自由を保障するため，過失がない限り損害賠償責任が成立しな
いという意味で過失責任主義と呼ばれる立場である。過失責任主
義によれば――明文の規定のある履行不能に限らず――債務不履
行一般に債務者の過失を要求すべきことになる。また債務者が過
失の不存在を証明する責任を負うこととされ，債務者の無過失が
免責事由として位置付けられたのである（鳩山・前掲 136-137 頁，
160 頁，大判昭和 10 年 5 月 27 日民録 27 輯 963 頁，大判大正 14 年 2 月
27 日民集 4 巻 97 頁）。

第2章　改正法の内容

　さらに過失責任主義の前提には，人は自己の行為についてのみ責任を負うという考え方が存在する。そこで問題となるのが，債務者が債務の履行に他人を利用した場合である。他人の行為によって債務不履行が生じたとき，債務者はいかなる責任を負うのかが問題となる。この問題に関する議論を深化させたのが，昭和4年の2つの大審院判決である（大判昭和4年3月30日民集8巻363頁，大判昭和4年6月19日民集8巻675頁）。これらの判決は——債務の履行に他人を用いたという事例に関するものではなく——，転貸借における転借人の行為によって賃借人の賃貸人に対する目的物返還債務が不履行に陥ったという事例について，賃借人の損害賠償責任を肯定したのである。

　これに対して，有力な学説は，一定の場合に債務者の責任を限定すべきことを主張した。そこではまず，無過失責任の拡大が近代法の1つの特徴であるという理解のもと，過失責任主義の例外として，債務者が他人の行為に責任を負うべき場合があるとされる（我妻栄「履行補助者の過失による債務者の責任」前掲民法研究V 127-128頁〔初出 1937年〕）。そして，債務の履行のために用いられた他人が独立性を有するか否かによって，債務者の責任の成否と内容を区別すべきことが主張される。まず，㋐債務者からの独立性を有しない「真の履行補助者」について，債務者はその者の過失を自己の過失として責任を負う。次に，㋑他人が債務者に代わって債務の履行を引き受けた「履行代行者（履行代用者）」については，その使用が債権者との関係で禁止されていた場合には，その使用自体が債務不履行に該当するので，債務者は履行代行者の過失を問題とすることなく損害賠償責任を負う。これに対して，㋒履行代行者の使用が明示的に許容される場合には，105条などの規定に照らして，その選任・監督に過失があった場合に限って，

第5節　債務不履行等

債務者は損害賠償責任を負う。最後に，㋑履行代行者の利用について明示的に禁止も許容もされていないときは，106 条を参照しつつ，真の履行補助者の場合（㋐）と同様に履行代行者の過失を自己の過失として責任を負う（同 129-130 頁）。このように伝統的通説は，債務の履行に他人を利用した場合を類型化したうえで，一定の場合（㋒）に，債務者の損害賠償責任の成立を制限すべきことを主張したのである。

　こうして債務者の帰責事由は「債務者の故意・過失または信義則上これと同視すべき事由」と定式化されることになった（我妻・前掲債権総論 105 頁）。債務の履行に他人を利用した場合の債務者の責任は信義則を根拠として基礎づけられたのである。

(3)　批　判

　(i)　**債務の不履行**　　以上の通説に対して，戦後になると学説による批判が展開されることになる。まず伝統的通説が債務不履行を履行遅滞・履行不能・不完全履行の 3 類型に区別することについては，履行遅滞および履行不能の規定のみを有するドイツ民法特有の事情に由来する議論であって，債務不履行に関する包括的要件（415 条前段）を有する日本法とは前提となる法的構造が異なることが指摘された（北川・前掲 304-305 頁，318 頁）。さらに，このような類型論には解釈論上の意義も乏しいとの批判が向けられる。まず，履行遅滞と履行不能を区別する意義については，一般に，履行不能の場合に債権者が履行請求に代わる塡補賠償請求をするほかないのに対して，履行遅滞の場合には債権者は履行の請求とともに遅延賠償を請求することができる一方で，塡補賠償請求をするには契約の催告解除（541 条）によって履行請求権を消滅させる必要がある，と説明される。しかし判例・実務では，

113

第 2 章　改正法の内容

履行遅滞の場合に履行の催告と相当期間の徒過があれば解除の意思表示をしなくても塡補賠償を請求することが認められており（大判昭和 8 年 6 月 13 日民集 12 巻 1437 頁参照），学説もこれを支持する（我妻・前掲債権総論 114 頁）。それゆえ，履行不能と履行遅滞を截然と区別することはできないことになる（川島武宜 = 平井宜雄「契約責任」石井照久ほか編『企業責任』〔ダイヤモンド社，1968 年〕262-264 頁）。次に不完全履行という類型については，債権者が債務者から完全な履行を受けることによってなお契約を締結した目的を達成できるのであれば履行遅滞に準じて考えればよく，もはや契約の目的を達することができないのであれば履行不能に準じて考えればよいとされる（同 265 頁）。むしろ債務不履行責任の判断について重要なのは，不履行の態様ではなく，契約（当事者の合意）の内容であると考えられる。それゆえ，債務不履行を（3 類型に区別するのではなく）一元的に捉えたうえで，契約の内容に照らして，何が「債務の本旨に従った履行をしない」ことに該当するのかを議論すべきとされるのである（同 267-268 頁）。

　以上の議論の展開はさらに進んで，履行請求権と塡補賠償請求権の関係を問い直すことにつながった。前述（Ⅳ 1 (1)）の伝統的な転形論——履行請求権が後発的履行不能または履行遅滞に基づく契約の催告解除によって消滅したことを前提として塡補賠償請求権が成立するという考え方——が批判されることになったのである。既に見た通り，判例は解除権行使前に塡補賠償を請求することを認めていた。また学説上は，裁判例の分析に基づいて，債務の履行期前であっても，債務者が履行を拒絶する意思を明確にすれば，債務不履行に該当することを認めるべきとする見解が主張されることになった（奥田昌道編『注釈民法(10)』〔有斐閣，1987 年〕356-357 頁〔北川善太郎〕）。さらにヨリ論理的な観点から，履

第 5 節　債務不履行等

行請求権の限界と塡補賠償請求権の成立の関係を分析する見解も登場する。それによれば，履行請求権の限界は，債務者がどの時点まで債権者の履行請求に拘束されるのかという履行請求権の債務者に対する拘束力の問題として理解される。これに対して塡補賠償請求権の成立は，債権者がどの時点まで履行請求を選択しなければならないのかという履行請求権の債権者に対する拘束力の問題である。これら 2 つの問題は，異なる価値判断に基づくものであり，別個に議論する必要がある。それゆえ，債権者は，一定の場合には，履行請求権と塡補賠償請求権の双方を有し，どちらを行使するかの選択権を有することになるのである（森田宏樹「売買契約における瑕疵修補請求権」『契約責任の帰責構造』〔有斐閣，2002 年〕258-260 頁〔初出 1990-1991 年〕）。

　(ii)　**債務者の帰責事由**　　次に債務者の帰責事由の意義についても，日本法のもとで「債務者の故意・過失または信義則上これと同視すべき事由」と言い換える必要性は存在しない。むしろ重要なのは，債務者の責めに帰すべき事由の内容を，契約（当事者の合意）の解釈に基づいて明らかにすることであると考えられるようになった（川島 = 平井・前掲 276 頁）。この考え方によれば，契約において債務者がいかなる内容の債務を負担したのかに基づき，合意の内容からの逸脱をもって債務者の帰責事由が認定されることになる。例えば，債務者が一定の結果の実現が確実であると約束していた場合には，その結果が実現されないことによって──不可抗力による場合を除いて──債務者には帰責事由があったとされる。これに対して，債務者が一定の結果の実現のために努力することを約束したに過ぎない場合には，その結果が実現しなかったことについて債務者に一定の行為義務違反があるときに限って，債務者の帰責事由が認められることになる（森田宏樹

115

「結果債務・手段債務の区別の意義について」前掲帰責構造 47 頁〔初出 1993 年〕)。債務者の帰責事由の債務不履行法上の位置付けについて，近時の学説では様々な見解が主張されているものの，債務者の帰責事由の判断が契約の拘束力の問題に帰着するという点では一致がみられるのである（潮見佳男「債権法改正と『債務不履行の帰責事由』」曹時 68 巻 3 号〔2016 年〕642-644 頁）。

さらに債務者が債務の履行に他人を用いた場合について，伝統的通説が過失責任主義の例外として無過失責任を認めるべきとすることも批判される。通説によれば，債務者自身が債務を履行していれば損害賠償責任を負うにもかかわらず，他人を利用すれば責任が限定される類型（⑦）が存在することになる。しかし，それでは債権者の利益が一方的に害されることになってしまう。むしろ，債務者は——他人による履行が可能な債務について——自らの意思に基づいて他人による債務の履行を選択した以上，それによって生じた責任を負担すべきであると考えられる。このように解することで，他人を債務の履行に利用した場合の債務者の責任もまた，当事者の合意内容を基礎として把握することが可能になるのである（森田宏樹「わが国における履行補助者責任論の批判的検討」前掲帰責構造 164-168 頁〔初出 1997 年〕)。

2 改正の議論と改正法の内容

(1) 債務の不履行

以上の議論の展開を前提として，改正法の内容についてみていこう。改正 415 条 1 項本文は「債務者がその債務の本旨に従った履行をしないとき又は債務の履行が不能であるときは，債権者は，

これによって生じた損害の賠償を請求することができる」と規定する。ここでは「債務の本旨に従った履行をしない」ことと「履行が不能である」ことが並列されている。これは「履行をしない」という文言に「履行が不能である」ことを読み込むことが困難であるという——現行民法の起草時（**1**(1)(ii)参照）と同様の——理由に基づくものである（部会資料83-2・8-9頁）。それゆえ債務不履行について履行不能を独自の類型として定立する意図はなく，批判学説のように債務不履行を一元的に理解する余地は否定されないことが指摘されている（潮見・前掲概要60頁。改正415条1項ただし書が本文を受けて「その債務の不履行」という文言を用いることに表れているとされる）。

　次に改正法は塡補賠償請求権の成立要件について明文の規定を設ける。改正415条2項は，債務の履行不能（1号）と契約の解除（3号。合意解除などが想定される〔部会資料79-3・11頁〕）に加えて，「債務者がその債務の履行を拒絶する意思を明確に表示したとき」（2号）と「債務の不履行による契約の解除権が発生したとき」（3号）に，塡補賠償請求権が成立することを規定する。未だ履行請求権が消滅していない段階で塡補賠償請求権が成立することを認めるのであり，判例・学説の展開を踏まえて伝統的な転形論を否定するものと評価することができる。履行請求権と塡補賠償請求権の双方を有する債権者は，いずれを行使するかについて選択権を有するものと解される。

　最後に不確定期限のある債務の履行遅滞について，改正412条2項は「期限の到来した後に履行の請求を受けた時」または「期限の到来したことを知った時」のいずれか早い時から遅滞の責任を負うと定める。伝統的通説を踏まえつつ，現行412条3項の文言などを参考として，改正がなされたのである（部会資料68A・

117

11 頁)。

(2) 債務者の帰責事由

次に債務者の帰責事由について改正 415 条 1 項ただし書は「その債務の不履行が契約その他の債務の発生原因及び取引上の社会通念に照らして債務者の責めに帰することができない事由によるものであるときは、この限りでない」と規定する。債務者の帰責事由の不存在が免責事由と位置付けられることは判例・通説と一致する。その一方で、帰責事由の存否は「契約その他の債務の発生原因及び取引上の社会通念」に基づいて判断されるものとされる。この点には、債務者の帰責事由を契約（当事者の合意）内容に基づいて判断すべきとする近時の学説の影響が現れていると評価することができる（渡辺達徳「債務不履行」法時 86 巻 12 号〔2014年〕24-25 頁、都築満雄「債務不履行と履行の不能」法セミ 739 号〔2016年〕16 頁）。

さらに近時の学説の展開との関係で重要なのが、現行 105 条およびこれを準用する規定（現 658 条 2 項、現 1016 条 2 項）が削除されたことである。現行 105 条は、伝統的通説が履行補助者・履行代行者の過失に関する債務者の責任について参考としていた規定であり、その削除によって、債務者の帰責事由を「故意・過失又は信義則上これと同視すべき事由」とする考え方の前提の 1 つが失われることになるからである（潮見・前掲概要 17 頁、61 頁、潮見・前掲帰責事由 660-661 頁）。

このほか債務者の帰責事由については改正 413 条の 2 第 1 項が新設された。同項は、履行遅滞後に履行不能が生じた場合に債務者の帰責事由の存在を擬制する（その結果、債務者は改正 415 条 1項ただし書に基づく免責を主張できないことになる。山本・前掲 1236

第5節　債務不履行等

頁）。現行民法の起草過程以来（1⑴(ii)参照），実務・学説が前提としてきたところを明文化するものということができる。もっとも擬制の対象は債務者の帰責事由にとどまるため，債務不履行と損害発生との間に因果関係が存在しない場合にまで，債務者の損害賠償責任が成立するわけではないことに注意が必要である（部会資料 79-3・11 頁）。

Ⅵ　損害賠償
――賠償の範囲――

改正のポイント

□損害賠償の範囲を画す基準である当事者の予見が規範的概念であることが明確にされた。

1　現行制度の概要

⑴　民法の規定

416 条 1 項は，損害賠償請求が「通常生ずべき損害の賠償をさせること」を目的とする旨を規定し，損害賠償の範囲が原則として通常損害であることを明らかにする。そのうえで 2 項は「特別の事情によって生じた損害」も「当事者がその事情を予見し，又は予見することができた」場合には，損害賠償の対象となること

第2章　改正法の内容

を定める。このように現行民法は，当事者の予見可能性によって
損害賠償の範囲を限定するという考え方（制限賠償主義）を採用
するものといえる（イングランドの裁判例〔Hadley v. Baxendale
(1854) 9 Ex. 341, 156 Eng. Rep. 145〕に由来する。民法議事三 66-67 頁
〔穂積陳重〕）。民法起草過程では，予見の対象は損害を生ずべき事
実とされ，予見の時点は契約締結後であってもよいと説明されて
いた（修正案理由書 406-407 頁）。

　また 416 条は契約に基づく債務の不履行に関する規定であり，
不法行為に基づく損害賠償請求には適用されないと考えられてい
た。ある損害が通常損害に該当するか否かの基準となるのは契約
当事者の合意内容である。また不法行為の当事者について，契約
当事者のように予見可能性を論じることはできず，むしろ損害賠
償の範囲を裁判所の柔軟な判断に委ねるのが望ましいと考えられ
ていたのである（『法典調査会民法議事速記録五』〔商事法務，1984 年〕
305 頁〔穂積陳重〕）。

(2)　伝統的通説

　しかし民法制定後の学説ではドイツ法学の影響を受けた考え方
が通説として確立し，判例・実務に浸透することになる。そこで
は，債務不履行がなければ生じなかった全ての損害が賠償の対象
になるという考え方（完全賠償主義）を前提として，損害賠償の
範囲を因果関係概念によって限定するものとされる。すなわち，
債務不履行の時点で「客観的ニ最モ注意深キ」債務者であれば知
ることができたはずの事実を基礎として因果関係を認定すべきと
されるのである（相当因果関係説。鳩山・前掲 73 頁）。そして 416
条は，1 項において相当因果関係の原則を立言し，2 項において
因果関係判断の基礎とすべき事情の範囲を明らかにした規定であ

ると理解される。その結果，当事者が「予見し，又は予見することができた」事情は「債務者が予見しまたは予見しう<ruby>べき</ruby>」事情と読み替えられ，規範的に判断すべきものとされることになったのである（我妻・前掲債権総論 120 頁）。

さらに伝統的通説は，416 条が契約に基づく債務の不履行のみならず，不法行為にも適用されるものと考える。相当因果関係説は，債務不履行と不法行為に共通する損害賠償の範囲一般を画する考え方であり，416 条はそのような相当因果関係説を体現した規定だからである（鳩山・前掲 74-75 頁）。このような理解は戦前の大審院に採用され（大連判大正 15 年 5 月 22 日民集 5 巻 386 頁），実務にも浸透することになった。

(3) 批 判

しかし戦後の学説では通説に対する批判が有力になる。まず損害賠償の範囲を相当因果関係概念で画することについて，その前提とする完全賠償主義が，416 条の制限賠償主義と異なることが指摘される。416 条は当事者の予見可能性によって損害賠償の範囲を限定するので，同条の解釈として因果関係概念の操作によって賠償範囲を画する必要はないからである。むしろ日本法は損害賠償の範囲を責任原因に結び付けて判断する立場を採用していることが指摘される（平井宜雄『損害賠償法の理論』〔東京大学出版会，1971 年〕92-93 頁）。そして批判学説は，判例・実務において相当因果関係概念が性質の異なる複数の問題について用いられているとし，それらの問題を⑦事実的因果関係，④保護範囲，⑨損害の金銭的評価という 3 つに整序すべきことを主張した。損害賠償の範囲は，加害行為と事実的因果関係（⑦）にある損害のうち，法的保護に値するのはどこまでかという保護範囲（④）の問題と位

第 2 章　改正法の内容

置付けられる。416 条は，保護範囲の問題のうち，契約に基づく
債務の不履行に関する準則を定めた規定である——それゆえ不法
行為には適用がない——と理解される。そして損害の金銭的評価
（⑦）は，保護範囲の問題とは区別され，裁判所の裁量的判断に
委ねられるべきとするのである（同 135-141 頁）。

　このような理解によれば，416 条 2 項の予見可能性は契約の解
釈に基づいて判断されることになる。その結果——伝統的通説と
異なり——契約の両当事者が契約締結時において予見可能であっ
た損害が賠償の対象とされる（平井・前掲債権総論 96-97 頁）。契約
に基づく債務の不履行に基づく損害賠償の範囲は，当事者が契約
によっていかなる目的を達成しようとしたのかに基づいて決定さ
れるべきだからである。

　その後の学説は以上の見解を前提として展開されることになる。
そこでは例えば，予見可能性の基準時について，契約締結時を基
準としつつも，債務者に損害の拡大を回避する義務があることに
基づいて契約締結後の事情も考慮すべきことが主張されるのであ
る（潮見佳男「損害賠償責任の効果——賠償範囲の確定法理」ジュリ
1318 号〔2006 年〕135 頁）。

2　改正の議論と改正法の内容

　以上の議論の展開を背景として，民法改正の審議過程でも，現
行 416 条の改正が検討の対象とされた。中間試案の段階では——
判例・通説にならって——予見可能性の主体を債務者，予見の基
準時を原則として債務不履行時とする一方で，——近時の学説の
展開を踏まえて——現行 416 条が契約に基づく債務の不履行に関
する規定であることや，債務者が損害回避のための相当の措置を

講じた場合に賠償責任を免れることなどを明文化する改正が提案されていた（中間試案第 10-6）。

しかし最終的な改正法に結実したのは最小限の文言修正にとどまった（改正案の変遷について渡辺・前掲 25-28 頁）。現行 416 条 1 項は維持され，2 項についても「予見し，又は予見することができた」という文言が「予見すべきであった」と改められたに過ぎない。現行 416 条 2 項の予見可能性が規範的概念であることは伝統的通説・批判学説ともに前提とするところであり，争いのない点のみが改正の対象とされたにとどまる。その結果，損害賠償請求の要件について債務の発生原因との結びつきが明示される一方で（Ⅴ2⑵参照），賠償の範囲について同様の理解が妥当するか，規定上は明らかでないことになった（渡辺・前掲 29 頁，都築・前掲 18 頁）。現行 416 条の適用対象および予見の主体・時期・対象に関する解釈論の対立は，民法改正後も引き継がれるものと考えられる（山本・前掲 1238 頁）。

Ⅶ　損 害 賠 償
──賠償額の減額（過失相殺）──

改正のポイント

□損害の発生・拡大に対する債権者の関与が過失相殺の対象となることが明文化された。

第2章　改正法の内容

 現行制度の概要

　損害賠償額の算定について，現行民法は過失相殺による賠償額の減額を認める。418条は「債務の不履行に関して債権者に過失があったときは，裁判所は，これを考慮して，損害賠償の責任及びその額を定める」と規定する。不法行為の過失相殺に関する722条2項と比較すると，債権者の過失の考慮が必要的とされていること，および賠償額の減額のみならず損害賠償責任の否定まで認められていることが特徴である。不法行為の場合には，加害者である債務者に過失が存在するので（709条），過失相殺を任意とし，損害賠償責任の否定までは認めないこととしたと説明される（修正案理由書684頁，梅・前掲914頁）。

　しかし民法制定後の通説は，債務者の帰責事由の理解に関して過失責任主義を採用したため（Ⅴ1⑵(ⅱ)），債務者の過失の有無に基づいて418条と722条2項とを区別する理由は存在しないことになった。また過失相殺の要件である債権者の過失が債務者の帰責事由としての債務者の過失と同義であるという理解を前提として，過失相殺の趣旨は自己の故意または過失に基づく損害を他人に転嫁できないことにあると説明されるようになる（鳩山・前掲91-92頁）。さらに伝統的通説は——ドイツ法学の影響のもとで——債権者が「債務の不履行に関して」加功した場合のみならず，債務不履行による損害の発生・拡大に加功した場合にも過失相殺を認めるべきことを主張したのである（同94-95頁）。

　これに対して，戦後の判例は，不法行為に関する事例について，不法行為の成立要件としての債務者の過失と過失相殺の要件である債権者の過失が内容を異にする——不法行為責任の成立に必要

第 5 節　債務不履行等

とされる債務者の責任弁識能力が，過失相殺をするために，債権者に要求されるわけではない——という立場を採用した（最大判昭和 39 年 6 月 24 日民集 18 巻 5 号 854 頁）。有力な学説も，判例の立場を支持しつつ，債務不履行責任に関する債権者の過失は，契約の趣旨などに基づいて債権者が負担する協力義務や損害拡大防止義務などを根拠として判断すべきこととする。そして損害の金銭的評価は裁判官の裁量的判断に委ねるべきとする理解のもと（Ⅵ 1(3)⑦），債務不履行責任に関する過失相殺を——722 条 2 項と同様に——任意的なものとし，責任の否定までは認めるべきでないと主張したのである（平井・前掲債権総論 107-109 頁）。

改正の議論と改正法の内容

中間試案（第 10-7）は，過失相殺の要件について——伝統的通説に基づき——「債務の不履行」のみならず「損害の発生若しくは拡大」に関する加功もまた過失相殺の対象になるとする一方で，——戦後の判例・学説の展開を踏まえて——債権者の「過失」に代えて，債務の不履行または損害の発生・拡大を防止するために「債権者に求めるのが相当と認められる措置を債権者が講じなかった」ことという要件を採用した。賠償額の減額の根拠が，債権者に求められる損害の発生等の回避措置の懈怠にあることが明らかにされたのである。過失相殺の効果についても，中間試案は，過失相殺を必要的なものから任意的なものに改め，賠償責任自体の否定までは認めないこととする改正を提案した。

しかし，以上の改正提案の多くは，最終的な改正規定には結実しなかった。改正の内容は，損害の発生・拡大に対する債権者の関与が過失相殺の対象となることが明らかにされたにとどまる

第2章　改正法の内容

(実務に定着している債権者の「過失」概念の改正が法的不安定を導くことや，債務者に帰責事由がないにもかかわらず損害賠償責任を負担する場合を想定すれば現418条の効果に合理性を認めうることが理由とされる。部会資料68A・18-19頁)。文言の修正が現状の変更につながることへの危惧感に基づいて，改正の対象を争いのない事項にとどめ，その他の問題については解釈・運用に委ねることとしたものと考えられる。

Ⅷ　損害賠償
——賠償額の予定——

改正のポイント

□裁判所が賠償額の予定を増減できないと定める現行420条1項後段が削除された。

1　現行制度の概要

　420条1項前段は，債務不履行に基づく損害賠償について，契約当事者が予め賠償額を約定しておくことを認める。この場合，「裁判所は，その額を増減することができない」ものとされる(同項後段)。賠償額の予定は，債務者に債務の履行を促すことに加えて，債務不履行が生じた場合の債権者による証明の困難を回避することを目的とするため，裁判所による事後的な変更を許す

126

べきでないと説明される（修正案理由書410頁）。それゆえ，過失
相殺が問題となる場合であっても——債務不履行責任自体が否定
される場合を除いて——債務者は約定された賠償額を支払うべき
ことになる（梅・前掲70頁）。

　これに対して，民法制定後の学説では，賠償額の予定の効力を，
当事者の合意の趣旨に基づいて判断すべきとする見解が通説とし
ての地位を占めることになる。そこでは，債務者の帰責事由の有
無や損害の有無・金額にかかわらず，約定額での賠償のみを認め
るのが当事者の通常の意思であるとされる。ただし当事者がこれ
と異なる趣旨で賠償額を約定することは可能であるし，また当事
者の合意の効力が公序良俗違反（90条）などを理由として否定さ
れる余地があると説明される（我妻・前掲債権総論132-133頁）。そ
の後の学説では，賠償額の予定は原則として債務者に帰責事由が
ある場合に限って効力を有するとするのが当事者の合理的な意思
であるとする見解が有力になるが（平井・前掲債権総論111頁），い
ずれにせよ賠償額の予定の効力は当事者の合意の解釈に依存する
と考えられたのである。

　また賠償額の予定と過失相殺の関係について，判例は「当事者
が民法420条1項により損害賠償額を予定した場合においても，
債務不履行に関し債権者に過失があったときは，特段の事情のな
い限り，裁判所は，損害賠償の責任及びその金額を定めるにつき，
これを斟酌すべきものと解するのが相当である」とする（最判平
成6年4月21日裁時1121号1頁）。民法起草時の説明とは異なり，
約定された賠償額について過失相殺による減額を原則的に肯定す
るのである。

127

2 改正の議論と改正法の内容

以上の議論の展開を前提として，改正法は現行420条1項後段を削除した。賠償額の予定についても，公序良俗違反（90条）などに基づく制約があることが，その理由とされる（中間試案の補足説明130頁）。この改正によって，賠償額が約定されている場合にも，過失相殺を理由とする賠償額の減額を認める判例の立場を基礎付けやすくなったということができる。他方で，合理的な根拠がないにもかかわらず，一方当事者の賠償額を非常に少額に限定する約定が存在する場合には，裁判所は，公序良俗違反などを根拠として当該約定の効力を否定したうえで，債務者に適切な額の賠償責任を課すことができるものと考えられる。

IX 代償請求

改正のポイント

□債権者の代償請求権が明文化された。

1 現行制度の概要

債務の履行不能が生じたのと同一の原因に基づいて，債務者が債権の目的物に代わる権利・利益を取得していた場合には，債権者が（その被った損害を限度として）当該権利・利益の償還を請求

第5節　債務不履行等

できるのかが問題となる。例えば，第三者の行為によって債務が履行できなくなり，債務者が損害賠償請求権を取得した場合に，債権者が代償として当該損害賠償請求権の移転を請求できるか否かが問題となる。旧民法には債権者の代償請求権を認める規定が存在していたが（財産編543条），現行民法の起草過程で削除されることになった。上記の例の場合，債権者は第三者の行為によって自らが損害を受けており，直接第三者に対して損害賠償を請求すればよいので，代償請求権を認める必要はないと考えられたのである（民法議事三638頁［富井］）。

これに対して民法制定後の学説では，債権者の代償請求権を認めるべきとする見解が通説となる。そこでは，債務者が履行不能によって債権者に対する履行義務を免れる一方で，履行不能を原因として権利・利益を得るのは不当であるから，それを債権者に償還しなければならないと説明される。もっとも履行不能によって，債務者が損害賠償責任を負うのであれば，債務者の権利・利益の取得は不当とはいえない。それゆえ，債権者の代償請求権が問題となるのは，債務の履行不能について債務者に帰責事由がない場合に限られるとされるのである（鳩山・前掲163-164頁。林良平（安永正昭補訂）＝石田喜久夫＝高木多喜男『債権総論〔第3版〕』〔青林書院，1996年〕104-105頁は，債務者の財産管理への干渉に対する抑制を根拠として，債権者が損害賠償請求権とともに代償請求権を有することを消極的に解すべきとする）。判例においても，既に戦前から傍論として債権者の代償請求権を認める大審院判決が存在していたが（大判昭和2年2月25日民集6巻236頁），戦後になって火災保険金を対象とする代償請求権を明示的に肯定する最高裁判決が登場することになった（最判昭和41年12月23日民集20巻10号2211頁）。

第 2 章　改正法の内容

2　改正の議論と改正法の内容

　以上の議論の展開を踏まえて，中間試案の段階では，債務者が損害賠償義務を免れる場合に限って，債権者は代償請求をできるものとすべきことが提案されていた（第 10-5）。これに対して改正 422 条の 2 は「債務者が，その債務の履行が不能となったのと同一の原因により債務の目的物の代償である権利又は利益を取得したときは，債権者は，その受けた損害の額の限度において，債務者に対し，その権利の移転又はその利益の償還を請求することができる」と規定する。債務者の帰責事由の不存在が代償請求の要件から除外されたのである。その理由として，債務者が損害賠償義務を負う場合でも，その責任財産が不十分であれば，代償請求権を認めることが債権者の保護につながることなどが指摘される（部会資料 68A・13 頁）。もっとも債務者の責任財産の多寡を問題とするのであれば，債権者代位権の要件が充たされる限度で第三者に対する代位権行使を認めるべきともいえる。代償請求権の要件として，債務者の帰責事由の不存在が要求されるか否かは，今後も解釈に委ねられるものと考えられる（潮見・前掲概要 66-67 頁）。

Ⅹ　受領遅滞

改正のポイント

□受領遅滞の効果として，債務者の目的物保存義務の軽減，債権者の

第 5 節　債務不履行等

増加費用の損害賠償義務，債権者による対価危険の負担，債権者への給付危険の移転などが明文化された。

1　現行制度の概要

413 条は「債権者が債務の履行を受けることを拒み，又は受けることができないときは，その債権者は，履行の提供があった時から遅滞の責任を負う」と規定する。債権者が受領遅滞の責任を負うこととされるが，その内容は必ずしも明らかでない。民法は，債務者が弁済の提供（履行の提供）によって債務不履行責任を免れることを規定し（492 条），債権者による受領拒絶・受領不能がある場合には弁済供託によって履行義務を免れることを定める（494 条前段）。これに対して，受領拒絶・受領不能が債権者に対していかなる効果を有するかについて，民法は明示的に規定しないのである。

民法制定後の学説では――ドイツ法学の影響のもとで――債権者は債権者としての地位に基づいて債務の履行を受領する義務を負うわけではないとする理解が通説となる。それによれば，受領遅滞に基づく債権者の責任は，債権者の義務違反に基づくものではなく，債務者の利益――債務の履行によって債権債務関係を消滅させる利益――を保護するために法律が設けた特別の責任ということになる。債権者が債務者との合意に基づいて履行を受領する義務を負っていた場合には，債権者は受領義務の不履行に基づく責任を負担するが，それは民法の規定する受領遅滞の責任とは異なると説明されるのである（鳩山・前掲 172 頁）。そのうえで，受領遅滞の責任としてまず挙げられるのが，㋐増加費用の賠償義

131

務である。受領義務がない債権者には債務不履行に基づく損害賠償責任を観念できないところ，受領遅滞のために増加した費用に限って特別に賠償責任を負うものと説明される（同 178-179 頁）。次に，④受領遅滞によって債権者に危険が移転する。特定物の引渡しを目的とする債務について受領遅滞後に目的物が不可抗力によって滅失したとき，債権者は目的物の引渡債権を失う一方で，反対給付（代金の支払など）の債務を免れない——対価危険を負担する——ことになる（現行民法は，特定物に関する物権の設定または移転を目的とする双務契約について債権者主義を採用するので〔534 条 1 項〕，特約などに基づいて債務者が対価危険を負担する場合に問題になると説明される。同 179 頁）。また種類物の引渡しを目的とする債務については，受領遅滞後，債務者は代替物の調達義務などを負わない——給付危険が債権者に移転する——ことになる。さらに，⑤債務者による目的物の保管義務が軽減される。400 条は特定物の引渡しを目的とする債務について，債務者が善良な管理者の注意をもって目的物を保存する義務を負うものとする。これに対して，受領遅滞後，債務者は本来不要であるはずの目的物の保管を無償で行うことになるので，無償受寄者の注意義務に関する 659 条を類推適用して「自己の財産に対するのと同一の注意をもって」目的物を保管すれば足りると説明されるのである（同 179-180 頁）。

　これに対して，その後の学説では，債権者の受領義務を一般的に肯定すべきとする見解が有力になる。そこでは民法の規定上，債務者の履行遅滞（412 条）と債権者の受領遅滞（413 条）とが並置されていることから，受領遅滞の責任は債務不履行責任の一種と考えるべきとされる。そして，債権債務関係を信義則によって支配される共同体として把握するという債権概念の理解に基づい

て，債権者は信義則に基づく受領義務を負担すると説明される（我妻・前掲債権総論 238 頁）。それゆえ，受領遅滞の効果として，対価危険の移転や債務者の注意義務の軽減が生じるほか，債権者は——増加費用に限らず——損害賠償責任を負担し，債務者は契約を解除できるとされるのである（同 240-241 頁）。

このような学説の対立を背景としつつ，戦後の判例は，債務者の債務不履行と債権者の受領遅滞がその法的性質を異にするとし，特段の事情がない限り，受領遅滞を理由として債務者が契約を解除することはできないとした（最判昭和 40 年 12 月 3 日民集 19 巻 9 号 2090 頁）。もっとも契約当事者の関係に基づいて，債権者が目的物を引き取る義務を負う場合には，引取りの拒絶に基づいて債務不履行責任が成立する余地を認めている（最判昭和 46 年 12 月 16 日民集 25 巻 9 号 1472 頁）。学説においても，債権の発生原因である契約の内容に基づいて当事者の義務を理解すべきという観点から，判例を支持する見解が有力になる。そこでは，債権者が債権者としての地位に基づいて一般的に受領義務を負うものとすべきではなく，契約の解釈などによって個別的に受領義務を認めれば足りるとされるのである（平井・前掲債権総論 175 頁）。

2 改正の議論と改正法の内容

改正法は受領遅滞の効果を明文化する。まず改正 413 条 1 項は特定物の引渡債務について「債務者は，履行の提供をした時からその引渡しをするまで，自己の財産に対するのと同一の注意をもって，その物を保存すれば足りる」として，債務者の目的物保存義務の軽減を規定する。次に同条 2 項は，受領遅滞によって債務の「履行の費用が増加したときは，その増加額は，債権者の負担

133

とする」と定め，増加費用の賠償義務を債権者に課している。さらに改正413条の2第2項は「履行の提供があった時以後に当事者双方の責めに帰することができない事由によってその債務の履行が不能となったときは，その履行の不能は，債権者の責めに帰すべき事由によるものとみなす」と規定する。その結果，受領遅滞後の対価危険は債権者が負担することになる。改正536条2項前段は「債権者の責めに帰すべき事由によって債務を履行することができなくなったときは，債権者は，反対給付の履行を拒むことができない」と規定するからである（債権者は改正543条に基づき契約の解除もできないことになる）。さらに改正法は，受領遅滞による給付危険の移転を定めた規定を新設する。改正567条2項は，売買契約の買主が受領遅滞に陥った後に目的物が滅失・損傷した場合，買主は追完請求権その他の権利行使ができなくなることを定める。代替物の引渡しや目的物の修補による履行の追完が可能である場合でも，受領遅滞に陥った債権者に追完請求を認めるべきではなく，目的物の滅失・損傷の危険が債権者に移転することになるのである（部会資料75A・31頁）。

このように改正法は，伝統的通説が受領遅滞の効果と認めてきたところを明文化するものと評価できる。このことは，債権者が債務者との合意などに基づいて受領義務を負う場合に，その不履行を理由として，債務者が損害賠償を請求し，あるいは契約を解除することを否定するものではない（潮見・前掲概要55-56頁）。債権者が受領義務を負うか否かは，契約の解釈に委ねられるのである。

〔加毛　明〕

第 6 節
解　　除

> 改正のポイント

□改正法は，債務者の帰責事由を契約の解除の要件とはしない立場を採用している。
□改正法は，債務不履行を理由とする解除を，催告による解除（改正541条）と催告によらない解除（改正542条）に分けて規定している。
□改正法によると，催告による解除（改正541条）は，債務の不履行が当該契約および取引上の社会通念に照らして軽微である場合には認められない。
□改正法によると，催告によらない解除（改正542条1項）は，債務不履行により債権者が契約をした目的を達することができない場合に認められる。

現行制度の概要

(1) 解除の意義

契約当事者の一方の意思表示によって，契約を解消することを契約の解除という。契約を締結した当事者は契約に拘束されるため，契約の解除はそれを正当化する一定の事由が存在する場合に

のみ認められる。

当事者が契約において一定の場合に契約の解除が認められる旨を定めている場合がある。これを約定解除という。契約自由の原則からして，このような合意が認められることに争いはなく，民法540条もそのことを前提としている。約定解除の可否を判断するにあたっては，まず，当事者が締結した契約において，どのような場合に解除が認められると合意されているのか，契約の内容を確定する作業が必要となる。それを踏まえて，当該事案において契約の定める解除事由に該当する事実が存在するのかが判断されることになる。

これに対して，法律の規定によって認められる解除を法定解除という。現行法は，541条以下において，当事者の債務不履行を理由に認められる法定解除に関する一般的な規律を定めている。その他，契約各則においても，法定解除に関する規定が置かれている。重要なものとして，売主の瑕疵担保責任に関する規定（570条が準用する566条1項），請負人の瑕疵担保責任に関する規定（635条）などがある。

相手方の債務不履行に直面した当事者からすると，契約の解除は，履行の強制（414条），損害賠償（415条）と並ぶ，自らの利益を守るための救済手段として機能する。つまり，当事者としては，履行の強制，損害賠償という救済手段を通じて契約上の利益を確保することを目指すほか，契約の解除を通じて，債務不履行におちいっている相手方との契約を解消し，他人と取引を行うなどの手段を講じることができるようになるのである。

本節では，法定解除を念頭に置きつつ，すべての契約類型に妥当する，解除の一般的な規律の内容を説明する。

第6節 解　除

(2) 解除の要件

(i) **現行法の基本構造**　　現行法は，541条から543条において，当事者の債務不履行を理由に契約の解除が認められる要件を定めている。原則的な規定と位置づけられるのが541条である。同条によると，契約の解除が認められるには，債務不履行に直面した当事者（債権者）が相手方（債務者）に対して履行の催告をすることが必要である。542条および543条は，債権者が催告をすることなく契約の解除をすることができる場合に関する特則と位置づけられる。

(ii) **催告解除（541条）の要件**　　541条によると，債権者による契約の解除が認められるには，①債務者が債務を履行しないこと，②債権者が相当の期間を定めて債務の履行の催告をしたこと，③債務者がその期間内に債務を履行しないことが必要である。

　まず，要件①についてみると，債務者は契約において定められた期限までに債務を履行しなければならない。債務者が期限までに債務を履行しない場合，債務者は履行遅滞におちいり，この要件が充足されることになる（412条1項参照）（確定期限がない場合について，同条2項・3項参照）。ただし，双務契約の当事者には同時履行の抗弁（533条）が認められるため，債務者は，債権者がその債務を履行するまで自らの債務の履行を拒むことができる。この場合，契約を解除しようとする債権者としては，自らの債務の履行を提供する必要がある。

　次に，手続的な要件として，債権者が債務者に対して相当の期間を定めて債務の履行の催告をし（要件②），債務者がその期間内に債務を履行しないこと（要件③）が必要である。もっとも，判例によると，債権者の定めた期間が不相当なものであった場合の

137

ほか，債権者がそもそも催告期間を定めなかった場合であっても，客観的に相当といえる期間が催告から経過すると，債権者による解除が認められる（大判昭和2年2月2日民集6巻133頁，最判昭和29年12月21日民集8巻12号2211頁）。

また，契約実務においては，催告なしに解除が認められる旨の特約（無催告解除特約）が定められていることが少なくない。こうした特約が存在する場合，債権者は催告をすることなく契約の解除をすることができる。

かつての通説的な理解によると，債権者による契約の解除が認められるには，以上の要件に加えて，債務者の責めに帰すべき事由（帰責事由）が存在することが必要である。伝統的通説において，契約の解除は債務不履行の効果の一つとして位置づけられており，債務不履行による損害賠償の場合と同様の要件が契約の解除についても妥当すると考えられたのである。こうした伝統的通説によると，債務者が自らの債務不履行について故意・過失が存在しないことを主張・立証した場合，債権者による契約の解除は認められない。しかしながら，後述するとおり，このような伝統的通説に対しては，近時，有力な批判が投げかけられているところであり，改正法は異なる理解に立った規律を採用している。

(ⅲ) **催告が不要な場合（542条・543条）**　　現行法は，債権者が催告をすることなく契約の解除をすることができる場面として，いわゆる定期行為の場合（542条）と債務の履行が不能になった場合（543条）に関する規定を置いている。

542条によると，契約の性質または当事者の意思表示により，特定の日時または一定の期間内に履行をしなければ契約をした目的を達することができない場合は，履行期が経過すれば，債権者は催告をすることなく直ちに契約の解除をすることができる。履

行期の経過によって契約の目的を達成することができなくなっている以上，催告を要求するべきではないからである。また，商人間の定期売買については，商法525条により，債務が履行されないまま履行期を経過した場合，債権者が直ちにその履行を請求した場合を除き，契約は解除されたものとみなされる。これは，価格の変動に応じて契約の解除をするか履行の請求をするかを選択するという，買主の投機的な行動を防ぐための規定である。

債務の履行が不能となった場合にも，債権者は催告をすることなく契約の解除をすることができる（543条）。債務の履行が不能となった場合に催告を要求することは無意味だからである。また，543条ただし書は，履行不能が債務者の帰責事由によらないものである場合，契約の解除が認められない旨を定めている。上述の伝統的通説によると，543条ただし書は債務者の帰責事由が解除の要件であることを現した規定だと説明される。

(3) 解除の要件をめぐる議論動向

以上のような現行法の下で，1990年代以降，次の2つの方向から解除の要件論の組み換えを目指す議論が有力に主張されていた。後述するとおり，こうした議論は，今回の改正作業にも大きな影響を及ぼすこととなった。

（i）**債務者の帰責事由の要否**　　第1に，契約の解除の要件として，債務者の帰責事由を要求することに対して批判的な議論が有力となっている。上述のとおり，伝統的通説は，契約の解除についても債務不履行を理由とする損害賠償と同様の要件が妥当するという理解に立っていた。しかしながら，契約上の利益の実現を目指す損害賠償とは異なり，契約の解除は当事者に契約から離脱することを認めるものであって，両者は救済手段としての性格

第2章　改正法の内容

を異にする。債務が履行されず債権者が契約上の利益を手にすることができない場合には，債務者の帰責事由の有無にかかわりなく，契約を解除し，契約から離脱することを債権者に認めるべきだと考えられるのである。そして，実際の裁判例に目を向けても，債務者の帰責事由の有無は，契約の解除の可否を判断する基準として有効に機能していないと指摘されている。

　債務者の帰責事由は契約の解除の要件ではないという理解に立つ場合，契約の解除と危険負担制度（534条以下）の適用関係をどのように考えるかという問題が生じる。現行法は，履行不能が債務者の責めに帰すべき事由による場合には契約の解除（543条）の問題となり，債務者の責めに帰することができない事由による場合には危険負担（534条以下）の問題となるという形で両制度の適用領域を区分けしていると考えられるところ，債務者の帰責事由の有無にかかわりなく契約の解除を認める場合，両者の適用領域が重なり合う場合がでてくるからである。これは，危険負担制度の改正へ向けて大きな議論があった問題であり，**第7節**において説明する。

　(ii)　**契約目的の達成の可否**　　第2に，契約の解除が契約からの離脱を認める制度であるという理解は，契約の解除が認められる場面を制限する方向へも働く。債務の不履行があったとしても，その不履行の程度からして債権者に契約から離脱することまで認める必要はなく，損害賠償などの救済手段を認めれば足りると考えられる場面もあるからである。

　この点に関して，判例も，「契約の要素」をなす債務と付随的義務を区別し，後者の不履行を理由に契約の解除は認められないという立場を明らかにしている。最判昭和36年11月21日民集15巻10号2507頁は，土地の売買契約の買主に公租公課を負担

する義務の不履行があった事案において，「法律が債務の不履行による契約の解除を認める趣意は，契約の要素をなす債務の履行がないために，該契約をなした目的を達することができない場合を救済するためであり，当事者が契約をなした主たる目的の達成に必須的でない附随的義務の履行を怠つたに過ぎないような場合には，特段の事情の存しない限り，相手方は当該契約を解除することができないものと解するのが相当である」と判示している（同様の趣旨を述べるより古い判決として，大判昭和 13 年 9 月 30 日民集 17 巻 1775 頁）。また，最判昭和 43 年 2 月 23 日民集 22 巻 2 号 281 頁は，土地の所有権移転登記手続および代金の完済時まで土地の上に建物などを築造しない旨の約款に買主が違反した事案において，当該約款は売買契約締結の目的には必要不可欠なものではないが，売主にとっては代金支払の確保ために重要な意義をもつものであるから，当該約款の不履行は契約締結の目的の達成に重大な影響を与えるものであり，このような約款の債務は「売買契約の要素たる債務」にあたり，その不履行を理由に売主は売買契約を解除することができると判示している。

　現行法の規定も，契約各則にまで目を向けると，契約目的の達成の可否を基準として解除の可否を判断するものが少なくない。例えば，売主の担保責任に関する 570 条が準用する 566 条 1 項と，請負人の担保責任に関する 635 条は，明文で債権者が契約をした目的を達することができないことを契約の解除の要件としている。買主が売買の目的である権利を取得できない場合に関する 561 条・563 条 2 項・567 条 1 項も同様の考え方に立脚するものだといえる。

　以上のような点を踏まえて，現行法の下，契約の目的を達することができないこと，あるいは，国際的な動向に見られる定式化

第 2 章　改正法の内容

に従って「重大な契約の不履行」が存在することを契約の解除の
要件とするべきだとする見解が有力に主張されてきた。しかしな
がら，解除の可否の判断基準としてどのような文言を採用するべ
きかという点については必ずしも意見の一致がなく，後述すると
おり，まさにその点が今回の改正において大きな問題となった。

(4)　解除権の行使方法と消滅

　上述の要件が備わって当事者に解除権が認められる場合，当該
当事者は相手方に対する意思表示によって契約の解除をする
（540 条 1 項）。解除権は形成権であり，解除権を有する当事者の
一方的な意思表示によって解除の効果が生じる。

　いったん発生した解除権が消滅する場合として，民法は次の 2
つの場合を規定している。第 1 に，相手方は，解除権を有する当
事者に対し，相当の期間を定めて，その期間内に解除をするかど
うかを確答すべき旨の催告をすることができ，その期間内に解除
の通知を受けない場合，解除権は消滅する（547 条）。第 2 に，解
除権を有する当事者が故意または過失によって契約の目的物を著
しく損傷し，または目的物を返還することができなくなった場合
のほか，債権者が目的物を加工または改造によって他の種類の物
に変えた場合にも解除権は消滅する（548 条）。

　さらに，現行法の下，形成権である解除権は債権に準じて 10
年の消滅時効（167 条 1 項）に服すると考えられている。判例には，
無断転貸を理由とする土地の賃貸人の解除権について，転借人が
転貸借契約に基づいて賃貸借の目的物の使用収益を始めた時から
10 年を経過したときに時効によって消滅すると判示したものが
ある（最判昭和 62 年 10 月 8 日民集 41 巻 7 号 1445 頁）。また，商行為
については，商法 522 条により，解除権は 5 年の消滅時効に服す

る（大判大正 5 年 5 月 10 日民録 22 輯 936 頁参照）。

⑸ 解除の効果

　契約が解除されると，いまだ履行されていない債務は消滅するとともに，すでに履行された債務について各当事者は相手方を原状に復させる義務（原状回復義務）を負う（545 条 1 項）。伝統的な見解（直接効果説）は，このような効果が認められる理由を，契約は解除されることによって契約締結時に遡って消滅するからであると説明してきた。

　原状回復義務の具体的な内容として，物が給付されていた場合，各当事者は原物を返還しなければならない。さらに，金銭については受領時からの利息を付して返還しなければならない旨が 545 条 2 項に規定されており，金銭以外の物についても，果実がある場合には当該果実も返還の対象になると考えられている。原物を返還することが不能となった場合，その客観的価値を金銭で返還しなければならないと考える見解が有力である（ただし，解除権を有する当事者の故意・過失によって原物の返還が不能となった場合は，上述のとおり，解除権自体が消滅する）。両当事者が負う原状回復義務は，同時履行の関係に立つ（546 条が準用する 533 条）。

　契約が解除された場合であっても，当事者は 415 条に基づいて損害賠償を請求することができる（545 条 3 項参照）。上述の直接効果説によると，545 条 3 項は，契約の解除の遡及効を制限し，債権者による損害賠償請求を認めることにした規定だと説明されることになる。損害賠償の内容は，債務不履行による損害賠償に関する一般原則によって定まり，契約が履行されたならば債権者が得られたであろう利益（履行利益）の賠償が認められると考えられている。

第 2 章 改正法の内容

 改正の議論と改正法の内容

(1) **解除の要件に関する改正**

（ⅰ） **改正法の基本的スタンス**　今回の改正作業において解除に関する様々な問題が検討の俎上に載せられたが，最終的に規律の内容に関して重要な改正が行われたのは，契約の解除の要件である。改正法は，上述した近時の議論に沿った形で，契約の解除は契約からの離脱を認める制度であるため損害賠償とは異なった要件が妥当するという理解に立脚して，解除の要件に関する規定を置いている。

改正作業において具体的に問題となったのは，やはり，債務者の帰責事由の要否と，契約の解除の可否の判断基準としてどのような定式化を採用するべきかという点であった。

まず，債務者の帰責事由の要否について，改正法は，債務者の帰責事由を契約の解除の要件とはしない立場を採用している。立法担当者もその旨を明言している（部会資料 68 A・25 頁以下参照）ほか，現 543 条ただし書に対応する文言が改正 541 条から改正 543 条には存在しないことにもこうした理解が反映されている。さらに，改正 543 条は，債務の不履行が債権者の帰責事由によるものである場合には契約の解除が認められない旨を定めているが，この規定も債務者の帰責事由が契約の解除の要件ではないことを前提としたものである。

次に，契約の解除の可否をどのような定式化をもって判断するかという問題に関して，改正作業の途中までは，催告による解除と催告によらない解除の両方について，契約をした目的を達成す

ることができるか否かを基準とすることが提案されていた（中間試案・第11-1）。しかしながら，最終的に，改正法は両者を区別し，改正541条と改正542条という別個の条文において，異なった要件を定めている。以下では，この2つの条文の内容を概観する。

(ii) **催告による解除（改正541条）**　改正541条は，債務不履行に直面した債権者が債務の履行を催告して，契約の解除をする場面に関する規定である。同条本文は現541条と同じ文言であり，上述した現541条の下での解釈論が改正法の下でも妥当することになる。重要な改正点として，改正541条ただし書において，催告期間が経過した時における債務の不履行がその契約および取引上の社会通念に照らして軽微である場合，契約の解除が認められない旨が新たに定められた。これにより，債務者としては，債務不履行が軽微なものであることを主張・立証すれば，契約の解除を阻止できることとなる。

契約をした目的の達成の可否ではなく，不履行が軽微であるか否かが基準とされた理由として，立法担当者は上述の最判昭和43年2月23日（本節1(3)(ii)）の存在をあげている（部会資料79-3・13頁以下参照）。すなわち，審議の中で，同判決は契約締結の目的に必要不可欠なものではない約款の不履行を理由に契約の解除を認めた判決だと理解することができるため，従来の判例法を踏まえるならば，契約をした目的を達成できるとしても契約の解除が認められるべき場合があるという意見が示された。このような意見を容れる形で，改正法は不履行が軽微であるか否かという基準を採用したのである。このような立法の経緯によると，催告による解除（改正541条）は，次に見る催告によらない解除（改正542条）と比べてより軽い程度の不履行を理由に認められることになる。

145

改正 541 条の適用にあたっては，どのような場合に不履行が軽微であると評価されるのかが重要な問題となる。どのような運用がされるのか注目されるところだが，従来の判例法や比較法的な動向に照らすと，当該義務が契約においてどれほどの重要性をもつのかという点のほか，不履行の程度および態様を考慮して判断されることになると思われる。

また，改正法の下でも，無催告解除特約が定められている場合，債権者は催告をすることなく契約の解除をすることができる。無催告解除特約においては，どの程度の不履行があれば契約の解除が認められるのかが定められていることが少なくないが，このような条項が有効である場合，不履行が軽微であるか否かではなく，特約で定められた程度の不履行の存否が解除の可否の基準となる。

(iii) **催告によらない解除（改正 542 条 1 項）**　　改正 542 条 1 項は，債権者が催告をすることなく契約の解除をすることができる場合を定めている。同項の基本的な考え方は，債権者が催告をしたとしても契約をした目的を達することができる程度に債務が履行される見込みがない場合に催告によらない解除を認めるというものである。

まず，改正 542 条 1 項 1 号は，債務の全部の履行が不能である場合に，債権者が催告をすることなく契約の解除をすることを認めている。これは現 543 条に対応する規定であり，債務の全部の履行が不能となった場合というのは，債権者が契約をした目的を達することのできない場合の典型例として位置づけられる。

改正 542 条 1 項 2 号は，債務者による履行拒絶を理由に解除を認める規定である。現行法の下では，債務者が履行を拒絶した場合を履行不能として扱う裁判例が見られるところ，改正法は明文で履行拒絶を理由とする契約の解除を認めることとしている。債

務者による履行拒絶が履行期の前にされたか，それとも履行期の後にされたかは問わない。本号による解除も，債権者が契約をした目的を達することができないことを理由に認められるものであることからして，債務者による履行の拒絶は確定的なものである必要がある。なお，改正法は，債務不履行による損害賠償についても，債務者が債務の履行を拒絶する意思を明確に表示した場合に債務の履行に代わる損害賠償が認められる旨を明らかにする規定を新たに置いている（改正 415 条 2 項 2 号）。

改正 542 条 1 項 3 号は，債務の一部の履行不能，および，債務の一部の履行拒絶に関する規定である。ここでは，残存する部分で契約をした目的を達することができるか否かによって契約の解除の可否が判断される。

改正 542 条 1 項 4 号は，現 542 条と同様の規定であり，定期行為について催告によらない解除を認めるものである。

改正 542 条 1 項 5 号は，いわゆる受け皿規定としての性格をもつ規定であり，上記 1 号から 4 号に該当しない場合であっても，債権者が催告をしても契約をした目的を達するのに足りる履行がされる見込みがないことが明らかな場合に契約の解除を認めている。とりわけ役務提供型の契約においては，債務の履行が不能であると評価されることは多くないため，本号による解除が重要な意味をもってくると考えられる。

(iv) **改正法の「二段構え構造」**　ここまで見てきたところから分かるように，改正法は，解除の要件に関して，契約をした目的の達成の可否が基準となる催告によらない解除（改正 542 条）と，不履行が軽微であるか否かが基準となる催告による解除（改正 541 条）を並列させるという構造を採用している。このような構造を前提にすると，契約をした目的を達することができる程度の

第 2 章　改正法の内容

不履行に直面した債権者としては，改正 542 条による解除ができなくとも，債務の不履行が軽微でない限り催告をすることによって改正 541 条に基づいて契約の解除をすることができる。

　さらに，改正法の下では，これまで売主・請負人の担保責任として位置づけられてきた場面においても同様の規律が妥当する。すなわち，売主が引き渡した目的物，あるいは，移転した権利が契約の内容に適合しないものである場合や，請負人が契約の内容に適合しない仕事の目的物を引き渡した場合，改正法の下では，買主・注文者による解除の可否は改正 541 条・改正 542 条によって判断される（売買については改正 564 条・改正 565 条がその旨を明らかにしており，請負については仕事の目的物の瑕疵を理由とする解除について定めた現 635 条が削除されている）。したがって，現行法では買主・注文者が目的物・仕事の瑕疵を理由に契約の解除をすることができるのは契約をした目的を達することができない場合に限られていた（現 570 条が準用する現 566 条 1 項・635 条）ところ，改正法の下では，買主・注文者は，催告をすれば，契約をした目的を達することができる程度の瑕疵を理由として契約の解除をすることができるようになる。

　以上のように，改正法はいわば「二段構え構造」を採用しているところ，とりわけ重要な検討課題は，催告による解除（改正 541 条）と催告によらない解除（改正 542 条）について異なる要件が設定されていることをどのように評価するかであろう。問題が先鋭化するのが，債務者による不履行が契約をした目的を達することができない程度のものではない——つまり，契約をした目的を達することは可能である——ものの，軽微とはいえない程度のものである場合である。このように両要件の間に位置する程度の不履行の場合，追完が可能である場合および債務者の履行拒絶が

ない場合には改正541条によって催告による解除が認められるの
に対して，追完が不能である場合および債務の一部の履行拒絶が
ある場合には改正542条1項によって解除が認められないことに
なりそうだが，このような相違を正当化することは難しいと思わ
れる。こうした問題点を克服するべく，不履行が軽微であるか否
かを判断するにあたって当事者が契約をした目的を考慮するなど，
両要件の判断枠組みを近づける解釈論が想定されるところである。
もっとも，その一方で，催告による解除（改正541条）については，
不履行の程度だけでなく，催告の存在や催告を契機に行われる当
事者間の交渉の内容・態様などを考慮してその可否が判断される
べきであり，催告なしに解除を認める改正542条とは異なった判
断枠組みが妥当するという解釈も考えられる。催告要件の意義・
機能に関する理解の相違が反映する問題であり，今後の運用が注
目されるところである。

　(v)　**契約の一部の解除**　　改正法は，契約の一部の解除に関し
て独立の規定を置いている（改正542条2項）。それによると，債
務の一部の履行が不能であるとき（同項1号），および，債務の一
部について履行拒絶があったとき（同項2号），債権者は，催告を
することなく契約の一部の解除をすることができる。現行法の下
でも，債務の内容が数量的に可分である場合，債権者は不能とな
った部分についてのみ契約の解除をすることができるという解釈
論が示されてきたところであり，改正542条2項はこうした解釈
論を確認した規定である。債務の一部の履行不能または履行拒絶
によって，契約をした目的を達することができなくなる場合は，
債権者は，上述の改正542条1項3号に基づいて契約全体の解除
をすることができる。

　これに対して，売買契約の目的物である機械の部品に故障があ

り，当該部分を修理することが不可能である場合など，質的な一部不能と評価される事例に改正542条2項が適用されることは想定されていない。このような場合，債権者は，改正563条2項1号に基づいて代金の減額を請求することによって，契約の一部の解除とほぼ同様の結果を導くことができる。

(2) 解除権の消滅に関する改正

上述のとおり，現548条は，解除権者が目的物を返還することができなくなったときに解除権が消滅する旨を定めているところ，改正作業の途中までは，このような規律を削除することが提案されていた（中間試案・第11-4(2)）。この提案によると，目的物の返還が不能となった場合にも解除権者は契約の解除をすることができ，目的物を返還する義務に代えて，目的物の価額を償還する義務を負うことになる。しかし，解除権者が解除原因を認識しながら目的物を滅失させるなどした場合には，取消権に関する法定追認（125条）と類似の状況にあるなどの指摘を受けて，このような提案は最終的に採用されるところとはならなかった（部会資料68A・32頁参照）。もっとも，解除権者が解除権の存在を知らない場合にまで解除権の消滅を認めることは適切でないとして，改正法は，そのような場合には解除権が消滅しないこととしている（改正548条ただし書）。

また，消滅時効法の改正にともない，改正法の下では，解除権も権利を行使することができることを知った時から5年間，および，権利を行使することができる時から10年間の消滅時効（改正166条1項）に服することになると考えられる。

第6節 解　　除

(3)　解除の効果に関する改正

　改正作業の途中までは，目的物の返還が不能となった場合に当事者が目的物の価額を返還する義務を負う旨を明らかにする規定を置くことが検討されていた（中間試案・第11-3⑷）。しかし，改正法は，無効な法律行為の効果に関する規定（改正121条の2）と平仄を合わせる形で，明文の規定を置くことを最終的には断念し，この問題を引き続き解釈に委ねている。解除の効果に関する改正としては，当事者が金銭以外の物を返還する場合に受領時以後の果実も返還しなければならないことを確認する規定が置かれたにとどまる（改正545条3項）。

〔吉政知広〕

第2章　改正法の内容

第7節
危 険 負 担

改正のポイント

□危険負担制度を廃止し，契約の解除に一元化するべきか議論があったところ，改正法は，危険負担制度を履行不能となった債務の債権者に履行拒絶権を与える制度として再構成し，契約の解除と併存させることとしている。

□立法論として問題があると指摘されてきた債権者主義に関する規定（現534条・535条）は，改正法において削除されている。

□改正法は，危険の移転時期に関して，目的物の引渡しがあった時点以後に目的物が滅失・損傷した場合，債権者（買主）が危険を負担する旨の規定を新設している（改正567条）。

1　現行制度の概要

(1)　危険負担制度の意義

契約に基づいて生じた債務が履行不能となった場合，債権者としては，損害賠償を請求することが考えられる（現415条・改正415条1項）。しかしながら，**第5節**において説明されたとおり，債務不履行による損害賠償の要件として債務者の責めに帰すべき

事由（帰責事由）が必要である。したがって，債務者の責めに帰することができない事由によって債務が履行不能となった場合，債権者としては契約上の利益を実現する手段をもたないことになる。

そして，売買契約に代表される双務契約においては，債権者も反対給付を履行する債務を負っているため，このような場合に債権者が反対債務を負い続けるのかという点が問題となる。例えば，特定物売買の目的物が売主（債務者）の責めに帰することができない事由によって滅失し，売主の負担する目的物引渡債務が履行不能となった場合，買主（債権者）の負っている売買代金支払義務は消滅するのだろうか。この点について規律するのが現行法における危険負担制度である。

(2) 現行法における危険負担制度

(i) **債権者主義と債務者主義**　双務契約から生じる債務の一方が履行不能となった場合における反対債務の帰趨については，次の2つの解決方法が考えられる。

第1に，債務の一方が履行不能となったとしても反対債務は消滅することなく存続するという解決方法が考えられる。この解決方法による場合，履行不能となった債務の債権者としては，契約上の利益を実現する手段をもたないにもかかわらず，自らが負担する反対債務を履行しなければならないことになる。このような解決方法を，履行不能となった債務の債権者が危険（リスク）を負担するという意味で，債権者主義という。

これに対して，債務の一方が履行不能となった場合には，それにともなって反対債務も消滅するという解決方法が考えられる。この解決方法による場合，履行不能となった債務の債務者は反対

第2章 改正法の内容

給付の履行を求めることができなくなる。このような解決方法を，履行不能となった債務の債務者が危険（リスク）を負担するという意味で，債務者主義という。

現行法は，債務者主義が原則であるという立場を採用しながら（536条1項）も，重要な例外として債権者主義も採用している。例外として位置づけられている債権者主義に関する規定（534条）から説明する。

(ii) **特定物に関する物権の設定・移転を目的とする双務契約：債権者主義（534条）**　534条1項は，特定物に関する物権の設定・移転を目的とする双務契約に関して債権者主義を採用し，債務者の責めに帰することができない事由によって目的物が滅失・損傷した場合，債権者がその滅失・損傷を負担する旨を定めている。典型例として，特定物の売買契約が締結された後に，目的物が売主（債務者）の責めに帰することができない事由によって滅失・損傷した場合，買主（債権者）は，売主に対して売買代金を支払う義務を負い続けることになる。不特定物に関する契約も，目的物が特定した時（401条2項参照）から同様の規律に服する（534条2項）。534条の定める債権者主義は，特定物に関する物権の設定・移転を目的とする双務契約に関する例外と位置づけられているものの，債務の履行が不能となるのは，多くの場合，特定物に関する債務であるため，同条は重要な例外である。

534条が債権者主義を採用した理由は，次の点にあるといわれている。すなわち，特定物に関する契約が締結されると，原則として契約の締結時に物権は債権者に移転する（176条参照）ため，契約の締結時以後に目的物が滅失・損傷する危険は所有権者である債権者が負担するべきだというのである。しかしながら，売買契約が締結された後，目的物がまだ売主の手元にある段階で滅失

第7節　危険負担

した事例を考えれば分かるように，所有権が抽象的に債権者に移転しているとしても，そのことを理由に目的物が滅失・損傷する危険を債権者に負担させることは適切でない。むしろ，目的物を現実に支配し，目的物の滅失・損傷をより容易に回避できる立場にある者に危険を負担させることが合理的だと考えられる。

　そこで，学説では，534条の定める債権者主義は目的物の支配が債権者に移転した時から適用されると解釈し，同条の適用範囲を実質的に大きく制限する見解が一般的に支持されてきた。また，534条は任意規定であるため，当事者が合意によって異なる時期に危険が移転する旨を定めることは妨げられないところ，特定物の典型例である不動産売買などの実務では，目的物が引き渡された時点で危険が買主に移転する旨の条項が置かれているのが通常である。このように，534条の定める規律には合理性が認められず，立法論的に問題をはらんだものであるという理解は広く受け入れられており，後で見るとおり，今回の改正において修正されることとなった。

　さらに，535条は，停止条件付の双務契約に関する特則を定めている。同条によると，条件の成否が未定である間に目的物が滅失した場合に債務者主義が適用される（同条1項）一方で，目的物が損傷した場合には条件の成否にかかわりなく債権者主義が適用される（同条2項）。しかしながら，このような結論の相違を正当化することはできないとして，同条も立法論的に問題があると指摘されてきた。

　(iii)　**その他の双務契約：債務者主義（536条1項）**　　以上に対して，536条1項は，その他の双務契約について債務者主義を採用し，債務者の責めに帰することができない事由によって債務の履行が不能となった場合，それにともなって反対債務も当然に消

155

第2章 改正法の内容

滅し，債務者は反対給付を受けることができなくなる旨を定めている。債務の履行が不能となる危険は債務者が負担することが合理的であり，双務契約においては，両当事者の負担する債務が対価として結びついている関係（牽連関係）が認められることからも，債務者主義による解決が原則として適切であると考えられている。

　危険負担制度が裁判において適用される場面に目を向けると，双務契約の当事者が相手方に対して債務の履行を求めた場合，債務の履行を求められた相手方としては，自らの有する債権が履行不能になったことを主張・立証すれば履行請求を拒むことができると考えられている。例えば，役務を提供する債務を負っている当事者が相手方に対して報酬を請求するという紛争では，相手方としては，自らが有している債権，すなわち役務を提供するよう求める権利が履行不能になったことを主張・立証すれば，それにともなって反対債務である報酬支払債務も消滅するため，報酬の支払を免れることができる。536条1項は，「当事者双方の責めに帰することができない事由によって債務を履行することができなくなったとき」と規定しているが，債務の履行を拒もうとする債権者としては，自らの責めに帰すべき事由が存在しないことまで主張・立証する必要はないと考えられている。両当事者の負担する債務が対価として結びついている双務契約においては，一方の債務が消滅した場合には反対債務も消滅するのが原則であることから，このような処理が支持されている。

　これに対して，債権者の責めに帰すべき事由によって債務の履行が不能となった場合には，債権者に危険を負担させることが合理的だと考えられる。そこで，このような場合について，536条2項は債権者主義を採用し，反対債務が消滅することなく存続す

る旨を定めている（同項前段）。ただし，債務者としては，自らの
債務を履行する必要がなくなるため，履行に必要な出費を免れる
などの利益を得ている可能性がある。このような利益まで債務者
に取得させる理由はないので，債務者は当該利益を債権者に償還
しなければならない（同項後段）。

(3) 契約の解除との関係

ここまで見てきた危険負担制度は，実は，**第6節**において説
明した契約の解除と共通する機能を果たしている。つまり，危険
負担制度は，双務契約から生じる債務の一方が履行不能となった
場合に反対債務が消滅するか否かを規律する制度であるところ，
契約の解除も，双務契約から生じる債務が履行されない場合に契
約を解消し，反対債務を消滅させることを認める制度である。双
務契約から生じる債務が履行不能となった場合に関する限り，危
険負担制度と契約の解除はともに反対債務の帰趨を規律する制度
なのである。

そこで，契約において引き受けられた債務の履行が不能となっ
た場合，危険負担と契約の解除のいずれの制度が適用されるのか
が問題となる。現行法の下では，危険負担制度の問題であるとす
ると，当事者の意思表示を必要とせず反対債務は当然に消滅する
のに対して，契約の解除の問題であるとすると，540条以下の規
定が適用され，反対債務が消滅するには債権者の意思表示が必要
となる（540条1項参照）。

この点，現行法の下での伝統的な通説は，履行が不能となった
ことについて債務者の責めに帰すべき事由（帰責事由）が存在す
るか否かに応じて両者の適用領域が区分されると考えてきた。そ
れによると，債務者の責めに帰すべき事由によって債務の履行が

不能となった場合，当該債務は損害賠償義務として存続するため，危険負担制度の適用は問題とならない。この場合，契約から離脱したい債権者としては，543条に基づいて契約の解除をすることになる。これに対して，債務者の責めに帰することができない事由によって債務の履行が不能となった場合，債権者は契約の解除をすることができない（543条ただし書参照）。この場合，債権者が負担している反対債務の帰趨は危険負担制度によって決せられることになる。

しかしながら，**第6節**において説明したとおり，改正法は，債務者の帰責事由を契約の解除の要件とはしないという立場を採用している。そのため，両者の適用場面が重複することは避けられなくなり，両者の関係をどのように考えるかという点が重要な検討課題として浮上することとなった。

改正の議論と改正法の内容

(1) 危険負担制度に関する検討課題

今回の改正作業においては，立法論として問題があると広く認識されていた債権者主義に関する規定（現534条・535条）を削除することの適否と，危険負担制度と契約の解除との関係をどのように考えるかという，2つの問題について主に検討が行われた。前者の問題については比較的容易に意見の一致が見られたのに対して，後者の問題については，最終段階に至るまで議論は紆余曲折を経ることとなった。以下では，後者の問題から説明する。

第7節　危険負担

(2)　危険負担制度の再構成

(i)　債務消滅構成から履行拒絶権構成への変更（改正 536 条 1 項）　　上述のとおり，現行法の下では，危険負担制度と契約の解除は，債務者の帰責事由の存否を基準として適用領域が区分されると考えられてきた。しかしながら，契約の解除の要件として債務者の帰責事由を要求しない立場を採用した改正法の下では，両者の適用領域が重複することは避けられなくなる。そこで，改正作業の途中までは，当事者の意思表示なしに反対債務が消滅することを認める危険負担制度を廃止し，反対債務の帰趨を契約の解除に委ねる提案が示されていた（中間試案・第 12）。こうした提案は解除一元化モデルなどと呼ばれるが，それによると，契約に基づいて生じた債務が履行不能となった場合，債権者は債務者の帰責事由の有無にかかわりなく契約の解除をすることができ，契約の解除の意思表示がされてはじめて反対債務が消滅することになる。危険負担制度と契約の解除が同じ問題局面を規律する異なる制度であることを踏まえるならば，理論的には，当事者の意思によって反対債務の帰趨が決まる解除一元化モデルが優れていると考えられるところである。

　しかしながら，改正へ向けた審議の中で，解除の意思表示によって反対債務が消滅する解除一元化モデルを採用すると，解除の意思表示が何らかの理由で効力をもたない場合などに債権者が思わぬ不利益を被るおそれがあるとして，危険負担制度を全面的に廃止することに対する強い懸念が実務家から示された。解除一元化モデルを支持する意見と何らかの形で危険負担制度を存続させるべきだとする意見が鋭く対立する中で，改正法は，いわば妥協の産物として，危険負担制度を，反対債務が当然に消滅すること

159

第2章　改正法の内容

を認める制度から，債権者に反対債務の履行拒絶を認める制度へと大きく変更した上で，契約の解除と併存する形で存続させることを選択している。536条の文言は一見したところわずかに変更されたに過ぎないが，改正536条1項の「債権者は，反対給付の履行を拒むことができる」という文言は，以上のような危険負担制度に関する大きな変更を反映したものなのである。

　改正法の下では，債務の履行を求められた当事者としては，改正536条1項に基づいて，自らの有する債権が履行不能になったことを主張・立証して，相手方からの履行請求を拒むことができる。この場合に，債務の履行を拒もうとする当事者が自らの責めに帰すべき事由が存在しないことまで主張・立証する必要がないのは現行法と同様である。その意味で，改正法の下でも，「当事者の双方の責めに帰することができない事由によって」という文言は，裁判において当事者が主張・立証するべき事実とは対応していない。

　改正536条1項については，同項所定の効果が認められるには債権者が履行拒絶権を行使する旨の権利主張をする必要があるのかという，同時履行の抗弁（533条）と同様の議論も想定される。しかしながら，改正536条1項が当事者の意思表示によって効果が生じる契約の解除と平仄を合わせるために採用されたものであることを踏まえるならば，当事者の権利主張の有無にかかわりになく同項所定の効果を認めることは適切でなく，債権者が履行を拒む旨の権利主張をすることが必要だと考えるべきであろう。このような理解は，同時履行の抗弁に関して行使効果説と呼ばれる立場に対応するものである。具体的な効果としては，同時履行の抗弁が主張された場合には引換給付判決がされるのに対して，改正536条1項の定める履行拒絶権が主張された場合には請求棄却判決がされる。

160

第7節 危険負担

さらに，改正法の下では，債務の履行が不能となった場合，債権者は改正542条1項に基づいて契約の解除をすることもできる。債権者が契約の解除をする場合，債務の履行が不能であることを主張・立証すればよく，解除の意思表示によって，債権者の負担する反対債務を含めて契約に基づいて生じた債務が消滅することになる。

以上のように，改正法は，履行拒絶権（改正536条1項）と解除権（改正542条1項）を併存させる立場を採用しており，債権者としてはいずれを行使することも可能である。両者の相違として，契約が解除されると契約に基づいて生じた債務が確定的に消滅するのに対して，履行拒絶権が行使された場合には債権者が負担している反対給付を履行する債務は存続したままである。そのため，債権者がすでに自らの債務を履行している場合には，債権者としては，契約の解除をしなければすでに履行した反対給付の返還を求めることができないものと思われる（もっとも，非債弁済〔705条〕を手がかりとして返還請求を認める可能性も指摘されている。法制審議会第91回議事録21頁以下を参照）。また，解除権は，改正法の下で，権利を行使することができることを知った時から5年間，および，権利を行使することができる時から10年間の消滅時効（改正166条1項）に服すると考えられるのに対して，履行拒絶権の期間制限に関する明文の規定は置かれていない。

(ii) 債権者に帰責事由がある場合（改正536条2項） 以上に対して，債権者の責めに帰すべき事由によって債務の履行が不能となった場合に，債務者による反対給付の履行請求が認められるべきことについては，現行法の下でも異論がなかった。改正法は，このような規律の内容を維持しつつ，危険負担制度を履行拒絶権として再構成したことと平仄を合わせる形で，履行不能となった債務の「債権者は，反対給付の履行を拒むことができない」と規

161

第2章　改正法の内容

定している（改正536条2項）。実際の裁判では，履行の請求を受けた債権者が自らの有する債権が履行不能になったことを主張・立証し，履行拒絶権（同条1項）を行使したのに対して，債務者が債権者の帰責事由を主張・立証すれば，債務者からの履行請求が認容されることになる。こうした改正536条2項の規律は，債務の不履行が債権者の責めに帰すべき事由によるものである場合に契約の解除が認められない旨を定める改正543条とも平仄が合っている。

　また，民法の規定によると，役務提供型の契約においては，役務を提供する債務が履行されてはじめて報酬債権が発生する（624条〔雇用〕・633条〔請負〕・648条2項〔委任〕）ところ，債権者の帰責事由によって役務を提供する債務の履行が不能となった場合に，債務者が報酬を請求することができるのかという問題がある。この問題は，主に雇用（労働）契約において，使用者の責めに帰すべき事由によって労働に従事することができなくなった労働者が報酬を請求することができるのかという形で議論されてきた。

　この問題に関して，現行法の下では，現536条2項が「債務者は，反対給付を受ける権利を失わない」と規定していることから，役務を提供する債務を負っている当事者は，同項を根拠に報酬を請求することができると考えられている。これに対して，上述の改正536条2項は債権者に履行拒絶権が認められない旨を定めているに過ぎないため，同項を根拠に債務者の報酬債権が発生すると考えることは難しいようにも思える。しかしながら，立法担当者は，審議の中で，改正法の下でも債権者に帰責事由が認められる場合には改正536条2項を根拠として報酬債権が発生するという理解を示している（部会資料83-2・49頁参照）。このような立法

162

担当者の理解は，役務を提供する債務の履行が途中で不能となった場合に履行の割合に応じて報酬債権が発生することを認める一連の新たな規定（改正624条の2〔雇用〕・634条1号〔請負〕・648条3項〔委任〕）にも反映されている。つまり，これらの規定は債権者の責めに帰することができない事由によって役務を提供する債務の履行が途中で不能になった場合に債務者が報酬の一部を請求することができる旨を定めているが，その前提として，債権者の責めに帰すべき事由によって債務の履行が不能となった場合には，債務者は報酬の全額を請求することができると考えられているのである。

(3) 債権者主義に関する規定の修正

(i) **現534条・535条の削除**　　上述のとおり，現534条が採用する債権者主義は，立法論として大きな問題があると指摘されてきた。こうした指摘を踏まえて，改正法は同条を削除している。また，現535条は現534条の特則として置かれている規定であり，上述のとおり，その内容も適切でないと批判されていた。そのため，改正法は現535条も削除している。

現534条および現535条が削除される結果として，改正法の下では，上述の改正536条がすべての双務契約に適用されることになる。

(ii) **危険の移転に関する規定の新設（改正567条）**　　危険負担に関して債務者主義が適切な規律であるとしても，契約に基づいて生じた債務が履行されるプロセスの中で，一定の時点以後は債権者が危険を負担するべきだと考えられる。例えば，売買契約において目的物が買主に引き渡された時点以後は，買主の方が目的物の滅失・損傷をより容易に回避することができる立場にあるた

163

め，買主にその危険を負担させることが合理的である。そのため，すべての双務契約について債務者主義を採用した改正法においても，いずれの時点から債権者が危険を負担するべきなのか，危険の移転時期を定めることが要請される。

この問題は，現行法の下では，債権者主義を定める現 534 条の適用範囲を限定しようとする議論の中で扱われてきたが，改正法は危険の移転に関する独立の規定を新設している。具体的には，危険の移転が典型的に問題となる売買契約に関する規定として，改正 567 条 1 項において，売主が買主に目的物を引き渡した時以後に目的物が売主の責めに帰することができない事由によって滅失・損傷した場合，買主は代金の支払を拒むことができない旨が定められている。同項が適用される場合，買主（債権者）としては，履行拒絶権（改正 536 条 1 項）を行使することができないだけでなく，契約の解除（改正 542 条）をすることもできず，反対債務を履行しなければならない。このように，改正 567 条 1 項は，目的物の滅失・損傷の危険が買主（債権者）に移転する時期を定める規定であるため，同条にいう「引渡し」とは，買主（債権者）に危険を負担させることが合理的だと評価できる現実的な支配の移転を意味すると考えるべきである。

さらに，改正 567 条 1 項は，目的物が引き渡された時以後に売主（債務者）の責めに帰することができない事由によって滅失・損傷した場合に，買主（債権者）が，滅失・損傷を理由として追完請求，代金減額請求，損害賠償請求，契約の解除をすることができない旨も定めている。これらの救済手段と履行拒絶権（改正 536 条 1 項）が並べて規定されていることからして，改正法の下における履行拒絶権は，買主（債権者）の利益を守るために与えられる救済手段の一つとしての性格を有していると評価すること

第7節　危険負担

ができる。

　改正567条2項は，売主が契約の内容に適合する目的物をもってその引渡しの債務の履行を提供したにもかかわらず，買主が履行を受けることを拒絶した場合，または，履行を受けることができない場合にも，履行の提供があった時に危険が買主に移転する旨を定めている。売主としては，債務の履行として必要な行為をしている以上，目的物の滅失・損傷の危険を買主に負担させることとしたものである。改正法の下では，改正413条の2第2項により，債権者の受領遅滞中に債務の履行が不能となったとき，その履行の不能は債権者の責めに帰すべき事由によるものとみなされるため，履行の不能を理由とする契約の解除と改正536条1項の定める履行拒絶権に関する限り，改正567条2項がなくとも同様の結論が導かれる（改正543条・536条2項参照）。改正567条2項は，修補などによって履行の追完が可能であるため債務の履行が不能となったとは評価できない場合をカバーするために置かれた規定である（部会資料75A・31頁）。

　種類物が契約の目的である場合，改正567条は，目的物として特定された物が引き渡された場合にのみ適用される（同条1項）。現行法の下では，債務者が物の給付をするのに必要な行為を完了し，特定が生じた時点（401条2項参照）から，現534条2項に基づいて債権者主義が妥当すると考えるのが通説的見解であるところ，改正法は，目的物の特定が生じる時点と目的物の引渡しによる危険の移転時期（改正567条参照）を分離している。改正法の下では，種類物売買において，目的物が特定した後，買主に引き渡される前に目的物が滅失・損傷したという場合，特定物売買の目的物が危険の移転前に滅失・損傷した場合と同様，買主（債権者）は履行拒絶権（改正536条1項）を行使することができるほか，契

165

第 2 章　改正法の内容

約の解除（改正 542 条 1 項）をすることができることになる。

　改正 567 条は 559 条によって売買以外の有償契約にも準用される。もっとも，改正 567 条は財産権の移転を目的とする売買に関する規定であり，「引渡し」の時点を問題としていることからしても，債務者の行為を目的とする契約など，債務の履行プロセスが大きく異なる契約に準用されることはないと考えられる。行為債務の履行が不能となる危険についても，債務者のほうが不能となることをより容易に回避できる立場にあるのが通常であるため，一般的には債務者主義を定める改正 536 条 1 項を適用することが合理的である。ただし，債務の履行に債権者の協力が必要であるにもかかわらず，債権者が協力をしない間に債務の履行が不能となったという場合については，債権者に危険を負担させることが適切であろう。このような場合，改正法の下では，上述の改正 413 条の 2 第 2 項によって，債権者は反対給付の履行を拒絶することも，契約の解除をすることもできなくなるものと考えることができる。

〔吉政知広〕

第8節
債権者代位権

I 債権者代位権の要件

改正のポイント

□差押えを禁じられた権利が，代位行使の許されない権利として明文化された。
□裁判上の代位の許可制度が廃止された。
□被保全債権が強制執行により実現することのできない債権である場合，債権者は債権者代位権を行使できないことが明文化された。

1 現行制度の概要

債権者代位権は，債権者が自己の債権を保全するため，債務者に属する権利を行使することができる権利である。債権者代位権を行使するための要件については，3つの改正点がある。なお，以下では，AはBに対してα債権（保全される債権＝被保全債権）を有しており，BはCに対してβ権利（代位行使される権利＝被代

位権利）を有しているという事例を用いることとする。

(1) 代位行使が許されない権利

423条1項ただし書は，債務者の一身に専属する権利については，被代位権利（β権利）とはなりえないとしている。これは，債務者の一身に専属する権利については，その行使を債務者の自由な意思に委ねるべきであると考えられているためである。

もっとも，被代位権利となりえないのは，債務者の一身に専属する権利だけではない。債権者代位権は上記のとおり債務者の責任財産を保全して強制執行の準備をするための制度であるから，債務者の責任財産に属さない，差押えを禁じられた権利（民事執行法152条，恩給法11条3項等参照）についても，代位行使は許されないと解されている。しかし，この点は，条文上明文化はされていなかった。

(2) 裁判上の代位の許可

423条2項は，被保全債権（α債権）の履行期が到来しない間は，原則として債権者代位権を行使することができないとしている。被保全債権の履行期が到来せず債務不履行に至っていない段階で債務者（B）の財産管理への干渉を認めることには慎重を期すべきであるというのが，その趣旨である。他方で，同項は，被保全債権の履行期が到来していない場合であっても，裁判上の代位の許可を受ければ，債権者代位権を行使することができる旨を定めている。

もっとも，裁判上の代位の許可の制度は，その利用例が極めて少なく，制度の必要性に疑問が持たれていた（部会資料73A・27頁以下）。必要性が乏しいと考えられる理由としては，2点挙げら

れる。第1に、423条2項ただし書が規定する保存行為に該当すれば、被保全債権（α債権）の履行期到来前であっても、裁判上の代位の許可を受けずに債権者代位権を行使することができるためである。保存行為の例としては、被代位権利（β権利）の消滅時効を中断（更新）する行為が挙げられる。第2に、保存行為に該当しなくても、民事保全（仮差押え）の制度を利用すれば、被保全債権（α債権）の履行期が到来していなくても、債務者の責任財産を保全することができるためである（民事保全法20条2項）。こうした事情があり、裁判上の代位の許可制度は、利用されない状況が続いていた。

(3) 被保全債権についての制限
―― 強制執行により実現することのできない債権

債権者代位権は、債務者の責任財産を保全して強制執行の準備をするための制度であることから、強制執行により実現することのできない債権（例えば、不執行合意のある債権やいわゆる自然債務）についても、それを被保全債権（α債権）とする代位権の行使は許されないと解されている。しかし、このことは条文上明記されていなかった。

2 改正の議論と改正法の内容

(1) 差押えを禁じられた権利

上記1(1)の状況を踏まえて、改正法においては、債務者の一身に専属する権利に加えて、差押えを禁じられた権利についても代位行使が許されないことが明文化された（改正423条1項ただし

第2章　改正法の内容

書）。

(2)　裁判上の代位の許可制度の廃止

上記1(2)の状況を踏まえて，改正法では，現423条2項本文の「裁判上の代位によらなければ，」という文言が削除されており，裁判上の代位の許可制度は廃止されることとなった（改正423条2項）。

ここにも注意！

裁判上の代位の許可制度の廃止に伴い，同制度の手続的規律を定める非訟事件手続法85条から91条までの規定も削除された。

(3)　被保全債権についての制限
　　──強制執行により実現することのできない債権

上記1(3)の状況を踏まえて，改正法においては，強制執行により実現することのできない債権を被保全債権とする代位行使は許されないことが明文化された（改正423条3項）。

Ⅱ　代位行使の範囲

改正のポイント

□債権者は，債権者代位権を行使する場合において，当該権利の目的が可分であるときは，自己の債権の額の限度においてのみ，当該権

170

第8節　債権者代位権

利を行使することができる。

1　現行制度の概要

AはBに対して500万円の金銭債権であるα債権（被保全債権）を有しており，BはCに対して1000万円の金銭債権であるβ権利（被代位権利）を有しているとしよう。ここでの問題は，AがBの有するβ権利を代位行使する際に，いくらの範囲で代位行使できるかという問題である。423条は，この点につき特段の規律を定めていない。判例（最判昭和44年6月24日民集23巻7号1079頁）は，金銭債権の代位行使に関する事案において，被保全債権の額の範囲でのみ被代位権利を行使することができる旨を判示している。すなわち，先の事例においては，Aは500万円の範囲でのみβ権利を代位行使できることになる。

この判例の立場は，被代位権利が金銭の支払や動産の引渡しである場合に，代位行使する債権者（以下代位債権者とする）Aが直接自己に支払または引渡しを求めることができるかという問題（Ⅲで扱う）と密接に関連する。判例（大判昭和10年3月12日民集14巻482頁）は，金銭債権の代位行使の事案で，代位債権者AがCに対して直接支払を求めることを認める立場をとっている。これにより，Aの有する500万円の債権とBがAに対して有する500万円の不当利得返還請求権（AがCから500万円を受け取ったことにより生ずる）との間の相殺ができる。このように，Bの他の債権者との関係で，Aは，事実上優先弁済を受けることができている。

代位債権者に事実上の優先弁済効を認める実務の取扱いは，総

171

第2章　改正法の内容

債権者のために債務者の責任財産を保全して強制執行の準備をするという債権者代位権の制度趣旨と必ずしも整合的ではない。しかし，代位債権者に事実上優先弁済効を認めている現実を所与の前提とするのであれば，被保全債権の額の範囲でのみ被代位権利を行使することができるという立場も理解できる。すなわち，Aが債権者代位権を行使することにより事実上優先弁済を受けることができるのであれば，Aが有している500万円につき代位行使を認めれば十分であるという考えも成り立つ。

2 改正の議論と改正法の内容

　中間試案の段階では，被保全債権（α債権）の額の範囲を超えて被代位権利（β権利）の全部を行使することができることとされていた。すなわち，先の例では，1000万円の代位行使を認める立場を採用していた。これは，Ⅲで後述するように，債権者代位権は債務者（B）の責任財産を保全して強制執行の準備をするための制度であるという制度趣旨に立ち戻り，代位債権者（A）に事実上の優先弁済効を認めない（代位債権者〔A〕への金銭の直接の支払を認めるが，代位債権者は直接の支払を受けた金銭を債務者〔B〕に対して返還する債務と債務者に対する金銭債権とを相殺することができない旨の規律を設ける）という立場が前提にある。Bのすべての債権者のために責任財産を保全するのであれば，代位行使の範囲をAの被保全債権の額の範囲に限定する必要はないこととなる。

　しかし，最終的に相殺禁止の規律について明文の規定を置くことは見送ることとなり，実務の運用や解釈等に委ねることとなった。そこで，代位行使できる範囲についても，現行民法下の判例

第8節　債権者代位権

の立場が維持され，債権者（A）は，債権者代位権を行使する場合において，当該権利（β権利）の目的が可分であるときは，自己の債権の額（先の例でいえば500万円）の限度においてのみ，当該権利を行使することができることとなっている（改正423条の2）。

 III　代位債権者への支払または引渡し

改正のポイント

□被代位権利が金銭の支払または動産の引渡しを目的とするものであるときは，代位債権者は，その支払または引渡しを自己に対してすることを求めることができる。
□上記の場合に，相手方が代位債権者に対してその支払または引渡しをしたときは，被代位権利はこれによって消滅する。

 現行制度の概要

(1)　代位債権者への直接の支払または引渡しの可否

　AはBに対して500万円の金銭債権であるα債権（被保全債権）を有しており，BはCに対して1000万円の金銭債権であるβ権利（被代位権利）を有しているとしよう。この場合に，Aがβ権利につき500万円分代位行使した際に（IIで述べた通り，現行民法の判例および改正423条の2は500万円を限度に代位行使を認める），A

173

はCに対して500万円を直接自己に支払うよう求めることができるかがここでの問題である。なお，被代位権利（β権利）が動産の引渡請求権の場合にも，Aに対する直接の引渡しを認めるかが問題となる。

423条は，債権者（A）が被代位権利（β権利）の目的物を自己に直接引き渡すよう求めることができるかについて，特段の規律を定めていない。判例（大判昭和10年3月12日民集14巻482頁）は，金銭債権の代位行使に関する事案において，代位債権者（A）による直接の引渡請求を認める旨を判示していた。この点も，IIで述べたのと同じく，代位債権者に事実上の優先弁済効を認めるか否かという問題と密接にかかわっており，学説上も賛否両論のあったところである。

(2) 相手方による代位債権者への支払または引渡し

代位債権者（A）による直接の引渡請求を認める上記の判例法理は，代位行使の相手方（C）がその請求に応じて代位債権者に直接の引渡しをしたときは，それによって被代位権利（β権利）が消滅することを当然の前提としていると考えられる（部会資料73A・31頁）。もっとも，この点について特段の規律は定められていない。

2 改正の議論と改正法の内容

(1) 債権者への直接の支払または引渡しの可否

中間試案の段階では，代位債権者（A）への金銭の直接の支払を認めることに加えて，代位債権者は直接の支払を受けた金銭を

第8節　債権者代位権

債務者（B）に対して返還する債務と債務者に対する金銭債権とを相殺することができない旨の規律を設けることとされていた（中間試案・第14-3）。これは，債権者代位権は債務者（B）の責任財産を保全して強制執行の準備をするための制度であるという制度趣旨に立ち戻り，代位債権者（A）に事実上の優先弁済効を認めないという立場が前提にある。

しかし，その後，債権者代位権による事実上の債権回収は，債務名義を取得して強制執行制度を利用すると費用倒れになるような場面において，強制執行制度を補完する役割を果たしていることから，そのような実務上の機能を変更する内容の明文規定を設ける弊害は大きい等の指摘がなされ（部会資料73A・31頁），相殺禁止の規律について明文の規定を置くことは見送ることとし，実務の運用や解釈等に委ねることとなった。

そこで，改正法においては，被代位権利（β権利）が金銭の支払または動産の引渡しを目的とするものであるときは，代位債権者（A）はその支払または引渡しを自己に対してすることを求めることができることのみ定められている（改正423条の3第1文）。

⑵　相手方による代位債権者への支払または引渡し

上記1⑵で述べたような現行制度の状況を踏まえ，改正法においては，被代位権利（β権利）が金銭の支払または動産の引渡しを目的とするものである場合に，相手方（C）が代位債権者（A）に対してその支払または引渡しをしたとき，被代位権利はこれによって消滅する旨定められている（改正423条の3第2文）。

175

第 2 章　改正法の内容

Ⅳ　相手方の抗弁

改正のポイント

□代位行使の相手方は債務者に対する抗弁をもって代位債権者に対抗することができる。

1　現行制度の概要

　AはBに対してα債権（被保全債権）を有しており，BはCに対してβ権利（被代位権利）を有しているという事例をもとにすると，AがCに対して，債権者代位権を行使した際に，CはAに対していかなる主張ができるかがここでの問題である。現行民法は，代位行使の相手方（C）が債務者（B）に対する抗弁をもって代位債権者（A）に対抗することができるかについて，特段の規律を定めていない。そのため，この点について疑義を生じていたが，判例（大判昭和 11 年 3 月 23 日民集 15 巻 551 頁）は，代位行使の相手方（C）は債務者（B）に対する抗弁をもって代位債権者（A）に対抗することができる旨判示している。

2　改正の議論と改正法の内容

　改正 423 条の 4 は，上記の判例法理を明文化している。

176

第8節　債権者代位権

Ｖ　債務者の取立てその他の処分の権限等

改正のポイント

□債権者が被代位権利を行使した場合であっても，債務者は，被代位
　権利について，自ら取立てその他の処分をすることを妨げられない。
□債権者が被代位権利を行使した場合に，相手方も，被代位権利につ
　いて，債務者に対して履行をすることを妨げられない。

1　現行制度の概要

　ＡはＢに対してα債権（被保全債権）を有しており，ＢはＣに
対してβ権利（被代位権利）を有しているという事例をもとにす
ると，ＡがＢに代位して，Ｃに対してβ権利を行使した場合に，
①Ｂは，β権利について自ら取立てその他の処分をすることがで
きるか，②Ｃも，β権利についてＢに履行をすることができる
かがここでの問題である。

(1)　債務者の取立てその他の処分権限

　現行民法は，債権者（Ａ）が被代位権利（β権利）を行使した場
合であっても，なお債務者（Ｂ）がその被代位権利（β権利）の取
立てその他の処分の権限を有するかについて，特段の規律を定め
ていないが，判例（大判昭和14年5月16日民集18巻557頁）は，
債権者が代位行使に着手し，債務者がその通知を受けるか，また

177

はその権利行使を了知したときは、債務者は被代位権利の取立てその他の処分の権限を失うとしている。

(2) 相手方の被代位権利についての債務者への履行

一般に、代位行使の相手方（C）は、債権者（A）が代位行使に着手した後であっても、債務者（B）への履行を妨げられないと解されている。代位行使の相手方による債務者への履行を禁止するという重大な効果を欲する債権者は、裁判所に仮差押えや差押えの手続を申し立てる他ないこととなる。もっとも、このことについて、条文上は明記されていない。

2 改正の議論と改正法の内容

(1) 債務者の取立てその他の処分権限

1(1)で述べたような判例の立場に対して、改正の議論では、次のような批判がなされた（部会資料73A・32頁〜33頁）。①裁判上の手続とは無関係に債権者が代位行使に着手したことを債務者に通知しまたは債務者がそのことを了知したというだけで、債務者が自らの権利の取立てその他の処分の権限を失うとすると、債務者の地位が著しく不安定なものとなる。②債務者の取立てその他の処分の権限を奪うという重大な効果を欲する債権者は、裁判所に仮差押えや差押えの手続を申し立てるべきである。

そこで、上記判例の結論を改める内容の改正をする必要があると考えられ、債権者（A）が被代位権利（β権利）を行使した場合であっても、債務者（B）は、被代位権利について、自ら取立てその他の処分をすることを妨げられない旨の規定（改正423条の5

第 8 節　債権者代位権

第 1 文）が新設された。

(2)　相手方の被代位権利についての債務者への履行

1(2)で述べたような現行制度の状況を踏まえ，債権者（A）が被代位権利（β権利）を行使した場合に，相手方（C）も，被代位権利について，債務者（B）に対して履行をすることを妨げられない旨の規定（改正 423 条の 5 第 2 文）が新設された。

Ⅵ　被代位権利の行使にかかる訴えを提起した場合の訴訟告知

改正のポイント

□債権者は，被代位権利の行使に係る訴えを提起したときは，遅滞なく，債務者に対し，訴訟告知をしなければならないこととなった。

1　現行制度の概要

A は B に対して α 債権（被保全債権）を有しており，B は C に対して β 権利（被代位権利）を有しているという事例をもとに説明すると，債権者代位訴訟における代位債権者 A の地位は，法定訴訟担当とされており，その判決の効力は被担当者である債務者 B にも及ぶとされている（民事訴訟法 115 条 1 項 2 号）。法定訴訟担当とは，本人（この場合の B）の意思に基づかずに，法律の

179

規定により第三者（この場合のA）が訴訟追行権を有し，本人の訴訟追行権が排除される場合のことをいう。法定訴訟担当の例としては，他には株主代表訴訟における株主の地位なども挙げられる。

ところで，現行法には，債権者代位訴訟を提起したAにBへの訴訟告知を義務づける規定がないため，Bのあずかり知らないところで債権者代位訴訟が進行し，Bがその訴訟手続に関与する機会を与えられないまま敗訴判決が確定することもありうる。なお，訴訟告知とは，訴訟の当事者が，訴訟の係属中に，参加（補助参加・当事者参加など）をすることができる第三者に，訴訟係属の事実を法定の書式によって通知をすることをいう（民事訴訟法53条参照）。他の法定訴訟担当の例として挙げた株主代表訴訟においては，会社法849条4項が株主代表訴訟を提起した株主に会社への訴訟告知を義務づけている。そこで，債権者代位訴訟についても，同様の訴訟告知に関する規律を定める必要があるとの議論が存在していた。

2 改正の議論と改正法の内容

上記のような問題の指摘を受けて，債権者代位訴訟を提起した債権者は遅滞なく債務者への訴訟告知をしなければならない旨の規定（改正423条の6）が新設された。

第8節　債権者代位権

VII　登記または登録の請求権を保全するための債権者代位権

改正のポイント

□登記または登録をしなければ権利の得喪および変更を第三者に対抗することができない財産の譲受人は，譲渡人の第三者に対する登記または登録を請求する権利を代位行使することができる。

1　現行制度の概要

　AはBに対してα債権（被保全債権）を有しており，BはCに対してβ権利（被代位権利）を有しているという事例をもとに説明すると，債権者代位権は，本来的には，債務者（B）の責任財産を保全して強制執行の準備をするための制度であるというのが通説的な理解であり，そのような理解を前提にすると，金銭債権を被保全債権（α債権）として行使することが想定されることになる。しかし，判例は，戦前から一定の場合に非金銭債権を被保全債権とする債権者代位権の行使を認めてきた。たとえば，ある不動産がCからB，BからAへと譲渡された事例で，BがCに対して所有権移転登記請求権を行使しなかった事例で，Aが自らのBに対する所有権移転登記請求権を保全するために，BのCに対する所有権移転登記請求権を代位行使することを認めている（大判明治43年7月6日民録16輯537頁等）。この場合，債権者代位権は，債務者の責任財産の保全のためではなく，被保全債権

第2章　改正法の内容

の直接の実現のために用いられている。このような場合を、一般に「債権者代位権の転用」と呼んでいる。債権者代位権の転用を認める判例は他にもあり、たとえば、Bが所有する不動産をAに賃貸したところ、目的不動産に不法占拠者Cがいた事例で、BがCに対して所有権に基づく妨害排除請求権を行使しない場合に、判例は、AにBのCに対する妨害排除請求権を代位行使することを認めている（最判昭和30年4月5日民集9巻4号431頁）。

2　改正の議論と改正法の内容

　改正の議論に際し、中間試案の段階では、このような転用型の債権者代位権の一般的な要件を提示する提案をしていたが、最終的には、登記・登録請求権を被保全債権とする場面についてのみ、債権者代位権の転用に関する規定が置かれることとなった。すなわち、登記または登録をしなければ権利の得喪および変更を第三者に対抗することができない財産の譲受人は、譲渡人の第三者に対する登記または登録を請求する権利を代位行使することができる旨を定める規定のみを置くこととなった（改正423条の7）。したがって、1の、ある不動産がCからB、BからAへと譲渡された事例で、BがCに対して所有権移転登記請求権を行使しなかった事例をもとにすれば、改正423条の7は、以下のように適用されることとなる。まず、不動産の所有権は、「登記又は登録をしなければ権利の得喪及び変更を第三者に対抗することができない財産」であるといえる。そこで、同条に基づき、その財産の譲受人であるAは、譲渡人Bの第三者Cに対する登記を請求する権利を代位行使することができる。

　1で紹介した不動産賃借人による賃貸人の所有権に基づく妨害

第8節 債権者代位権

排除請求権の代位行使の場面など，登記・登録請求権を被保全債
権としない場合に債権者代位権の転用ができるかという問題は，
改正後も学説や実務に委ねられることとなる。本条は，登記・登
録請求権を被保全債権としない場合の債権者代位権の転用を否定
するものではない（潮見佳男『民法（債権関係）改正法案の概要』（金
融財政事情研究会，2015年）73頁）。

〔幡野弘樹〕

第2章　改正法の内容

第9節
詐害行為取消権

Ⅰ　受益者に対する詐害行為取消権の要件①
──一般的要件──

改正のポイント

☐詐害行為取消しの対象を「法律行為」から「行為」に改めた。
☐被保全債権が詐害行為の前の原因に基づいて生じたものである場合
　に，詐害行為取消権を行使することができることとなる。
☐強制執行により実現することのできない債権を被保全債権として詐
　害行為取消権を行使することは許されないことが明文化された。

1　現行制度の概要

　債権者は，債務者の責任財産を保全するため，債務者がその債
権者を害することを知りながら行った法律行為の取消しを裁判所
に請求することができる。このような債権者の権利を詐害行為取
消権（424条）という。たとえば，債権者Ａが債務者Ｂに対して
α債権（被保全債権）を有していたが，ＢがＣに対して唯一の財

184

産である不動産を贈与してしまったために，債権者 A は α 債権の満足を得られなくなってしまった。このような場合に，A は，詐害行為取消権を行使することにより，BC 間の贈与を取り消し，不動産を B のもとに戻すことができる。この場合の C のように，詐害行為によって利益を受ける者を「受益者」という。Ⅰ・Ⅱでは，受益者に対して詐害行為取消権を行使するための要件を扱う。また，C が当該不動産をさらに D に売却した場合にも，一定の要件の下で A に詐害行為取消権の行使が認められているが，D のような転得者に対する詐害行為取消権行使のための要件については，Ⅲで扱う。

(1) 詐害行為取消しの対象

424 条 1 項は，詐害行為取消しの対象を「法律行為」としているが，実際には，厳密には「法律行為」とは言えないもの，たとえば，弁済や時効中断事由としての債務の承認（147 条 3 号）なども詐害行為取消しの対象になると解されている。もっとも，このことは条文上明記されていない。

(2) 被保全債権の発生時期

424 条は，被保全債権（先の例の α 債権）が詐害行為の後に発生したものであっても詐害行為取消権を行使することができるかについて特段の定めを置いていない。この点について，判例（大判大正 6 年 1 月 30 日民録 23 輯 1624 頁，最判昭和 33 年 2 月 21 日民集 12 巻 2 号 341 頁）は，被保全債権は詐害行為の前に発生したものであることを要する旨を判示している。もっとも，判例は，被保全債権に係る遅延損害金については，詐害行為の後に発生したものであっても被保全債権に含まれる旨を判示している（最判昭和 35

185

年 4 月 26 日民集 14 巻 6 号 1046 頁，最判平成 8 年 2 月 8 日集民 178 号 215 頁)。その他にも，詐害行為の時点では未発生の将来の婚姻費用の支払に関する債権について，一定の範囲において詐害行為取消権の行使を認めるもの（最判昭和 46 年 9 月 21 日民集 25 巻 6 号 823 頁）もあるなど，詐害行為の後に発生したものであっても被保全債権に含まれる旨を判示するものが存在していた。

(3) 強制執行によって実現することのできない債権

424 条は，被保全債権に関しては特段の規律を定めていないが，詐害行為取消権は債務者の責任財産を保全して強制執行の準備をするための制度であることから，強制執行により実現することのできない債権（例えば，不執行合意のある債権）を被保全債権として詐害行為取消権を行使することは許されないと解されていた。

改正の議論と改正法の内容

(1) 詐害行為取消しの対象

上記 1 (1)の状況を踏まえて，改正法においては，詐害行為取消しの対象を指す文言を「法律行為」から「行為」へと改めている（改正 424 条 1 項）。

(2) 被保全債権の発生時期

上記 1 (2)の状況を踏まえて，改正法においては，被保全債権（α債権）が詐害行為の前の原因に基づいて生じたものである場合に限り，詐害行為取消権を行使することができる旨を定めている（改正 424 条 3 項）。この点，中間試案の段階では，被保全債権は

第 9 節　詐害行為取消権

詐害行為の前に発生したものであることを必要とするという意見
（ただし，この意見も 1 (2)で紹介した個々の裁判例を否定するものでは
なかった）と，被保全債権が詐害行為の前の原因に基づいて生じ
たものである場合一般に詐害行為の取消しが認められるという意
見の両論が存在したが（中間試案の補足説明 162 頁以下），後者の意
見が採用されたことになる。

(3)　強制執行によって実現することのできない債権

上記 1 (3)の状況を踏まえて，改正法においては，強制執行に
より実現することのできない債権を被保全債権とする詐害行為取
消権の行使は許されない旨を定めている（改正 424 条 4 項）。

Ⅱ　受益者に対する詐害行為取消権の要件②
──破産法上の否認権との要件の調整──

改正のポイント

□破産法上の否認権の要件とのバランスを考慮して，受益者に対する
　詐害行為取消しの要件に関して，(1)相当の対価を得てした財産の処
　分行為の特則（改正 424 条の 2），(2)特定の債権者に対する担保の
　供与等の特則（改正 424 条の 3），(3)過大な代物弁済等の特則（改
　正 424 条の 4）という 3 つの特則を置いている。

187

第2章　改正法の内容

 現行制度の概要

　424条1項は、詐害行為取消権の要件に関して「債権者を害することを知ってした法律行為」という概括的な規律を定めている。これに対し、破産法は、平成16年の改正により否認権の要件について否認の対象となる行為の類型ごとの見直しをした（破産法160条〜162条を参照）。破産法上の否認権とは、破産手続開始前に破産者が破産債権者を害する行為をした場合に、破産管財人がその行為の効力を否定し、破産財団から失われた財産を回復させるために認められた破産管財人の権利である。

　平成16年破産法改正は、否認権の要件が不明確かつ広範であると、経済的危機に直面した債務者と取引をする相手方が否認権を行使される可能性を意識して萎縮してしまう結果、債務者の資金調達や経済活動が阻害され、再建可能性のある債務者が破綻に追い込まれるおそれがあるという問題に対する対処を行っている。具体的な規律は必要に応じて後述するが、平成16年改正は、そのような考慮に基づいて、否認権の要件を明確にするとともに対象となる行為を限定している。

　もっとも、詐害行為取消権の要件が不明確かつ広範であると、経済的危機に直面した債務者と取引をする相手方は、詐害行為取消権を行使される可能性を意識して萎縮してしまうことになる。なぜなら、取引の時点においては、その取引が詐害行為取消しの対象となるか破産法上の否認の対象となるかは分からないからである。また、詐害行為取消権の要件が不明確かつ広範であると、否認の対象とならない行為が詐害行為取消しの対象となるという事態が生じうるため、平時における一般債権者であれば詐害行為

第9節　詐害行為取消権

取消権を行使することができるのに，破産手続開始後における破産管財人は否認権を行使することができないという現象（いわゆる逆転現象）が生ずることにもなる。そこで，詐害行為取消権の要件についても，これを明確にし，限定する必要があると考えられていた。

(以上，部会資料73A・41頁)

2　改正の議論と改正法の内容

上記1の状況を踏まえて，改正法においては，改正424条の2から424条の4において，破産法上の否認権の要件とのバランスを考慮した詐害行為取消権の要件の特則を置いている。以下，3つの特則の要点を紹介する。

(1) 相当の対価を得てした財産の処分行為の特則（改正424条の2）

債務者が相当の対価を得て財産の処分行為をした場合に，詐害行為取消権の要件を満たすのか，満たすとすればどのような場合かが問題となっている。具体例に即していえば，債権者Aが債務者Bに対してα債権（被保全債権）を有していたが，BがCに対してBが所有する不動産を相当の対価を得て売却した場合に，詐害行為取消しの要件が満たされるかがここでの問題である。相当の対価を得て売却をした場合には，債務者Bの財産自体は減少していない。そのため，そのような行為についても詐害行為性が認められるかが問題となる。

改正法においては，破産法上の否認権の要件とのバランスを考慮する必要があるという立場が採用されている。すなわち，相当

第2章　改正法の内容

価格処分行為について，原則として詐害行為性を否定するとともに，破産法161条1項と同様の枠組みを採用して，例外的な場合に詐害行為取消しの対象となることとしている。より具体的には，債務者が，相当の対価を得て財産の処分行為をした場合，①当該行為がその財産の種類の変更により債務者において隠匿等の処分をするおそれを現に生じさせるものであること，②債務者が当該行為の当時その対価について隠匿等の処分をする意思を有していたこと，③受益者が当該行為の当時債務者が隠匿等の処分をする意思を有していたことを知っていたこと，がいずれも認められる場合に限り，詐害行為取消しの対象となる。

(2)　特定の債権者に対する担保の供与または債務の消滅に関する行為の特則（改正424条の3）

ここでは，①債務者が既存の債務の消滅に関する行為を行った場合と，②債務者が既存の債務について担保の供与を行った場合に分けることができる。

①の場合とは，具体的には，債権者Aが債務者Bに対してα債権（被保全債権）を有していたが，Bは，同じくBの債権者であるCに対して債務の弁済を行った場合であり，この場合にAが詐害行為取消権を行使することができるかが問題となる。BがCに対して弁済をすると，債務者Bの責任財産の総額は減少するが，減少した分だけBの負っていた債務額も減少するためBの資力に増減はない。このような場合にもAに詐害行為取消権の行使が認められるのかがここでの問題である。破産法は，平成16年改正により，破産者が支払不能になった後または破産手続開始の申立てがあった後に行われた既存の債務の消滅に関する行為のみを否認の対象とすることとしている（破産法162条1項1号）。

190

第9節　詐害行為取消権

なお，支払不能とは，債務者が，支払能力を欠くために，その債務のうち弁済期にあるものにつき，一般的かつ継続的に弁済することができない状態をいう（破産法2条11項）。債務の消滅に関する行為については，さらに，代物弁済や期限前弁済など，非義務的行為についても問題となる。破産法は，これらの破産者の義務に属せずまたはその時期が破産者の義務に属しない債務消滅行為については，支払不能になる前30日以内にされたものにまで否認の対象を拡張している（破産法162条1項2号）。

　改正法においては，破産法上の否認権の要件とのバランスを考慮する必要があるという立場が採用されている。すなわち，既存の債務の消滅に関する行為が債務者が支払不能の時に行われたものであることを詐害行為取消しの要件として要求している（改正424条の3第1項1号）。それとともに，詐害行為取消しに関する現行民法の判例法理（最判昭和33年9月26日民集12巻13号3022頁）を明文化するという趣旨から，既存の債務の消滅に関する行為が，債務者と受益者とが通謀して他の債権者を害する意図をもって行われたものであることという要件も付け加えている（改正424条の3第1項2号）。

　非義務的行為に関しても，平成16年の破産法改正の趣旨を導入しつつ，詐害行為取消しに関する改正前の判例法理（前掲最判昭和33年9月26日）を明文化するという観点から，改正424条の3第1項の要件に該当しない場合にも，当該行為が債務者の義務に属せずまたはその時期が債務者の義務に属しないものである場合に，(a)債務者が支払不能になる前30日以内に行われたものであること，(b)債務者と受益者とが通謀して他の債権者を害する意図をもって行われたものであることという要件を満たせば，詐害行為取消権を行使することができることとしている（改正424条

第 2 章　改正法の内容

の 3 第 2 項）。

　次に，②の場合については，債務者が既存の債務について担保の供与を行った場合に，担保が供された債務以外の債務の債権者は詐害行為取消権を行使することができるかが問題となっている。具体例に即していえば，債権者 A が債務者 B に対して α 債権（被保全債権）を有していたが，B は，B の債権者である C のために B 所有の不動産に抵当権を設定したという場合に，A が詐害行為取消権を行使することができるかという問題である。

　破産法は，平成 16 年の改正により，破産者が支払不能になった後または破産手続開始の申立てがあった後に行われた担保供与のみを否認の対象とすることとした（破産法 162 条 1 項 1 号）。さらに，破産者の義務に属せずまたはその時期が破産者の義務に属しない担保供与については，支払不能になる前 30 日以内にされたものにまで否認の対象を拡張している（破産法 162 条 1 項 2 号）。すなわち，既存の債務についての担保供与と債務消滅行為とは同様の要件の下で否認権の行使が認められている。そこには，既存の債務についての担保供与は，債務者の計数上の財産状態を悪化させることなく特定の債権者を利する行為である点において，債務消滅行為と同様の性質を有するという考えがある（部会資料73A・45 頁）。

　改正法においては，破産法において既存の債務についての担保供与と債務消滅行為とは同様の要件の下で否認権の行使が認められていることとのバランスを考慮して，詐害行為取消権においても，既存の債務についての担保供与と債務消滅行為とは同様の要件の下で取消権の行使を認めている（改正 424 条の 3）。

(3) 過大な代物弁済等の特則（改正 424 条の 4）

代物弁済の詐害行為性については，(2)①の場面でも紹介したが，ここでは受益者の受けた給付の価額が当該行為によって消滅した債務の額より過大である場合に，どのような要件・効果の下で詐害行為取消権が認められるのかが問題となっている。具体例に即していえば，債権者 A が債務者 B に対して α 債権（被保全債権）を有していたが，B は，1000 万円の債務を負っている別の債権者 C に対して，時価 1500 万円の B 所有の不動産を代物弁済として譲渡したという場合に，A は詐害行為取消権を行使することができるか，できるとしていかなる範囲で行使できるかがここでの問題である。過大な代物弁済は，債務消滅行為の側面と財産減少行為の側面という 2 つの側面を有する。そこで，改正法のように，債務消滅行為について特則を置く場合には，要件・効果の調整を行う必要がある。

破産法は，この点，債務消滅行為等に関する破産法 162 条の要件が満たされる場合には，過大な代物弁済行為全体について否認の対象としている。そして，同条の要件を満たさない場合であっても，過大な部分，つまり財産減少部分についてのみ，同法 160 条 2 項により財産減少行為否認の対象になる。

改正 424 条の 4 は，①債務者がした債務の消滅に関する行為であって，受益者の受けた給付の価額がその行為によって消滅した債務の額より過大であるものについて，②改正 424 条に規定する要件（上記 1 参照）に該当するときは，その消滅した債務の額に相当する部分以外の部分，すなわち過大な部分（先の例でいえば 500 万円分）についてのみ，詐害行為取消請求をすることができるとしている。

第2章　改正法の内容

　その結果，過大な代物弁済がなされた場合，次のような形でルールが適用されることになる。まず，改正424条の3第2項の要件を満たす場合には，債務消滅行為についても詐害行為取消しの要件を満たすため，代物弁済行為全体について詐害行為取消しの対象とすることができる。そして，改正424条の3第2項の要件を満たさない場合であっても，当該過大な代物弁済について改正424条1項の要件を満たす場合には，改正424条の4により，過大な代物弁済行為における財産減少行為としての側面のみ，つまり過大な部分についてのみ，一部取消しをすることができる。

Ⅲ　転得者に対する詐害行為取消権の要件

改正のポイント

□転得者に対する詐害行為取消権の要件として，①受益者に対する詐害行為取消権の要件を満たしていること，②転得者が受益者から転得した者である場合には，当該転得者が，転得の当時，債務者がした行為が債権者を害することを知っていたこと，③転得者が受益者でない他の転得者から転得した者である場合には，当該転得者およびその前に転得した全ての転得者が，それぞれの転得の当時，債務者がした行為が債権者を害することを知っていたことが必要となる。

1　現行制度の概要

　ここでは，転得者に対する詐害行為取消しの要件が問題となっ

ている。具体例に即していえば，債権者 A が債務者 B に対して
α 債権（被保全債権）を有していたが，B が C に対して債権者 A
を詐害する形で B 所有の不動産を贈与し，さらに受益者 C が D
に対してこの不動産を転売した場合に，A はどのような要件で
転得者 D に対して詐害行為取消権を行使できるか，さらに，D
が当該不動産を E に転売した場合に，A はどのような要件で E
に対して詐害行為取消権を行使できるかがここでの問題である。

424 条 1 項ただし書は，転得者（D）に対する詐害行為取消権
の要件に関して，「転得者が……転得の時において債権者を害す
べき事実を知らなかったとき」は，転得者に対する詐害行為取消
権を行使することができない旨を定めている。したがって，転得
者自身が善意であれば，転得者に対する詐害行為取消権の要件を
満たさない。他方，転得者（D）自身が悪意であれば，その前者
である受益者（C）が善意の場合でも，転得者に対する詐害行為
取消権の要件を満たすのかについて，判例（最判昭和 49 年 12 月 12
日集民 113 号 523 頁）は，この場合も転得者に対する詐害行為取消
権の要件を満たす旨判示している。

これに対し，破産法 170 条 1 項 1 号は，転得者に対する否認権
の要件として，「転得者が転得の当時，それぞれその前者に対す
る否認の原因のあることを知っていた」ことを要するとし，転得
者の前者に否認の原因があること（転得者の前者が悪意であること
を含む）を前提としている。これは，転得者の取引の安全を確保
するという観点から，一旦善意者を経由した場合の法律関係を画
一的に処理することとし，転得者自身が悪意であっても，転得者
の前者が善意であれば，転得者に対する否認権の行使を認めない
こととしたものである。もっとも，この規定は，その要件として，
「前者に対する否認の原因のあること」を転得者が知っていたこ

とを要求しているため、そこにいう転得者の悪意の内容としては、「債権者を害すべき事実を前者が知っていたこと」を転得者が知っていたことも含まれることになる。これに対しては、前者が悪意であることについての悪意（二重の悪意）を要求することとなり、転得者に対する否認権の要件として厳格に過ぎるとの指摘があった。

(以上，部会資料73A・49頁)

改正の議論と改正法の内容

1で述べたような問題の所在を踏まえて、改正424条の5は、転得者に対する詐害行為取消権の要件として、①受益者（C）に対する詐害行為取消権の要件を満たしていること、②転得者（D）が受益者（C）から転得した者である場合には、当該転得者が、転得の当時、債務者（B）がした行為が債権者（A）を害することを知っていたこと、③転得者（E）が他の転得者（D）から転得した者である場合には、当該転得者（E）およびその前に転得した全ての転得者（先の例ではDのみ）が、それぞれ転得の当時、債務者（B）がした行為が債権者（A）を害することを知っていたこと、を要する旨を定めている。

②にあるように、転得者（D）が受益者（C）から転得した者である場合には、当該転得者は、債務者（B）がした行為が債権者（A）を害することを知っていることが必要とされており、受益者（C）が悪意であることを知っていることは必要とされていない。③転得者（E）が他の転得者（D）から転得した者である場合についても、当該転得者（E）およびその前に取得した転得者（D）が、それぞれの転得の当時、債務者（B）がした行為が債権

者（A）を害することを知っていたことが必要とされている。つまり，前者が悪意であることを知っていることは必要とされていない。

ここにも注意！

今回の改正に伴い，破産法170条1項についても，いわゆる二重の悪意が要求されないなど，改正法の規律内容に合わせる形で改正がなされた。民事再生法134条1項，会社更生法93条1項についても同様の改正がなされた。

IV 詐害行為取消権の行使の方法等

改正のポイント

□(1)詐害行為取消訴訟における取消債権者の請求の内容と逸出財産の返還の方法，(2)詐害行為取消訴訟の被告，(3)債務者への訴訟告知の必要性，(4)詐害行為の取消しの範囲，(5)債権者への支払または引渡しの可否，(6)受益者または転得者による取消債権者への支払または引渡しの効果について，明文の規定が置かれた。

1 現行制度の概要

上記改正のポイントに掲げた(1)から(6)に関する問題は，現行法

においては，多くは判例法理に委ねられている。(3)の債務者への訴訟告知の必要性を除いて，2で述べる改正法は，基本的には現行法の判例法理を確認するものである（現行法の判例法理の詳しい紹介は省略する）。

2　改正の議論と改正法の内容

(1) 詐害行為取消訴訟における取消債権者の請求の内容と逸出財産の返還の方法（改正424条の6）

債権者Aが債務者Bに対してα債権（被保全債権）を有していたが，BがCに対してB所有の不動産甲を贈与した（転得者が現れるケースでは，受益者CがDに対して甲を転売した）場合に，Aが行使する詐害行為取消権の請求の内容はいかなるものか，そしてAは受益者Cに対して（転得者に対して詐害行為取消権を行使する場合には，転得者Dに対して）現物返還の請求をなしうるのか，価額償還の請求をなしうるのかがここでの問題である。

改正424条の6は，現行民法の判例法理（大連判明治44年3月24日民録17輯117頁，大判昭和7年9月15日民集11巻1841頁等）を明文化し，詐害行為取消訴訟においては，①詐害行為の取消しの請求とともに，逸出財産そのもの（つまり現物）の返還の請求をすることができること，②逸出財産の返還が困難であるときは価額償還の請求をすることができることを定めている。

なお，改正法にいう「財産の返還」は，受益者に対する詐害行為取消請求の場合には，受益者に対して引き渡された物の返還および受益者に交付された金銭の支払を指し，転得者に対する詐害行為取消請求の場合には，転得者が取得した物の返還を指してい

第9節　詐害行為取消権

る。すなわち，取消債権者が，転得者が取得した金銭の支払を求める場合は，「価額の償還」となる（(5)で紹介する改正 424 条の 9 第 1 項は，転得者に対する財産の返還として，物の引渡しのみを規定しており，金銭の支払を規定していない。以上，「財産の返還」，「価額の償還」の意味につき，潮見佳男『民法（債権関係）改正法案の概要』〔金融財政事情研究会，2015 年〕84 頁）。

(2)　詐害行為取消訴訟の被告（改正 424 条の 7 第 1 項）

　債権者 A が債務者 B に対して α 債権（被保全債権）を有していたが，B が C に対して債権者 A を詐害する行為を行った（転得者が現れるケースでは，受益者 C は D に対して詐害行為の目的物を転売した）場合に，A が詐害行為取消訴訟を提起する際，誰を被告とすればいいのかがここでの問題である。

　改正法は，現行民法の判例法理（前掲大連判明治 44 年 3 月 24 日等）を明文化し，受益者に対する詐害行為取消訴訟については受益者のみを被告とし，転得者に対する詐害行為取消訴訟については詐害行為取消請求の相手方である転得者のみを被告とする旨を定めている（改正 424 条の 7 第 1 項）。

(3)　債務者への訴訟告知の必要性（改正 424 条の 7 第 2 項）

　(2)で示した例のように債権者 A が受益者 C（または転得者 D）を被告として詐害行為取消訴訟を提起する際，債務者 B に訴訟告知をする必要があるのかがここでの問題である。なお，訴訟告知とは，訴訟の当事者が，訴訟の係属中に，参加（補助参加・当事者参加など）をすることができる第三者に，訴訟係属の事実を法定の書式によって通知をすることをいう（民事訴訟法 53 条参照）。

　現行民法においては，詐害行為取消訴訟を提起する際に，債務

199

者に対する訴訟告知は必要とはされていない。この点は，後にⅤで紹介するように，判例（前掲大連判明治44年3月24日等）が，詐害行為取消しの効果は債務者には及ばないとしていたこととも関係している。

改正法においては，Ⅴで紹介するように，詐害行為取消しの効果が債務者にも及ぶことを条文上明記することとしている（改正425条）。このように詐害行為取消しの効果が債務者にも及ぶことを前提とすると，債務者にも詐害行為取消訴訟に関与する機会を与える必要がある。そこで，改正法においては，債権者は，詐害行為取消訴訟を提起したときは，遅滞なく債務者への訴訟告知をする必要がある旨を定めている（改正424条の7第2項）。

(4) 詐害行為の取消しの範囲（改正424条の8）

詐害行為の目的である財産が可分であり，かつ，被保全債権の額がその財産の価額に満たない場合に，詐害行為取消権を行使する債権者（以下「取消債権者」とする）はどの範囲で取り消すことができるのかがここでの問題である。具体例に即していえば，債権者Ａが債務者Ｂに対して1000万円のα債権（被保全債権）を有していたが，ＢがＣに対して金銭3000万円の贈与を行った場合，Ａが詐害行為取消権を行使することにより取り消すことができるのは，どの範囲なのかという問題である。

現424条は，詐害行為をどの範囲で取り消すことができるかについて，特段の規律を定めていない。判例（大判明治36年12月7日民録9輯1339頁，大判大正9年12月24日民録26輯2024頁，最判昭和30年10月11日民集9巻11号1626頁等）は，詐害行為の目的である財産が可分であり，かつ，被保全債権の額がその財産の価額に満たないときは，被保全債権の額の限度においてのみ詐害行為

第 9 節　詐害行為取消権

を取り消すことができる旨を判示している。先の例でいえば，債権者 A は，被保全債権の額である 1000 万円の限度で取り消すことができる。

　この判例の立場は，詐害行為の目的である財産が可分である場合に，取消債権者 A が直接自己に支払または引渡しを求めることができるかという問題（(5)で扱う）と密接に関連する。判例は，逸出財産の返還として金銭の支払や動産の引渡しを求めた事案（価額償還を求めた事案を含む）において，取消債権者 A への直接の引渡請求を認めている。実務においては，先の例でいえば，A が B に対して有している 1000 万円の α 債権と B が A に対して有する 1000 万円の不当利得返還請求権（A が C から 1000 万円を受け取ったことにより生ずる）との間で相殺がなされている。したがって，B の他の債権者との関係で，A は事実上優先弁済を受けることができている。そうであるならば，A の被保全債権の額の限度で取り消すことができれば十分であるということになる。

　改正 424 条の 8 第 1 項は，判例法理を明文化し，債権者（A）は，詐害行為取消請求をする場合において，債務者（B）がした行為の目的（詐害行為の客体）が可分であるときは，自己の債権の額の限度（先の例でいえば 1000 万円）においてのみ，その行為の取消しを請求することができる旨規定している。この点は，債権者が受益者または転得者に対して価額償還請求をする場合も同様である（改正 424 条の 8 第 2 項）。

(5)　債権者への支払または引渡しの可否（改正 424 条の 9）

　取消債権者は，逸出財産の返還として金銭の支払や動産の引渡しを求めた場合（価額償還を求めた事案を含む）に，自己に直接引き渡すよう求めることができるかがここでの問題である。具体例

201

第2章　改正法の内容

に即していえば，債権者Aが債務者Bに対して1000万円のα債権（被保全債権）を有していたが，BがCに対して金銭3000万円の贈与を行った場合，Aは受益者Cに対して自己に直接1000万円の支払（(4)で述べた通り，現行民法の判例および改正424条の8は1000万円の限度で詐害行為取消権の行使を認める）を求めることができるのかが問題となる。なお，債権者Aが，逸出財産の返還として動産の引渡しを求める場合にもAへの直接の引渡しを認めるかが問題となる。

　改正法においては，現行民法の判例法理（大判大正10年6月18日民録27輯1168頁，大判昭和7年9月15日民集11巻1841頁，最判昭和39年1月23日民集18巻1号76頁等）が明文化され，取消債権者が受益者または転得者に対して財産の返還を請求する場合において，その返還の請求が金銭の支払または動産の引渡しを求めるものであるときは，受益者に対してその支払または引渡しを，転得者に対してその引渡しを，自己に対してすることを求めることができるとの規定が置かれている（改正424条の9第1項）。また，取消債権者が価額償還の請求をする場合についても，逸出財産の返還請求が金銭の支払を求めるものである場合の一種として扱われている（同条第2項）。

(6) 受益者または転得者による取消債権者への支払または引渡し（改正424条の9第1項）

　(5)にあるように，現行民法の判例は，取消債権者（A）は逸出財産を自己に直接引き渡すよう求めることを認めている。この判例法理は，受益者（C）または転得者（D）が取消債権者（A）に対して直接の支払または引渡しをした場合には，それによって受益者または転得者の債務者（B）に対する引渡義務は無くなるこ

とを前提としていると考えられる。もっとも，この点について特段の規律は定められていなかった。そこで，改正法においては，受益者または転得者は，取消債権者に対してその支払または引渡しをしたときは，債務者に対してその支払または引渡しをすることを要しない旨が明文をもって規定された（改正424条の9第1項第2文）。

V 詐害行為取消権の行使の効果

改正のポイント

□詐害行為取消請求を認容する確定判決は，債務者およびその全ての債権者に対してもその効力を有するという規律が設けられた。
□上記の規律を受けて，より具体的に，(a)債務者がした財産の処分に関する行為（債務の消滅に関する行為を除く）が取り消された場合に，受益者が債務者に対して反対給付の返還を請求することができるか，(b)債務消滅行為が取り消された場合に受益者の債務者に対する債権が回復するか，(c)転得者は，財産または価額の返還後に，受益者または債務者に対して何らかの請求をなしうるかという3点について，具体的な規律が置かれることとなった。

1 現行制度の概要

詐害行為の取消しは，裁判所に請求しなければならない（現424条1項，改正424条1項も同様）。そして，Ⅳ2(2)で述べた通り，

第 2 章　改正法の内容

詐害行為取消訴訟の被告は，受益者または転得者である（現行民法の判例，改正 424 条の 7 第 1 項）。それでは，詐害行為取消請求を認容する確定判決の効力は誰に及ぶのかというのがここでの問題である。

　425 条は，詐害行為の取消しは全ての債権者の利益のためにその効力を生ずる旨を定めているが，債務者にもその効力が及ぶかについては，特段の規律を定めていない。この点について，判例（大連判明治 44 年 3 月 24 日民録 17 輯 117 頁等）は，詐害行為取消しの効果は債務者には及ばない旨判示している。

　もっとも，詐害行為取消しの効果が債務者には及ばないとしつつ，例えば，①逸出財産が不動産である場合には，詐害行為取消権の行使により当該不動産の登記名義が債務者の下に戻り，債務者の責任財産として強制執行の対象になるとされているし，②債務者の受益者に対する債務消滅行為が取り消された場合には，一旦消滅した受益者の債務者に対する債権が回復するとされている（大判昭和 16 年 2 月 10 日民集 20 巻 79 頁）。このように，債務者に効果が及ばないということと整合しない解決が存在した。他方，③詐害行為取消権を行使された受益者は，詐害行為取消権の行使の結果として逸出財産を債務者に返還する義務を負うにもかかわらず，その逸出財産の返還を完了したとしても，詐害行為取消しの効果が債務者には及ばないために，その逸出財産を取得するためにした反対給付の返還等を債務者に請求することができないとされていた。この解決は，債務者に効果が及ばないことと整合するが，その妥当性には疑問が提起されていた（部会資料 73A・56 頁）。

第9節　詐害行為取消権

2　改正の議論と改正法の内容

(1) 認容判決の効力の及ぶ者の範囲（改正 425 条）

上記 1 で述べたような現行制度の状況を踏まえ、改正法においては、詐害行為取消請求を認容する確定判決は、訴訟当事者（債権者および受益者または転得者）のほか、債務者に対してもその効力を有する旨定められた（改正 425 条）。また、現 425 条と同様、債務者の全ての債権者に対してもその効力を有することとされた。この債権者には、詐害行為の時または判決確定の時より後に債権者となった者も含まれることが前提とされている。

そして、改正 425 条に加えて、(2)以下の具体的な規律も置かれることとなった（改正 425 条の 2〜425 条の 4）。

(2) 債務者の受けた反対給付に関する受益者の権利（改正 425 条の 2）

債務者がした財産の処分に関する行為（債務の消滅に関する行為を除く）が取り消された場合に、受益者が債務者に対して反対給付の返還を請求することができるかがここでの問題である。具体例に即していえば、債権者 A が債務者 B に対して 2000 万円の債権（被保全債権）を有していたが、B が C に対して B が所有する時価 2000 万円の不動産甲を 500 万円で売却したため、A が受益者 C に対して詐害行為取消請求を行い、認容されたという場合に、C が B に対して不動産甲の対価として支払った 500 万円の返還を請求することができるかという問題である。

改正法は、受益者が債務者から取得した財産を返還しまたはそ

第 2 章　改正法の内容

の価額を償還したときは，当該財産を取得するためにした反対給付の返還を債務者に対して請求することができる旨を定めている（改正425条の2前段）。したがって，先の例についていえば，債務者 B の受益者 C に対する不動産甲の売却が取り消され，C が甲を B に返還したときには，C は B に対して代金500万円の返還を求めることができる（なお，受益者 C による逸出財産の返還と債務者 B による反対給付の返還とが同時履行の関係に立つとの解釈は想定されていない〔部会資料79-3・20頁〕）。また，改正425条の2後段は，債務者が反対給付の返還をすることが困難である場合には，受益者は債務者に対して反対給付の現物返還に代わる価額償還の請求をすることができる旨定めている。

(3)　受益者の債権の回復（改正425条の3）

　債務消滅行為が取り消された場合に受益者の債務者に対する債権が回復するかがここでの問題である。具体例に即していえば，債権者 A が債務者 B に対して1000万円の債権（被保全債権）を有していたが，B が支払不能状態になった後に他の債権者 C に対して200万円の債務を弁済したため，A が C に対して詐害行為取消請求を行い，認容された場合に，C の B に対する債権が回復するのかという問題である。

　改正法は，債務消滅行為が取り消された場合に受益者が債務者から受けた給付を返還しまたはその価額を償還したときは，受益者の債務者に対する債権は原状に復する旨定めている（改正425条の3）。先の例でいえば，受益者 C が取消債権者 A または債務者 B に対して200万円を返還すると，C の B に対する債権が原状に復することとなる。

　もっとも，債務消滅行為が過大な代物弁済等に該当する場合に

第9節　詐害行為取消権

おいて，改正 424 条の 4 を根拠として，当該代物弁済によって消滅した債務の額に相当する部分を超える部分のみが取り消されたとき（上記 II 2(3)を参照。たとえば，債務者が受益者に 1000 万円の債務を負っており，債務者所有の時価 1500 万円の不動産を受益者に代物弁済した場合に，取消債権者が改正 424 条の 4 に基づき 500 万円分取り消したとき）は，受益者がその取り消された部分の価額（500 万円）を償還したとしても，受益者の債務者に対する債権（1000 万円の債権）は回復しない。この点も，改正 425 条の 3 において明記されている。

(4)　詐害行為取消請求を受けた転得者の権利（改正 425 条の 4）

転得者に対する詐害行為取消権の行使によって債務者の受益者に対する詐害行為が取り消された場合に，転得者は，詐害行為を基礎として受益者から得た財産またはその価額を取消債権者または債務者に返還することになる。そこで，転得者は，財産または価額の返還後に，受益者または債務者に対して何らかの請求をなしえないかが問題となる。

受益者からの転得者の事例をもとに考えると，①受益者が反対給付をして当該財産を取得したのか，②代物弁済等の債務消滅行為によって当該財産を取得したのかによって 2 通りの場合が考えられ，さらに，(a)転得者が反対給付をして逸出財産を転得したのか，(b)代物弁済等の債務消滅行為によって当該財産を取得したのかによって 2 通りの場合が考えられるため，合計 4 通りの場合があることになるが，それぞれについて，転得者は誰にいかなる請求ができるかが問題となる。

いくつかの具体例を提示すると，①(a)の場合には，次のような形で問題となる。債権者 A が債務者 B に対して 2000 万円の債権

207

第2章　改正法の内容

（被保全債権）を有していたが，BがCに対してBが所有する時価2000万円の不動産甲を500万円で売却し，さらに受益者CがDに対して1500万円で転売した。そこで，Aが転得者Dに対して詐害行為取消請求を行い，この請求が認容されたため，DがBに不動産甲を返還したという場合に，Dは誰にいかなる請求ができるのか（CがDに甲を転売するのではなく，CがDに対して負っている1500万円の債務を弁済する代わりに不動産甲を譲渡することにより代物弁済をすると①(b)の事例となる）。②(a)の場合には，次のような形で問題となる。債権者Aが債務者Bに対して1000万円の債権（被保全債権）を有していたが，Bが支払不能状態になった後に他の債権者Cに対して200万円の債務を弁済する代わりに時価200万円の宝石乙を譲渡することにより代物弁済をし，さらにCはDに対して宝石乙を150万円で売却した。そこで，AがDに対して詐害行為取消請求を行い，この請求が認容されたため，DがBまたはAに宝石乙を返還した場合に，Dは誰にいかなる請求ができるのか（CがDに乙を売却するのではなく，CがDに負っている150万円の債務を弁済する代わりに乙を譲渡することにより代物弁済をすると②(b)の事例となる）。

　受益者に対して，改正425条の2および改正425条の3による権利行使を認める以上，転得者に対しても同様の権利行使を認める必要がある。改正425条の4は，そのような考慮に基づいて置かれた規定である。

　改正425条の4は，転得者がその前者から取得した財産を返還しまたはその価額を償還した場合において，①債務者がした詐害行為の内容が財産の処分に関する行為（債務消滅行為を除く）であるときは，転得者は，受益者が当該財産を返還しまたはその価額を償還したと仮定すれば改正425条の2によって生ずべき受益者

第9節 詐害行為取消権

の債務者に対する反対給付の返還請求権またはその価額の償還請求権を行使することができ，他方，②債務者がした詐害行為の内容が債務の消滅に関する行為（代物弁済等）であるときは，転得者は，受益者が当該財産を返還しまたはその価額を償還したと仮定すれば改正425条の3によって回復すべき受益者の債務者に対する債権を行使することができる旨を定めるものである。

ただし，転得者が受益者の債務者に対する権利を行使するに当たっては，その上限として，（ア）転得者が当該財産を取得するために前者に対してした反対給付の価額（転得者が反対給付をして逸出財産を転得した場合）または（イ）転得者が当該財産を取得することによって消滅した転得者の前者に対する債権の価額（転得者が代物弁済等によって逸出財産を転得した場合）による限定を加える必要がある（改正425条の4柱書ただし書）。そうしなければ，転得者に過剰な利益を与えることになるからである。

先の①(a)の事例に改正425条の4を当てはめると，転得者Dは，Bに対して不動産甲を返還した場合，受益者Cが改正425条の2によりBに対して取得する反対給付の返還請求権，すなわち500万円の返還請求権をBに対して行使することができる。以上が改正425条の4の帰結になる。DはCに不動産甲の対価として1500万円支払っているので，さらにDがCに対していかなる請求ができるかが問題となるが，この点については解釈に委ねられることになる。

先の②(a)の事例に改正425条の4を当てはめると，転得者Dは，AまたはBに対して宝石乙を返還した場合，受益者Cが改正425条の3により回復するBに対する債権を行使することができる。ただし，Cが回復する債権の額は200万円であるが，改正425条の4柱書ただし書により，DがBに対して行使することが

209

第 2 章　改正法の内容

できる額は 150 万円になる。

> **ここにも注意！**
>
> 　これまで，破産法上の否認権について，転得者の反対給付や債権の取扱いに関する規定はなかったが，今回の民法改正に合わせて規定が新設された（破産法 170 条の 2・170 条の 3。民事再生法 134 条の 2・134 条の 3，会社更生法 93 条の 2・93 条の 3 も同様）。

VI　詐害行為取消権の期間の制限

改正のポイント

□詐害行為取消しの訴えの 2 年の期間制限の起算点が，「債務者が債権者を害することを知って行為をしたことを債権者が知った時」であることが明示されるとともに，この期間制限の性質が消滅時効から除斥期間ないし出訴期間に改められた。

□長期の期間が改正前の 20 年から 10 年に短縮された。

1　現行制度の概要

(1)　426 条前段について

　426 条前段は，詐害行為取消権の行使期間について，債権者が

第9節　詐害行為取消権

「取消しの原因」を知った時から2年で消滅時効にかかる旨を定めている。この消滅時効の起算点について，判例（最判昭和47年4月13日判時669号63頁）は，426条前段の時効期間は，債権者が「債務者が債権者を害することを知って当該法律行為をした事実」を知った時から起算される旨を判示している。

　また，詐害行為取消権は，120条以下の取消権その他の実体法上の形成権ではないから，詐害行為取消権の2年の行使期間を126条のように消滅時効と捉えるのではなく，社債発行会社の弁済等の取消しの訴えに関する会社法865条2項のように除斥期間ないし出訴期間と捉えるのが相当であると考えられる（部会資料73A・63頁）。除斥期間ないし出訴期間と捉えれば，時効の中断等に関する規定の適用はないことになる。否認権の行使期間に関する破産法176条も，破産手続開始の日から2年，否認しようとする行為の日から20年の除斥期間を定めたものであると解されている。

(2)　426条後段について

　426条後段は，詐害行為取消権が詐害行為の時から20年の期間制限にかかる旨を定めている。もっとも，詐害行為取消権を行使するには詐害行為時から詐害行為取消権の行使時（詐害行為取消訴訟の事実審の口頭弁論終結時）まで債務者の無資力状態が継続することが要件とされているから（大判昭和12年2月18日民集16巻120頁等参照），20年もの長期間にわたって債務者の行為や債務者の財産状態を放置したまま推移させた債権者に詐害行為取消権を行使させる必要性は乏しいと考えられていた。この点，平成16年の破産法改正の際には，否認権の行使期間について，破産法176条の20年の期間を短期化すべきである旨の意見が出され

211

第2章　改正法の内容

たが、詐害行為取消権の行使期間に関する426条と異なる期間を定めるのは相当でないという配慮から、20年の期間が維持されたという経緯もあった（部会資料73A・64頁）。

改正の議論と改正法の内容

(1) 2年の期間制限について

上記1(1)で述べたような現行制度の状況を踏まえ、改正法においては、詐害行為取消しの訴えは、債務者が債権者を害することを知って行為をしたことを債権者が知った時から2年を経過したときは、提起することができない旨を定め、起算点を明示するとともに、同条の期間制限が出訴期間ないし除斥期間である旨を定めている（改正426条前段）。

(2) 長期の期間制限について

上記1(2)で述べたような現行制度の状況を踏まえ、改正法においては、長期の期間制限を20年から10年に改めている（改正426条後段）。

> **ここにも注意！**
>
> 破産法上の否認権の長期の期間制限についても、今回の民法改正に合わせて、20年から10年に期間が短縮された（破産法176条。民事再生法139条、会社更生法98条も同様）。

〔幡野弘樹〕

第10節
多数当事者の債権および債務

Ｉ　連帯債務の適用場面等

改正のポイント

□連帯債務の規定の適用範囲が明確にされた。すなわち，債務の目的
が性質上可分である場合において，法令の規定または当事者の意思
表示によって数人が連帯して債務を負担する場合に，数人の債務者
は連帯債務を負担する旨規定された。

1　現行制度の概要

　連帯債務に関する冒頭の規定である432条は，数人が連帯債務
を負担する場合について，債権者が一人またはすべての連帯債務
者に対して履行を請求することができる旨規定している。しかし，
数人の債務者がどのような場合に連帯債務を負担することになる
かは明らかにしておらず，同条以下の連帯債務に関する規定がど
のような場合に適用されることになるかは，条文上は不明な状態

213

第2章　改正法の内容

にあった。

② 改正の議論と改正法の内容

　複数の債務者が同一の給付を目的とする債務を負担する場合に，その給付内容が性質上不可分である場合には不可分債務（430条）が成立するから，連帯債務が成立するのは，複数の債務者が，その目的が性質上「可分」な債務を負担する場合である。このように，改正法では，連帯債務であるか不可分債務であるかは，給付の性質が可分であるか不可分であるかによって区別すべきであるという立場が採用されている（部会資料67A・21頁，後述XI 2 (2)も参照）。

　また，連帯債務は，一般に，法令の規定または当事者の意思表示によって成立するとされる。契約ではなく，当事者の意思表示としているのは，特定の者に一定の金額を遺贈し，共同相続人の連帯債務とするなど，遺言によって成立させることも可能であると考えられているからである。

　改正436条は，以上のような一般的な理解に従い，債務の目的がその性質上可分である場合において，法令の規定または当事者の意思表示によって数人が連帯して債務を負担するときに，数人の債務者が連帯債務を負担することとしている。法令の規定によって連帯債務が成立する場合の例としては，719条1項（共同不法行為者の責任），761条（日常の家事に関する債務の連帯責任），商法511条1項（多数当事者間の債務の連帯），会社法430条（役員等の連帯責任），一般社団法人及び一般財団法人に関する法律118条（役員等の連帯責任）などが挙げられる。

　なお，改正436条のうち，「債権者は，その連帯債務者の一人

第 10 節　多数当事者の債権および債務

に対し，又は同時に若しくは順次に全ての連帯債務者に対し，全部又は一部の履行を請求することができる」とする部分は，数人の債務者が連帯債務を負担する場合における債権者の請求の権限について，現432条の規律を維持するものである。

（以上につき，部会資料67A・1頁〜2頁）

Ⅱ　連帯債務者の一人について生じた事由の効力等①
——履行の請求——

改正のポイント

□現434条が削除された。

1　現行制度の概要

434条は，連帯債務者の一人に対する履行の請求は他の連帯債務者に対しても効力を生ずる旨を規定している。一般に，連帯債務者の一人について生じた事由のうち，他の債務者に影響を及ぼすものを「絶対的効力事由」といい，他の債務者に影響を及ぼさないものを「相対的効力事由」というが，434条によれば，請求は絶対的効力事由ということになる。たとえば，A・B・Cの3人が債権者Dに対して連帯債務を負っている場合，DがAに対して請求をすれば，B・Cに対しても時効中断の効力が生じることとなる。この場合，434条は債権者に有利に働くことになる。

215

第2章　改正法の内容

この規定は，連帯債務者間に共同事業関係や共同生活関係が存在することが多いことから，請求に絶対的効力を認める処理が合理的であるという根拠に基づくものとされている（部会資料67A・3頁）。

2　改正の議論と改正法の内容

現434条に対しては，連帯債務者間の関係は様々であり，必ずしもこのような主観的な共同関係が強い場合ばかりではないという指摘がなされている。このような議論がなされる場合の「主観的な共同関係が強い」場合の例としては，A・B・Cが共同で事業をする際に，Dから資金の融資を受けたが，融資を受ける際に，A・B・Cは連帯債務を負う旨の約定がなされた場合を挙げることができる。これに対して，「主観的な共同関係が弱い」場合の例としては，ともに自動車を運転しているAとBが交差点で衝突をし，歩道を歩行していたCが事故に巻き込まれて負傷した場合を挙げることができる。後者の例の場合，A・Bは共同不法行為責任（719条）を負い，同条が規定するとおりA・Bは連帯して損害賠償債務を負うことになるが，A・Bそれぞれは見ず知らずの他人ということになる。また，第2の例は，現行民法の連帯債務の絶対的効力の規定の適用を受けない「不真正連帯債務」と解される例でもある。

このような指摘を受けて，改正法は，当事者間に特段の合意がない場合の原則的な規定としては，請求は相対的効力のみを有するという立場を採り，現434条を削除している。現434条と同様の規律がないことにより，連帯債務者の一人に履行の請求があった場合，相対的効力の原則を定める改正441条により他の連帯債

第10節　多数当事者の債権および債務

務者には効力が及ばないこととなる。もっとも，当事者が合意をすることにより，請求に絶対効を付与することはできる（改正441条ただし書。後述Ⅵ参照）。なお，不真正連帯債務の場合について，改正法は，「連帯債務」の規定の適用を受けるという立場を基礎としている。

Ⅲ　連帯債務者の一人について生じた事由の効力等②　──連帯債務者の一人による相殺等──

改正のポイント

□改正439条は，連帯債務者の一人による相殺を絶対的効力事由としつつ，反対債権を有する連帯債務者の負担部分の限度で，他の連帯債務者は履行を拒絶することができることとしている。

1　現行制度の概要

A・B・Cの3名は，Dに対して連帯して900万円の債務を負っており，負担部分はそれぞれ3分の1であったとする。他方，AはDに対して600万円の反対債権を有していたとする。この場合，AがDに対する債権を自働債権として相殺をした場合，436条1項は，Aの債務だけでなく，B・Cの債務も300万円に減ると規定している。相殺は，弁済と同様，債務消滅の効果をもたらす以上，当然であるといえる。

217

第2章　改正法の内容

　それでは，Aが600万円の反対債権を有している時点で，D
がBに対して請求したときに，Bは全額債務を弁済しなければ
ならないのか，AがDに対して取得している債権を利用して
900万円の請求のうちいくらかでも支払わずに済むことができる
のかというのが，436条2項の問題である。436条2項は，Bは，
AのDに対する債権をもって，Aの負担部分，この場合であれ
ば300万円だけは，相殺を援用することができると規定している。
すなわち，BはDに，300万円分相殺を援用し，600万円だけ支
払えば済むことになる。このような規定がない場合，①BはD
に900万円支払い，②BはA・Cに300万円ずつ求償し，③Aは
別途Dに600万円請求することになり，求償の循環と類似した
状況が生じることになるが，436条2項はこれを避ける趣旨を有
している。

2　改正の議論と改正法の内容

　改正に際し，現436条2項にいう「相殺を援用することができ
る」という文言の趣旨について議論がなされ，現在の支配的見解
である，反対債権を有する連帯債務者の負担部分の限度で，他の
連帯債務者は履行を拒絶することができるにとどまるという見解
が明文化された（改正439条2項）。先の例でいえば，Bは，Aの
有する債権を自働債権として相殺できるのではなく，BはDに
対しAの負担部分の限度で支払拒絶権を有するにとどまること
になる。

第 10 節　多数当事者の債権および債務

Ⅳ　連帯債務者の一人について生じた事由の効力等③
── 連帯債務者の一人との間の免除と求償権 ──

改正のポイント

□現 437 条が削除された。

□連帯債務者の一人に対して債務の免除がされた場合においても，他
　の連帯債務者は，その一人の連帯債務者に対し求償権を行使するこ
　とができる。

1　現行制度の概要

　A・B・C は D に対して 900 万円の連帯債務を負っており，負
担部分はそれぞれ 3 分の 1 であったとする。その後，D が A に
対して債務を免除した場合，どのような効力が生ずるのか，より
抽象的にいえば，連帯債務者の一人に対してなした免除が絶対的
効力を生ずるのか，相対的効力を有するにとどまるのかがここで
の問題である。437 条は，連帯債務者の一人に対してした債務の
免除は，その負担部分の限度で絶対的効力が生ずる旨規定してい
る。したがって，①D は，B・C に対して 600 万円請求でき，②
B が 600 万円支払った場合には，300 万円を C に求償できる。

219

第2章　改正法の内容

 改正の議論と改正法の内容

　現437条に対しては，連帯債務者の一人に対して免除を行う場合の通常の債権者の意思は，他の連帯債務者に対する債務には影響を及ぼさないというものであることが一般的であると考えられ，取引の実態に適合しないという評価がなされている。そこで，改正法では，現437条を削除し，債権者が連帯債務者の一人に対して免除をした場合であっても，その効力は免除を受けた連帯債務者に対して及ぶに過ぎず，他の連帯債務者に対する効力を有しないという立場を採用している（部会資料67A・7頁）。なお，改正後に（つまり免除が相対的効力事由となった場合に），債権者と連帯債務者の一人との間に債務の免除があった場合，他の連帯債務者は，免除があった連帯債務者に対し，求償をすることができることが明記されている（改正445条。Ⅴで扱う連帯債務者の一人のために時効が完成した場合についても同様である）。先の例では，以下のような帰結となる。①免除後も，DはB・Cに対して900万円を請求できる（相対的効力事由となるため），②Bが900万円支払った場合には，Bは，AとCに300万円ずつ求償できる（相対的効力事由となるため。BがAに対して求償権を行使できる点については改正445条）。

　さらに，AがBに300万円支払った場合，AはDに対して求償（不当利得返還請求）ができるかも問題となるが，できないと考えられている（部会資料83-2・14頁）。なぜなら，債権者Dは債務の免除を受けた連帯債務者Aでない連帯債務者Bに対する債権に基づいて当該債権額に相当する金銭の支払を受けたにすぎず，法律上の原因なき利益を何ら取得していないから，不当利得返還

請求の要件が満たされないと考えられるからである（部会資料67A・9頁も参照）。

V 連帯債務者の一人について生じた事由の効力等④
──連帯債務者の一人についての時効の完成と求償権──

改正のポイント

☐現439条が削除された。
☐連帯債務者の一人のために時効が完成した場合においても，他の連帯債務者は，その一人の連帯債務者に対し求償権を行使することができる。

 1 現行制度の概要

A・B・CはDに対して900万円の連帯債務を負っており，負担部分はそれぞれ3分の1であったとする。その後，Aの債務につき時効が完成した場合，どのような効力が生ずるのか，より抽象的にいえば，連帯債務者の一人のために時効が完成した場合の効力は絶対的効力を有するのか，相対的効力を有するにとどまるのかがここでの問題である。

439条は，連帯債務者の一人につき消滅時効が完成したとき，その連帯債務者の負担部分の限度で絶対的効力を生じると規定している。その結果，先の例では，Aの負担部分300万円について，

221

B・Cは債務を免れることができ，B・Cは600万円の連帯債務を負うことになる。

改正の議論と改正法の内容

現439条は，債権者がすべての連帯債務者に対して時効中断措置をとっておかないと債務が縮減することになることを意味する。すなわち，時効管理面でのリスクを債権者に負わせるものである。今日の取引においては，連帯債務は多数の債務者の一人でも資力があれば全部の弁済を受けることができる点で債権の効力を強化し，相互に担保するという作用を有することが重視されているのに，民法は債権の効力の強化よりも連帯債務者間の緊密な関係にやや重きを置きすぎており，特に連帯債務者間の負担部分を基礎とする絶対的効力事由には問題があるとの指摘がされている。

そこで，改正法においては，現439条が削除されている。すなわち，連帯債務者の一人についての時効の完成には相対的効力しか認められないことを原則とする立場が採用されている（以上につき，部会資料67A・10頁）。

1の例については，以下のような帰結になる。①Aにつき時効が完成したとしても，B・Cは依然900万円の連帯債務を負う。②BがAの時効完成後に900万円弁済したとき，Aに300万円求償できる（改正445条。趣旨についてはⅣ2を参照）。③AがBに300万円支払ったとしても，AからDへは求償できないと考えられている（部会資料83-2・14頁。その理由についてはⅣ2を参照）。

第 10 節　多数当事者の債権および債務

VI　連帯債務者の一人について生じた事由の効力等⑤
——相対的効力の原則——

改正のポイント

□これまで絶対的効力を有することとされていた事由が相対的効力のみを有することとなることに伴い，当事者の合意によって，原則として相対的効力しか有しない事由に絶対的効力を付与することができることが明文化された。

1　現行制度の概要

　440 条は，連帯債務者の一人に生じた事由について，原則として他の連帯債務者にはその効力が及ばないという相対的効力の原則を規定している。もっとも，例外として多くの絶対的効力事由も定められている。具体的には，弁済，請求，相殺，更改，免除，混同，消滅時効の完成が絶対的効力事由となる。

2　改正の議論と改正法の内容

　改正 441 条も相対的効力の原則を定めるが，請求，免除，時効の完成は，現行法とは異なり改正法では相対的効力しか有しないこととなる。したがって，改正法における絶対的効力事由は，弁済，相殺，更改，混同となる。そうすると，当事者の合意によっ

223

第2章　改正法の内容

て相対的効力しか有しない事由に絶対的効力を付与することができるかという問題が，今後顕在化すると考えられる。

ところで，現行法のもとでは，現440条は任意規定であり，当事者間の特約によって絶対的効力事由を作り出すことはできるというのが一般的な理解である。そこで，改正441条ただし書は，このような一般的な理解に従い，当事者の合意によって，原則として相対的効力しか有しない事由に絶対的効力を付与することができることを明文化している。

A・B・CがDに対して900万円の連帯債務を負っている場合を例にすれば，DのAに対する請求がBに対しても効力を有することをB・D間で合意をすることが可能となる。そのような効力を生じさせるために，Cとの間の合意は必要ではない。また，B・D間で上記のような合意をした場合に，DがAに請求をしても，Cには効力が及ばない。

（以上につき，部会資料67A・12頁〜13頁）

▐ Ⅶ　連帯債務者間の求償関係①
──連帯債務者間の求償権──

> 改正のポイント

□連帯債務者の一人が弁済をし，その他自己の財産をもって共同の免責を得たときは，その連帯債務者は，その免責を得た額が自己の負担部分を超えるかどうかにかかわらず，他の連帯債務者に対し，その免責を得るために支出した財産の額のうち各自の負担部分に応じ

た額の求償権を有する。

現行制度の概要

A・B・CはDに対して900万円の連帯債務を負っており，負担部分はそれぞれ3分の1であったとする。その後，Aは150万円弁済した。この場合に，AはB・Cに対して求償できるのか。Aは，自己の負担部分を超えた弁済をしなければ，他の連帯債務者に対して求償をすることができないのか，それとも，自己の負担部分に満たない弁済をしたとしても，各自の負担部分に応じた求償権を有する（A・B・Cは1：1：1の割合で負担部分を有しているので，Aが150万円弁済した場合には，AはB・Cに50万円ずつ求償できる）のかがここでの問題である。

442条1項は，連帯債務者の一人が弁済その他自己の財産をもって共同の免責を得た場合の他の連帯債務者に対する求償に関する定めを置いている。しかし，連帯債務者の一人が一部弁済をした場合に，それが自己の負担部分に満たない場合であっても求償権が発生するのか，それとも自己の負担部分を超えて弁済した場合に初めて求償することができるのか，明文上は明らかではなかった。

この点，大判大正6年5月3日民録23輯863頁は，連帯債務者の一人が自己の負担部分に満たない額の弁済をした場合であっても，他の連帯債務者に対して各自の負担部分の割合に応じた求償をすることができると判示している。先の例に当てはめれば，AはB・Cにそれぞれ50万円ずつ求償できることとなる。他方，不真正連帯債務（この概念についてはⅡ2を参照）に関する最判昭

第2章 改正法の内容

和63年7月1日民集42巻6号451頁は，自己の負担部分を超える出えんをして初めて他の連帯債務者に対して求償することができると判示している。昭和63年の判例に従うと，先の例では，Aは自らの負担部分である300万円を超える弁済をしていないので，B・Cに求償できないことになる。

2 改正の議論と改正法の内容

改正442条1項は，自己の負担部分を超える支出をしなくても，他の連帯債務者に対する求償を認める立場を採用している。先の例では，AはB・Cにそれぞれ50万円ずつ求償できることとなる。そのような立場を採用した理由としては，①自己の負担部分を超える額の支出をしなくても，一部求償を認める方が債務者の負担を公平にする，②自己の負担部分を超えなくても求償を認めることで連帯債務の弁済が促進されるということが挙げられている（部会資料80-3・9頁）。

Ⅷ　連帯債務者間の求償関係②
── 通知を怠った連帯債務者の求償の制限 ──

改正のポイント

□現443条1項の事前の通知に関して，事前の通知の内容が，現行法の「請求を受けたこと」から「共同の免責を得ること」へと変更された。また，事前の通知が必要になるのは，弁済等の行為をする

連帯債務者が,他の連帯債務者があることを知っている場合に限られることになった。
□現443条2項の事後の通知に関して,事後の通知が必要となるのは,弁済等の行為をする連帯債務者が,他の連帯債務者があることを知っている場合に限られることになった。

現行制度の概要

(1) 事前の通知

A・B・CはDに対して900万円の連帯債務を負っており,負担部分はそれぞれ3分の1であったとする。また,AはDに対して600万円の反対債権を有していたとする。このような場合に,BがDに900万円弁済してしまうと,AはDに対する600万円の債権を自働債権として相殺をすることができなくなってしまう。Dの資力に問題がある場合には,相殺ができないとAは600万円の債権を回収できない可能性がある。そこで,443条1項は,AのようなDに対する反対債権を有している者の相殺に対する利益を保護するために,連帯債務者の一人が弁済する場合には,事前に他の連帯債務者に通知しなければならないとしている。Bが事前の通知をせずに,Dに弁済をした場合について,Aは,自己の負担部分については,債権者Dに対抗できた事由をBに対抗できるとしている (443条1項第1文)。すなわちAは,自己の負担部分である300万円について,Bの求償を拒むことができる。Bから見れば,Aに対する求償権が制限されることになる。

227

第2章　改正法の内容

⑵　事後の通知

　Ａ・Ｂ・Ｃはに対して900万円の連帯債務を負っており，負担部分はそれぞれ3分の1であったとする。その後，Ｂが900万円弁済して債務が消滅したにもかかわらず，Ａがそれを知らずに重ねて弁済をしてしまった場合が，443条2項に関係する場面である。何も規定がなければ，Ａが行った弁済は無効となり，支払った900万円は不当利得としてＤに返還を求めることになる（705条）。さらに，Ｂからの300万円の求償にも応じなければならない。

　しかし，443条2項は，Ｂに弁済後の通知義務を課しており，通知しなかった場合には，Ａが行った弁済を「有効であったものとみなすことができる」。つまり，ＡはＢからの求償に応じなくてもよいことになり，事後の通知を怠ったＢがＤに対して不当利得返還請求をすることになる。

2 改正の議論と改正法の内容

⑴　事前の通知

　現443条1項は，事前の通知の内容が「請求を受けたこと」であった。これに対し，改正443条1項では，求償権の範囲を制限することとの関係では，「請求があった」ことよりも，「弁済等をすること」をあらかじめ通知するかどうかを問題とすべきであるという考えにもとづいて，「共同の免責を得ること」を通知すべきこととなった。

　また，改正443条1項では，「他の連帯債務者があることを知」

第10節　多数当事者の債権および債務

っている場合に，弁済等の行為をする連帯債務者に事前の通知義
務を課している。他の連帯債務者があることを知らないにもかか
わらず，通知をしなければ求償の範囲が制限されるのは相当では
ないからである。

(以上につき，部会資料80-3・10頁)

(2)　事後の通知

　改正443条2項は，「他の連帯債務者があることを知」ってい
る場合に，弁済等の行為をする連帯債務者に事後の通知をする必
要があることを明らかにしている。他の連帯債務者があることを
知らないにもかかわらず，通知をしなければ求償の範囲が制限さ
れるのは相当ではないからである (以上につき，部会資料80-3・10
頁)。

Ⅸ　連帯債務者間の求償関係③
── 償還をする資力のない者の負担部分の分担 ──

改正のポイント

□現444条の規律に加えて，連帯債務者の中に償還をする資力のな
い者がおり，求償者および他の資力のある者がいずれも負担部分を
有しない者である場合に，その償還をすることができない部分の負
担割合は，求償者および他の資力のある者の間で，平等の割合で分
割して負担する旨のルールが追加された。

229

第 2 章 改正法の内容

 現行制度の概要

A・B・C は D に対して 900 万円の連帯債務を負っており，負担部分はそれぞれ 3 分の 1 であったとする。その後，B が D に全額弁済し，A と C に求償しようとしたところ，A が無資力であった。このような場合が，444 条の適用場面である。同条は，このような場合に，「その償還をすることができない部分は，求償者及び他の資力のある者の間で，各自の負担部分に応じて分割して負担する」と規定する。したがって，上記の場合には，A の負担部分 300 万円について，B と C で 150 万円ずつ負担することになる。

もっとも，求償者および他の資力のある連帯債務者のすべてが負担部分を有しない者である場合（先の例と異なり，B と C が負担部分を有しない場合）には，その償還をすることができない部分をどのように分担するかは同条からは明確でない。この点について，判例は，公平の観念に基づき，求償者および他の有資力者に平等に分担させるのが同条の法意であるとしている（大判大正 3 年 10 月 13 日民録 20 輯 751 頁）。したがって，先の例とは異なり，B と C が負担部分を有しておらず，A が無資力であった場合，A の負担部分について B と C で 150 万円ずつ負担することになる。

 改正の議論と改正法の内容

改正 444 条 2 項は，求償者および他の資力のある連帯債務者のすべてが負担部分を有しない者である場合には，求償者および他の資力のある連帯債務者が平等の割合で負担することを明文化し

第 10 節　多数当事者の債権および債務

ている。なお，改正 444 条 1 項と 3 項は，現 444 条本文とただし書を維持するものである（以上につき部会資料 67A・18 頁）。

X　連帯債務者間の求償関係④
──連帯の免除をした場合の債権者の負担──

改正のポイント

□現 445 条が削除された。

1　現行制度の概要

　A・B・C は D に対して 900 万円の連帯債務を負っており，負担部分はそれぞれ 3 分の 1 であったとする。その後，D が C に対して連帯の免除をしたとする。連帯の免除とは，債権者が連帯債務者に対し，債務の額をその負担部分に限定して，それ以上は請求しないとする意思表示のことをいう。先の例でいえば，D が C に対して連帯の免除をすると，C のみ 300 万円の限度で債務を負うことになり，A・B は引き続き 900 万円の連帯債務を負うことになる。このような場合に，A が全額弁済をし，B が無資力だったとき，A が誰に対していくら求償できるかが 445 条の問題である。444 条をそのまま適用すると，C は A と負担部分に応じて B の無資力を負担することになり，B が負担すべき 300 万円は，A と C とで 150 万円ずつ負担することになる。しかし，445 条は，

231

第2章　改正法の内容

連帯の免除を得たCに追加的な負担をさせないため，Cが負担すべき150万円は債権者Dが負担すべきこととしている。

もっとも，445条に対しては，連帯債務者の一部に対して連帯の免除をする債権者は，通常は，債権者との関係において，その連帯債務者の負担部分に債務を縮減するという意思であって，その連帯債務者が他の連帯債務者に対する関係で負担すべき分担額まで引き受ける意思はないのが通常であるという批判が存在した。

2　改正の議論と改正法の内容

現445条に対する上記のような批判を受け，改正法においては，同条を削除している。改正法によれば，先の例では，CはAと負担部分に応じてBの無資力を負担することになり，Bが負担すべき300万円は，AとCとで150万円ずつ負担することになる（以上につき，部会資料67A・18頁〜19頁）。

XI　不可分債務

改正のポイント

□不可分債務の規律については，不可分債権ではなく，連帯債務に関する規律（混同に関する改正440条を除く）が準用される。
□不可分債務は，債務の目的がその性質上不可分である場合に限定される。

第10節　多数当事者の債権および債務

現行制度の概要

不可分債務とは，複数の債務者が負う，同一の不可分給付を目的とする債務である。不可分給付とは，分割的に実現することのできない給付のことであり，①性質上不可分である場合と②当事者の意思表示により不可分になる場合がある（428条）。A・B・C 3人で共有していた乳牛甲をDに売却した場合の，A・B・Cが負担する引渡債務が，①性質上不可分の給付を目的とする不可分債務の一例である。なお，現行法では②給付は可分ではあるが意思表示により不可分となる場合もありうることに注意が必要である。

不可分債務者の一人について生じた事由の効力について，430条は相対的効力の原則に対する例外の少ない不可分債権に関する429条を準用し，連帯債務の影響関係を定める434条から440条を準用していない。したがって，不可分債務者の一人について更改または免除があった場合，429条1項が準用され，債権者は他の不可分債務者に債務の全部の履行を請求することができる。ただし，債権者は，更改をした債務者または免除を受けた債務者の負担部分の額を，全部を履行した債務者に償還しなければならない。たとえば，A・B・C 3人で共有していた建物甲を撤去する債務をDに対して負っていたとする（負担部分はそれぞれ3分の1ずつであるとする）。その後，Dは，Aの債務を免除したとする。この場合でも，DはB・Cに対して甲を撤去するよう請求することができる。ただし，Bが建物を撤去した場合，DはAの負担部分の額をBに償還しなければならない。時効の完成・混同・請求については相対的効力を有するに過ぎないが（430条が準用す

233

る429条2項)，弁済・相殺については債権の満足を目的とするものであり，絶対的効力を有する。

改正の議論と改正法の内容

改正430条は，「第4款（連帯債務）の規定（第440条の規定を除く。）は，債務の目的がその性質上不可分である場合において，数人の債務者があるときについて準用する」と規定する。これは，以下で述べる(1)(2)の2つのことを意味している。

(1) 連帯債務の規定（混同に関する改正440条を除く）の準用

第1に，不可分債権ではなく，連帯債務の規定（混同に関する改正440条を除く）を準用している点に現行法との違いがある。更改は，不可分債務においても連帯債務と同様に絶対的効力事由になる（部会資料80-3・10頁）。たとえば，A・B・CがDに3人が共有する乳牛甲を引き渡す義務を負っていたが，AとDの合意によりAの債務をA所有の肉牛乙を引き渡すという債務に変更した場合，乳牛甲を引き渡す債務は，すべての不可分債務者の利益のために消滅する（改正430条が準用する改正438条）。免除については，不可分債務においても連帯債務と同様に相対的効力事由になる。たとえば，A・B・C3人で共有していた建物甲を撤去する債務をDに対して負った（負担部分はそれぞれ3分の1ずつであるとする）が，後にDは，Aの債務を免除したとする。この場合，Aの債務は消滅するが，改正430条が準用する改正441条に基づき，相対的効力しか有さず，DはBまたはCに対して建物甲の撤去を請求することができる。その際，現429条1項の準用はなくなるので，債権者（D）は，免除をした債務者（A）の負

担部分の額を，全部を履行した債務者（BまたはC）に償還しなくてよい。

　混同については，不可分債務においては連帯債務と異なり相対的効力事由になる（以下につき，部会資料67A・20頁〜21頁参照）。まず，連帯債務の場合の例を考えてみよう。A・B・CはDに対して900万円の連帯債務を負っており，負担部分はそれぞれ3分の1であったとする。Dが死亡し，Dの相続財産をDの唯一の相続人であるAが相続した。改正440条によれば，AがDに弁済をしたものとみなされる（絶対的効力）。したがって，Aは，B・Cにそれぞれ300万円ずつ求償できる。なぜ相対的効力としないかというと，他の連帯債務者（B・C）がDを相続したAに履行をした上でその履行を受けた者（Dを相続したA）に対して求償するのは迂遠だからである。では，不可分債務において，不可分債務者の一人に混同が生じた場合はどうか。A・B・C3人で共有していた建物甲を撤去する債務をDに対して負っていたとする（負担部分はそれぞれ3分の1ずつであるとする）。その後，Dが死亡し，Dの相続財産をDの唯一の相続人であるAが相続した。この場合，改正430条は改正440条を準用しないので，混同により相対的効力しか生じない。したがって，B・Cは，Dの相続人であるAに対して建物甲を撤去する債務を負い，Bが履行した場合には，A・Cに対する求償権が発生する。ここで相対的効力とする理由は，履行すべき内容と求償の内容とが異なっており，同一の者に対して履行した上で求償をすることが迂遠で無意味な処理であるとはいえないからである。なお，同様の理由から，不可分債権についても，混同は相対的効力しか有しない（改正428条は連帯債権において混同の絶対的効力を定める改正435条を準用していない）。

235

第2章　改正法の内容

以上より，連帯債務と不可分債務の差異が，混同しかないことになる。そこで，不可分債務については，改正440条を除いて，連帯債務の規定が準用されることになっている（部会資料67A・20頁～21頁）。結局，改正法における不可分債務についての絶対的効力事由は，弁済・相殺・更改となる。

(2)　不可分債務が成立する場合を「債務の目的がその性質上不可分である場合」に限定

改正430条は，第2に，不可分債務が成立する場合を「債務の目的がその性質上不可分である場合」に限定する意味を有する。これは，意思表示によって不可分債務が生ずる余地を残していないことを意味する。

現行法において，不可分債務と連帯債務との差は，債務者の一人に生じた事由が他の債務者に対する絶対的効力を有する事由の範囲であると考えられてきた。これに対し，改正法では，混同についてのみ，連帯債務と不可分債務で扱いを異にしているが，その違いは，その給付の内容が性質上不可分であることに基づいていた。そうであれば，給付の内容が可分であるのに意思表示によって不可分債務が生ずるという余地を残すことは，連帯債務と意思表示による不可分債務の関係等について無用の問題が生じ，解釈に混乱を来すおそれがある。そこで，改正法では，給付の内容が性質上可分な場合には，不可分債務の規定ではなく，むしろ連帯債務に関する規定を適用するのが望ましいという立場がとられている。

（以上(2)につき，部会資料67A・21頁）

第 10 節　多数当事者の債権および債務

XII　連帯債権①
──連帯債権者による履行の請求等──

改正のポイント

□連帯債権に関する規定が新設された。

□連帯債権の規定の適用範囲が明確にされ，債務の目的が性質上可分である場合において，法令の規定または当事者の意思表示によって数人が連帯して債権を有する場合に，数人の債権者は連帯債権を有することとしている。

□連帯債権者の一人に対してした弁済，および連帯債権者の一人がした請求に絶対的効力を認めている。

1　現行制度の概要

　現行法は，同一の債権について複数の債権者がある場合として，分割債権（427 条）と不可分債権（428 条・429 条・431 条）の規定を置くのみであるが，下級審裁判例（東京地判平成 14 年 12 月 27 日判時 1822 号 68 頁等参照）や学説には，連帯債権という概念を認めるものがある。そこでは，連帯債権とは，複数の債権者が債務者に対し，同一の可分給付について有する債権であって，各債権者はそれぞれ独立して全部の給付を請求する権利を有し，そのうちの一人の債権者がその給付を受領すれば全ての債権者の債権が消滅するものであるとされている（中間試案の補足説明 207 頁）。もっとも，428 条は，債権の目的が性質上可分であっても，当事者の

237

意思表示によって不可分債権にすることができるとしている。

2 改正の議論と改正法の内容

　改正法においては，意思表示により不可分債務が生ずる余地をなくし，意思表示により可分の債務を連帯して負担することとされた債務は連帯債務と整理したこと（ⅠおよびⅪを参照），可分債権を意思表示によって連帯して負担する場合と性質上の不可分債権の場合とでは一定の差異が認められること（ⅩⅢ2(1)を参照）等を踏まえ，連帯債権の規定を設けている（部会資料 80-3・11 頁）。

　連帯債務と不可分債務の区別の場合と同様，連帯債権であるか不可分債権であるかは，給付の性質が可分であるか不可分であるかによって区別すべきであるという立場が採用されている（部会資料 80-3・11 頁・13 頁，中間試案の補足説明 206 頁〜207 頁）。そこで，改正 432 条は，債権の目的が性質上可分である場合において，法令の規定または当事者の意思表示によって数人が連帯して債権を有する場合に，数人の債権者は連帯債権を有することとしている。

　また，同条は「各債権者は，全ての債権者のために全部又は一部の履行を請求することができ，債務者は，全ての債権者のために各債権者に対して履行をすることができる」と規定しており，連帯債権者からの請求，および債務者による弁済に絶対的効力が認められている。これは不可分債権に関する現 428 条と同趣旨の規律を連帯債権について設けるものである（中間試案の補足説明 208 頁）。

XIII 連帯債権②
── 連帯債権者の一人について生じた事由の効力等 ──

改正のポイント

□連帯債権者の一人について生じた事由の効力等に関する規定が新設され，更改，免除，相殺，混同を絶対的効力事由としている。また，これらの事由および改正432条で絶対的効力事由とされている弁済，請求を除き，連帯債権者の一人について生じた事由は相対的効力しか生じないこととしている。

1 現行制度の概要

XIIで述べた通り，連帯債権に関する規定はいずれも新設規定であるが，連帯債権者の一人について生じた事由の効力等についても，規定が新設されることとなる。以下では，2において，改正法のポイントを概観することにする。

2 改正の議論と改正法の内容

(1) 更改・免除

A・B・CがDに対して300万円の連帯債権を有しており，持分はそれぞれ3分の1であるとする。その後，AがDとの間で

第2章　改正法の内容

更改または免除をした場合に，その効力をいかに解すべきかが，ここでの問題である。

　不可分債権において，更改または免除をした債権者以外の債権者は，債務者に対し不可分債権全体につき履行を求めることができるが，その債権者は，更改または免除をした債権者に分与されるべき利益を債務者に償還しなければならないこととされている（現429条1項，改正429条も同様。詳しくは後述XIV参照）。しかし，性質上可分な給付を内容とする連帯債権（金銭債権であることが通常である）においては，更改または免除をした債権者以外の債権者が，債務者に対し連帯債権全体につき履行を求めることができるとしつつ，その債権者が更改または免除をした債権者に分与される利益を債務者に償還しなければならないこととするのは迂遠である。すなわち，BおよびCはDに対し，連帯債権全体（300万円）につき履行を求めることができるとしつつ，300万円の支払を受けたBまたはCが，Aに分与されるべき利益（100万円）を債務者Dに償還しなければならないという規律は迂遠であるといえる。そこで，改正433条は，連帯債権者の一人（A）と債務者（D）との間に更改または免除があったときは，その連帯債権者（A）がその権利を失わなければ分与されるべき利益にかかる部分（100万円）について，他の連帯債権者（BおよびC）は，履行を請求することができないこととしている。つまり，BおよびCは，Dに対して200万円を請求することができることになる。

（以上につき，部会資料80-3・12頁）

(2)　相　殺

　A・B・CがDに対して300万円の連帯債権を有しており，持分はそれぞれ3分の1であるとする。その後，DがAに対する

240

100万円の反対債権でAのDに対する債権を相殺したとき，その効力がB・Cに及ぶのかがここでの問題である。もし，Dが相殺をしても，B・Cに効力が及ばないとすると，Dの相殺に対する期待が害されてしまう。Dの相殺に絶対的効力を認めると，B・Cがそれぞれの持分の支払をAに求めることになるが，それはAの無資力の危険をB・Cが負うことを意味する。もっとも，それはDがAに弁済したときも同様であり，むしろそのような解決の方が整合的であるといえる。そこで，改正434条は，債務者が相殺をした場合には，他の連帯債権者に対しても，その効力が生ずる旨規定している（以上につき，部会資料83-2・16頁）。

(3) 混 同

混同については，連帯債務の場合（XI 2(1)参照）と同様，絶対的効力事由としている（改正435条）。A・B・CがDに対して300万円の連帯債権を有しており，持分はそれぞれ3分の1であるとする。その後，Aが死亡し，DがAを単独相続した場合，A・B・Cの連帯債権は消滅し，Aを相続したDは，Aが債務者から300万円を受け取った場合と同様に，B・Cに対してそれぞれの持分に相当する100万円を支払うことになる。その趣旨は，仮に混同に相対的効力しか生じないとすると，DはBまたはCに300万円の債務を履行することになり，さらにAの相続人として，Dは300万円を受領したBまたはCから100万円の取り分を分配されることになるが，これは迂遠となるためである（以上につき，部会資料80-3・12頁～13頁）。

(4) 相対的効力の原則

改正435条の2は，改正432条から改正435条に規定する場合

第2章　改正法の内容

を除いて，連帯債権者の一人について生じた事由は相対的効力しか生じないこととしている。相対的効力の原則を定める不可分債権に関する現 429 条 2 項と同様の規律を連帯債権において採用するものである。結局，連帯債権においては，弁済，請求，相殺，更改，免除，混同が絶対的効力事由となる。

XIV　不可分債権

> **改正のポイント**
>
> □不可分債権が成立するのは，債権の目的が性質上不可分の場合に限定されている。
> □改正 433 条および改正 435 条，すなわち連帯債権者の一人に更改，免除，混同が生じた場合の効力に関する規定を除いて，連帯債権の規定を不可分債権の場合に準用している。
> □不可分債権者の一人と債務者との間に更改，免除があった場合については，現行法の規律を引き継いでいる。

1　現行制度の概要

現行民法においては，連帯債権の規定がなく，不可分債権に関する 428 条は，債権の目的が性質上可分であっても，当事者の意思表示によって不可分債権にすることができるとしている。また，同条は，不可分債権者の一人に対してした弁済，および不可分債

権者の一人がした請求に絶対的効力を認めている。

429条1項は，不可分債権者の一人と債務者との間に更改，免除があった場合について，「他の不可分債権者は，債務の全部の履行を請求することができる。この場合においては，その一人の不可分債権者がその権利を失わなければ分与される利益を債務者に償還しなければならない」と規定する。たとえば，A・B・C3人はDに対して，900万円の価値を持つ建物甲の建築を目的とする債権を有していたとする（完成後の建物甲の持分は，それぞれ3分の1ずつであるとする）。その後，AがDの債務を免除したとする。この場合，429条1項によれば，B・Cは，Dに建物甲の建築を請求できるが，Aがその権利を失わなければ分与される利益，すなわち甲の共有持分3分の1またはそれに相当する価額300万円を債務者Dに償還しなければならない（中田裕康『債権総論〔第3版〕』〔岩波書店，2013年〕438頁。ただし，学説では価額の償還とする見解が多いとする）。

429条2項は，429条1項に規定する場合のほか，「不可分債権者の一人の行為又は一人について生じた事由は，他の不可分債権者に対してその効力を生じない」として，相対的効力の原則を定めている。

改正の議論と改正法の内容

改正428条において，不可分債権が成立するのは，債権の目的が性質上不可分の場合に限定されている。現428条とは異なり，債権の目的が性質上可分のときに，当事者の意思表示によって不可分債権にすることはできなくなる。債務の目的が性質上可分の場合は，原則として可分債権となるが，例外的に連帯債権が生じ

第 2 章　改正法の内容

る余地がある（改正 432 条）。

　改正 428 条は，改正 433 条および改正 435 条，すなわち連帯債権者の一人に更改，免除，混同が生じた場合の効力に関する規定を除いて，連帯債権の規定を不可分債権の場合に準用している。改正 428 条は，連帯債権者の一人について生じた事由は相対的効力しか生じないことを原則とする改正 435 条の 2 も準用しているため，不可分債権について相対的効力の原則を定める現 429 条 2 項が削除されている。結局，不可分債権における絶対的効力事由は，弁済，請求，相殺となる。なお，混同は相対的効力しか有しない（改正 428 条は連帯債権において混同の絶対的効力を定める改正 435 条を準用していない）こととした趣旨に関しては，XI 2 (1)を参照されたい。

　改正 429 条は，不可分債権者の一人と債務者との間に更改，免除があった場合について規律しているが，現行法の規律（現 429 条 1 項）を維持している。

〔幡野弘樹〕

第11節
保　　証

▌Ⅰ　保証債務の付従性

改正のポイント

□主たる債務の目的または態様が保証契約の締結後に加重されたとき
であっても，保証人の負担は加重されないという規定が追加された。

1　現行制度の概要

保証債務の付従性とは，保証債務が主たる債務を担保するもの
であることに由来する性質である。具体的には，①主たる債務が
不成立であれば，保証債務も成立しない（成立における付従性），
②主たる債務が弁済，時効等によって消滅すれば保証債務も消滅
する（消滅における付従性），③主たる債務よりも保証債務の方が
債務の内容が重くなることはない（内容における付従性）というも
のである。このうち③を定めているのが現448条である。現448
条の解釈から，保証契約が締結された後に主たる債務の内容が軽

245

第2章　改正法の内容

減された場合には保証債務の内容も軽減される（主たる債務の弁済期が延長された場合にはその効力が保証債務にも及ぶとした大連判明治37年12月13日民録10輯1591頁）。これに対して，保証債務成立後に主たる債務が加重されても保証債務は加重されないというのが一般的な見解である。

2 改正の議論と改正法の内容

　学説では，前述した一般的な見解を明文化すること，および，保証債務の付従性や補充性に関する規定を置くことが提案された（民法（債権法）改正検討委員会編『詳解・債権法改正の基本方針Ⅲ』〔商事法務，2009年〕433頁以下）。法制審議会でも以上の提案をふまえて議論がなされ，中間試案では，①主たる債務の目的または態様が保証契約締結後に縮減された場合には保証債務も主たる債務の限度に縮減される，および，②主たる債務の目的または態様が保証契約の締結後に加重されても保証債務は加重されないという2点を明文化することが提案された。その後，①については現448条に委ねれば足りるとされ（部会資料67A・22頁以下，第77回議事録28頁以下の笹井朋昭関係官の説明），②を明文化する旨が改正法の内容となった。

　改正によって，現448条（改正448条1項）に「主たる債務の目的又は態様が保証契約の締結後に加重されたときであっても，保証人の負担は加重されない」という規定が追加された（改正448条2項）。

第11節　保　証

II　主たる債務者の有する抗弁等

改正のポイント

□保証人は主たる債務者が主張することができる抗弁をもって債権者に対抗することができるという一般的な理解が明文化された。
□主たる債務者が債権者に対して相殺権，取消権または解除権を有するときは，これらの権利の行使によって主たる債務者が主たる債務の履行を免れる限度で，保証人は債権者に対して債務の履行を拒むことができるという点が明確化された。

1　現行制度の概要

保証債務の付従性から，保証人は主たる債務者の有する抗弁権を援用することができるというのが通説である。例えば，同時履行の抗弁権（最判昭和40年9月21日民集19巻6号1542頁），契約不成立や無効の抗弁（主たる債務の不発生），弁済の抗弁である。

また，457条2項は「保証人は，主たる債務者の債権による相殺をもって債権者に対抗することができる」としている。この規定の解釈としては，保証人は相殺によって消滅する限度で単に履行を拒絶する抗弁権を有するというのが通説の見解である。保証人に相殺自体を認めることによって主たる債務まで消滅するということになると他人の債権の処分権限まで保証人に認めることとなり，過大であるというのがその理由である（中田裕康『債権総論〔第3版〕』〔岩波書店，2013年〕497頁）。

第2章　改正法の内容

さらに，主たる債務者の取消権・解除権を援用できるかについて，通説は保証人が取消権・解除権そのものを有するというのではなく，主たる債務が取り消されるかどうか，契約が解除されるかどうかが確定するまでの間は，保証人は保証債務の履行を拒絶できるにすぎないとしている（中田・前掲496頁）。

2　改正の議論と改正法の内容

学説では以上の通説を明文化することが提案され（民法（債権法）改正検討委員会編・前掲441頁以下），法制審議会でも以上の提案が採用された。

改正によって，保証人は主たる債務者が主張することができる抗弁をもって債権者に対抗することができるという一般的な理解が明文化された。主たる債務者が債権者に対して有している抗弁権一般が対象となる（改正457条2項）。

また，現457条2項が「主たる債務者が債権者に対して相殺権，取消権又は解除権を有するときは，これらの権利の行使によって主たる債務者がその債務を免れるべき限度において，保証人は，債権者に対して債務の履行を拒むことができる」という規定に改められた（改正457条3項）。学説の一般的な理解を明文化するものであり，会社法581条に相当する（部会資料55・9頁，同67A・26頁）。

第11節 保　証

III　保証人の求償権

1　委託を受けた保証人の求償権

改正のポイント

☐委託を受けた保証人が債務の消滅行為をしたときの主たる債務者に対する求償権について明確化された。
☐委託を受けた保証人の事前求償権に関する規定が明文化された。

(1)　現行制度の概要

459条は委託を受けた保証人が弁済等をした後の事後求償権について定めている。事後求償権の範囲は，弁済その他による免責のあった額（保証人の出した金額と主たる債務者が免責を受けた金額のうち少ない方の額），免責日以後の法定利息および避けることができなかった費用その他の損害賠償の合計である（459条2項が準用する442条2項。なお，中田・前掲500頁以下も参照）。委託を受けた保証人が事後求償権を有するのは，保証委託契約が委任契約であり（643条），受任者である保証人による債務の弁済については委任事務処理費用として委任者である主たる債務者に償還請求を行うことができることによる（650条）（中田・前掲500頁，部会資料8-2・53頁）。459条はこの点について保証の場合の特則を定めたものである。

また，460条1号から3号に規定する場合，および「過失なく債権者に弁済をすべき旨の裁判の言渡し」を受けた場合（459条1

249

項）には，委託を受けた保証人は主たる債務者に対して事前求償権を行使することができる。事前求償権の範囲は，求償時における主たる債務の額，既発生の利息，遅延損害金，免責のために避けることができないと見込まれる費用および免責のために被ることの確定している損害賠償の合計である（中田・前掲502頁）。事前求償権の性質については，保証委託契約の受任者である保証人は受任者の費用前払請求権（649条）を行使できるが，保証の場合にこれを認めると主たる債務者にとって保証をつけた意味がないことから事前求償を保証委託の趣旨に照らして制限したものであるという理解のほか（内田貴『民法Ⅲ債権総論・担保物権〔第3版〕』〔東京大学出版会，2005年〕355頁），一定の事由が生じた段階において保証人をその負担から解放し，免責するためのものであるとの理解が有力である（中田・前掲501頁）。

　事前求償を受けた主たる債務者は，債権者が全部の弁済を受けない間は，保証人に担保を供させ，または保証人に対して自己に免責を得させることを請求することができ，また，主たる債務者は供託をし，担保を供し，または保証人に免責を得させて，その償還の義務を免れることができる（461条）。主たる債務者が事前求償に応じたにもかかわらず，保証人が保証債務を履行しないことで損害を被ることを防止する規定である（中田・前掲502頁）。

(2) 改正の議論と改正法の内容

　学説では，とりわけ保証人が主たる債務の弁済期到来前に保証債務を履行した場合の求償権に関する規定の明文化，および，保証人の事前求償権の廃止が提案された。

　例えば債権者の資力が悪化しており，保証人も主たる債務者も当該債権者に対して反対債権を有しているときに保証人が弁済期

第 11 節　保　　証

到来前に期限の利益を放棄して債権者との間で相殺を行うと主た
る債務者に不当な損害を被らせるといったことがあるように，期
限前弁済は保証の委託の趣旨に反する行為ともなりうる。そこで，
期限前弁済の場合には委託を受けない保証人の求償権として扱う
（期限前弁済等をした当時に主債務者が利益を受けた限度に求償の範囲を
とどめる）とともに，求償権の行使は弁済期の到来を待たなけれ
ばならないこと（大判大正 3 年 6 月 15 日民録 20 輯 476 頁）を明記す
ることが提案された（民法（債権法）改正検討委員会編・前掲 445 頁
以下）。

　また，事前求償権については，現 460 条 1 号・2 号は債権者に
適時執行義務（債権者が主たる債務者の財産について適時に執行する
義務であり，義務違反ゆえに主たる債務者から全部の弁済を得られなか
ったときは，保証人は，債権者が適時に執行をすれば弁済を得ることが
できた限度において，その義務を免れる）（民法（債権法）改正検討委員
会編・前掲 440 頁）を課せば対処できることを理由に，3 号は事前
求償権という制度になじまないことを理由に，廃止が提案された
（民法（債権法）改正検討委員会編・前掲 454 頁）。

　法制審議会でも以上の提案をもとに審議がなされたが，適時執
行義務に対しては異論もあり，中間試案では現 459 条および現
460 条を維持した上で，①委託を受けた保証人が期限前弁済をし
た場合の規律は委託を受けない保証人の求償権（462 条 1 項）と同
様の規律とする，②事前求償権については 460 条 3 号のみを削除
するという提案がなされた。②の提案の理由は同号の典型例であ
る終身定期金債務の保証などについては主債務の額が定まらない
などの問題があり，事前の求償にはなじまないからである（中間
試案の補足説明 216 頁）。

　その後，「過失なく債権者に弁済をすべき旨の裁判の言渡しを

251

第2章 改正法の内容

受け」（現459条1項）た場合についても事前求償権に関する現460条に移動させるという提案，および，期限前弁済がなされた場合において主たる債務者から相殺を理由として求償を拒絶されたときに相殺に係る債権を行使することができる旨を明文化する提案が付加され（部会資料84-3・1頁以下），改正に至った。

　改正によって，まず，現459条1項については，委託を受けた保証人の事後求償権の額の算出基準を具体的に定めた条文に改められた。それによると，①弁済等のために支出した財産の額を基準として求償権の額が算出され，②その支出した財産の額がその弁済等によって消滅した債務の額を超える場合には，その消滅した債務の額を基準として求償権の額が算出される。なお，現459条1項にいう「過失なく債権者に弁済をすべき旨の裁判の言渡しを受け」た場合については，事前求償権に関する条文（改正460条）に移された。

　また，委託を受けた保証人が期限前弁済をした場合の求償権に関する規定が明文化された（改正459条の2）。それによると，①保証人は主たる債務の弁済期以後でなければ求償権を行使することができず，②主たる債務者は，債務が消滅した当時に利益を受けた限度で求償に応じれば足り（この場合に，主たる債務者が債務の消滅行為の日以前に相殺の原因を有していたことを主張するときは，保証人は，債権者に対し，その相殺によって消滅すべきであった債務の履行を請求することができる），③求償の対象は主たる債務の弁済期到来以後の法定利息およびその弁済期以後に債務の消滅行為をしたとしても避けることができなかった費用その他の損害賠償に限定される（すなわち，委託を受けた保証人の求償権の範囲を定める民法現442条から保証人が主債務の期限到来後に弁済等をしていれば求償することができなかったものが除外される。部会資料67A・28頁）。保証

人による期限前弁済を許容しつつ，この場合に保証人は主たる債務者の期限の利益を害することができないことを考慮したものである（部会資料67A・28頁，潮見佳男『民法（債権関係）改正法案の概要』〔金融財政事情研究会，2015年〕114頁）。なお，現460条3号は削除された。

委託を受けない保証人の求償権については，現462条1項・2項の内容が維持された（改正462条）ほか，期限前弁済をした場合に求償権を行使することができるのは主たる債務の弁済期が到来して以後であることが明文化された（改正462条3項で改正459条の2第3項が準用されている）。

通知を怠った保証人の求償権の制限等

改正のポイント

□委託を受けた保証人に限って主たる債務者に対する保証人の事前通知義務が課される。
□事後通知義務に違反した場合の効果が明確化された。

(1) 現行制度の概要

保証人は委託を受けたか否かを問わず，弁済その他の免責行為をする際には事前および事後に主たる債務者に通知しなければならない（463条が準用する443条）。事後通知は主たる債務者による二重弁済を防ぐために，事前通知は主たる債務者が債権者に対する反対債権を持っていて相殺の期待を有しているような場合に権利行使の機会を保護するために要求されている（内田・前掲357頁）。

第2章　改正法の内容

　保証人が弁済をしたものの事後通知を怠ったため，主たる債務者が善意で弁済等をして免責を得た場合には，主たる債務者は自己の弁済等を有効であったものとみなすことができ，保証人は求償ができない（443条2項。内田・前掲357頁も参照）。

　また，委託を受けた保証人を二重弁済のリスクから保護するために主たる債務者にも通知義務が課されている（463条2項）。それによると，委託を受けた保証人が主たる債務者の弁済等を知らずに（「善意で」）弁済等をしたときは，保証人はその行為を有効とみなし，主たる債務者に求償することができる（443条2項の規定が主たる債務者についても準用される）。

(2)　改正の議論と改正法の内容

　学説では，委託を受けた保証人の事前通知義務の廃止が提案された。また，現463条2項を維持しつつ，同条で準用されている現443条のうち，実際に準用される2項のみの内容を定めることが提案された（民法（債権法）改正検討委員会編・前掲446頁）。

　法制審議会では，以上の提案に加え，委託を受けない保証人についてもその求償権の範囲が制限されている以上（現462条），事前通知義務の存在意義が乏しいことから，事前通知義務を廃止するという考え方が検討された（部会資料8-2・58頁）。

　これに対して，事後通知制度については次のような案が提案された（部会資料36・59頁以下，部会資料55・9頁以下）。

　委託を受けた保証人については，①先に弁済等をした保証人が後に弁済等をした主債務者に対して事後の通知をする前に主債務者が保証人に対して事後の通知をしたときに限り，主債務者は自己の弁済等を有効とみなすことができるとする。反対に，②先に弁済等をした主債務者が後に弁済等をした保証人に対して事後の

254

通知をする前に保証人が主債務者に対して事後の通知をしたとき
に限り、保証人は自己の弁済等を有効とみなすことができる旨の
制度を設ける（改正463条2項に相当）。

委託を受けないが主債務者の意思に反しない保証人が主債務者
よりも先に弁済等をした場合においては、現463条1項が準用す
る443条2項を維持する。

委託を受けず主債務者の意思にも反する保証人については、事
後の通知を怠ったか否かにかかわらず保証人の求償権は制限され
ている（現462条2項参照）ので、事後の通知を義務づける意義も
乏しいことから、事後通知制度も廃止する。

中間試案でも以上の考え方が採用された。もっとも、保証人が
弁済等をする場合には主たる債務者に確認等をすることが通常で
あることや、現代では通信手段等が発達しており、通知を強いら
れることで履行遅滞が生ずることは少ないと思われることから、
委託を受けた保証人の事前通知義務は維持された（部会資料80-
3・15頁）。

改正によって、まず、委託を受けた保証人に限って主たる債務
者に対する保証人の事前通知義務が課されることとなった。なお、
現463条1項が準用する443条1項は、請求があったことを通知
しない場合について定めているが、求償権の範囲を制限すること
との関係では請求があったことよりも弁済等をすることをあらか
じめ通知するかを問題とすべきであることから、そのように文言
が改められた（部会資料80-3・15頁）（改正463条1項）。

委託を受けた保証人が以上の事前通知義務に違反した場合には、
現463条1項同様、主たる債務者は債権者に対抗することができ
る事由をもってその保証人に対抗することができ、この場合にお
いて相殺をもって保証人に対抗したときは、保証人は債権者に対

第2章　改正法の内容

し，相殺によって消滅すべきであった債務の履行を請求することができる（改正463条1項）。

事後通知制度については，以下のようになる。

主たる債務者の，委託を受けた保証人に対する事後通知義務については，現463条2項の内容が維持されている（改正463条2項）。

主たる債務者に対する保証人の事後通知義務については以下の通りである（改正463条3項）。

第1に，委託を受けた保証人，および，委託を受けないが主債務者の意思に反しない保証人については，保証人が主債務者よりも先に弁済等をした場合に保証人が弁済等をしたことを主債務者に通知することを怠ったため主たる債務者が善意で債務の消滅行為をしたときには，主たる債務者はその債務の消滅行為を有効であったものとみなすことができる（現463条1項の内容を維持）。

第2に，委託を受けず主たる債務者の意思にも反する保証人については，事後通知を怠ったか否かにかかわらず求償の範囲が制限されるため（現462条），主たる債務者は自己の債務消滅行為を有効であったものとみなすことができる。

Ⅳ　連帯保証人について生じた事由の効力

改正のポイント

□連帯保証人に対する履行の請求・免除の効力は主たる債務者に及ばないことになる。

256

第11節　保　証

1　現行制度の概要

458条では連帯保証人について連帯債務の規定が準用されているが，連帯保証人には負担部分がないから，負担部分を前提とする規定である現436条2項（相殺の援用），現437条（免除），現439条（時効の完成）は準用されず，また，相殺の絶対的効力（436条1項）と連帯債務についての相対的効力の原則（440条）の各規定は保証債務の性質上当然のことであるにすぎないとされている。そのため準用の意味があるのは履行の請求（434条），更改（435条），混同（438条）であり（ただし，更改，混同については議論がある），実際上特に重要なのは，連帯保証人に履行の請求をすれば主たる債務者に対しても効力を生じ，主たる債務の時効が中断するとする現434条の準用である。

2　改正の議論と改正法の内容

改正論議で特に論点となったのは，連帯保証人に対する履行請求の効力が主債務者にも及ぶという現行規定（458条・434条）を見直すべきか否かである。学説では，連帯保証人は債務者の関与なしにも出現しうるところ，債権者がそのような連帯保証人に対して履行請求をしたからといって主債務者が時効の利益を失うのは妥当ではないことから，連帯保証人に対する履行請求の効力は主たる債務者に及ばないとすることが提案された（民法（債権法）改正検討委員会編・前掲459頁以下）。法制審議会でも中間試案において上記学説の提案と同様の考え方が示された。

その後，458条が準用する規定のうち，434条（履行の請求），

435条（更改），437条（免除）および439条（時効の完成）については絶対的効力から相対的効力に改められた。また，436条2項（他の連帯債務者による相殺の援用）についても，履行拒絶権であることを明確にする改正が検討されたことを受けて，絶対的効力から相対的効力に改められた連帯債務者に関する規定を準用する旨が定められ，改正に至った。

改正によって，改正438条（更改），439条1項（相殺），440条（混同），441条（相対的効力の原則）の規定が主たる債務者が保証人と連帯して債務を負担する場合に準用されることになった（改正458条）。現434条および現437条が準用の対象から除かれることによって連帯保証人に対する履行の請求・免除の効力は主たる債務者に及ばないことになる（絶対的効力事由から相対的効力事由への変更。潮見・前掲110頁）。

V 根 保 証

改正のポイント

□極度額に関する規定，元本確定事由の一部（保証人またはその財産についての元本確定事由，および，主たる債務者の死亡）が個人根保証一般に適用される。

□保証人が法人である根保証契約において極度額の定めがないときは，その根保証契約の保証人の主たる債務者に対する求償権についての個人保証契約は無効となるとの規定が設けられた。

第11節　保　証

 現行制度の概要

　根保証とは，継続的な関係から生じる不特定の債務を主たる債務とする保証である。具体的には信用保証，身元保証，不動産賃借人の債務の保証である（中田・前掲508頁以下）。根保証は将来にわたる不特定の債務を保証するものであることから，厳しい経済状況の下で保証人が予想を超える過大な保証責任の追及を受ける事例が多発し，特に根保証契約について何らかの法的規制を加えるべきであるとの意見が主張されるようになった（筒井健夫＝吉田徹編『改正民法の解説』〔商事法務，2005年〕3頁以下）。そこで，2004年の民法改正において，根保証のうち，主たる債務の範囲に貸金等債務（金銭の貸渡しまたは手形の割引を受けることによって負担する債務）を含み，かつ，保証人が個人である「貸金等根保証契約」について保証人保護の観点から以下のような特則が設けられた。

(1)　**極度額（465条の2）**

　貸金等根保証契約の保証人は，主たる債務の元本，主たる債務に関する利息，違約金，損害賠償その他その債務に従たるすべてのもの，およびその保証債務について約定された違約金または損害賠償の額について，その全部に係る極度額を限度として責任を負い（465条の2第1項），貸金等根保証契約はこの極度額を定めなければ無効となる（同条第2項）。また，極度額の定めは書面に記載しなければならず（同条第3項），記載がない場合には極度額の定めがないものとして契約は無効となる。

(2) 元本確定期日 (465条の3)

　元本確定期日は，特に定めがない場合には貸金等根保証契約締結日から3年を経過する日である（465条の3第2項）。定めがある場合でも，その元本確定期日がその貸金等根保証契約締結日から5年を経過する日より後の日と定められているときは，元本確定期日の定めは無効となり，貸金等根保証契約締結日から3年を経過する日が元本確定期日となる（同条第1項）。

　元本確定期日の変更をする場合において，変更後の元本確定期日がその変更をした日から5年を経過する日より後の日となるときは，その元本確定期日の変更は無効となる。ただし，元本確定期日の前2か月以内に元本確定期日の変更をする場合において，変更後の元本確定期日が変更前の元本確定期日から5年以内の日となるときはこの限りでない（465条の3第3項）。

　元本確定期日の定めおよびその変更は書面に記載しなければ無効となる。もっとも，貸金等根保証契約締結日から3年以内の日を元本確定期日とする旨の定め，および，変更前の元本確定期日より前の日を変更後の元本確定期日とする変更については，書面への記載がなくても有効である（465条の3第4項）。

(3) 元本確定事由 (465条の4)

　465条の4に掲げられた事由が発生した場合には，元本が確定する。

　なお，以上の(2)，(3)によって元本が確定すると，保証人は確定した元本とそれに対する利息・損害金についてのみ保証債務を負う。

(4) 保証人が法人である場合の特則（465条の5）

前述したように，以上の(1)～(3)は個人保証人のみを対象としたものであるので保証人が法人である場合には適用されない。しかし，保証人が法人である貸金等根保証契約についても以下のような特則が定められている。

保証人である法人の主たる債務者に対する求償権についての保証契約で個人が保証人となっているものは，極度額の定めがないとき，または元本確定期日の定めがないとき，または元本確定期日の定めもしくはその変更が465条の3第1項もしくは第3項の規定によると無効となる場合には，無効となる。

2 改正の議論と改正法の内容

(1) 改正の議論

もっとも，2004年改正はさしあたり特に保証人保護の必要が主張されていた融資に関する根保証契約について早急に措置を講じたに過ぎず，参議院法務委員会や衆議院法務委員会の附帯決議においても「継続的な商品売買に係る代金債務や不動産賃貸借に係る賃借人の債務など，貸金等債務以外の債務を主たる債務とする根保証契約についても，個人保証人を保護する措置を検討すること」が求められていた。

そこで，学説では，個人根保証契約であればすべて現465条の2から465条の5までの規定を及ぼす旨の提案がなされた（民法（債権法）改正検討委員会編・前掲463頁以下，民法改正研究会編『民法改正　国民・法曹・学界有志案』〔日本評論社，2009年〕187頁以下）。

第2章　改正法の内容

法制審議会では以上の学説の提案に加えて，根保証契約の保証人は法定のまたは合意による元本確定期日の到来前であっても，主債務者の資産状態等に著しい事情の変更があった場合等，一定の特別な事由がある場合には保証すべき債権の元本の確定を請求することができるという学説・判例の見解（大判昭和9年2月27日民集13巻215頁。中田・前掲510頁参照。いわゆる特別解約権）を明文化するかどうかが検討された（部会資料8-2・65頁以下）。

　もっとも，中間試案では極度額に関する現465条の2および元本確定事由に関する現465条の4の規定については個人根保証契約一般に適用するものとしたものの，元本確定期日に関する現465条の3の規律の適用範囲を個人根保証契約一般に拡大するかどうかについては引き続き検討することとされた。また，現465条の5については以上の適用範囲拡大に関する検討をふまえた上で所要の見直しを行うことになるとされ（実際に見直しがなされており，後述する），特別解約権の明文化については引き続き検討することとされた（もっとも法案では採用されなかった）。

　中間試案公表後，元本確定事由のうち，保証人またはその財産についての元本確定事由に限ってこれを根保証契約一般に拡大する旨の規定案が提示された。そこで想定されているのは，賃貸借契約に基づく賃借人の債務を主たる債務とする個人根保証契約である。このような保証契約では主たる債務者（賃借人）の資産状態の悪化や主たる債務者の賃料の未払，主たる債務者の破産手続開始の決定または死亡によって当然に賃貸借契約が終了するわけではないことから，これらの事由が発生しても債務が発生し続ける以上，これらの債務について賃貸人が保証人をあてにすることができないというのは相当ではないからである（部会資料80B・6頁以下）。もっとも，保証人が主たる債務者の相続人の債務につ

262

いてまで責任を負うことは予定していないとも言えることから，主たる債務者が死亡したときについては個人根保証契約一般においても元本確定事由とするという修正案が出され（部会資料83-2・20頁），改正に至った。

これに対して，現465条の3を個人根保証契約一般に適用するという考え方については，当初から長期にわたって存続することが予定されている契約関係においては元本確定後に債権者が反対給付を拒絶できないため，根保証による担保を継続させる必要性を否定できない場合があること等を理由に見送られた。

(2) 改正法の内容

改正によって，貸金等債務が含まれる根保証に限定されていた現465条の2の規定が，個人根保証契約であれば貸金等債務が含まれるか否かを問わず適用される。その結果，保証人が個人であるすべての個人根保証契約（賃貸借契約における保証や身元保証も含まれることになる）においては極度額を定めなければ効力を生じず，また書面によらなければ効力を生じない（改正465条の2）。

元本確定事由については，「債権者が，保証人の財産について，金銭の支払を目的とする債権についての強制執行又は担保権の実行を申し立てたとき」（ただし，強制執行または担保権の実行の手続の開始があったときに限る），「保証人が破産手続開始の決定を受けたとき」，「主たる債務者又は保証人が死亡したとき」の3つが個人根保証契約すべてに適用できるよう拡張された（改正465条の4第1項）。これに対して，債権者による主たる債務者の財産に対する強制執行または担保権の実行，および，主たる債務者の破産手続開始については，貸金等根保証契約に限って元本確定事由となる（同条第2項）。

第2章　改正法の内容

また，個人根保証契約一般について極度額の定めによる保証人保護が必要であるという趣旨を徹底するため，現465条の5が維持された上で，保証人が法人である根保証契約において極度額の定めがないときは，その根保証契約の保証人の主たる債務者に対する求償権についての個人保証契約は無効となるとの規定が設けられた（改正465条の5）。ただし，この規定は，その求償権についての個人保証契約が根保証契約であるときには適用されない（同条第2項）。求償権についての保証契約が根保証契約である場合には，そもそもの根保証契約に極度額の定めがなくても，極度額に関する前述した改正案が適用される結果としてその求償権についての根保証契約に極度額の定めがあれば，その保証人は予想を超える過大な保証責任の追及を受けるおそれはなくなるからである（部会資料80B・9頁以下）。

なお，現465条の3の元本確定期日については貸金等根保証契約のみに適用される。

VI　保証人保護の方策の拡充

改正のポイント

□いわゆる経営者保証およびこれに準ずる場合を除き，「事業のために負担した貸金等債務を主たる債務とする保証契約」または「主たる債務の範囲に事業のために負担する貸金等債務が含まれる根保証契約」で，保証人が個人であるものについては，一定の方式に基づいて作成された公正証書で保証人になろうとする者が保証債務を履行

する意思を表示していなければ無効である旨の規定が設けられた。

□主たる債務者の契約締結時における保証人に対する説明義務，債権者の保証人に対する主たる債務の履行状況についての情報提供義務に関する規定が設けられた。

1 現行制度の概要

保証については，個人的情義等から無償で行われることが通例であり，主たる債務者に債務不履行が生じない限りその責任が顕在化しないこともあって，その内容についての理解が不十分なまま契約が結ばれることも多く，履行を求められて初めてその重大さを自覚するなど，保証人にとって過酷な結果を招きがちであるという指摘がなされてきた（筒井 = 吉田編著・前掲 3 頁）。

そこで，保証人保護の観点から，2004 年の民法改正においては前述した根保証に関する規定の改正のほか，「保証契約は，書面でしなければ，その効力を生じない」との規定（446 条 2 項）が設けられた。保証契約がその内容を記録した電磁的記録によってなされたときも，保証契約は書面によってされたものとみなされる（同条 3 項）。根保証契約を含む保証契約一般に以上の規定は適用される。保証契約に書面を要求した趣旨は，保証を慎重ならしめるため，保証意思が外部的にも明らかになっている場合に限って法的拘束力を認めようというものである（筒井 = 吉田編著・前掲 13 頁）。

さらに保証人保護を拡充するために，保証人に対して保証の内容・保証人が負う負担などを説明する義務を債権者に負わせるという方策がありうるが，これについては 2004 年の民法改正では

見送られた(ただし,銀行をはじめとする融資機関の保証人への説明責任が十分果たされるよう必要な措置を講ずるよう,参議院法務委員会の附帯決議がなされている)。そのため,現行法では保証人への説明不足ゆえに保証人が保証契約の内容を誤解して契約を締結した場合の保証契約の効力については,1条2項に基づく説明義務違反や錯誤,詐欺によって判断されることになる(部会資料70A・12頁)。

改正の議論と改正法の内容

(1) 改正の議論

今回の改正論議においては,2004年の民法改正をふまえてより一層の保証人保護の拡充を行うべく,活発な議論がなされた。以下では中間試案で提示された論点毎に議論の概要を紹介する。

(i) **個人保証の制限**　個人保証を原則として禁止すべきという提案もあり(日本弁護士連合会「保証制度の抜本的改正を求める意見書」〔2012年1月20日〕),中間試案に至るまでは,一定の例外を除いて個人保証を無効とするという提案がなされていたが,例外を列挙することは困難であるという指摘があったこともあり,中間試案では「主たる債務の範囲に金銭の貸渡し又は手形の割引を受けることによって負担する債務(貸金等債務)が含まれる根保証契約」,および,「債務者が事業者である貸金等債務を主たる債務とする保証契約」における個人保証については,「保証人が主たる債務者の[いわゆる経営者]であるものを除き,無効とするかどうかについて,引き続き検討する」とされた。

中間試案後,第三者保証を認めることが社会的に有用な場面

（起業に当たって支援者による第三者保証がなされる場合など）がある
ことから，業務執行権を有する者だけでなく業務執行の決定に関
与することができる者についても保証人になることができる者に
含め，また，一定の方式に従った公正証書が作成されていた場合
には以上の制限が及ばず，個人保証が認められるという規定案が
出された。しかし，事業と無関係な根保証には比較的少額のもの
が少なくないことから「根保証契約であってその主たる債務の範
囲に主たる債務者が事業のために負担する貸金等債務が含まれる
もの」を個人保証の制限の対象とするとされ（部会資料 78A・20
頁），また，主たる債務者と共同して事業を行う者や主たる債務
者の配偶者（主たる債務者が行う事業に従事しているもの）について
も保証人となることができるという規定案に変更された（部会資
料 78A・20 頁）。以上の修正を経て改正に至った。

　(ii)　**契約締結時の説明義務，情報提供義務**　　これは学説でも提
案されていたものである（民法（債権法）改正検討委員会編・前掲
428 頁以下は努力義務として，民法改正研究会編・前掲 184 頁は取消し
という効果と結びつけて提案している）。中間試案では，事業者で
ある債権者が個人を保証人とする保証契約を締結しようとする場
合には，保証人に対し，保証人の責任内容，主たる債務の内容等
を説明しなければならないものとし，その違反の効果を保証契約
の取消しとするかどうかについて，引き続き検討するとされた
（中間試案・第 17-6 (2)）。

　しかし，中間試案後の審議では，債権者ではなく「事業のため
に債務を負担する者」（主たる債務者）が保証人になろうとする者
（法人を除く）に対して，主たる債務者の積極財産，消極財産，債
務負担の目的である事業の収益状況（法案では削除），主たる債務
についての他の担保，について説明義務，情報提供義務を負うと

第2章　改正法の内容

いう規定案が提示された。主たる債務者と保証人との間に保証委託契約関係がある場合に主たる債務者に関する情報の提供義務を債権者に負わせることには合理性がないということや，債権者が主たる債務者の資力について十分な情報を有している保証もないというのがその理由である。

主たる債務者による説明義務が履行されなかった場合の効果としては，第三者詐欺に関する規定（96条2項）と同様に，債権者が主たる債務者による説明義務の不履行，虚偽の説明の事実を知り，または知ることができた場合に限って保証契約の取消しを認めるという規定案が提案されている（部会資料70A・13頁）。その後，情報不提供等と誤認による意思表示との間の因果関係が要件に追加され（部会資料76A・9頁以下），改正に至った。

(ⅲ)　**主たる債務の履行状況に関する情報提供義務**　　中間試案では，事業者である債権者は個人である保証人に対し，（ア）保証人から照会があったときは，遅滞なく主たる債務の残額，その他の履行状況，（イ）主たる債務の履行が遅延したときは，遅滞なくその事実を通知しなければならないとし，これを怠ったときは，その義務を怠っている間に発生した遅延損害金に係る保証債務の履行を請求することができないものとするかどうかについて，引き続き検討するとされた。

中間試案後の部会資料では，主債務者が分割払の定めによる期限の利益を有している場面に対象を絞って，主債務者が期限の利益を喪失した後に債権者は遅滞なく保証人に対してその旨を通知しなければならないとし，保証人がこの通知を受けた後一定の期間内に不履行分を履行すれば期限の利益が回復する一方，債権者はこの通知を怠ったときは，主たる債務者が期限の利益を喪失したことをもって保証人に対抗することができないという規定が提

第11節　保　　証

案されている（部会資料 70A・14 頁以下）。その後，通知義務違反の制裁については主債務者が期限の利益を失った時から通知の時までに生じた遅延損害金を請求することができないという内容に修正された（部会資料 78A・23 頁）。また，分割払いの有無にかかわらず期限の利益を喪失した場合を対象とし，通知期間の起算点を「主たる債務者がその利益を失ったことを知った時」，通知期間を 2 か月以内とする修正案が出され（部会資料 78A・24 頁以下），法人である保証人も対象に含めた上で改正に至った。

　また，委託を受けた保証人が請求したときは，債権者は主債務者による債務不履行の有無や債務の残額などについて情報提供しなければならない旨の規定を設けるという提案も追加された（部会資料 76A・11 頁）。その後，情報提供義務の対象について修正が加えられ（部会資料 80-3・20 頁），最終的には法人である保証人も対象に含めた上で，改正に至った。

　(iv)　**保証人の責任制限**　　学説・実務から提案され，中間試案で採用された裁判所による保証債務の減免制度および比例原則（債権者が事業者であり，保証契約締結時において，保証債務の内容が自然人である保証人の財産および収入に対して著しく過大であった場合には，保証人が保証債務の履行を請求された時点でこれに足りる財産および収入を有する場合でない限り，債権者は保証債務の履行を請求することができない，という規定）については，理論上，実務上の問題点が指摘されたこともあり，改正には取り上げられなかった。

(2)　改正法の内容

　(i)　**個人保証の制限**　　「事業のために負担した貸金等債務を主たる債務とする保証契約」または「主たる債務の範囲に事業のために負担する貸金等債務が含まれる根保証契約」で保証人が個人

であるものについては，契約締結の日前1か月以内に作成された公正証書で保証人になろうとする者が保証債務を履行する意思を表示していなければ，その効力を生じない（改正465条の6第1項・第3項）。国会での議論でも何度も確認されているように，保証契約のリスクの確認を公証人のもとで行うという趣旨である。もっとも，保証意思宣明公正証書に執行認諾文言を付し，執行証書とすることはできない（平成29年5月25日付参議院法務委員会附帯決議）。

　公正証書の作成方式については改正465条の6第2項で定められている。公正証書遺言に関する969条を参考としたものであり（部会資料76A・8頁），969条の2と同様の内容の特則も設けられている（改正465条の7）。しかし，保証人が負うリスクを意識させた上で保証人の保証意思を確認するという立法趣旨をふまえれば，作成方式はより厳格に解釈・運用されるべきである。保証契約における軽率性や情義性を排除することができるよう，公証人に対して以上の趣旨を周知徹底することが求められる（平成29年5月25日付参議院法務委員会附帯決議）。

　以上の規定は，保証人の主たる債務者に対する求償権についての個人保証についても適用される（改正465条の8）。

　もっとも，以上の公正証書の作成および保証の効力に関する規定は，いわゆる経営者保証およびこれに準じる場合には適用されない（改正465条の9）。この例外が認められる場合のうち，①主たる債務者と共同して事業を行うもの，および②主たる債務者の配偶者（主たる債務者が行う事業に従事しているものに限る）が保証人となる場合について説明する。まず，「共同して事業を行う」という要件が認められるには，業務執行権限や代表権限，業務執行に対する監督権限など，事業遂行に関与する権利を有するとと

もに，その事業につき利害関係を有することが認められる必要が
あると解されている（部会資料 78A・20 頁）。また，配偶者が「主
たる債務者が行う事業に従事してい」るか否かについては，個人
保証の制限規定が設けられた趣旨をふまえると，厳格に解釈され
るべきであり（高須順一「債権者代位権，詐害行為取消権，保証等」
自由と正義 66 巻 5 号〔2015 年〕23 頁），改正 465 条の 9 の 1 号・2
号・3 号前段に該当する者と実質的に同視されるべき者に限られ
るべきと言われている（潮見・前掲 129 頁）。配偶者は保証人にな
るのを断りにくい立場にあることや，配偶者が主たる債務者とと
もに経済的に追いこまれることになることへは国会でも批判が強
く（衆議院法務委員会平成 28 年 11 月 18 日議事録参照），必要に応じ
て対応を検討することとされている（平成 29 年 5 月 25 日付参議院
法務委員会附帯決議）。

　なお，以上の規定は保証意思の表示を公正証書で行うことを義
務づけたものであり，保証契約そのものを公正証書で行うことを
要求したものではない（高須・前掲 23 頁）。

　(ii)　**契約締結時の情報提供義務**　　主たる債務者は，事業のた
めに負担する債務を主たる債務とする保証，または，主たる債務
の範囲に事業のために負担する債務が含まれる根保証の委託をす
るときは（このように主たる債務の内容が「事業のために負担する債
務」に限られており，賃貸保証などは含まれない），委託を受ける者に
対して，①財産および収支の状況，②主たる債務以外に負担して
いる債務の有無ならびにその額および履行状況，③主たる債務の
担保として他に提供し，または提供しようとするものがあるとき
は，その旨およびその内容，について情報を提供しなければなら
ない（改正 465 条の 10 第 1 項）。

　以上について情報を提供せず，または事実と異なる情報を提供

第2章　改正法の内容

したために，委託を受けた者がその事項について誤認をし，それによって保証契約の申込みまたはその承諾の意思表示をした場合に（情報不提供等と誤認による意思表示との間の因果関係），主たる債務者による情報不提供等の事実について債権者が知りまたは知ることができたときは（債権者の悪意・有過失），保証人は保証契約を取り消すことができる（改正465条の10第2項）。

　以上の規定は，保証人が法人である場合には適用されない（改正465条の10第3項）。

　(iii)　**主たる債務の履行状況に関する情報提供義務**　債権者は，委託を受けた保証人からの請求があったときには，「主たる債務の元本及び主たる債務に関する利息，違約金，損害賠償その他その債務に従たる全てのものについての不履行の有無並びにこれらの残額及びそのうち弁済期が到来しているものの額に関する情報」を遅滞なく提供しなければならない（改正458条の2）。情報提供義務違反の効果については明記されていないが，債務不履行の一般法理に従った損害賠償請求，保証契約の解除が想定されていると考えられている（潮見・前掲111頁）。

　この情報提供義務は，上記(ii)とは異なり，主たる債務の内容，および，保証人が法人か個人かを問わず課される。

　(iv)　**主たる債務者が期限の利益を喪失した場合における情報提供義務**　主たる債務者が期限の利益を喪失したときには，債権者は個人保証人に対して，その利益の喪失を知った時から2か月以内にその旨を通知しなければならない（改正458条の3第1項）。通知をしなかった場合には，債権者は保証人に対し，主たる債務者が期限の利益を喪失した時からその旨の通知をした時までに生じた遅延損害金にかかる保証債務の履行を請求することができない（同条第2項）。このように，債権者が通知をしなかったからと

いって，債権者が主たる債務についての期限の利益喪失の効果を保証人に対して主張することができなくなるわけではないことから，保証人は改正458条の3第2項で支払義務を負わないものとされた遅延損害金を除き，利息・遅延損害金込みの残債務の全額に相当する保証債務の履行の請求に応じなければならない（潮見・前掲113頁）。

　この情報提供義務の規定は，主たる債務の内容は問わないが，保証人が個人である場合にのみ適用される（改正458条の3第3項）。

〔大澤　彩〕

第2章　改正法の内容

第12節
債権の譲渡等

I　債権譲渡総説

　債権譲渡とは，ある債権を，その同一性を維持したまま，法律行為によって移転することをいう。譲渡の前後で債権の性質や内容（債権の目的である給付内容や債務の弁済の時期・方法など）は変化しない。

　債権譲渡に関する現行民法の規定は3つに区分される。まず466条が債権の譲渡性について定めたうえで，続く467条と468条が指名債権（債権者が特定している債権）の譲渡について，469条から473条までが証券的債権（債権が証券に化体され，その成立，譲渡，行使等が原則として証券によって行われる債権）の譲渡について規定する。改正法は，証券的債権に関する規定を廃止し，有価証券に関する規定を整備する（改正520条の2〜520条の20）。その結果，証券的債権に指名債権を対置する必要はなくなるので，改正法は指名債権に代えて債権の語を用いる。以下では，この意味での債権の譲渡について改正法の内容を検討する（なお債権譲渡と相殺に関する改正469条は相殺の箇所で取り上げる。**第14節I2(3)(ii)参照**）。

第 12 節　債権の譲渡等

Ⅱ　債権の譲渡性

改正のポイント

□意思表示による譲渡制限の効力について，債権一般と預貯金債権を
　区別して規定が設けられた。

□債権一般について，意思表示による譲渡制限があっても，譲渡の効
　力は妨げられないものとされた。そのうえで，債務者の抗弁，債務
　者による供託，譲受人による供託の請求，強制執行をした差押債権
　者との関係などについて規定が新設された。

□預貯金債権に関する規定が新設され，預貯金債権については，意思
　表示による譲渡制限を悪意または重過失の第三者に対抗できるもの
　とされた。

1　現行制度の概要

(1)　譲渡性の原則的承認と例外的制限

　現行民法は「債権は，譲り渡すことができる」（466 条 1 項本文）
として債権の譲渡性を肯定しつつ，例外的に譲渡性が制限される
場合を認める。現行民法の制定過程では，債権の自由譲渡を認め
る旧民法に対して，日本の旧慣と異なるという批判が向けられた。
このような背景のもと，債権の譲渡性の原則的承認と例外的制限
という構造が採用されたのである（梅謙次郎『民法要義巻之三〔訂
正増補第 33 版〕』〔有斐閣，1912 年〕204-205 頁）。

275

(2) 債権の性質による制限

　債権の譲渡性が制限される第 1 の場合が，債権の性質が譲渡を許さない場合である（466 条 1 項ただし書）。債権の発生原因，債権の内容，債権の行使・債務の履行において債権者の行為が持つ意味，債務者の利益などを総合考慮して判断することになる（中田裕康『債権総論〔第 3 版〕』〔岩波書店，2013 年〕522 頁）。さらに一定の債権については，法律の規定によって譲渡性が制限される。扶養請求権（881 条），年金受給権（国民年金法 24 条本文），生活保護受給権（生活保護法 59 条）などである。特定の債権者に一定の給付を行うことが必要とされる債権といえる。

(3) 意思表示による制限

　(ⅰ)　**根　拠**　第 2 に，現行民法は，当事者の意思表示によって債権の譲渡性を制限することを認める（466 条 2 項本文）。意思表示による譲渡制限は，債権者と債務者の合意によってなされるのが通常である（債権譲渡禁止特約と呼ばれる）。民法起草過程では，意思表示による譲渡制限を認める根拠として，立場の弱い債務者の保護（債権の譲受人による苛酷な取立てへの懸念）が指摘された。しかし立場の弱い債務者が債権者に働きかけて債権譲渡禁止特約を締結することは困難であり，実務上，債権譲渡禁止特約が締結されるのは，金融機関や地方公共団体などが債務者となる場合に多いといえる。それらの債務者が債権譲渡を制限する理由としては，債権譲渡に伴う事務手続の煩雑化を避けること，過誤払いのリスクを避けること，（金融機関である債務者が）預金者に対する貸付債権と預金債権との相殺可能性を確保すること，（企業等である債務者が）取引関係を持つことを望まない第三者への債権移転

第 12 節　債権の譲渡等

を防ぐこと，などが挙げられる（中田・前掲 524 頁）。債権者を固定する（一定の範囲に限定する）ことに関する債務者の利益を保護するために，意思表示による譲渡制限が必要とされるのである。

　しかしながら，資力のある債務者に対する債権の譲渡が禁止されることで，債権者は債権の財産的価値を有効に利用できなくなるおそれが生じる。とりわけ売掛代金債権などの担保化・流動化による中小企業金融の円滑化という観点からは，譲渡禁止特約の持つ弊害が大きいことが指摘される（池田真朗「債権譲渡禁止特約再考」『債権譲渡法理の展開』〔弘文堂，2001 年〕306-307 頁〔初出 1999年〕）。債権譲渡禁止特約に対する評価の対立が，今般の民法改正作業の背景に存在していたのである。

　(ii)　**効　力**　　意思表示による譲渡制限の効力について，通説は，対象債権の譲渡の合意を無効とし，債権の移転を否定する（我妻栄『新訂債権総論（民法講義Ⅳ）』〔岩波書店，1964 年〕524 頁）。譲渡制限の意思表示には物権的効力があるといわれる。判例も物権的効力を肯定するものと理解されているが，近時，債権の譲渡人が譲渡禁止特約を理由として債権譲渡の無効を主張する利益を有しないとする判決が登場しており（最判平成 21 年 3 月 27 日民集63 巻 3 号 449 頁），判例の揺らぎが指摘されている（部会資料74A・2 頁）。これに対して，債権の譲渡性を重視する立場によれば，譲渡制限の意思表示に物権的効力を認めることが批判される。そして，譲渡禁止特約に違反する債権譲渡も有効としたうえで，債権者が債務者に対して特約違反に基づく損害賠償義務を負うに過ぎないと考えるべきであるとされる（池田・前掲 331 頁）。

　もっとも判例・通説による場合も，譲渡制限のある債権の移転が例外的に肯定される場合が存在する。まず判例・通説は，意思表示による譲渡制限のある債権を差し押え，転付命令を取得する

277

第2章 改正法の内容

ことを認める（我妻栄「譲渡禁止特約ある債権の差押」『民法研究V』
〔有斐閣, 1968年〕190-193頁〔初出1932年〕, 最判昭和45年4月10日
民集24巻4号240頁）。私人の意思表示によって, 債権から強制執
行の対象となる性質を奪う（制限する）ことを認めるべきではな
いと考えられるからである。

　次に判例・通説は, 債権者による譲渡制限のある債権の任意譲
渡が例外的に有効とされる場合を認める。第1に債務者が債権譲
渡を承諾した場合である。意思表示による譲渡制限が債務者の利
益を保護するものであるとすれば, 債務者がその利益を放棄して
債権譲渡の有効性を承認することは許容される。判例は, 譲渡制
限のある債権の譲渡後に債務者が承諾した場合, 当該債権譲渡が
譲渡の時に遡って有効になることを認めつつ（最判昭和52年3月
17日民集31巻2号308頁）, 民法116条の法意に照らして, 債務者
の承諾までに当該債権について対抗要件を具備した第三者の権利
を害することはできないとする（最判平成9年6月5日民集51巻5
号2053頁）。

　第2に, 民法は, 意思表示による譲渡制限を善意の第三者に対
抗できないと定める（466条2項ただし書）。債権の譲受人が意思
表示による譲渡制限の存在を知らなければ, 債権譲渡は有効とさ
れる。債権の譲渡性に対する譲受人の信頼を保護する必要がある
からである。このような理解によれば, 譲受人が譲渡制限の意思
表示を知らなかったことに合理的な理由が必要であると考えるこ
とができる。そこで学説上は譲受人の善意・無過失を要求すべき
とする見解が主張される（我妻・前掲債権総論524頁）。これに対し
て判例は, 譲受人が悪意または重過失である場合に限って譲渡禁
止特約の効力を対抗できるとする（最判昭和48年7月19日民集27
巻7号823頁, 前掲最判平成9年6月5日。悪意または重過失の証明責

第 12 節　債権の譲渡等

任は意思表示の効力を主張する側が負担するものと解される〔大判明治 38 年 2 月 28 日民録 11 輯 278 頁参照〕）。債権の譲渡性を前提として，第三者が軽過失で譲渡制限の意思表示を知らなかった場合にまで保護の必要はないとするのである。

このような判例を前提とすると，意思表示による譲渡制限のある債権が譲受人に移転するかは，譲受人が悪意または重過失であるか否かに依存することになる。しかし，債務者にとって譲受人の主観的態様が明らかでなく，債権譲渡の有効性を判断できない場合も多い。このような場合，債務者は，過失なく債権者を確知できないことを理由として，弁済の目的物を供託し，債務を免れることができる（494 条後段）。

 改正の議論と改正法の内容

改正法も債権の譲渡性の原則的承認と例外的制限という現行法の基本構造を維持する（現 466 条 1 項は改正の対象でない）。改正の対象は意思表示による譲渡制限であり，改正法は債権一般と預貯金債権を区別して規定を設ける。

(1) **債権一般**

(ⅰ) **効　力**　まず債権一般について，改正 466 条 2 項は「当事者が債権の譲渡を禁止し，又は制限する旨の意思表示（以下「譲渡制限の意思表示」という。）をしたときであっても，債権の譲渡は，その効力を妨げられない」と規定する。改正法は，譲渡制限の意思表示の物権的効力を否定し，譲渡制限のある債権も有効に譲渡できる（債権譲渡によって譲受人が債権者となり，譲渡人は債権者としての地位を失う）とする。譲渡制限の意思表示の物権的

効力が債権譲渡による資金調達の支障になると評価されたのである（部会資料 74A・4 頁）。

意思表示による譲渡制限のある債権が譲渡された場合，意思表示の内容が債権譲渡を禁止するものであるとすれば，譲渡人は債務者に対して債務不履行責任を負う（契約に基づく債権である場合には当該契約の解除が認められるかも問題となる）。しかし，譲渡制限の意思表示に反する債権譲渡が常に譲渡人の債務不履行責任を基礎付けるわけではないことに注意が必要である。改正 466 条 2 項の「譲渡制限の意思表示」には，債権譲渡自体の禁止を内容とするもののほか，債権譲渡を許容しつつ，次に述べる債務者の抗弁を付与することを内容とするものが含まれるからである（後者のような譲渡禁止特約の利用拡大によって，債権譲渡による資金調達の促進が期待されているが〔部会資料 74A・4 頁〕，債務者がそのような特約の利用に応じるかには疑問もある〔白石大「債権譲渡──譲渡制限特約・対抗要件」瀬川信久編著『債権法改正の論点とこれからの検討課題』〔商事法務，2014 年〕128 頁〕）。

(ii) **債務者の抗弁とその喪失**　　改正法は，譲渡制限の意思表示がされた債権の譲渡性を肯定しつつも，債務の弁済の相手方を固定するという債務者の利益に配慮する。債権の譲受人その他の第三者（質権者などを含む）が譲渡制限の意思表示について悪意または重過失である場合に，債務者は，債務の履行を拒むことができ，かつ，譲渡人に対する弁済その他の債務を消滅させる事由をもってその第三者に対抗することができる（改正 466 条 3 項。悪意または重過失の証明責任は意思表示の効力を主張する側が負担する）。悪意または重過失の譲受人も債権者になることを前提として，債務者が譲受人に一定の抗弁を主張することが認められるのである。債務者は，譲受人のみならず，譲渡人に対しても債務を弁済でき

るのであり，弁済の相手方について選択権を有することになる（債務者が抗弁を放棄することは可能であり，その場合には譲受人に債務を弁済すべきことになる）。

他方で，譲渡人は，債権譲渡によって債権者としての地位を失っているので，債務者に債務の履行を請求することはできない（部会資料 78B・8 頁，81-3・1 頁，潮見佳男『民法（債権関係）改正法案の概要』〔金融財政事情研究会，2015 年〕133 頁）。改正 466 条 3 項に基づいて，債務者は譲渡人に弁済をする権限を有するにすぎず，弁済をする義務を負うわけではないからである。それゆえ，例えば意思表示による譲渡制限のある債権を流動化する場合に，譲渡人がサービサーとして債権回収業務を行うには，譲受人が譲渡人に債権の取立てを授権する必要がある。債権の取立授権があれば，債務者は譲渡人に弁済をする義務を負うことになる。

譲受人による譲渡人への取立授権がない場合などには，債務者が譲受人に対して履行を拒絶する一方で，譲渡人にも債務を履行しないという状態が生じうる。この状態を解消するための規定が改正 466 条 4 項である。債務者が債務を履行しない場合において，債権の譲受人その他の第三者が，債務者に対して相当の期間を定めて譲渡人への履行の催告をし，その期間内に債務が履行されなければ，債務者は改正 466 条 3 項に基づく抗弁を主張できなくなる。その結果，譲受人は債務者に債務の履行を請求できることになる（ただし期限の定めのない債権〔412 条 3 項〕については問題が残る〔部会資料 74A・5 頁参照〕）。

(ⅲ) **債務者による供託**　改正法が意思表示による譲渡制限のある債権の譲渡性を肯定したことの法的帰結の 1 つが，債務者が債権者不確知による弁済供託（現 494 条後段）をできなくなることである。譲渡制限の意思表示について悪意または重過失であっ

第2章　改正法の内容

ても譲受人は債権者となるので，もはや「債権者を確知すること
ができない」といえないからである。その一方で，債務者は，譲
受人が悪意または重過失であれば譲渡人に弁済できるが，譲受人
が善意・無重過失であれば譲受人に弁済しなければならないので，
弁済の相手方の判断に迷うという状況は存在する。この問題に対
処するために，新たな供託原因に関する規定が設けられる。金銭
債権（金銭の給付を目的とする債権）が譲渡された場合，債務者は，
債権全額に相当する金銭を債務履行地の供託所に供託することに
よって，債務を免れることができる（改正466条の2第1項）。債
権執行における第三債務者の弁済供託（民事執行法156条1項）と
同様，譲渡制限のある債権が譲渡された場合に，弁済者の過失の
有無を問わず弁済供託を認めたのである（部会資料78B・10頁。な
お改正466条の2第1項かっこ書が「債務の履行地が債権者の現在の住
所により定まる場合にあっては，譲渡人の現在の住所を含む」と規定す
るのは，債権譲渡によって債権者ではなくなった譲渡人の住所地で供託
を行うことを認める趣旨である〔部会資料83-2・24頁〕）。

　供託をした債務者は遅滞なく譲渡人および譲受人に供託の通知
をしなければならない（改正466条の2第2項）。供託金の還付請
求権を有するのは譲受人に限られる（同条3項）。譲渡人は債権譲
渡によって債権者としての地位を喪失しているからである。

　(ⅳ)　**譲受人による供託の請求**　　改正法によれば，意思表示に
よる譲渡制限のある債権について，債務者は譲渡人への弁済によ
って債務を免れることができる（改正466条3項）。この場合，譲
渡人は，譲受人との合意に基づき，または不当利得などを原因と
して，譲受人に弁済受領物を引き渡す義務を負う。改正法は，以
上を前提として，譲渡人に破産手続が開始した場合における譲受
人の対抗手段について規定する。譲渡人に破産手続開始の決定が

282

第12節　債権の譲渡等

あった場合，金銭債権の譲受人は，金銭債権全額を譲り受けてい
たこと（法律関係の複雑化を避けるためである〔部会資料81-3・2頁〕），
および債権譲渡の第三者対抗要件を具備していたことを条件とし
て，債務者に弁済の供託を請求する権利を有する（改正466条の3
前段。同条後段は供託の通知および還付請求権について改正466条の2
第2項・第3項を準用する）。譲渡人に対する破産手続開始の決定
後に債務者が破産管財人に金銭債務を弁済した場合，譲受人の金
銭引渡請求権は財団債権として保護されるにすぎず，債権全額の
回収ができないおそれがある。このことが債権流動化による資金
調達において問題となりうるので，譲受人に供託請求権を付与す
ることで，破産手続外での債権全額の回収の途をひらくこととし
たのである（部会資料78B・10頁）。譲受人が債務者に対して供託
を請求すると，債務者は譲渡人の破産管財人に債務を弁済できな
くなる（潮見・前掲概要134頁）。

　もっとも債権流動化取引では第三者対抗要件が具備されない場
合（いわゆる「サイレント事例」）も多く，その場合，譲受人は供託
請求権を有しない。また破産手続開始前に債務者が譲渡人に債務
を弁済していた場合には，譲受人の引渡請求権は破産債権となる。
譲渡人の破産リスクが完全には排除されていないことに注意が必
要である。

　（v）**強制執行による差押え**　　改正法は，譲渡制限の意思表示
がされた債権に対する強制執行をした差押債権者について，改正
466条3項を適用しないと定める（改正466条の4第1項）。差押債
権者が譲渡制限の意思表示について悪意または重過失であっても，
強制執行としての差押えや転付命令の効力が否定されることはな
い（なお改正466条の4第1項は担保権の実行としての差押えを除外す
るので，悪意または重過失の担保権者〔質権者など〕には改正466条3

283

第2章　改正法の内容

項の抗弁を主張できることになる〔部会資料83-2・24頁〕。もっとも先取特権の実行としての差押えについては改正466条の4第1項を適用すべきとの指摘がある〔潮見・前掲概要137頁〕）。

これに対して，譲渡制限のある債権が悪意または重過失の譲受人に譲渡された後，譲受人の債権者が当該債権を差し押さえた場合には，債務者は差押債権者に改正466条3項の抗弁を主張できる（改正466条の4第2項）。譲受人その他の第三者に対する抗弁の主張が可能である以上，その債権者との関係でも抗弁の主張を認める必要があるからである。

(2)　預貯金債権

改正法は，譲渡制限の意思表示の効力について，預貯金債権に関する特則を設ける。改正466条の5第1項は「預金口座又は貯金口座に係る預金又は貯金に係る債権」（預貯金債権）について譲渡制限の意思表示がある場合には，悪意または重過失の譲受人その他の第三者に対して，当該意思表示を対抗できるとする（悪意または重過失の証明責任は意思表示の効力を主張する側が負担する）。預貯金債権に関する譲渡制限の意思表示は物権的効力を有するのであり，従前の判例・通説の立場が踏襲されることになる（このほか信託の受益権についても信託行為における譲渡制限の定めに物権的効力〔悪意または重過失の第三者への対抗〕が肯定される〔改正信託法93条2項〕。受益権が単なる債権ではなく，受託者に対する監督的権能を含む法的地位であることが，その理由と考えられる）。

預貯金債権について特則を設ける理由としては，預貯金債権に譲渡性がないことを前提として構築された金融機関のシステムを変更するのに大きなコストがかかること，預貯金債権の譲渡性を肯定すると入出金のある預貯金口座の円滑な払戻業務に支障が生

じるおそれがあること，預貯金債権はその性質上，債権流動化による資金化になじまないこと，などが指摘される（潮見・前掲概要 138-139 頁）。従前の判例法理は主として預貯金債権について展開されてきたのであり，判例法理を前提に形成された金融実務を安易に変更すべきでないという考慮が働いたものと考えられる。また流動性預金については，口座振込み・口座振替など債権譲渡以外の方法による決済利用が可能であるため，譲渡制限の意思表示に物権的効力を認めても，債権者（預金者）が債権の財産的価値の利用について過度の制約を受けるわけではないことも指摘できる。なお，改正法が債権の譲渡性の制限との関係で「預金口座」・「貯金口座」という概念を導入したことは，口座概念の私法上の意義を再検討する契機となりうる（口座概念は払込みによる弁済に関する改正 477 条にも登場する。**第 13 節 III 2**(1)(ii)参照）。

次に改正 466 条の 5 第 2 項は，譲渡制限の意思表示がされた預貯金債権に対する強制執行をした差押債権者については，第 1 項が適用されないと規定する。譲渡制限のある預貯金債権に対する強制執行は，差押債権者の主観的態様にかかわらず効力を有する。ここでも現行法における判例法理が明文化されたということができる（なお担保権の実行としての差押えについては，改正 466 条の 4 第 1 項と同様の問題が存在する）。

III 債権譲渡の対抗要件

改正のポイント

□現行法下での債権譲渡の対抗要件に関する問題を解決する方策が検

討されたが，新たな対抗要件制度の導入は見送られた。

1 現行制度の概要

467条1項は，債務者その他の第三者に債権譲渡を対抗するために，譲渡人による通知または債務者による承諾が必要であると定める。ここでいう通知とは，債権譲渡の事実を債務者に伝えることであり，必ず譲渡人が行わなければならない。これに対して承諾は，債権譲渡の事実を知ったことの表示を意味し，債務者は譲渡人・譲受人のいずれに対しても承諾を行うことができる。この通知または承諾がなければ，債務者は譲受人から請求を受けても債務の履行を拒絶できる。次に467条2項は，1項の通知または承諾が確定日付のある証書によってなされないかぎり，債務者以外の第三者に対抗できないと規定する。内容証明郵便（民法施行法5条1項6号）など確定日付のある証書による通知・承諾が第三者対抗要件とされるのである。

確定日付のある証書による通知について問題となるのが，証書に表示される日付と通知が債務者のもとに到達した時点にずれが生じることである。例えば内容証明郵便を用いる場合，譲渡人が郵便局に持参した日が確定日付となるため，それが債務者に送達されるまでに時間的間隔が生じる。そこで，債権が二重に譲渡された場合に優先劣後関係をどのように判断するかという問題が生じる。最判昭和49年3月7日民集28巻2号174頁は，確定日付の先後ではなく，通知の到達時を基準として，譲渡の優劣を決するという立場を採用した。その前提には，債権譲渡の公示が債務者を通じて行われるという理解が存在する。それゆえ債権譲渡の

通知が到達して債務者が債権譲渡の事実を認識したことが重要とされるのである。

この判例を前提として次に問題となるのが，通知が同時に到達した場合や到達の先後が不明である場合である。最判昭和55年1月11日民集34巻1号42頁は，債権譲渡通知の到達の先後が不明である場合について，各譲受人は債務者に対して債権全額の弁済を請求でき，債務者は支払を拒むことができないとした。債務者は請求を受けた譲受人に弁済をすれば債務を免れることになる（債務者は債権者不確知を理由として弁済供託〔494条後段〕をすることもできる）。もっとも，ある譲受人が債務者から弁済を受けたとしても，他の譲受人との関係で優先的な地位に立つわけではない。そこで譲受人相互の関係が問題となる。最判平成5年3月30日民集47巻4号3334頁は，債務者が弁済供託をしていたという事案において，供託金を債権額に応じて按分した額で各譲受人が供託金還付請求権を取得するものとした。これに対して債務者が譲受人の1人に債務を弁済した場合について判例は存在せず，学説上は，支払を受けた譲受人に対して他の譲受人が分配を請求できるかについて見解の対立が存在するところである（中田・前掲548-549頁参照）。

 改正の議論と改正法の内容

以上のように現行467条については，判例の準則を明らかにするとともに，残された解釈上の問題点を解決する必要があるといえる。またそもそも債権譲渡の公示が債務者を通じて行われるという前提に対しても，債務者には債権譲渡の有無の照会に回答する義務がないという問題が存在する。それゆえ，一方で債権を譲

第2章　改正法の内容

り受けようとする者への公示が不十分であるという批判が向けられるとともに，他方では債権譲渡に関与しない債務者に対抗要件の具備に関する負担をかけるべきでないという主張が生じることになる。

　そこで今般の民法改正審議では，金銭債権の譲渡の第三者対抗要件を債権譲渡登記に一元化すること（中間試案・第18-2⑴【甲案】）や，第三者対抗要件の基準時を譲渡書面に付された確定日時としたうえで，債務者への通知を要求すること（部会資料74B・20-21頁，78B・11-14頁）などが検討された（審議経過については，白石・前掲129-133頁，小粥太郎「債権譲渡」法時86巻12号〔2014年〕84-85頁注1）。しかし，改正の要否および内容について合意を形成することが困難であったため，結局，現行法の規定の内容が基本的に維持されることになった（部会資料81-3・5頁）。改正467条1項は——後述（Ⅴ2⑵）する将来債権譲渡に関するかっこ書の新設を除けば——現行467条1項の「指名債権」を「債権」と改めたにとどまる。現行法に関する判例準則や解釈上の問題点は，民法改正後も引き継がれることになったのである。

◤ Ⅳ　債務者の抗弁 ◢

改正のポイント

□異議をとどめない承諾による抗弁の切断を定める現行468条1項が削除された。
□債務者による抗弁対抗の基準時について規定が整備された。

第 12 節 債権の譲渡等

 現行制度の概要

　468 条 2 項は「譲渡人が譲渡の通知をしたにとどまるときは，債務者は，その通知を受けるまでに譲渡人に対して生じた事由をもって譲受人に対抗することができる」と規定する。例えば，債権譲渡の通知前に債務者が譲渡人に債務を弁済していた場合，債務者は譲受人に対して弁済による債務の消滅という事由を対抗できる。債務者のあずかり知らぬところで行われた債権譲渡によって債務者の法的地位が害されてはならないからである（梅・前掲 218 頁）。

　その一方で現行民法は，債務者が譲渡人に対抗できた事由を譲受人に対抗できなくなる場合を認める。468 条 1 項前段は「債務者が異議をとどめないで前条の承諾をしたときは，譲渡人に対抗することができた事由があっても，これをもって譲受人に対抗することができない」と規定する。債務者が譲渡人に債務を弁済していたとしても，債務者が債務の弁済について異議をとどめずに債権譲渡を承諾すれば，譲受人に対して弁済による債務の消滅を対抗できなくなるのである（468 条 1 項後段は，譲渡人による不当な利得を防ぐため，債務者が譲渡人に払い渡したものの返還を請求し，負担した債務の不成立を主張できるとする）。

　伝統的通説は，その制度趣旨を，譲受人の信頼保護（債権取引の安全の保護）に求める。債務者が抗弁について異議をとどめずに債権譲渡を承諾した以上，譲受人は抗弁が存在しないと信頼するはずであり，その信頼は法的保護に値するとするのである（鳩山秀夫『増訂改版日本債権法総論』〔岩波書店，1925 年〕360-361 頁，我妻・前掲債権総論 516 頁）。このような理解によれば，譲受人の主

第2章　改正法の内容

観的態様が重要になる。たとえ債務者が抗弁について異議をとどめずに承諾しても，抗弁の存在を知っていたり，知らなかったことに過失があったりした場合には，譲受人の信頼を保護する必要性は乏しいと考えられるからである。そこで通説は，善意・無過失の譲受人に限って468条1項前段を適用すべきとする（我妻・前掲債権総論538頁）。判例も，異議をとどめない承諾による抗弁の切断を「債権譲受人の利益を保護し一般債権取引の安全を保障するため法律が附与した法律上の効果」であるとし（最判昭和42年10月27日民集21巻8号2161頁），悪意または有過失の譲受人については抗弁の切断を否定する（最判平成27年6月1日民集69巻4号672頁）。

　もっとも前述のように，債務者の承諾は債権譲渡があったという事実を認めることであると理解されており，468条1項前段の適用には，債務者が抗弁の存在を認識したうえでそれを放棄することまでは必要とされない。それにもかかわらず，抗弁の喪失という重大な効果が発生することに対して，学説上は批判的な見解が有力であるということができる（池田真朗「指名債権譲渡における異議を留めない承諾」『債権譲渡の研究〔増補2版〕』〔弘文堂，2004年〕330頁〔初出1989年〕）。

② 改正の議論と改正法の内容

　このような学説上の批判を受けて，改正法は，現行468条1項を削除することとした。もっとも，債務者が抗弁の存在を認識したうえで，抗弁を放棄することは認められる。債務者の有する抗弁の切断が生じるか否かは，抗弁放棄の意思表示の有効性に依存することになる（部会資料74A・11頁）。

290

改正468条1項は「債務者は，対抗要件具備時までに譲渡人に対して生じた事由をもって譲受人に対抗することができる」と規定する。現行468条2項が「通知を受けるまで」としていたのを「対抗要件具備時まで」と改め，承諾をするまでに譲渡人に生じた事由についても譲受人に対抗できることを確認する。

そのうえで改正法は，譲渡制限の意思表示について譲受人が悪意または重過失である場合に関する規定を設ける。この場合，債務者は改正466条3項の抗弁を主張できる。債務者が抗弁を喪失するのは，譲受人その他の第三者が譲渡人への履行を催告したにもかかわらず，債務者が相当期間内に譲渡人に債務を履行しなかった場合（改正466条4項）と，譲渡人に対する破産手続開始決定後，譲受人が債務者に対して弁済の供託を請求した場合である（改正466条の3前段）。そこで改正468条2項は，前者の場合には相当期間が経過した時点，後者の場合には供託請求を受けた時点を基準時とし，債務者はその時点までに譲渡人に対して有していた抗弁を譲受人に主張できることとしたのである。

V 将来債権の譲渡

改正のポイント

□将来債権の譲渡について，有効性，譲受人による発生した債権の取得および対抗要件が明文化された。
□将来債権の譲渡と譲渡制限の意思表示の関係について規定が新設された。

第 2 章　改正法の内容

 現行制度の概要

(1) 譲渡の有効性

　将来債権の譲渡は，債権が未だ発生していない段階で，将来発生する債権について譲渡を行うことである。現行民法には将来債権譲渡に関する規定が存在しないものの，判例は戦前から将来債権譲渡の有効性を肯定してきた（大判昭和 9 年 12 月 28 日民集 13 巻 2261 頁）。戦後においても，最判平成 11 年 1 月 29 日民集 53 巻 1 号 151 頁が，譲渡の目的とされる債権に特定性があることと，将来債権譲渡契約が公序良俗に反しないことを条件として，将来債権譲渡の有効性を認める。また最判平成 19 年 2 月 15 日民集 61 巻 1 号 243 頁は，将来債権の譲渡担保について，譲渡担保権者（譲受人）が債権の発生時に，当然に債権を担保目的で取得するとしている。もっとも発生した債権が譲渡人から譲受人に移転するのか，そもそも債権が譲受人のもとで発生するのかについては，学説の対立が存在する。このことは債権未発生の段階で，何が譲渡の対象となるのか（そもそも譲渡の対象が存在するのか）という問題にもかかわる（白石大「将来債権譲渡の対抗要件の構造に関する試論」早法 89 巻 3 号〔2014 年〕135-150 頁参照）。

(2) 対抗要件

　次に将来債権譲渡の対抗要件について，最判平成 13 年 11 月 22 日民集 55 巻 6 号 1056 頁は，467 条 2 項に基づく確定日付のある証書による通知に対抗要件としての効力を肯定している。また動産及び債権の譲渡の対抗要件に関する民法の特例等に関する法

第 12 節　債権の譲渡等

律（動産債権譲渡特例法）では，債務者が特定しない将来債権の譲渡についても登記が認められており（動産債権譲渡特例法 8 条 2 項 4 号，動産・債権譲渡登記規則 9 条 1 項 3 号参照），債務者が特定した後，債務者に登記事項証明書を交付して通知することによって債務者対抗要件を備えることができる（動産債権譲渡特例法 4 条 2 項）。

　改正の議論と改正法の内容

(1)　譲渡の有効性

改正法は，まず将来債権譲渡の有効性を一般的に承認する。改正 466 条の 6 第 1 項が「債権の譲渡は，その意思表示の時に債権が現に発生していることを要しない」と規定するのである。もっとも規定の新設によって現行法下での判例の意義が失われるわけではなく，債権の特定性の欠如や契約の公序良俗違反を理由として将来債権譲渡の効力が否定されることはありうる。

次に改正 466 条の 6 第 2 項は，将来債権の譲渡について，債権発生時に譲受人が債権を当然に取得すると規定する。判例を明文化するものである。もっとも譲受人が譲渡人から債権を承継取得するのか，それとも譲受人のもとで債権が発生するのかは明らかでない。将来債権譲渡の法律構成は民法改正後も解釈に委ねられるのである（部会資料 74A・8 頁）。

(2)　対抗要件と譲渡制限の意思表示

将来債権譲渡の対抗要件については，改正 467 条 1 項かっこ書において「債権の譲渡」に「現に発生していない債権の譲渡を含む」とされていることから，将来債権の譲渡についても民法上の

293

対抗要件を具備できることになる。

このことを前提として改正法は、将来債権の譲渡と譲渡制限の意思表示の関係について規定を設ける。改正466条の6第3項は、将来債権譲渡の対抗要件具備時までに譲渡制限の意思表示があれば（債権者と債務者が合意すれば）、譲受人その他の第三者の悪意が擬制され、債務者は譲受人等に譲渡制限の意思表示を対抗できると規定する（ここでの対抗要件は債務者対抗要件を意味する〔部会資料74A・9頁、潮見・前掲概要140頁〕）。その反面として、対抗要件が具備されてしまえば、譲渡禁止の意思表示を譲受人に対抗できないことになる。改正法はこのような形で将来債権の譲受人と債務者の利益を調整するのである。

VI 債務の引受け・契約上の地位の移転

改正のポイント

□債務の引受け（併存的債務引受・免責的債務引受）および契約上の地位の移転に関する規定が新設された。

改正法は、債務の引受けおよび契約上の地位の移転について規定を新設した。これらの制度は、現行民法に明文の規定を有しないものの、判例・学説において古くから認められてきたものである。以下では改正法の内容に限定して説明する。

第 12 節　債権の譲渡等

 債務の引受け

(1) 併存的債務引受

(i) **意　義**　債務の引受けについて，改正法は，併存的債務引受と免責的債務引受を区別する。併存的債務引受とは，引受人が，債務者が債権者に対して負担する債務と同一の内容の債務を，債務者と連帯して負担することである（改正 470 条 1 項）。引受人と債務者の法律関係には連帯債務に関する規定（改正 436 条以下）が適用される（連帯債務について重要な改正があることに注意を要する。**第 10 節**参照）。ただし当事者の合意の内容次第では保証債務に関する規律が適用される可能性がある（部会資料 67A・35 頁）。

(ii) **成　立**　併存的債務引受は，第 1 に，債権者と引受人となる者との契約によって成立する（改正 470 条 2 項）。債務者の承諾は必要とされず，債務者の意思に反して併存的債務引受を行うことも可能である（保証との類似性に基づく〔部会資料 67A・33 頁〕）。第 2 に，併存的債務引受は，債務者と引受人となる者との契約によってもすることができる（改正 470 条 3 項前段）。しかしこの場合の併存的債務引受の効果は，債権者が引受人となる者に対して承諾の意思表示をした時に発生する（同項後段）。併存的債務引受は，債権の引当財産が拡大するという意味で債権者の利益になるが，利益も本人の意思に反して押し付けられるべきではないと考えられるため，債権者の意思表示を効力発生要件としたのである。この併存的債務引受は第三者のためにする契約（改正 537 条以下）としての性格を有する。それゆえ，当事者の法律関係は第三者のためにする契約の規定に従うことになる（改正 470 条 4 項）。

第2章　改正法の内容

(iii)　**引受人の抗弁など**　　併存的債務引受の引受人は，債務者が併存的債務引受の効力発生時に有する抗弁をもって，債権者に対抗することができる（改正471条1項）。引受人は債務者と同一の内容の債務を負担するからである。基準時は併存的債務引受の効力発生時であるので，債権者と引受人となる者の契約による場合には契約時，債務者と引受人となる者の契約による場合には債権者の承諾時となる。また，債務者が契約当事者としての地位に基づいて取消権または解除権を有する場合，引受人は——契約当事者でないのでこれらの権利を行使できないものの——債務者が債務を免れるべき限度において，債務の履行を拒むことができる（同条2項）。さらに，引受人は連帯債務者としての地位に立つので（改正470条1項），債務者が相殺権を有する場合，債務者の負担部分の限度において債務の履行拒絶権を有する（改正439条2項）。なお，併存的債務引受が債務者と引受人となる者の契約による場合，併存的債務引受は第三者のためにする契約としての性格を有するので，引受人は，契約に基づく債務者に対する抗弁をもって，債権者に対抗することができる（改正470条4項，539条）。

(2)　**免責的債務引受**

(i)　**意　義**　　免責的債務引受とは，引受人が，債務者が債権者に対して負担する債務と同一の内容の債務を負担し，債務者が自己の債務を免れることである（改正472条1項）。その法的性質について，伝統的通説は，ある債務が，その同一性を維持したまま，債務者から引受人に移転することであると説明してきた（鳩山・前掲377頁，我妻・前掲債権総論570頁）。しかし改正法は，免責的債務引受を，引受人による新たな債務の負担と，債権者による債務者の債務の免除を組み合わせたものと構成する（潮見佳男

「民法改正要綱仮案原案の解説」金融法務事情1999号〔2014年〕48頁。このような免責的債務引受の理解に対する批判として，野澤正充「債務引受・契約上の地位の移転(1)——民法（債権関係）の改正案の検討」立教92号〔2015年〕276-275（15-16）頁）。

(ii) **成　立**　　免責的債務引受は，第1に，債権者と引受人となる者との契約によって成立する（改正472条2項前段）。債務者の承諾は必要とされず，債務者の意思に反して免責的債務引受を行うことも可能である（免除〔519条〕との整合性が指摘される〔部会資料67A・37頁〕）。もっとも免責的債務引受の効果が発生するには，債権者が債務者に対して引受人と契約をした旨を通知したことが必要とされる（改正472条2項後段。債権者の通知は債務免除の意思表示ではないと説明される〔部会資料67A・37頁，潮見・前掲解説52頁〕。この説明によれば，通常の免除〔519条〕の場合と異なり，債務免除の意思表示は，債権者から引受人に対してなされることになる）。

　第2に，免責的債務引受は，債務者と引受人となる者との契約に加えて，債権者が引受人となる者に承諾をすることによってもすることができる（改正472条3項）。債権者には債務者の変更によって不利益が生じる可能性があるからである。この場合の債権者の承諾は免責的債務引受の成立要件と説明される（部会資料67A・37頁。債務者が債務を免れるのは，債権者の承諾時であり，債務者と引受人となる者の契約の時点ではない）。

(iii) **引受人の抗弁・求償権など**　　免責的債務引受の引受人は，債務者が免責的債務引受の効力発生時に有する抗弁をもって，債権者に対抗することができる（改正472条の2第1項）。また，債務者が契約当事者としての地位に基づいて取消権または解除権を有する場合，引受人は，債務者が債務を免れるべき限度において，債務の履行を拒むことができる（同条2項）。なお免責的債務引受

の効力発生時点で債務者が相殺権を有していたとしても，免責的債務引受によって債務者は債務を免れるので，引受人は相殺権の存在を理由として債務の履行を拒絶することはできないとされる（部会資料 67A・40 頁）。

次に，免責的債務引受の引受人は，債務者に対して求償権を取得しない（改正 472 条の 3）。免責的債務引受によって，債務者は債務を免れるのであり，求償関係を基礎付ける根拠が存在しないからである。もっとも債務者・引受人間の合意に基づいて，引受人が債務者に対して一定の給付を請求することは可能である。

(iv) **担保の移転**　免責的債務引受の債権者は，債務者の債務の担保として設定された担保権を，引受人の債務に移転することができる（改正 472 条の 4 第 1 項本文）。担保権は，その内容や順位を維持したまま移転することになる（債務者の交替による更改〔改正 518 条〕との均衡が指摘される〔部会資料 67A・41 頁〕。ただし対象となる担保権は質権・抵当権に限定されない。**第 14 節 III 2** 参照）。もっとも債務者の変更によって担保権設定者が不利益を被る可能性があるので，担保権設定者が引受人以外の者である場合には，その承諾が必要とされる（改正 472 条の 4 第 1 項ただし書。それゆえ免責的債務引受が債権者と引受人となる者との契約によってなされる場合，債務者が設定した担保権の移転には債務者の承諾が必要になる）。

債権者は，免責的債務引受に先立ってまたはそれと同時に，引受人に対して，担保権を移転する旨の意思表示を行わなければならない（改正 472 条の 4 第 2 項）。担保権の移転の有無が確定しない状態が生じることを防ぐためである（部会資料 67A・41 頁）。

債務者の債務に関する保証債務についても，担保権の移転に関する規定が準用される（改正 472 条の 4 第 3 項）。そして保証人の承諾は書面によることが必要とされる（同条 4 項）。保証契約に書

面が要求されること（446条2項）と平仄を合わせるためである（電磁的記録によることもできる〔改正472条の4第5項〕）。

2 契約上の地位の移転

契約当事者の地位には，取消権や解除権など債権・債務に尽くされない内容が含まれる。それらを包括的に第三者に移転するのが，契約上の地位の移転である。改正法は，契約上の地位の移転について，契約の当事者の一方が第三者との間で契約上の地位を譲渡する合意をすること，および譲渡される契約の相手方が譲渡を承諾することを要件として，契約上の地位が第三者に移転するとする（改正539条の2）。契約上の地位の移転が二重に行われた場合の対抗問題などについて明文の規定は設けられておらず，民法改正後も解釈に委ねられることになる。なお不動産賃貸借契約の賃貸人の地位の移転については，賃貸不動産の譲渡との関係で特則が存在することに注意が必要である（改正605条の2・改正605条の3。**第18節**参照）。

〔加毛　明〕

第13節
弁　済　等

I　総　説
── 「債権の消滅」 ──

現行民法は，第3編第1章第5節「債権の消滅」に「弁済」・「相殺」・「更改」・「免除」・「混同」という5つの款を設ける。これらは債権が消滅する法的根拠（債権の消滅原因）である（「弁済」の款には弁済のほか代物弁済と弁済供託という消滅原因が規定される）。現行民法は，発生原因から切り離された抽象的な債権概念（**第5節 I 参照**）を前提として，債権の消滅という共通点に着目して法制度を配置するのである（もっとも，債権の消滅原因にはほかにも消滅時効などが存在することに注意を要する）。

しかしその結果として，現実に果たす機能が異なる法制度がまとめて規定されることになる。例えば，弁済が債務の任意の履行であるのに対して，相殺は実社会において担保としての機能を営む。また更改は，当事者の交替を伴う場合，債権譲渡や免責的債務引受と類似する。それゆえ近時の学説では「債権の消滅」という問題の立て方自体に疑問が提起されている（そのほか学説の状況について中田裕康『債権総論〔第3版〕』〔岩波書店，2013年〕296-298頁参照）。しかし民法改正法は法典の編成の変更には立ち入らず，

第13節　弁　済　等

「債権の消滅」という現行法の枠組みを維持したのである。

　本節では，債権の消滅に関する民法の規定のうち，改正の対象となったものについて，弁済（Ⅱ～Ⅵ），代物弁済（Ⅶ），弁済供託（Ⅷ）の順に，現行制度の概要と改正法の内容について説明する。相殺と更改は**第14節**で取り上げる。

Ⅱ　弁済の要件
——弁済の当事者——

改正のポイント

□債務の弁済に正当な利益を有しない第三者による弁済について，債権者を保護するための規定が新設された。
□弁済者の行為能力の制限に関する現行476条が削除された。
□弁済の受領権者の意義が明らかにされた。
□現行478条の「債権の準占有者」が「取引上の社会通念に照らして受領権者としての外観を有するもの」に改められた。
□受取証書の持参人に対する弁済に関する現行480条が削除された。

1　現行制度の概要

　債務の弁済については，まず，誰が誰に対して（Ⅱ），何をどのように（Ⅲ）弁済するかが問題となる。現行民法は，これらの弁済の要件について定めたうえで，弁済の効果として債権の消滅（Ⅳ）と弁済者の権利（Ⅴ）について規定する。また現行民法は，

301

第2章　改正法の内容

弁済と区別される弁済の提供という制度を設け，その方法と効果を定める（Ⅵ）。

(1)　弁済者

(i)　**原　則**　　債務を弁済するのは原則として債務者である。債務者は，債務を弁済する義務を負うのみならず，弁済をする権限を有する。債務者の弁済権限を付与された第三者も弁済によって債務を消滅させることができる。現行民法は，以上を当然の前提として明文の規定を設けない。民法が規定するのは，債務者の弁済権限を付与されていない第三者による弁済の効力（(ii)）と，弁済者の行為能力が制限されていた場合の弁済の効力（(iii)）である。

(ii)　**第三者による弁済**　　474条1項本文は，債務者の弁済権限を付与されていない第三者もまた，債務者の債務を弁済できることを定める。債務者以外の者が弁済をしても債権の目的が達せられる場合には，第三者による弁済を認めてよいと考えられるからである（梅謙次郎『民法要義巻之三〔訂正増補第33版〕』〔有斐閣，1912年〕233頁）。このことを前提として，現行民法は，第三者による弁済が制限される場合について規定する。第1に，債務の性質が第三者による弁済を許さないときである（474条1項ただし書）。債務者自身によって債務が履行されなければ，債務の本旨に従った弁済といえないからである。第2に，当事者が反対の意思を表示したときである（同項ただし書）。債権の内容は当事者が定めることができるという原則に基づくものと説明される（平井宜雄『債権総論〔第2版〕』〔弘文堂，1994年〕186頁）。

　第3の例外が，第三者が利害関係を有しない場合であって，当該第三者による弁済が債務者の意思に反する場合である（474条2

項）。その反面として，第三者が利害関係を有する場合には，債務者の意思に反しても弁済をすることができる。民法起草者は，連帯債務者・保証人・物上保証人（自己の財産を債務者の債務の担保に提供した者）・担保目的財産を取得した者などが利害関係を有すると説明していた（梅・前掲236頁）。しかし，その後の学説では，連帯債務者や保証人による弁済は，債務者の債務ではなく，自己の債務の弁済であると考えられるようになった（我妻栄『新訂債権総論（民法講義Ⅳ）』〔岩波書店，1964年〕245頁）。判例は，第三者の利害関係を法律上の利害関係に限定する立場を採用し，物上保証人・担保目的財産の取得者による被担保債権の弁済のほか，不動産の後順位抵当権者による先順位抵当権の被担保債権の弁済（大決昭和7年8月10日新聞3456号9頁）や，借地上の建物の賃借人による敷地の地代債権の弁済（最判昭和63年7月1日判時1287号63頁）を認める。

　他方で，利害関係を有しない第三者は，債務者の意思に反して債務者の債務を弁済することができない。民法起草段階では，㋐債務者が利害関係のない第三者から債務の弁済という利益を受けることを潔しとしないという意識（「武士気質」）を尊重すべきこと，㋑弁済をした者が債務者に対して過酷な求償を行うおそれがあることが，その理由と説明されていた（梅・前掲235-236頁）。しかし，民法制定後の学説では批判が有力化する。まず，㋐本人（債務者）の意思に反して利益（債務の消滅）の享受を強いるべきでないという理解は，民法において一貫していない。例えば利害関係を有しない第三者は，債務者の意思に反して債権者と保証契約を締結し，保証債務を弁済することで債務者に求償を行うことができる（462条2項）（我妻・前掲246頁）。次に，㋑第三者の求償によって債務者が法律上不利な地位に置かれることはなく，第三

第 2 章　改正法の内容

者の取立てが過酷であるという事実上の不利益に対しては，刑事・行政法規による対応も可能である（中田・前掲325頁）。さらに，債権者にとっての不都合も指摘される。債権者が，債務者の意思に反する弁済であることを知らずに弁済を受け，債権証書（487条）などを引き渡した場合には，事後的に弁済が無効であることが判明すると，債権者は弁済者に不当利得返還義務を負担するとともに，弁済者に対して債権証書等の返還を請求しなければならなくなる（我妻・前掲246頁）。以上の考慮に基づいて，学説上は，474条2項の要件——利害関係を有しないことと債務者の意思に反すること——を制限的に解すべきとする見解が有力になったのである。

　(ⅲ)　**弁済者の行為能力の制限**　　476条は，弁済者の行為能力が制限されていた場合，弁済の取消しを認めつつ，「所有者は，更に有効な弁済をしなければ，その物を取り戻すことができない」と規定する。制限行為能力者である弁済者は弁済した物の返還請求権を有するが，弁済を受領した債権者の利益を保護するために，改めて有効な弁済があるまで当該物を留置することを認めたのである（梅・前掲243-244頁）。もっとも同条は債権の発生原因である契約（法律行為）ではなく，弁済自体を取消しの対象とするものであり，弁済が法律行為でないという理解を前提とすれば，同条の適用対象は代物弁済（482条）に限定されることが指摘されている（内田貴『民法Ⅲ債権総論・担保物権〔第3版〕』〔東京大学出版会，2005年〕35-36頁）。

(2)　弁済受領者

　(ⅰ)　**原　則**　　債務の弁済について受領が必要な場合には，弁済を受領する権限（弁済受領権限）を誰が有するかが問題となる。

第 13 節 弁 済 等

債権者は弁済受領権限を有し，債権者の弁済受領権限を付与された第三者も弁済を受領することができる。以上は当然の事柄であるので，現行民法には明文の規定が存在しない（梅・前掲 246 頁）。民法が明文の規定を設けるのは，債権者の弁済受領権限の付与を受けていない第三者に対する弁済が有効となる場合（(ii)）と，債権者に対する弁済の効果が制限される場合（(iii)）である。

(ii) **第三者に対する弁済**　まず，弁済受領権限を有しない者に対する弁済によって，債権者が利益を受けた場合（弁済を受けた者が債権者に受領物の一部を引き渡した場合など）には，その限度で弁済は効力を有する（479 条）。弁済が無効とされると，債権者は受けた利益を返還し，債務者に改めて債務の弁済を求めることになるが，そのような処理は煩雑であるので，例外的に弁済が有効とされるのである（梅・前掲 248 頁）。

次に「債権の準占有者」に対する弁済は，弁済者が善意かつ無過失である場合に有効とされる（478 条）。現行民法において「準占有」は「自己のためにする意思をもって財産権の行使をする」ことを意味する（205 条）。債権者でないにもかかわらず，あたかも債権者であるかのように装った者に対して，その者が債権者であることを信じて弁済が行われた場合，弁済者の信頼を保護する必要がある。そこで弁済者の善意・無過失を要件として，弁済を有効としたのである（梅・前掲 247 頁）。このように民法起草段階では，債権者の相続人であると主張する者や，債権が二重譲渡された場合の劣後譲受人などが，債権の準占有者に該当すると考えられていた。ところが民法制定後の判例・学説は，478 条の適用対象を拡張することになる。特に問題とされたのが，債権者の代理人であると装った者（詐称代理人）への弁済である。詐称代理人には「自己のためにする意思」（自らが債権者として権利を行使す

305

第2章　改正法の内容

る意思）は存在しない。そこで表見代理の問題として，本人（債権者）の帰責事由（基本代理権の付与〔110条〕など）がある場合に限って弁済の有効性を肯定すべきようにも思われる。しかし判例・学説は，詐称代理人への弁済にも478条の適用を肯定する（最判昭和37年8月21日民集16巻9号1809頁，我妻・前掲278-279頁）。その根拠として，弁済者にとっての弁済の義務性や社会的行為としての弁済の大量性・定型性などを重視すれば，債権者の帰責性を問題とせずに弁済の効力を認めることに合理性があることが指摘される（佐久間毅「民法478条による取引保護」法学論叢154巻4＝5＝6号〔2004年〕384-387頁）。こうして，478条の「債権の準占有者」とは「取引観念の上からみて真実の債権者であると信じさせるような外観を有するもの」を意味するものと理解されることになったのである（我妻・前掲278頁）。

　さらに現行民法は受取証書の持参人への弁済について，より強力な信頼保護を認める。受取証書とは弁済の受領を証明する文書（領収書など）のことである。受取証書の持参人は弁済受領権限を有するものと擬制され（480条本文），弁済受領権限の不存在について弁済者に悪意または過失がある場合に限って例外的に弁済の効力が否定される（同条ただし書）。このような強い効果が認められるため，受取証書の真正性が要件とされる（大判明治41年1月23日新聞479号8頁）。受取証書が偽造された場合には，480条ではなく，478条が適用されるのである。

　(iii)　**債権者に対する弁済の制限**　　次に債権者に対する弁済の効力が制限される場合として，481条1項は「支払の差止めを受けた第三債務者が自己の債権者に弁済をしたときは，差押債権者は，その受けた損害の限度において更に弁済をすべき旨を第三債務者に請求することができる」と規定する。「支払の差止め」と

は，債権に対する差押え（民事執行法145条以下。仮差押え〔民事保全法20条以下〕を含む）を意味する。差押命令によって，債権者は債権の処分を禁止され，債務者は債権者への弁済を禁止される（民事執行法145条1項）。通説は，債務者が債権者に弁済をした場合に，当該弁済を有効としつつ，差押債権者との関係では弁済の効果を主張できないものと説明する（我妻・前掲271頁）。差押債権者に重ねて債務を弁済した債務者は債権者に求償することになる（481条2項）。

2 改正の議論と改正法の内容

(1) 弁済者

(i) **原則**　まず改正473条は「債務者が債権者に対して債務の弁済をしたときは，その債権は，消滅する」（傍点筆者。以下同様）と規定する。債務者が弁済権限を有することを明文化するのである。

(ii) **第三者による弁済**　次に改正474条は，債務者の弁済権限を付与されない第三者も債務を弁済できること（1項），および債務の性質が第三者の弁済を許さない場合や当事者が第三者の弁済を禁止・制限する意思表示をした場合には第三者による弁済が認められないことを規定する（4項）。現行474条1項は改正法においても維持されるのである。

これに対して現行474条2項は，主として債権者保護の観点から，改正の対象とされた。まず改正474条2項本文は「弁済をするについて正当な利益を有する者でない第三者は，債務者の意思に反して弁済をすることができない」と規定する。現行規定の

第2章　改正法の内容

「利害関係を有しない第三者」という文言を「正当な利益を有する者でない第三者」に改める。法定代位制度（Ⅴ1⑵(ii)）と要件の統一をはかるためである。もっとも現行規定の解釈において「利害関係を有しない第三者」から除外されていた連帯債務者や保証人は，弁済について「正当な利益を有する」ものの「第三者」に該当しない（自己の債務を弁済する）ので，改正474条2項本文の適用対象にはならないと説明される（部会資料70A・23頁）。

次に改正474条2項ただし書は，第三者による弁済が債務者の意思に反することを，債権者が知らなかったときは，当該弁済が有効になるとする。現行法のもとでは，債務者の意思に反することを知らずに第三者から弁済を受けた場合，債権者は不当利得返還義務を負担するものとされているが，そのような不都合を回避するために，債権者が善意である場合には，第三者による弁済を有効として扱うこととされたのである（部会資料80-3・23頁）。

さらに改正474条3項本文は「前項に規定する第三者は，債権者の意思に反して弁済をすることができない」と規定する。第三者による弁済が債務者の意思に反しない場合であっても，債権者は弁済の受領を拒絶できることになる（一方的に銀行振込みがなされた場合のように債権者に受領を拒絶する機会がなかった場合にも弁済は無効であると説明される。部会資料84-3・8頁）。債務者の意思に反するか否かが不明確である場合について，債権者に保護を与える趣旨である。また「第三者が債務者の委託を受けて弁済をする」場合であっても，弁済が有効とされるのは，債権者がそのことを知っていた場合に限られる（同項ただし書）。ここでも弁済委託に対する債権者の悪意を要求することで，債権者の保護が図られるのである（部会資料70A・24頁）。

(iii)　**弁済者の行為能力の制限**　最後に改正法は，弁済者の行

為能力が制限されていた場合に関する現行 476 条を削除する（その結果，現 477 条が繰り上がって改正 476 条となる）。現行 476 条については，適用対象が代物弁済に限定されるとの指摘が存在していた。そして後述（Ⅶ2）のように改正法のもとで代物弁済が諾成契約とされると，代物の給付は代物弁済契約の履行であって取消しの対象とはならず，代物弁済契約の取消しは弁済の取消しではないので，現行 476 条の適用場面がなくなると説明される（部会資料 70A・25 頁）。また，規定の内容についても，行為能力の制限を理由として債権の発生原因である契約を取り消した場合には弁済として引き渡した物と対価の返還が同時履行の関係に立つのに対して，代物弁済を取り消した場合には弁済として引き渡した物の返還を求めるために新たに有効な弁済をしなければならず，不均衡が生じることが問題視されたのである（中間試案の補足説明278 頁）。

(2)　弁済受領者

（ⅰ）**原　則**　弁済を受領する者について，改正 478 条は「受領権者」を「債権者及び法令の規定又は当事者の意思表示によって弁済を受領する権限を付与された第三者」と定義する。債権者が弁済受領権限を有するという前提が明文化されたのである（これに伴い現 479 条の文言が修正される）。

（ⅱ）**第三者に対する弁済**　そのうえで改正 478 条は「受領権者（……）以外の者であって取引上の社会通念に照らして受領権者としての外観を有するものに対してした弁済は，その弁済をした者が善意であり，かつ，過失がなかったときに限り，その効力を有する」と規定する。現行法下での判例・学説を前提として，改正 478 条は，受領権者としての外観に対する弁済者の信頼を保

第2章　改正法の内容

護する規定である——弁済受領者が「自己のためにする意思」を有していたか否かを問わない——ことが明確にされるのである。

次に改正法は現行 480 条を削除する。弁済受領権限の証明方法として受取証書のみを特別扱いする必要性が高くないことに加えて，真正の受取証書の持参人に対する弁済の場合，弁済者の善意・無過失を事実上推定してよいと考えられることなどが，その理由とされる。改正法のもとで，受領権者でない受取証書の持参人に対する弁済の効力の有無は——受取証書の真正・偽造を問わず——改正 478 条の適用によって判断されることになる（中間試案の補足説明 281-282 頁）。

(iii) **債権者に対する弁済の制限**　最後に，債権者に対する弁済の効力を制限する現行 481 条については，「支払の差止め」という文言が「差押え」（仮差押えを含むものと解される）に改められる。

Ⅲ　弁済の要件
——弁済の内容・方法——

改正のポイント

□特定物の引渡債務について，引き渡すべき目的物の状態を判断する基準が明示された。

□預貯金口座への払込みによる金銭債務の弁済に関する規定が新設された。

□弁済の時間に関する規定が新設された。

第13節 弁 済 等

 現行制度の概要

(1) 弁済の内容

(i) **特定物の引渡し**　債務の履行として何を弁済すべきかは，債務の発生原因である契約や法律の規定の解釈に基づいて決定される。このことを前提として，483 条は，特定物の引渡しを目的とする債務について，弁済者は目的物を引き渡すべき時点（履行期）の現状で引き渡す義務を負うものとする。債務発生後に目的物の状態が悪化した場合でも，履行期の状態での目的物の引渡しがあれば，弁済は有効になる（もっとも目的物の保存に関する注意義務〔400 条〕の違反がある場合には，損害賠償義務が発生する）。他方，履行期から現実の履行の時点までに目的物の状態が悪化した場合には，履行期の現状での引渡しがない限り，有効な弁済とはならない（債権者は受領を拒絶することができ，債務者は債務不履行責任を負う）。このように引き渡すべき目的物（特定物）の状態は，履行期を基準として判断されるのである（梅・前掲 256 頁）。もっとも 483 条は任意規定であり，当事者がこれと異なる合意をすることは妨げられない。その意味で，同条は当事者の意思が明らかでない場合の解釈規定と位置付けられるのである（平井・前掲 177 頁）。

(ii) **金銭債務と預貯金口座への払込み**　金銭の支払を目的とする債務（金銭債務）について，債務者は，各種の通貨（紙幣・貨幣）で弁済をすることができる（402 条 1 項本文）。しかし現在では，債務者が債権者の預貯金口座に振込みを行い，あるいは債務者から権限を付与された債権者が口座振替を行うという形で，金銭債務が弁済されることが一般化している。このような口座振込み・

第 2 章　改正法の内容

口座振替の法的性質については，代物弁済（債権の目的である金銭の代わりに預金債権を債権者に取得させること）であるとの理解がある。しかし近時は，金銭債務の目的が，金銭という有体物の所有権ではなく，一定の金銭的価値を債権者に移転することであるという理解を前提として（森田宏樹「電子マネーの法的構成(1)」NBL616 号〔1997 年〕10 頁），金銭債務を弁済できる通貨とは，一定の価値（支払単位）がある者に排他的に帰属する法的仕組みとその価値を他の者の排他的帰属へと移転する方法を備えたものであるとし，流動性預金（普通預金・当座預金など）も通貨に該当し得るとする見解が有力である（同「電子マネーの法的構成(2)」NBL617 号〔1997 年〕28-29 頁）。この見解によれば，口座振込み・口座振替もまた金銭債務の弁済に該当し，債権者が預金債権を取得した時点で金銭債務は消滅するものと考えられることになる（銀行振出しの自己宛小切手に関する最判昭和 37 年 9 月 21 日民集 16 巻 9 号 2041 頁は，以上の理解に親和的とされる）。

(2)　弁済の場所・時間

　債務をどこで弁済すべきかについて，484 条は，当事者に別段の意思表示が存在しない場合には，原則として債権者の現在の住所が履行地となり，特定物の引渡しを目的とする債権については，債権発生の時に目的物が存在した場所が履行地になると定める。

　債務を弁済すべき時間について，現行民法には規定が存在しない。これに対して現行商法 520 条は，法令または慣習により商人の取引時間の定めがあるときは，その取引時間内に限り，債務の履行をし，またはその履行の請求をすることができるものとする（取引時間外になされた弁済を債権者が任意に受領した場合の効果について，最判昭和 35 年 5 月 6 日民集 14 巻 7 号 1136 頁）。

312

改正の議論と改正法の内容

(1) 弁済の内容

(i) **特定物の引渡し**　特定物の引渡しを目的とする債務について，改正483条は，「契約その他の債権の発生原因及び取引上の社会通念に照らしてその引渡しをすべき時の品質を定めることができない」場合に，弁済者は引渡しをすべき時の現状で目的物を引き渡す義務を負うことを定める。改正審議の過程では，引き渡すべき目的物の状態は当事者の意思の解釈に基づいて判断すべきであり，また現行483条の存在によって履行期の状態で目的物を引き渡せば債務者が（保存義務違反を含む）一切の債務不履行責任を負わないと解される余地があることなどを理由として，現行483条の削除が提案されていた（中間試案の補足説明284頁）。しかし，不当利得や事務管理を原因とする特定物の返還請求権（法定債権）については当事者の意思解釈によることができないので，現行483条の存置には理由があるとされ（部会資料83-2・29頁），引き渡すべき目的物の状態を判断する基準を明示する形で文言を修正することとされたのである（部会資料84-3・8頁。もっとも，法定債権についてすら，改正483条の適用場面はごくわずかであることが指摘される。潮見佳男『民法（債権関係）改正法案の概要』〔金融財政事情研究会，2015年〕162頁）。

(ii) **金銭債務と預貯金口座への払込み**　改正法は金銭債務の口座払込みによる弁済に関する規定を新設する。改正477条は「債権者の預金又は貯金の口座に対する払込みによってする弁済は，債権者がその預金又は貯金に係る債権の債務者に対してその払込

みに係る金額の払戻しを請求する権利を取得した時に，その効力を生ずる」と規定する。預貯金口座への払込みによって金銭債務を弁済できることを前提として，債権者が預貯金債権を取得した時点で弁済の効力が生じることが明らかにされる（同条の「払込み」には，債務者による口座振込みのほか，債務者から権限を付与された債権者による口座振替も含まれるものと解される）。改正審議の過程では，口座への払込みによる弁済は当事者の合意がある場合に限られるべきとする意見があり，「どのような場合に預貯金口座への払込みによって弁済をすることができるかという点については，引き続き解釈に委ねることとした」と説明される（部会資料83-2・29頁）。もっとも改正法は預貯金口座への払込みを弁済と位置付けるので，代物弁済としての当事者の合意が要求されるわけではないと解される（規定の位置もこのことを示す）。預貯金口座への払込みによる金銭債務の弁済が許容されることを前提として，払込みを禁じたり（現金決済に限定したり），特定の口座への払込みに限定したりすることが，当事者の合意として許容されるものと考えられる。

(2) 弁済の場所・時間

弁済の場所について，改正法は現行484条の規律を維持する（改正484条1項）。そのうえで改正484条2項は「法令又は慣習により取引時間の定めがあるときは，その取引時間内に限り，弁済をし，又は弁済の請求をすることができる」と規定する。現行商法520条の内容は商取引に特有のものではないという理解に基づいて，これを取引一般に拡張するものである（中間試案の補足説明284頁。これに伴い現行商法520条は削除される）。

第13節 弁 済 等

Ⅳ　弁済の効果
──弁済による債権の消滅──

改正のポイント

□弁済による債権の消滅という基本的効果が明文化された。

□弁済の充当について，合意充当の優先が明文化された。費用相互
　間・利息相互間・元本相互間の弁済の充当について，指定充当を認
　める規定が新設された。

1　現行制度の概要

(1)　債権の消滅

　弁済の効果は債権（債務）が将来に向かって消滅することである。債権が消滅する結果として，保証債務や担保権も消滅することになる。現行民法は，弁済による債権の消滅を当然のこととして，明文の規定を設けない。

(2)　弁済の充当

　弁済は債務の全部についてなされる必要があり，一部のみの弁済がなされた場合，債権者（弁済受領者）は弁済の受領を拒絶することができる。しかし一部弁済も受領されれば，弁済としての効果を有し，債務の一部が消滅することになる。問題は，債務者が同一の債権者に対して同種の給付を目的とする数個の債務を負

315

担しており，弁済として提供された給付が全ての債務を消滅させ
るのに足りない場合に，弁済をどの債務に充当するのかである。

　まず当事者間に合意がある場合には，それに従って消滅する債
務が決定される（合意充当）。現行民法には明文の規定がないもの
の，民法起草時から，当事者の合意が優先するものと考えられて
きた（梅・前掲267頁）。

　次に当事者の合意が存在しない場合について，現行民法は，元
本・利息・費用の間での充当関係と，元本相互間・利息相互間・
費用相互間の充当関係を区別して規定する。3つの場合分けが必
要になる。㋐債務者が1個の債務について，元本のほか利息・費
用を支払うべき場合，㋑債務者が同一の債権者に数個の債務を負
担し，そのうちの1個または数個の債務について元本のほか利
息・費用を支払うべき場合，㋒債務者が同一の債権者に数個の債
務を負担する場合で㋑に該当しない場合である。

　まず㋐については，費用，利息，元本の順に弁済が充当される
ことが法定される（法定充当。491条1項）。債権者の利益を保護す
る趣旨である（梅・前掲276-277頁）。

　次に㋒については，弁済者が給付の時に弁済を充当すべき債務
を指定でき（488条1項），弁済者が指定を行わない場合には，弁
済受領者が受領の時に充当の指定をすることができる（同条2項
本文。指定充当）。ただし弁済者が直ちに異議を述べれば，弁済受
領者の指定は効力を失う（同項ただし書）。このような指定がない
場合には，489条に従って充当がなされる（法定充当）。第1に弁
済期の到来の有無（同条1号），第2に債務者のための弁済の利益
の大きさ（同条2号），第3に弁済期の先後（同条3号）を基準と
して，充当対象の債務が決定される。債務者の利益を考慮した基
準である（梅・前掲272-274頁）。これらの基準による順序付けが

できない場合には，各債務の額に応じて弁済が充当されることになる（489条4号）。

　以上を前提として解釈上の対立が存在するのが⑦の場合である。この場合にも，弁済はまず（1個または数個の債務の）費用に充当され，費用全部を弁済して残額があれば（1個または数個の債務の）利息に充当され，さらに利息全部を弁済して残額があれば元本に充当されることになる（491条1項。大判大正6年3月31日民録23輯591頁）。問題は，この順序で弁済を充当した場合に，弁済が費用全部（あるいは利息全部・元本全部）を消滅させるのに足りないときに，費用相互間（あるいは利息相互間・元本相互間）でどのように充当するかである。この点について491条2項は，489条のみを準用し，488条を準用しない。それゆえ，指定充当は許されず，法定充当によるものとする見解が通説としての地位を占めることになった（我妻・前掲291頁）。しかしながら，複数の元本のみが存在する場合（⑦）には指定充当が認められるにもかかわらず，元本とともに費用・利息があると指定充当が認められなくなる合理的理由はない。そこで近時は，488条の適用を認めるべきとする見解が有力になっている（潮見佳男『債権総論Ⅱ〔第3版〕』〔信山社，2005年〕203頁，中田・前掲349頁）。

　なお弁済の充当の問題は，数個の債務が存在する場合だけでなく，1つの債務の弁済として数個の給付をすべき場合にも生じる。490条は，この場合に488条および489条を準用する。

第2章　改正法の内容

2　改正の議論と改正法の内容

(1)　債権の消滅

　改正473条は「債務者が債権者に対して債務の弁済をしたとき
は，その債権は，消滅する」と規定する。弁済による債権の消滅
という基本的効果を明文化するのである。

(2)　弁済の充当

　次に改正法は弁済の充当に関する規定を整備する。まず改正
490条は，弁済者と弁済受領者との間に「弁済の充当の順序に関
する合意があるときは，その順序に従い，その弁済を充当する」
と定め，合意充当の優先を明文化する。

　次に改正489条1項は，現行491条1項の内容を引き継いで，
元本のほか利息・費用を支払うべき場合には，費用，利息，元本
の順に弁済を充当することを定める。また，債務者が債権者に数
個の債務を負担する場合に関する現行488条（指定充当）と現行
489条（法定充当）は，改正488条に統合される。最後に，解釈
上の対立が存在した現行491条2項に関しては，費用相互間・利
息相互間・元本相互間においても指定充当が認められ，指定がな
い場合に法定充当によることが明らかにされる（改正489条2項は
改正488条を準用する）。学説上の有力説に従って解釈上の疑義が
取り除かれたのである。その結果，費用・利息・元本の間での充
当関係は法定充当（改正489条1項）によって，費用相互間・利息
相互間・元本相互間の充当関係は指定充当（改正488条1項～3項）
および法定充当（同条4項）によって処理されることになる。

318

第13節　弁　済　等

　なお，1つの債務の弁済として数個の給付をすべき場合に関する弁済充当については，改正491条が改正488条～490条を準用する。

Ⅴ　弁済の効果
──弁済者の権利──

改正のポイント

□弁済と受取証書の交付が同時履行の関係に立つことが明文化された。
□弁済による代位のうち，任意代位について債権者の承諾が不要とされた。
□保証人の1人が他の保証人に対して代位する場合には，当該他の保証人に対する求償権の範囲内でのみ，権利行使が可能であることが明文化された。
□保証人が担保目的財産の第三取得者に対して代位する場合について，付記登記が不要とされた。
□物上保証人と担保目的財産の第三取得者の間の代位に関する規定が新設された。
□一部弁済による代位の要件・効果について，債権者に不利益が及ばないように，規定が整備された。
□債権者による担保の喪失・減少を原因とする代位権者の責任の縮減の効果が，物上保証人である代位権者から担保目的財産を取得した者などに及ぶことが明文化された。債権者による担保の喪失・減少について，取引上の社会通念に照らして合理的な理由がある場合には，代位権者の責任の縮減が生じないことが明文化された。

319

第2章　改正法の内容

1 現行制度の概要

(1) 二重弁済回避の手段

　現行民法は，債務を弁済した者が弁済の事実を証明するための権利として，受取証書の交付請求権（486条）と，債権に関する証書（債権証書）の返還請求権（487条）を規定する。このうち前者は，弁済の事実について事後的に争いが生じ，弁済者が二重に弁済を迫られることを回避するための権利と説明される。それゆえ，現行民法の規定上は明確でないものの，弁済者は受取証書の交付と引換えでなければ弁済を拒絶できるものと解されている（梅・前掲263頁）。弁済と受取証書の交付は同時履行の関係に立つのである。

(2) 弁済による代位

　(i)　**総　説**　債務者以外の者が債務を弁済した場合，弁済者は債務者に求償できることが多い。この場合に，求償権の確保を目的として認められるのが弁済による代位である。弁済者は，自らの求償権の範囲内において「債権の効力及び担保としてその債権者が有していた一切の権利を行使することができる」（501条柱書前段）。債務の弁済を受けた債権者にとってもはや担保は不要であること，その一方で代位を認めることは弁済者の利益になること，弁済者の利益が確保されることによって第三者による弁済が奨励され，債務者の利益になるとともに社会における信用の増進にもつながることが制度趣旨とされる（梅・前掲299-300頁）。

　判例は「弁済による代位の制度は，代位弁済者が債務者に対し

て取得する求償権を確保するために，法の規定により弁済によつ
て消滅すべきはずの債権者の債務者に対する債権（以下「原債
権」という。）及びその担保権を代位弁済者に移転させ，代位弁
済者がその求償権の範囲内で原債権及びその担保権を行使するこ
とを認める制度」であると説明する（最判昭和59年5月29日民集
38巻7号885頁）。弁済された原債権について抵当権や保証債務な
どが存在していた場合には，原債権とともにそれらの担保が債権
者から弁済者に移転するのである。

(ii) **要　件──任意代位と法定代位**　　弁済による代位の要件
について，現行民法は「弁済をするについて正当な利益を有する
者」が弁済をした場合の法定代位と，それ以外の者が弁済をした
場合の任意代位を区別して規定する。まず任意代位については，
弁済と同時に債権者の承諾を得ることが要件とされる（499条1
項）。任意代位は，債権者が自らの意思に基づいて弁済者のため
に権利を処分する性格の制度であると説明される（梅・前掲298
頁）。また指名債権譲渡と同様に対抗要件を具備する必要がある
（499条2項）。債務者や第三者に不測の損害を与えないためとさ
れる（梅・前掲301頁）。もっとも，債権者の承諾が必要とされる
ことには学説上の批判が強い。前述のように，利害関係を有しな
い第三者も，債務者の意思に反しない限り債務を弁済することが
でき，債権者はその受領を拒絶することができない（474条2項）。
その一方で，弁済によって満足を受けた債権者が弁済による代位
を否定できることが疑問視されるのである（我妻・前掲251頁）。

　次に法定代位については，弁済によって当然に債権者への代位
が生じる（500条）。債権者の承諾も，指名債権譲渡の対抗要件の
具備も必要とされない。その反面として，弁済者が弁済について
正当な利益を有することが必要とされる。通説は，正当な利益を

有する者として，弁済をしないと債権者から執行を受ける地位にある者（連帯債務者，保証人，物上保証人，担保目的財産の第三取得者など）のほか，弁済をしないと債務者に対する自らの権利の価値を失う者（同一の債務者に対する後順位担保権者，債務者の財産が他の債権者の執行によって価値を失う場合における一般債権者など）を挙げる（我妻・前掲 251-252 頁）。

(ⅲ) **効 果——法定代位者相互の関係**　弁済による代位の効果として，弁済者は，債務者に対する求償権の範囲内で，原債権のほか，担保としての権利を行使できる（501 条柱書前段）。問題は，弁済者が保証人や物上保証人などとの関係で，担保としての権利をいかなる範囲で行使できるかである。これは複数の法定代位者の間でどのように負担を分担するかの問題と言い換えることができる。以下では，保証人・物上保証人に加えて，債務者から担保目的財産を取得した者（第三取得者）と，物上保証人から担保目的財産を取得した者の関係についてみていく。

　まず⑦保証人相互の関係について，現行民法には明文の規定が存在しない。民法起草者は，共同保証人の負担部分が原則として平等であること（456 条・427 条）を前提として，代位についても各自平等の（頭数に応じた）割合で権利行使できると説明していた（梅・前掲 316 頁）。他方，共同保証人が主債務を弁済した場合，当該共同保証人は債務者に対する求償権のほか，他の共同保証人に対しても求償権を取得する（465 条）。そこで共同保証人による代位としての保証債務の履行請求が，主債務者に対する求償権の範囲のみならず，他の共同保証人に対する求償権の範囲によっても制約を受けるかが問題となる。学説上は，否定説（安永正昭「協会と他の保証人及び物的担保」金融法研究・資料編 7 号〔1991 年〕55 頁）と肯定説（山田誠一「求償と代位」民商法雑誌 107 巻 2 号〔1992

年〕189頁）が対立し，さらにそもそも共同保証人間では弁済に
よる代位を認めず，共同保証人間の求償権の問題として処理すべ
きとする見解も主張されている（潮見・前掲債権総論509頁）。

　次に⑦物上保証人相互の関係について501条4号は「物上保証
人の1人は，各財産の価格に応じて，他の物上保証人に対して債
権者に代位する」と規定する。物上保証人間の負担割合は担保と
して提供した財産の価格に応じて決まるのである。

　以上を前提として㋒保証人と物上保証人の双方が存在する場合
の関係が問題となる。501条5号本文は「保証人と物上保証人と
の間においては，その数に応じて，債権者に代位する」と定める。
まず保証人と物上保証人の総数を基準として，（1人または数人の）
保証人と（1人または数人の）物上保証人の間の負担割合が決定さ
れる。そのうえで「物上保証人が数人あるときは，保証人の負担
部分を除いた残額について，各財産の価格に応じて，債権者に代
位する」（同号ただし書）。数人の物上保証人の間では，担保とし
て提供した財産の価格に応じて負担部分が決定されるのである。
他方，保証人が数人存在する場合の負担割合は，501条5号本文
に基づいて人数に応じた平等な割合となる（共同保証人間の求償権
による制限の問題は残る）。なお501条6号は，不動産を担保とし
て提供した物上保証人に対して保証人が代位する場合について，
代位の付記登記を要求する（もっとも付記登記に関する現在の判例法
理〔後述㋑〕を前提とすれば，同号は弁済後に物上保証人から担保目的
財産を取得した者との関係〔後述㋕〕についてのみ適用すべきものと考
えられる。中田・前掲368-369頁参照）。

　以上のほか実務上重要な問題となるのが，保証人と物上保証人
を兼ねる者（二重資格者）の処遇である。判例は——二重資格者
を含む代位者の通常の意思ないし期待を基準とする余地を認めつ

つも──二重資格者を 1 人と扱い,「全員の頭数に応じた平等の割合で」負担割合を決定すべきとする（最判昭和 61 年 11 月 27 日民集 40 巻 7 号 1205 頁）。このような立場によると，事実関係次第では二重資格者の負担割合が（保証人でない）物上保証人のそれよりも小さくなる。しかし，二重資格者は保証と物上保証という重い負担を引き受けている以上，他の保証人・物上保証人よりも重い負担割合を負うべきとも解される。そこで学説上は，二重資格者を 2 人（保証人と物上保証人）として扱うべきとする見解が有力であるといえる（我妻・前掲 261 頁，潮見・前掲債権総論 310 頁）。

次に①債務者が自己の財産に担保権を設定していた場合において，担保目的財産を取得した者（第三取得者）が登場したときは，当該第三取得者と保証人・物上保証人の関係が問題となる。現行民法は，担保権の目的が不動産である場合について，保証人が代位の付記登記を条件として第三取得者に対して代位することを認める（501 条 1 号）。他方，第三取得者が保証人に対して代位することは認められない（同条 2 号）。第三取得者は不動産の取得に際して登記簿から担保権の存在を確認し，（代金の減額などによって）担保権実行による損失を回避できるのに対して，保証人は債務者の無資力の場合に保証債務を履行せざるを得ないことから，代位との関係で保証人の保護を優先したと説明される。保証人による代位に付記登記が要件とされるのは，債権の弁済によって担保権が消滅したことを前提として不動産を取得した者を保護するためである（梅・前掲 309-312 頁）。このような趣旨によれば，付記登記が要求されるのは，保証人による弁済後に債務者から不動産を取得した者に対する代位の場合に限られることになる（最判昭和 41 年 11 月 18 日民集 20 巻 9 号 1861 頁）。

第三取得者と物上保証人の関係については，現行民法に規定が

第13節 弁 済 等

存在しない。学説上は，保証人の場合と同様に，物上保証人は代位の付記登記を条件として第三取得者に対して代位できるが，第三取得者は物上保証人に対して代位できないものと解すべきとされる（奥田昌道『債権総論〔増補版〕』〔悠々社，1992 年〕549 頁）。

⑦第三取得者相互の関係について，501 条 3 号は，各不動産の価格に応じて，第三取得者が他の第三取得者に対して代位することを認める。①物上保証人相互の関係（同条 4 号）と同様の規律であるが，第三取得者が不動産の取得者であることを前提として（同条 1 号），財産の価格ではなく，不動産の価格が基準とされるのである。

以上のほか現行民法は，⑦物上保証人から担保目的財産を取得した者について明文の規定を設けないが，学説上は，物上保証人からの担保目的財産の取得者を物上保証人と同様に扱うべきとする見解が有力である（奥田・前掲 549 頁）。この見解によれば，物上保証人からの財産取得者相互の関係および物上保証人との関係は①，保証人との関係は⑦，債務者からの担保目的財産の取得者との関係については①と同様に，それぞれ処理されることになる。

(iv) **一部弁済による代位**　債務の一部のみの弁済について，債権者は弁済の受領を拒絶できるが（Ⅳ1⑵），弁済を受領した場合には，原債権の一部について代位の問題が生じる。502 条 1 項は「債権の一部について代位弁済があったときは，代位者は，その弁済をした価額に応じて，債権者とともにその権利を行使する」と規定する。まず，一部弁済による代位の要件について，代位者が債権者とともに権利行使することの意味が問題となる。戦前の判例は，債権者のみならず，代位者も単独で抵当権を実行できるとするが（大決昭和 6 年 4 月 7 日民集 10 巻 535 頁），学説上は，弁済による代位の目的は求償権の確保に尽きるので，債権者を害

325

してまで代位を認める必要はないことを理由として，代位者は債
権者と共同でなければ権利を行使できないとする見解が通説とし
ての地位を占めている（我妻・前掲 255 頁）。

次に，一部弁済による代位として原債権・担保権が行使された
場合に，債権者が代位者に優先して配当を受けるかが問題となる。
民法起草者は，代位者が弁済額に応じて按分比例で配当を受ける
（債権者は弁済者に優先しない）と考えていたが（梅・前掲 320 頁），
その後の学説では，弁済による代位制度の目的が求償権の確保で
あることを理由として，配当については債権者の優先を認めるべ
きとする見解が通説としての地位を占めるに至った（我妻・前掲
255 頁）。判例も，抵当権実行により債権の一部が満足を受け，物
上保証人に代位が認められる場合において，その後の抵当権実行
による配当については債権者が物上保証人に優先するとしている
（最判昭和 60 年 5 月 23 日民集 39 巻 4 号 940 頁）。

(v) 債権者による担保の喪失・減少　　法定代位者が債権者の
有する担保権を代位行使する期待を有する反面として，債権者に
は担保を適切に維持することが求められる。そこで 504 条は，債
権者が故意または過失によって担保を喪失・減少させた場合に，
法定代位者が償還を受けられなくなった限度で責任を免れること
を規定する。しかし，例えば長期にわたって継続する銀行取引な
どでは，担保の差替えや一部解除が債務者にとって合理的である
場合がある。それにもかかわらず，504 条のために債権者（銀行）
が債務者の要請に応じられないという不都合が指摘されている
（石井眞司「銀行保証約款における担保保存義務免除の特約」手形研究
196 号〔1973 年〕23 頁）。そこで実務上は債権者（銀行）が保証人・
物上保証人との間で，担保の喪失・減少による責任を負わない旨
の免責特約を締結するのが一般的である。判例は，免責特約を原

則として有効としつつ，特約の主張が信義則違反・権利濫用となるか否かについて，「金融取引上の通念から見て合理性を有し，保証人等が特約の文言にかかわらず正当に有し，又は有し得べき代位の期待を奪うものとはいえない」か否かを基準として判断すべきものとする（最判平成7年6月23日民集49巻6号1737頁）。

債権者に担保の喪失・減少行為があった場合，償還を受けられなくなった範囲で，保証人の債務・物上保証人の責任は縮減する。問題は，法定代位者の承継人に対しても，その効果が及ぶかである。判例は，物上保証人から担保目的財産を譲り受けた者が，504条に基づく免責を主張することを認める（最判平成3年9月3日民集45巻7号1121頁）。

改正の議論と改正法の内容

(1) 二重弁済回避の手段

受取証書の交付請求権について，改正486条は，弁済をする者が弁済と引換えに受取証書の交付を請求できると定める。弁済と受取証書の交付が同時履行の関係に立つという起草者以来の理解を明文化するのである。

(2) 弁済による代位

（ⅰ）**要　件——任意代位と法定代位**　弁済による代位の要件について，改正法は，従前の学説の批判を踏まえて，任意代位に関する債権者の承諾を不要とする。改正499条は，任意代位と法定代位を区別することなく，「債務者のために弁済をした者は，債権者に代位する」と規定する。そのうえで改正500条は「第

467条の規定は，前条の場合（弁済をするについて正当な利益を有する者が債権者に代位する場合を除く。）について準用する」とし，任意代位の場合には対抗要件の具備が必要であることを明らかにする。

なお前述のように，改正474条3項は，弁済について正当な利益を有しない第三者が債権者の意思に反して弁済をできないことを規定する。それゆえ，代位による原債権や担保権の移転を望まない債権者は，弁済の受領を拒絶すればよいことになる（債権者が弁済を受領しつつ代位を拒絶することを認める必要はないという考慮に基づく。部会資料70A・43頁）。

(ii) **効　果——法定代位者相互の関係**　次に弁済による代位の効果について，改正法は，現行501条柱書前段を引き継ぎ，弁済者が原債権および担保としての権利を行使できることとし（改正501条1項），その権利行使が債務者に対する求償権の範囲内に限られることを定める（同条2項）。

そのうえで法定代位者の相互関係のうち，まず⑦保証人相互の関係については，弁済をした保証人が他の保証人に対して有する求償権の範囲内でのみ保証債務の履行を請求できることが明文化された（改正501条2項かっこ書）。現行法のもとでの学説の対立について，立法による解決が与えられたのである。また中間試案では，保証人間の代位行使が保証人の数に応じて平等の割合でなされることの明文化が提案されていた（第22・10(2)エ）。この提案は，保証人相互間の代位に関する規定を設けると，連帯債務者相互間や不可分債務者相互間に関する規定も設ける必要があるという理由から立法化が見送られたが（部会資料80-3・27頁），解釈論として提案の内容が否定されたわけではないものと考えられる。

次に①物上保証人相互の関係については現行法と同様に，物上

第13節 弁 済 等

保証人は各財産の価格に応じて，他の物上保証人に対して代位するものとされる（改正501条3項3号は同項2号を準用する）。㋩保証人と物上保証人の関係についても現行法の内容が維持されるが（改正501条3項4号），保証人が数人ある場合の保証人間の代位は，㋠と同様に，保証人間の求償権の範囲内で認められることが明らかにされた（同条2項かっこ書）。また保証人と物上保証人を兼ねる二重資格者の処遇については，中間試案において判例の明文化が提案されていたが（中間試案第22・10⑵オ），反対する見解も有力であることから規定の新設は見送られることになった（部会資料83-2・31頁）。

㋤担保目的財産の第三取得者と保証人・物上保証人の関係については，まず，改正法のもとで保証人による第三取得者への代位は改正501条1項から導かれるとされ（部会資料80-3・27頁），現行501条1号に対応する規定は改正501条3項各号のなかに設けられていない。この改正に伴い，保証人が第三取得者に対して代位するために付記登記は必要とされないことになる（現501条6号も削除される）。保証人による債務弁済後に担保目的不動産を取得した者が付記登記がないために債務が消滅したと信頼するかに疑問があることに加え，担保権付きの債権が任意譲渡された場合に譲受人が担保権の取得を第三者に対抗するために付記登記が要求されておらず，弁済による代位について付記登記を要求することは権衡を失するからであると説明される（中間試案の補足説明297頁。改正法のもとで付記登記は，担保権実行における承継を証する公文書〔民事執行法181条3項〕の1つとして位置付けられる）。なお債務者から担保目的不動産を取得した者への代位に関する現行501条1号がなくなるため，改正法のもとでは——現行法下でも存在していた——不動産以外の担保目的財産を取得した者に対す

329

第2章　改正法の内容

る代位の問題が議論の対象として顕在化するものと考えられる。

　他方，第三取得者が保証人に対して代位しないことについては，現行501条2号が改正501条3項1号に引き継がれる。なお改正法では，第三取得者からの担保目的財産を取得した者は第三取得者とみなされる（改正501条3項5号）。債務者からの直接の財産取得者のみならず，転得者についても同様の規律が妥当することが明らかにされたのである（部会資料84-3・10頁）。

　また現行法に規定が存在していなかった物上保証人と第三取得者の関係については，従前の議論状況を踏まえ，保証人の場合と同様に扱われることとされた。すなわち，物上保証人は第三取得者に対して代位できるものの（改正501条1項），第三取得者は物上保証人に対して代位できないこととされたのである（同条3項1号）。

　さらに㋑第三取得者相互の関係については，現行501条3号の適用範囲が「担保権付の不動産を取得した第三取得者に限られない」（中間試案の補足説明296頁）という理解に基づいて，担保目的財産の価格に応じて，第三取得者が他の第三取得者に対して代位できることとされた（改正501条3項2号）。現行民法と異なり，改正法のもとでの「第三取得者」は担保目的財産（不動産に限られない）を債務者から取得した者と位置付けられるのである。

　以上のほか改正501条3項5号は，㋑物上保証人から担保目的財産を取得した者を物上保証人とみなし，同項1号・3号・4号を適用する旨を規定する。従前の議論を踏まえた改正といえる。

　(ⅲ)　**一部弁済による代位**　　一部弁済による代位の要件について，改正502条1項は，代位者による権利行使に債権者の同意を要することを定める。従前の通説に従い（戦前の判例と異なり），代位者が単独では権利行使できないことを明文化するのである。

330

また同条 2 項は，一部弁済が認められる場合であっても，債権者が単独で権利を行使できるとする。そのうえで債権者による権利行使の効果に関し，担保目的財産の売却代金その他の当該権利行使によって得られる金銭について債権者が代位者に優先するとの規定が新設される（同条 3 項）。現行法下での判例法理を明文化するものである（部会資料 70A・45 頁）。このように改正法は，弁済による代位の目的が代位者の求償権の確保にあることを前提として，一部弁済による代位によって債権者に不利益が及ばないよう，その要件・効果を整備するのである。

(iv) **債権者による担保の喪失・減少**　改正 504 条 1 項は現行 504 条の内容を引き継ぎつつ（前段），物上保証人から担保目的財産を「譲り受けた第三者及びその特定承継人」についても，責任の縮減の効果が及ぶとする（後段）。現行法下の判例法理を明文化するものである。

次に改正 504 条 2 項は，債権者による担保の喪失・減少について「取引上の社会通念に照らして合理的な理由があると認められる」場合には，法定代位者の責任の縮減という効果が生じないことを定める。債権者（銀行）の免責特約に関する判例を踏まえたものと説明されるが（部会資料 83-2・32 頁），免責特約が存在しない場合にも法定代位者の責任の縮減が否定される場合があることには注意を要する（潮見・前掲概要 174 頁は，改正 504 条 2 項が同条 1 項の「過失」に関する障害要件を明示したものであるとする）。

第 2 章　改正法の内容

VI　弁済の提供

改正のポイント

□弁済の提供の効果について，受領遅滞の効果との区別を明確にするため，規定の文言が修正された。

1　現行制度の概要

　現行民法は，弁済とは別に弁済の提供という制度を設ける。弁済の提供とは，債務者が自らの側において債務の履行（弁済）に必要な全てのことをしたにもかかわらず，弁済の受領などの債権者の行為が必要なために弁済が完了しない場合において，債務者を債務不履行の責任から免れさせるための制度である（梅・前掲279 頁）。

　弁済の提供の方法について，493 条は，原則として債務の本旨に従った現実の提供が必要であるとしつつ（本文），債権者が弁済の受領をあらかじめ拒絶している場合や債務を履行するために債権者の先行する協力行為が必要である場合には，弁済の準備をしたことを通知して受領の催告をすること（口頭の提供）で足りるとする（ただし書）。さらに判例は，債権者の弁済を受領しない意思が明確である場合には，例外的に口頭の提供なしに債務不履行責任を免れる余地を認める（最大判昭和 32 年 6 月 5 日民集 11 巻 6 号 915 頁）。

332

弁済の提供の効果について，492条は「債務の不履行によって生ずべき一切の責任を免れる」と定める。債務者は債権者から損害賠償請求（415条）や違約金（420条3項）の支払請求を受けることがなくなり，契約を解除（541条）されることもなくなる（これに対し，債務自体を消滅させるには，債権者の協力のもとに弁済を完了するか，弁済供託〔494条〕をする必要がある）。また債権者の同時履行の抗弁も債務の履行の提供によって消滅することになる（533条本文）。

 改正の議論と改正法の内容

改正法は弁済の提供の効果について，債務者が「債務を履行しないことによって生ずべき責任を免れる」と規定し（改正492条），現行規定の「一切の」という文言を削除した。その理由は弁済の提供の効果と受領遅滞の効果の区別を明確化することに求められる。「弁済の提供が専ら債務者の行為を規律するものであるから，債務者が行うべき行為に基づく効果のみを弁済の提供の効果として位置付けるという立場」に基づき，改正492条は，債務者が弁済の提供によって債務不履行に基づく責任を免れることを定めるものと説明される（部会資料70A・37頁。債権者の同時履行の抗弁権の消滅は改正533条本文に規定される）。また契約の解除権が発生している場合に弁済の提供があると，債権者は契約を解除できなくなるものと解される（部会資料70A・38頁。改正492条の文言と改正法の解除制度の趣旨〔契約の拘束力からの債権者の解放〕との不整合について，潮見・前掲概要166頁）。他方，弁済の提供後の履行不能について債権者が危険を負担することは，受領遅滞の効果と位置付けられる（改正413条の2第2項・改正536条2項前段・改正567条2

第2章　改正法の内容

項。第5節X2参照）。

VII　代物弁済

改正のポイント

□代物弁済が諾成契約とされた。
□債権者と代物弁済契約を締結できる者が，債務者に限られず，債務を弁済できる者であることが明文化された。

1　現行制度の概要

　現行民法は「弁済」の款において，弁済とは区別される2つの債権の消滅原因——代物弁済と弁済供託——について規定する。まず代物弁済について，482条は，債務者が債権者の承諾を得て本来の給付に代えて他の給付をすることにより，弁済と同一の効果（債権の消滅）を生ぜしめることと規定する。債権者の承諾が必要とされることから，代物弁済は契約であると説明される。また債務者以外の第三者も債権者との間で代物弁済契約を締結することができると解されている（鳩山秀夫『増訂改版日本債権法総論』〔岩波書店，1925年〕429-430頁，我妻・前掲298頁）。

　代物弁済の法的性質については議論の対立が存在する。伝統的な学説は——主として更改（513条〜518条）との区別のため——債務者が他の給付をなす債務を負担し，それを履行するのではなく，他の給付の履行と引き換えに債権を消滅させることを内容と

する契約であるとする（鳩山・前掲430頁）。ここから代物弁済は要物契約であると説明されることもある（奥田・前掲558頁）。これに対して，不動産所有権の移転を内容とする代物弁済について，所有権移転登記を停止条件として合意の時点で債権消滅の効果が生じるとする見解も有力である（我妻・前掲302頁）。さらに判例は，債権消滅の効果が生じるためには第三者対抗要件の具備が必要であるとしつつも（最判昭和39年11月26日民集18巻9号1984頁），不動産所有権の移転は当事者間の代物弁済契約の意思表示によって生ずることを妨げないとする（最判昭和57年6月4日判時1048号97頁）。このような判例を前提として，近時の学説では，代物弁済を諾成契約とし，合意によって債務者が他の給付をなす義務を負い，その履行によって当初の債権も消滅すると考える立場が有力になっている（潮見・前掲債権総論221-222頁）。それによれば，代物弁済契約によって債権者は㋐本来の給付の履行を求める債権のほか，㋑他の給付の履行を求める債権を取得することになるが，債権者が㋐の債権を行使した場合に，債務者が㋑の債務を履行することができるか，反対に債権者が㋑の債権を行使した場合に，債務者が㋐の債務を履行することができるかが問題となる。これらの問題は代物弁済契約の解釈によって決せられることになる。

2 改正の議論と改正法の内容

改正482条は「弁済をすることができる者（以下「弁済者」という。）が，債権者との間で，債務者の負担した給付に代えて他の給付をすることにより債務を消滅させる旨の契約をした場合において，その弁済者が当該他の給付をしたときは，その給付は，弁済と同一の効力を有する」と規定する。まず，債務者に限られ

第 2 章　改正法の内容

ず弁済をできる者（弁済者）が債権者と代物弁済契約を締結できることが確認される。次に，代物弁済が諾成契約であることが明らかにされる。そのうえで，本来の給付の履行を求める債権が，代物弁済契約に基づく他の給付がなされた時点で消滅するものとされる。現行法下での判例・学説の展開を踏まえた改正ということができる。なお，債権者が本来の給付の履行を求めた場合に債務者が他の給付を履行できるか，債権者が他の給付の履行を求めた場合に債務者が本来の給付を履行できるかについては，当事者の合意の内容に依存するものと解される（潮見・前掲概要 161 頁）。

Ⅷ　弁済供託

改正のポイント

□供託原因のうち，債権者の受領拒絶について，弁済の提供が必要であることが明文化された。
□弁済の目的物を供託することが困難な事情がある場合に，その物を競売に付し，代金を供託することを認める規定が新設された。
□債権者が供託物還付請求権を有するという弁済供託の基本的効果が明文化された。

1　現行制度の概要

　弁済供託とは，一定の原因が存在する場合に，弁済者が弁済の目的物を債権者のために供託所に寄託することで債務を消滅させ

ることをいう（494 条）。その法的性質は第三者（債権者）のためにする寄託契約とされるが（我妻・前掲 307 頁），債権の消滅という効果が法定される点に特徴がある。

弁済供託の要件（供託原因）は，㋐債権者が弁済の受領を拒んだこと，㋑債権者が弁済を受領できないこと（494 条前段），または㋒弁済者が過失なく債権者を確知することができないこと（同条後段）である。このうち㋐債権者の受領拒絶については，前提として弁済者が弁済の提供をする必要があるかが問題となる。判例は，債権者が弁済の受領を予め拒絶している場合には現実の提供（493 条本文）は不要であるものの，原則として口頭の提供（同条ただし書）は必要とし（大判大正 10 年 4 月 30 日民録 27 輯 832 頁），ただ口頭の提供をしても債権者が受領しないことが明らかである場合には口頭の提供を不要とする（大判大正 11 年 10 月 25 日民集 1 巻 616 頁）。これに対して伝統的通説は，現行民法が弁済供託を受領遅滞（413 条）の効果として規定していないことから，債権者が受領を拒絶する場合には口頭の提供をすることなく直ちに弁済供託をできるとする（我妻・前掲 308 頁）。しかし近時の学説では，弁済供託が債権の消滅という重大な効果を生ぜしめることから，債務者は債権消滅の本来的な手続を履践すべきであるという根拠に基づいて，口頭の提供を必要とする判例を支持する見解が有力化している（平井・前掲 215 頁，中田・前掲 380 頁）。

次に弁済供託の方法について，495 条は，債務の履行地の供託所への供託を原則とし（1 項），供託所が供託法の規定によって定まらない場合には，裁判所が供託所を指定するか，供託物の保管者を選任しなければならないとする（2 項）。しかし現実には，金銭・有価証券以外の物品の供託について，裁判所による供託所の指定・供託物保管者の選任が困難であるという問題が存在する。

第2章　改正法の内容

弁済供託の目的物は原則として弁済の目的物である。しかし弁済の目的物が供託に適しない，滅失・損傷のおそれがある（497条前段），または保存に過分の費用を要する（同条後段）場合には，弁済者は，裁判所の許可を得てその物を競売に付し，代金を供託することが認められている。いわゆる自助売却の1つの場合と説明される（商法524条参照）。

弁済供託の効果は，まず債権の消滅である（494条。ただし供託者には一定の時期まで供託物の取戻しが認められるので〔496条1項〕，供託物の取戻しを解除条件として供託時に債権消滅の効果が生じるものと解される）。さらに現行民法には明文の規定が存在しないものの，弁済供託によって債権者は，供託所に対する供託物の交付請求権を取得する。このことを前提として498条は，債務者が債権者の給付に対して弁済をすべき場合（同時履行の抗弁などがある場合）に，債権者は当該給付をしなければ，供託物を受け取ることができないことを定める。

② 改正の議論と改正法の内容

改正法は，弁済供託の要件（供託原因）のうち，まず㋐債権者の受領拒絶について，弁済の提供が必要とされることを定める（改正494条1項1号）。判例および近時の有力な学説に従った文言の修正である。また㋒債権者の不確知について，弁済者に過失があることの証明責任が，弁済供託の有効性を争う側に課されることを明らかにする（同条2項ただし書）。「債権者不確知の原因の多くが債権者側の事情と考えられる」（部会資料70A・40頁）ためである（なお，改正法は，意思表示による譲渡制限のある債権について，新たな供託原因に関する規定〔466条の2〕を設ける。**第12節Ⅱ2**(1)(iii)

参照)。

　次に弁済供託の目的物に関して，改正法は，まず現行497条前段を改め，弁済の目的物について「滅失，損傷その他の事由による価格の低落のおそれがあるとき」に自助売却を認める（改正497条2号）。市場での価格の変動が激しく，放置しておけば価値が暴落し得るような目的物がこれに該当する（部会資料70A・41頁。商法524条2項参照）。また改正497条4号として「その物を供託することが困難な事情があるとき」という受け皿規定が新設される。金銭・有価証券以外の物品供託について裁判所による供託所の指定・供託物保管者の選任が困難であるという現行法下での問題を前提として，そのような場合にも自助売却を認めやすくするために規定を整備したのである（部会資料70A・41頁）。

　最後に改正498条1項は，債権者が供託物の還付請求権を有することを定める（これに伴い現489条は改正489条2項となる）。弁済供託の基本的効果を明文化するものである。

〔加毛　明〕

第 2 章　改正法の内容

第 14 節
相　殺　等

I　相殺の要件

改正のポイント

□当事者の意思表示による相殺の禁止・制限を対抗できるのが，悪意
または重過失の第三者であることが明文化された。

□悪意による不法行為に基づく損害賠償の債務，および人の生命また
は身体の侵害による損害賠償の債務を受働債権とする相殺の禁止が
明文化された。

□受働債権の差押え前に取得した債権を自働債権とする相殺が，弁済
期の先後を問題とすることなく，差押債権者に対抗可能であること
が明文化された。受働債権の差押え後に取得した債権が差押え前の
原因に基づいて生じたものである場合には，当該債権を自働債権と
する相殺が差押債権者に対抗可能であることが明文化された。

□受働債権の譲渡の対抗要件具備時より前に取得した債権を自働債権
とする相殺が，弁済期の先後を問題とすることなく，受働債権の譲
受人に対抗可能であることが明文化された。受働債権の譲渡の対抗
要件具備時より後に取得した債権であっても，対抗要件具備時より
前の原因に基づいて生じた債権，または譲受人の取得した債権の発
生原因である契約に基づいて生じた債権である場合には，当該債権

340

を自働債権とする相殺が受働債権の譲受人に対抗可能であることが明文化された。

1 現行制度の概要

相殺とは，当事者が互いに同種の目的を有する債務を負担し，双方の債務が弁済期にある場合に，一方当事者が意思表示をすることによって，対当額について債務を免れることをいう（505条1項本文）。相殺をする者が有する債権を自働債権，相手方が有する債権（相殺をする者にとっての債務）を受働債権と呼ぶ。相殺は，当事者間の簡易な決済手段・公平確保の手段であるだけでなく，担保的機能を有する。相手方の資力が不十分でも相殺が可能であれば，他の債権者に優先して債権を回収できるからである。

現行民法は，相殺の効果を発生させる積極的要件として，相殺適状と相殺の意思表示（(1)），相殺の効果の発生を妨げる消極的要件として，当事者の意思表示による相殺の禁止・制限（(2)）と受働債権に関する制限（(3), (4)）を規定する。

(1) 相殺適状と相殺の意思表示

まず相殺適状にあるというためには，当事者間に対立する債務が存在することを前提として，双方の債務が同種の目的（例えば金銭の支払という目的）を有し，弁済期にあること（505条1項本文），および債務の性質が相殺を許さないものでないこと（同項ただし書）が必要とされる。

次に相殺の効果発生には，当事者の一方が相手方に対して意思表示をすることが必要である（意思表示主義。506条1項前段）。相

殺適状が生じただけで相殺の効果が生じるとすると（当然相殺主義），当事者に不測の不利益が生じるおそれがあるからである（広中俊雄編著『民法修正案（前三編）の理由書』〔有斐閣，1987年〕480頁）。相殺は一方的な意思表示によって効果が生じる単独行為であり，相殺をできる地位は相殺権と呼ばれる。これに対して当事者は合意によって互いの債権を消滅させることができるが，それは民法の規定する相殺（法定相殺）とは異なり，相殺契約や相殺予約などと呼ばれる。

(2) 当事者の意思表示による相殺の禁止・制限

相殺の効果発生を妨げる消極的要件としては，まず当事者が反対の意思を表示していたことがある（505条2項本文）。当事者がある債務について相殺の利益を欲しない（当該債務の履行を欲する）のであれば，その意思を尊重すべきだからと説明される（梅謙次郎『民法要義巻之三〔訂正増補第33版〕』〔有斐閣，1912年〕332頁）。ただし，善意の第三者には相殺禁止の意思表示を対抗できない（505条2項ただし書）。例えば，契約に基づく債権について契約当事者が相殺の自働債権としないことを合意していた場合，当該債権を譲り受けた者が相殺禁止の合意の存在を知らなければ相殺が許される。相殺の自働債権とできることを信頼して債権を譲り受けた第三者を保護する趣旨であり，債権譲渡を禁止する意思表示に関する466条2項との類似性が指摘される（星野英一『民法概論Ⅲ（債権総論）〔補訂版〕』〔良書普及会，1981年〕295頁）。

(3) 受働債権に関する制限——不法行為により生じた債権

次に受働債権に関する制限については，509条〜511条が規定する。このうち509条は不法行為により生じた債権を受働債権と

第14節　相　殺　等

する相殺を禁止する。その趣旨は，⑦不法行為の被害者の損害を現実に塡補する必要があること，⑦不法行為を犯した加害者に相殺の利益を認めるべきでないこと，⑦不法行為の誘発（債権の弁済を受けられない債権者が損害賠償債務によって相殺する目的で債務者に不法行為を働くこと）を防ぐことに求められる（梅・前掲 349 頁）。

　判例は，509 条の文言に忠実に従い，交通事故によって双方に物的損害が生じ，互いに損害賠償請求権を有する場合についても相殺を否定する（最判昭和 49 年 6 月 28 日民集 28 巻 5 号 666 頁）。これに対して学説上は，509 条の趣旨と適用対象の離齬が指摘される。まず⑦・⑦の趣旨からは，故意による不法行為から生じた債権についてのみ相殺を禁じれば足りるともいえる。また⑦の趣旨については，現実の損害塡補が特に必要とされるのは，生命・身体に対する侵害などの重大な法益侵害が生じた場合である（物的損害の賠償債務については相殺を認めることに合理性がある場合がある）と考えられる（ただし損害保険について，保険会社が保険給付義務を負う前提として加害者の損害賠償債務が相殺によって消滅しないようにする必要があるとの指摘も存在する。倉田卓次『交通事故賠償の諸相』〔日本評論社，1976 年〕280 頁）。さらに，安全配慮義務違反や医療過誤など，不法行為責任のみならず債務不履行責任も成立する場合について考えると，不法行為構成によれば相殺が禁じられるのに対して，債務不履行構成を採用すれば相殺が許されるのは権衡を失すると批判される（平井宜雄『債権総論〔第 2 版〕』〔弘文堂，1994 年〕226 頁）。

⑷　受働債権に関する制限──支払の差止めを受けた債権

　⑴　**趣　旨**　　511 条は「支払の差止めを受けた第三債務者は，その後に取得した債権による相殺をもって差押債権者に対抗する

343

ことができない」として，支払の差止めを受けた債権を受働債権とする相殺を禁止する。受働債権の差押え後に，第三債務者が債務者に対して自働債権を取得しても，相殺による被差押債権の消滅を差押債権者に対抗できない（差押債権者は第三債務者に対して被差押債権の弁済を請求できる）。もし相殺の対抗を認めると，差押債権者が債務者に代わって被差押債権の弁済を受ける権利が害されてしまうからである（梅・前掲345頁）。

(ii) **差押え前に取得した自働債権による相殺の可否——制限説と無制限説**　これに対して，受働債権の差押え前に第三債務者が自働債権を取得していた場合には，相殺が認められ得る。債権の差押えは差押え前に形成されていた法律関係を変更するものではないからである（梅・前掲345頁）。それゆえ，差押え前に自働債権・受働債権双方の弁済期が到来していた場合や，自働債権の弁済期が到来し，相殺をする者が受働債権の期限の利益を放棄した場合には相殺が認められる。問題は自働債権の弁済期が未到来の場合である。この場合に相殺が認められるための要件として，自働債権の弁済期が受働債権の弁済期よりも先に到来することを必要とするか否かについて議論が対立する。511条の反対解釈によれば，自働債権・受働債権の弁済期の先後を問題とすることなく，相殺が認められることになる（無制限説）。これに対して，自働債権の弁済期が受働債権のそれよりも先に到来する場合に限って相殺を認める見解も存在する（制限説）。受働債権の弁済期が到来した後も債務を弁済せずに（履行遅滞に陥りながら）自働債権の弁済期到来を待って相殺を行うという第三債務者の期待は法的保護に値しないと考えるのである。

判例は，預金担保貸付の事案について，当初，制限説を採用したが（最大判昭和39年12月23日民集18巻10号2217頁），最大判昭

和 45 年 6 月 24 日民集 24 巻 6 号 587 頁に至って無制限説に立つことを明らかにした。金融取引における相殺の担保的機能を重視した判例変更ということができる。これに対して学説上は，第三債務者の相殺期待の合理性の有無を根拠として制限説が有力であるといえる。そのうえで，差押えがあった場合に弁済期の先後を問うことなく相殺ができるという合意（相殺予約）が当事者間に存在し，その合意に合理性が認められる場合には，合意による相殺を認めれば足りるとするのである（平井・前掲 231-232 頁，潮見佳男『債権総論 II〔第 3 版〕』〔信山社，2005 年〕390 頁，396 頁，中田裕康『債権総論〔第 3 版〕』〔岩波書店，2013 年〕413-414 頁）。

(iii) **受働債権が譲渡された場合の相殺の可否**　以上に類似する問題が，譲渡された債権を受働債権とする相殺の可否である。当事者間に対立する債権が存在する場合において，一方の債権が譲渡されたときに，当該債権の債務者が，譲渡人に対する債権を自働債権として譲渡された債権と相殺することを譲受人に対抗できるかが問題となる。債務者は債権譲渡の通知を受けるまでに譲渡人に対して生じた事由を譲受人に対抗できる（468 条 2 項）。それゆえ債権譲渡の通知前において自働債権と受働債権が相対立していたという事情に基づいて相殺を対抗できるかが問題となる。

　最判昭和 50 年 12 月 8 日民集 29 巻 11 号 1864 頁は，自働債権の弁済期よりも受働債権の弁済期が先に到来するという事案において，結論として譲受人に対する相殺の対抗を認めた。しかし明示的に無制限説を採用したわけではなかった。これに対して学説上は，差押えの場合と比較して債権譲渡の場合の方が，相殺期待の保護の必要性は低いとする見解が有力である。債権譲渡が債権という財産の取引であり，取引安全を保護する要請があること，受働債権の譲渡を防ぐ手段として譲渡禁止の意思表示（466 条 2

345

項本文）が可能であるにもかかわらず，そのような手段をとらなかった者の相殺期待を保護する必要性は乏しいことなどが，その理由である（平井・前掲 232-233 頁，中田・前掲 416 頁）。

(iv) **破産手続との関係**　さらに 511 条の解釈については，破産手続との関係が問題となる。破産手続においては，破産手続開始前の原因に基づいて生じた破産者に対する財産上の請求権（破産債権。破産法 2 条 5 項）を自動債権，破産手続開始時に破産者が有する債権（破産財団所属の債権）を受働債権とする相殺が認められる（破産法 67 条 1 項）。相殺の担保的機能は債務者（破産者）の資力悪化が明瞭になる破産手続においてこそ発揮される必要があると考えられるからである（伊藤眞『破産法・民事再生法〔第 3 版〕』〔有斐閣，2014 年〕461 頁）。これに対して，破産手続開始後に発生した破産者に対する債権（非破産債権）と破産財団所属の債権の相殺は認められない。また破産債権であっても，破産手続開始後に他人から取得したものについては，破産財団所属の債権との相殺が禁じられる（破産法 72 条 1 項 1 号）。破産者に債務を負担する者が，実価の下落した破産債権を取得し，相殺によって債務の履行を免れることで，他の破産債権者の利益を害するのを防ぐためである（伊藤・前掲 484 頁）。

以上の破産法の規律を前提として，実務上問題とされたのが，保証人の事後求償権を自動債権とする相殺の可否である。破産手続開始前に締結されていた保証契約に基づいて，破産手続開始後に保証人が保証債務を債権者に履行した場合，保証人は債権者に求償権を取得する（民法 459 条 1 項・462 条 1 項・2 項）。この事後求償権を自動債権として破産財団所属の債権と相殺をすることが認められるかが問題となる。最判平成 24 年 5 月 28 日民集 66 巻 7 号 3123 頁は，事後求償権が破産債権に該当するとしたうえで，

主債務者から委託を受けた保証人については事後求償権による相殺を認める一方，委託を受けない保証人については破産法 72 条 1 項 1 号を類推適用して事後求償権を自動債権とする相殺を否定した。主債務者である破産者の委託の有無（破産者の意思）により，保証人の相殺期待に合理性があるか否かが異なるとされたのである。

このような破産法に関する判例を前提とすると，民法 511 条についても自動債権の発生時期が問題となる。受働債権に対する差押えの時点で自動債権が発生していなかった場合でも，自動債権発生の根拠となる法律関係が存在していれば，相殺を許容すべき場合があるのではないかと考えられるからである。

② 改正の議論と改正法の内容

(1) 当事者の意思表示による相殺の禁止・制限

相殺の要件のうち，積極的要件については改正がなされず，改正の対象とされたのは消極的要件である。まず，改正 505 条 2 項は，当事者の意思表示による相殺の禁止・制限を悪意または重過失の第三者に対抗できると規定する。第三者の悪意または重過失の証明責任は意思表示の効力を主張する側が負う。債権の譲渡制限の意思表示に関する規律と平仄を合わせた改正と説明される（部会資料 69A・26 頁。**第 12 節 II 2**(1)(ii)，(2)参照。もっとも，預貯金債権を除く債権について，譲渡制限の意思表示に反する債権譲渡が有効とされる〔悪意または重過失の譲受人も債権を取得する。改正 466 条 2 項〕のに対し，相殺の禁止・制限の意思表示について悪意または重過失の第三者による相殺は無効であると解される）。

347

第2章　改正法の内容

(2)　受働債権に関する制限——不法行為等により生じた債権

　次に受働債権に関する制限について，改正509条は「悪意による不法行為に基づく損害賠償の債務」(1号)，「人の生命又は身体の侵害による損害賠償の債務（前号に掲げるものを除く。）」(2号)を受働債権とする相殺を禁止する。現行法下での有力な学説を踏まえて，加害者の主観的態様と侵害法益の重大性に着目して相殺が禁止される受働債権の範囲を定めるのである。まず現行509条の⑦不法行為加害者からの相殺利益の剥奪と⑦不法行為の誘発防止という趣旨に基づき，改正509条1号は，破産手続の非免責債権に関する破産法253条1項2号を参照して，悪意による不法行為に基づく損害賠償債務について相殺を禁止することとした（部会資料69B・3頁，80-3・29頁）。破産法の解釈を前提とすれば，ここでいう悪意とは単なる故意ではなく積極的な害意を意味することになる（伊藤・前掲728頁）。

　次に，⑦被害者への損害塡補の必要性が特に高い場合として，改正509条2号は，人の生命または身体の侵害による損害賠償の債務の相殺を禁じる。その結果，現行法下での判例とは異なり，物的損害の賠償債務は相殺禁止の対象から除外されることになる（ただし，相殺によって損害賠償債務が消滅しても保険会社の保険給付義務が消滅するわけではないという理解が前提とされる。部会資料69B・4-5頁）。また破産法253条1項3号と比較した場合，改正509条2号は，法益侵害について債務者が「故意又は重大な過失により加えた」ことを要件としないので，工作物所有者の不法行為責任（現717条1項ただし書）なども対象に含まれるものと解される（部会資料83-2・33頁参照）。さらに同号の「損害賠償の債務」には「不法行為に基づく」という限定がないので，債務不履行に基づ

348

く損害賠償債務も相殺禁止の対象となる（規定の見出しの「不法行為等により生じた債権」という文言にも，このことが示される）。医療過誤や安全配慮義務など，不法行為構成と債務不履行構成とが競合する場合を念頭に置くものである（中間試案の補足説明 306-307頁）。

なお改正 509 条 1 号または 2 号に該当する損害賠償債権であっても，それが譲渡されれば，債務者が譲受人に対して相殺をすることは禁じられない（改正 509 条柱書ただし書）。譲受人には，相殺禁止の趣旨が及ばないからである（部会資料 83-2・33 頁）。

(3) 受働債権に関する制限──差押えを受けた債権

(i) **差押えと相殺**　改正 511 条 1 項は「差押えを受けた債権の第三債務者は，差押え後に取得した債権による相殺をもって差押債権者に対抗することはできないが，差押え前に取得した債権による相殺をもって対抗することができる」と規定する。現行 511 条の「支払の差止め」という文言が「差押え」（仮差押えを含むものと解される）に改められたほか（**第 13 節Ⅱ2(2)(iii)参照**），受働債権の差押え前に取得した債権を自働債権とする相殺について，何ら条件を付することなく，差押債権者に対抗できることが明らかにされた。現行法下の判例が採用する無制限説を明文化したものということができる（部会資料 69A・29 頁）。

次に改正 511 条 2 項本文は「差押え後に取得した債権が差押え前の原因に基づいて生じたものであるときは」当該債権を自働債権とする相殺を差押債権者に対抗できることを定める。破産法 67 条 1 項と平仄を合わせる形で，自働債権の発生原因が受働債権の差押え前に存在していれば，自働債権の発生自体が差押え後であっても，相殺を差押債権者に対抗できることが明らかにされ

たのである（部会資料 69A・29-30 頁。「差押え前の原因」という文言は「破産手続開始前の原因」〔破産法 2 条 5 項〕にならったものとされる）。そのうえで改正 511 条 2 項ただし書は「第三債務者が差押え後に他人の債権を取得した」場合には相殺を差押債権者に対抗できないとする。受働債権の差押え後に他人から自働債権を取得した第三債務者には，法的保護に値する相殺への期待が存在しないからである（部会資料 69A・30 頁）。このような理解を敷衍すれば，他人から自働債権を取得した場合のほかにも，相殺期待に対する法的評価次第で，差押え後に取得した債権を自働債権とする相殺が否定される場合があるものと解される。すなわち，差押え前に自働債権を取得していた場合には当然に相殺期待が保護に値するのに対して，差押え後に自働債権を取得した場合には，相殺期待が保護に値するか否かの規範的判断が加わることになるのである。その法律構成としては，改正 511 条 2 項本文の「差押え前の原因」の解釈に際して相殺期待の合理性を考慮するほか，改正 511 条 2 項ただし書の類推適用や相殺権濫用の法理によることが考えられる（部会資料 69A・30 頁は，委託を受けない保証人の事後求償権による相殺について，改正 511 条 2 項ただし書の類推適用を肯定する）。

(ii) **債権譲渡と相殺**　　債権譲渡と相殺の関係については規定が新設される。改正 469 条 1 項は，債務者が，受働債権の譲渡の対抗要件具備時より前に譲渡人に対する自働債権を取得していた場合，相殺を受働債権の譲受人に対抗できると定める。相殺を対抗するために自働債権の弁済期が受働債権の弁済期より先に到来することは要求されないのであり，無制限説を採用した規定と説明される（部会資料 74A・14 頁）。

次に改正 469 条 2 項本文は，債務者が対抗要件具備時より後に自働債権を取得した場合であっても，当該債権が「対抗要件具備

第14節　相　殺　等

時より前の原因に基づいて生じた債権」(1号),「前号に掲げるもののほか,譲受人の取得した債権の発生原因である契約に基づいて生じた債権」(2号)である場合には,債務者は譲受人に相殺を対抗できるとする。1号は改正511条2項本文と同趣旨の規定とされる。自働債権の発生原因が受働債権の譲渡の対抗要件具備より前に存在していれば,債務者の相殺期待を保護する必要があると説明される(部会資料74A・14頁。改正511条2項と同様の解釈問題は残される)。

　次に2号は,受働債権譲渡の対抗要件具備以後の原因に基づいて生じた債権(1号の適用のない債権)であっても,受働債権と同一の契約に基づくものである場合には,相殺の対抗を認める。相殺の要件として,自働債権と受働債権の間に一定の関係性が存在することが要求される点で,通常の相殺と異なる。注意すべきは,自働債権・受働債権の発生原因である契約の締結が対抗要件具備後であることが前提となるので,2号の適用が将来債権譲渡の場合に限られることである(部会資料74A・15頁)。将来債権譲渡は,譲渡人の事業継続を前提とした資金調達の手段として用いられる(この点で将来債権が差し押さえられた場合と事情が異なる)。その一方で,改正466条の6第3項の反対解釈として,将来債権譲渡の対抗要件が具備された後は,譲渡禁止の意思表示を譲受人に対抗することはできない。しかし債務者の相殺期待を保護すれば,将来債権の譲渡後も譲渡人・債務者間の取引継続の促進につながり,翻って譲受人の利益にもなると考えられる(部会資料74A・14-15頁)。このような考慮に基づいて,将来債権(受働債権)が差し押さえられた場合よりも譲渡された場合の方が,相殺が認められる自働債権の範囲が広くなるものとされたのである。

　なお,改正469条2項ただし書は,同項1号または2号に該当

351

第2章　改正法の内容

する債権であっても，対抗要件具備時より後に他人から取得した場合には，譲受人への相殺の対抗を否定する。この場合には債務者に法的保護に値する相殺期待が存在しないからである。改正511条2項ただし書と同様の趣旨である。

また，債権に譲渡制限の意思表示がある場合については，相殺の対抗の基準となる受働債権譲渡の対抗要件具備時について読み替えが必要になる。改正469条3項は，譲渡制限の意思表示について譲受人が悪意または重過失であった場合には改正466条4項の相当期間が経過した時点が基準とされること，および譲渡人に破産手続が開始した場合には債務者が譲受人から供託の請求（改正466条の3前段）を受けた時点が基準時とされることを定める。

▶ Ⅱ　相殺の効果 ◀

改正のポイント

☐ 相殺の充当について，当事者の合意の優先を前提として，合意が存在しない場合には，相殺適状になった時期の順序に従って自働債権と受働債権が消滅することが明文化された。

☐ 自働債権が受働債権の全部を消滅させるのに足りない場合について，弁済の充当に関する法定充当の規定が準用されることが明文化された。受働債権が自働債権の全部を消滅させるのに足りない場合にも同様の規律が妥当することが明らかにされた。

☐ 1個の債権について数個の給付をすべき場合の相殺充当に関する規定が新設された。

第14節　相　殺　等

 現行制度の概要

(1) 債権の遡及的消滅

相殺の効果は自働債権と受働債権が対当額で消滅することである（505条1項本文）。その効力は相殺適状が生じた時点にまで遡って生じる（506条2項）。その結果，相殺によって消滅した債権について，相殺適状の時点以降の利息や遅延損害金は生じなかったことになる。

(2) 相殺の充当

数個の自働債権または受働債権について，対象を特定することなく，相殺の意思表示がなされた場合，相殺によってどの自働債権とどの受働債権が消滅するか（相殺の充当）が問題となる。相殺と弁済には様々な違いが存在するものの（例えば，債務の一部弁済が原則として許されないのに対し〔**第13節Ⅳ1**(2)参照〕，自働債権より多額の受働債権について，その一部を相殺によって消滅させることは妨げられない），現行民法は，相殺の充当について弁済の充当に関する規定を準用する（512条）。

相殺の充当を弁済の充当と同様に考えるとすれば，自働債権が数個の受働債権全てを消滅させるのに足りない場合において，当事者に合意があればそれに従って相殺の対象となる受働債権が決定される。当事者に合意がない場合には，まず相殺をする者が受働債権を指定でき（488条1項），相殺をする者が指定を行わない場合には相手方が受働債権を指定できる（同条2項本文。ただし相殺をする者が直ちに異議を述べれば，相手方の指定は効力を失う〔同項

353

ただし書〕)。受働債権の指定が存在しない場合には，489 条の基準に従って受働債権が決定されることになる。ただし，数個の受働債権について元本のほか利息や費用を支払うべき場合には，まず全ての費用に充当した後，自働債権が残る場合には利息に充当し，全ての利息が消滅してもなお自働債権が残る場合には，元本に充当することになる（491 条 1 項）（梅・前掲 346 頁，我妻栄『新訂債権総論（民法講義IV）』〔岩波書店，1964 年〕346 頁）。

　他方で，弁済と異なり，相殺の場合は，自働債権となり得る債権が数個存在し，受働債権が自働債権の全てを消滅させるのに足りない場合も問題となる。この場合について民法起草者は，まず相殺の意思表示の解釈によることとし，それで自働債権を決定できない場合には，相手方が自働債権を指定し（488 条 2 項），指定がない場合には 489 条の基準に従って自働債権が決定されるとする。また費用・利息・元本の関係については，491 条が準用されると説明していた（梅・前掲 347 頁）。

　しかしながら，相殺は債権を相殺適状の時点に遡って消滅させるものであることから，債権を将来に向けて消滅させる弁済とは異なる考慮が必要となる。まず，自働債権・受働債権の指定（488 条）を認めるべきかが問題となる。相殺適状に達した自働債権・受働債権が相殺によって消滅することを当事者が期待するとすれば，そのような期待と異なる指定を認めるべきではないと考えられるからである（我妻・前掲 347 頁）。

　次に数個の債権について元本のほか利息や費用が生じる場合には，相殺の対象となる債権の順序が決まらない限り，相殺適状の時点が確定せず，利息の額も決定しないので，491 条をそのままの形では準用できないことになる。この問題について最判昭和 56 年 7 月 2 日民集 35 巻 5 号 881 頁は，元本債権相互間で相殺適

第 14 節　相　殺　等

状が生じた順に従って相殺の順序を定めたうえで，相殺適状が生
じた時点が同じ元本債権相互間については 489 条を準用し，ある
元本債権とその利息・費用の間については 491 条を準用すること
としたのである。

② 改正の議論と改正法の内容

改正 512 条 1 項は，まず相殺の充当が問題となる場面を「債権
者が債務者に対して有する一個又は数個の債権と，債権者が債務
者に対して負担する一個又は数個の債務について，債権者が相殺
の意思表示をした場合」とする。そのうえで，相殺充当に関する
当事者の合意が存在すればそれが優先することを前提として，当
事者の合意が存在しない場合には，自働債権と受働債権が相殺適
状になった時期の順序に従って相殺充当が生じるとする。現行法
下の判例法理を明文化するのである（部会資料 69A・32 頁）。

次に，自働債権が受働債権の全部を消滅させるのに足りない場
合について，改正 512 条 2 項は——当事者の合意の優先を前提と
しつつ——，債権者が数個の債務を負担する場合には改正 488 条
4 項 2 号～4 号を準用し（1 号。受働債権の弁済期到来が前提とされる
ので改正 488 条 4 項 1 号は準用されない），債権者が負担する 1 個ま
たは数個の債務について元本のほか利息および費用を支払うべき
場合には改正 489 条を準用する（2 号）。これも現行法下の判例法
理の明文化であるが，改正 512 条 2 項 1 号が指定充当に関する改
正 488 条 1 項～3 項を準用しないことは現行 512 条に対する学説
の批判を踏まえたものということができる（部会資料 69A・32 頁）。

最後に，受働債権が自働債権の全部を消滅させるのに足りない
場合について，改正 512 条 3 項は 2 項を準用する。現行民法の起

355

第2章　改正法の内容

草者も指摘していた通り，相殺の場合には，相殺をする者にとっての債務（受働債権）の消滅のみならず，債権（自働債権）の消滅も問題となる。改正法は両者について同様の規律が妥当するという立場を採用したのである。

なお，弁済充当の場合と同様に，1個の債権について数個の給付をすべき場合にも，相殺充当の問題が生じる。改正512条の2は，自働債権（前段）・受働債権（後段）について数個の給付をすべき場合に，改正512条を準用する。

Ⅲ　更　改

改正のポイント

□更改における債務の要素の意義について明文の規定が設けられた。条件の変更を債務の要素の変更とみなす現行513条2項が削除された。

□債務者の交替による更改について，債権者と新債務者の合意があれば，旧債務者の意思に反しても更改が可能であることが明文化された。債務者の交替による更改において，新債務者が旧債務者に求償権を取得しないことが明文化された。

□債権者の交替による更改について，旧債権者・新債権者・債務者の三者の契約によることが明確にされた。現行468条1項を準用する現行516条が削除された。

□更改前の債務が消滅しない場合に関する現行517条が削除された。

□債権者（債権者の交替による更改の場合には旧債権者）が旧債務の目的の限度において，旧債務の質権・抵当権を新債務に移転できることが明文化された。

第 14 節　相　殺　等

 現行制度の概要

　更改とは，当事者が債務の要素を変更することにより，従前の債務を消滅させ，新たに債務を成立させる契約である（513 条 1 項）。旧債務と新債務は同一性を有さず，旧債務の消滅に伴い，その抗弁権や担保も原則として消滅することになる。

　更改の要件のうち，まず何が債務の要素の変更に該当するかについては，伝統的に，債権者の交替，債務者の交替，債務の目的の変更の 3 つが挙げられてきた（梅・前掲 349 頁）。しかし更改の効果の重大性を考慮すれば，当事者が債権者の交替，債務者の交替，債務の目的の変更を合意したとしても，当該合意を債権譲渡（466 条 1 項本文），債務の引受け，代物弁済（482 条）などと性質決定すべき場合も多いとされる（我妻・前掲 360 頁）。判例にも，当事者の意思が明白である場合を除いて更改契約の成立を認めるべきでないと判示するものがある（大判昭和 7 年 10 月 29 日新聞 3483 号 17 頁）。また 513 条 2 項は「条件付債務を無条件債務としたとき，無条件債務に条件を付したとき，又は債務の条件を変更したとき」に債務の要素の変更があったものとみなすが，通説は，条件の変更だけでなく，諸般の事情を考慮して債務の要素の変更にあたるかを判断すべきとする（我妻・前掲 363 頁）。更改契約の成立に対する慎重な態度の表れということができる。

　債務者の交替による更改は，債権者と新債務者の契約によってすることができるが（514 条本文），旧債務者の意思に反することができない（同条ただし書）。第三者による弁済（474 条 2 項）と同様の趣旨と説明される（梅・前掲 358-359 頁）。

　以上に対して，債権者の交替による更改契約の当事者について，

第 2 章　改正法の内容

現行民法に明文の規定は存在しない。しかし伝統的に，旧債権者・新債権者・債務者の三者の合意によることとされる（梅・前掲 359 頁）。そのことを前提として 515 条は，債権者の交替による更改を第三者に対抗するには確定日付ある証書によることを要するとする（債務者は更改契約の当事者であるので債務者への対抗は問題とならない）。また 516 条は，債権者の交替による更改について 468 条 1 項を準用する。その反対解釈として，旧債務の消滅に伴って消滅するはずの抗弁権について，債務者は異議をとどめることにより，新債権者に対抗できると解されている（我妻・前掲 365 頁。もっとも，債権者の交替による更改が債務者を含む三者の合意によることからすれば，債務者が一方的に異議をとどめることで新債権者に抗弁を対抗できるとする解釈には疑問がある）。

　次に，更改は旧債務の存在と新債務の成立を要件とする。旧債務が存在しなければ更改契約は無効であり，新債務は成立しない。また新債務が成立しない場合も更改契約は無効であり，旧債務は消滅しないことになる。以上の原則に対して，まず 517 条は，新債務が不法な原因または当事者の知らない事由によって成立せずまたは取り消された場合には旧債務が消滅しないと規定する。この規定の反対解釈について，学説上は，当事者（債権者）が不法な原因以外の新債務の不成立または取消しの原因を知っていた場合には旧債務が消滅するとする見解（梅・前掲 362-363 頁）と，新債務の不成立の原因を知っていた場合にのみ旧債務が消滅するとする見解（我妻・前掲 362 頁）が対立する。次に債権者の交替による更改については，旧債務が弁済などによって消滅している場合であっても，債務者が異議をとどめなければ，516 条・468 条 1 項に基づき，新債務が成立するものとされる（我妻・前掲 361 頁）。

　更改の効果は，旧債務の消滅と新債務の成立であり，旧債務の

第 14 節　相　殺　等

抗弁権や担保等は全て消滅するのが原則である。もっともその例外として——前述した516条による468条1項の準用のほか——，現行民法は，更改の当事者が旧債務の目的の限度において，旧債務の担保として設定された質権または抵当権を新債務に移すことを認める（518条本文）。これらの担保権の順位を維持するため，特別に担保権の移転が認められるのである（梅・前掲367頁）。ただし，第三者が抵当権・質権を設定していた場合には，旧債務と同一性を有しない新債務を担保することになるので，当該第三者の承諾を得ることが必要とされる（同条ただし書）。

2　改正の議論と改正法の内容

　改正513条は「当事者が従前の債務に代えて，新たな債務であって次に掲げるものを発生させる契約をしたときは，従前の債務は，更改によって消滅する」としたうえで，新債務の内容について「従前の給付の内容について重要な変更をするもの」（1号），「従前の債務者が第三者と交替するもの」（2号），「従前の債権者が第三者と交替するもの」（3号）と規定する。従前の判例・学説を踏まえて，債務の要素の意義を明確化するとともに，更改契約の成立のために当事者の更改の意思が必要であることを明示するための改正と説明される（部会資料69A・36頁）。また条件の変更を債務の要素の変更とみなす現行513条2項は削除される。同項に対する批判を前提として，条件を変更するだけの合意は更改契約に該当しないこととされたのである（部会資料69A・36頁）。

　次に債務者の交替による更改について，改正514条1項は，債権者と新債務者の合意によることを前提として（前段），旧債務者に対する通知の時点で更改契約の効力が生じることとした（後

359

第2章　改正法の内容

段）。現行514条ただし書と異なり，旧債務者の意思に反する場合でも，債務者の交替による更改が可能とされたのである。免責的債務引受との類似性に着目して，要件面での平仄を合わせたものとされる（改正472条2項参照。部会資料69A・37-38頁）。また改正514条2項は，新債務者が旧債務者に対して求償権を取得しないことを定める。これも免責的債務引受の場合（改正472条の3）と同様の規律である（**第12節Ⅵ1⑵(iii)参照**）。

　債権者の交替による更改について，改正515条1項は，旧債権者，新債権者および債務者の三者の契約によることを定める（現515条は改正515条2項となる）。現行法下で争いのない解釈を明文化したものということができる。また現行468条1項の削除に伴い（**第12節Ⅳ2参照**），同項を準用する現行516条も削除することとされた（中間試案の補足説明314頁。その結果，改正法のもとでは，債務者が旧債務の抗弁権について異議をとどめることで新債権者に対抗できるという解釈論は妥当しないことになる）。

　次に改正法は，更改前の債務が消滅しない場合について定める現行517条を削除する。同条の反対解釈として，当事者（債権者）が不法な原因以外の新債務の不成立または取消しの原因の存在を知っていた場合には，旧債務が消滅するとする見解が主張されていた。これは，債権者が悪意である場合に旧債務の免除があったものとみなすのに等しいが，そのような解釈には合理性が乏しいとされる。そこで現行517条を削除し，新債務に不成立または取消しの原因があった場合における旧債務の帰趨については，債権者に免除の意思表示があったといえるか否かを個別的に判断することとされたのである（中間試案の補足説明315頁）。また現行516条の削除によって，債権者の交替による更改において，旧債務の消滅について債務者が異議をとどめなかったことを理由として，

新債務が成立すると解することもできなくなる。新債務の成立の可否は、当事者の合意の内容に依存するものと考えられる。

　最後に改正 518 条 1 項本文は、債権者（債権者の交替による更改の場合には更改前の債権者）が旧債務の目的の限度において、旧債務の担保として設定された質権または抵当権を新債務に移転できることを定める。現行 518 条本文のように、更改契約の当事者の合意を要するとすると、担保権設定者でない債務者・新債務者が担保権の移転を拒絶する事態が生じ得るからである（部会資料 69A・39 頁。第三者が担保権を設定した場合における当該第三者の承諾の必要性に関する同条ただし書は維持される）。またここでも免責的債務引受の場合（改正 472 条の 4）との整合性に基づいて、更改による質権・抵当権の移転は、予めまたは同時に更改の相手方（債権者の交替による更改の場合には債務者）に対してする意思表示によってしなければならないとされる（改正 518 条 2 項）。もっとも免責的債務引受の場合（第 12 節 VI 1 (2)(iv)参照）と異なり、新債務に移転する担保は質権・抵当権に限定される。免責的債務引受が債務の同一性を前提とするのに対して、更改の場合には旧債務と新債務に同一性がないため、担保権の順位の維持の必要がある場合に限って担保権の移転を認めるのである（部会資料 69A・40 頁）。

〔加毛　明〕

第2章　改正法の内容

第15節
契約の成立

改正のポイント

□改正法は，契約は申込みに対して相手方が承諾をしたときに成立するという基本原則を確認する規定（改正522条1項）のほか，契約締結の自由（改正521条1項），契約内容の自由（改正521条2項），方式の自由（改正522条2項）を確認する規定を新設している。

□改正法は，承諾に関して発信主義を採用していた現526条1項を削除し，民法97条1項の定める原則どおり，承諾も申込者に到達した時に効力を生じることとしている。

1　現行制度の概要

(1)　契約の成立プロセスと民法の規定

　契約は，当事者が契約の締結へ向けて交渉を行い，当事者が申込みと承諾をすることによって成立するというプロセスをたどるのが一般的である。このような契約の成立プロセスの中で次のような点が問題となる。

　まず，契約の締結へ向けた交渉において，当事者が何らかの義

務を負うのかが問題となる（①契約の締結へ向けた交渉に関する問題）。この段階における重要な問題として次の2つがある。第1に，当事者が相手方に対して一定の情報を提供する義務を負うのかが問題となる。第2に，当事者が契約の締結へ向けた交渉を破棄した場合に何らかの法的責任が発生するのかが問題となる。

　次に，どのような要件の下で契約が有効に成立するのかという点が問題となる（②契約の成立要件）。契約の内容にかかわらない形式的な要件に関する問題（②-1 形式的要件）と，契約の内容にかかわる要件に関する問題（②-2 契約内容に関する有効要件）がある。形式的要件（②-1）として，契約は当事者の申込みと承諾によって成立するのが原則であるところ，どのような場合に有効な申込みと承諾があったと評価されるのかが問題となる。また，一定の場面においては，契約が成立するには当事者の申込みと承諾以外の要件が必要だとされており，そのような場合には当該要件の充足の有無も問題となる。契約の内容に関する有効要件（②-2）については，契約自由の原則の下，当事者は契約の内容を自由に定めることができるのが原則である。しかしながら，一定の場面については契約の内容に関する規制が存在し，契約が有効に成立するにはそのような規制に反しない内容のものであることも必要となる。

　最後に，以上の要件が充足されたとして，いずれの時点において契約が成立し，拘束力をもつに至るのかという点も問題となる（③契約の成立時期）。

　以上の一連の問題のうち，民法の契約総則第1款「契約の成立」（521条以下）には，主に，申込みと承諾の有効性（②-1）と契約の成立時期（③）に関する規定が置かれているにとどまる。以下では，民法521条以下の規定を中心としつつも，契約の成立

第2章　改正法の内容

プロセスにおいて生じる一連の問題を概観する。

(2)　契約の締結へ向けた交渉に関する問題（①）

　契約を締結しようとする当事者は，当該契約に関する情報を自らの責任において集めなければならないのが原則である。しかしながら，一定の場合，契約の締結へ向けた交渉に入った当事者は，契約を締結するか否かに関する判断に影響を及ぼすべき情報を相手方に提供する義務を負うとされている。その要件や根拠については様々な議論が存在するが，判例はその法律上の根拠を信義誠実の原則（1条2項）に求めている。当事者がこうした情報提供義務に違反した場合，不法行為（709条）が成立し，損害賠償責任が生じることがある（最判平成23年4月22日民集65巻3号1405頁参照）。

　当事者は契約を締結するか否かを自由に決めることができる（契約締結の自由）ため，契約が成立する前の段階において，締結へ向けた交渉を破棄することも原則として自由である。しかしながら，やはり一定の場合，当事者による交渉の破棄が「契約準備段階における信義則上の注意義務違反」にあたることを理由に，損害賠償責任が生じるとされている（最判昭和59年9月18日判時1137号51頁など）。この問題についても，当事者の責任が肯定される要件と根拠について議論が展開されている。

(3)　契約の成立のための形式的要件（②-1）

　契約は，当事者の一方の申込みと相手方の承諾が合致することによって成立する。申込みとは，相手方の承諾があれば契約を成立させるという確定的な意思表示をいう。求人広告のように，相手方に申込みをさせようとする意思の通知は申込みの誘引と呼ば

364

れ，申込みとは区別される。承諾とは，特定の申込みと相まって契約を成立させるという意思表示をいう。

　申込みと承諾が有効であるためには，意思表示の有効要件を充足していることのほか，申込みと承諾としての効力を有していることが必要である。民法は，前者の問題について 93 条以下で規定している（**第 1 節**参照）。これに対して，後者の問題については 521 条以下に規定が置かれている。ただし，521 条以下の規定は，主に，意思表示の発信と到達の間に時間的な間隔のある隔地者間の契約を想定したものであり，両当事者が対話している場合や契約の成立へ向けて交渉を積み重ねている場合を想定した内容とはなっていないことに留意が必要である。

　申込みの効力に関して，民法は，一定の時期までに承諾するよう期間が定められている場合と，そのような期間が定められていない場合に分けて規定を置いている。承諾の期間が定められている申込みは，その間，撤回することができない（521 条）。承諾の期間の定められていない申込みは，申込者が承諾の通知を受けるのに相当な期間が経過するまでは撤回することができない（524 条）。しかし，承諾の期間の定めのない申込みについても，申込者が撤回しない限り効力をもち続けるわけではなく，取引慣行などを勘案して相当な期間を経過した後は効力を失うと考えられている（商法 508 条 1 項は，商人間の契約の成立についてその旨を定めている）。

　承諾は，申込みと同一の内容の契約を成立させる旨の意思表示でなければならない。申込みに変更を加えた承諾は，その申込みを拒絶し，新たな申込みをしたものとみなされる（528 条）。しかし，現実の取引においては，詳細な契約条項が定められている場合などを想定すれば分かるように，契約条項のすべてについてま

365

で承諾がない場合も少なくない。このような場合，契約の主要な部分について意思の合致があれば契約は成立し，合致のない部分をめぐって後で紛争が生じたときには，契約の解釈・補充を通じて対応するべきだと考えられる。

申込みと承諾が合致すれば，一定の方式によらなくとも契約は有効に成立するのが原則である（方式の自由）。この原則の例外として，一定の契約については書面によるなどの方式が要求されている。民法が定める重要な例外として，保証契約がある（446条2項参照）。

(4) 懸賞広告

民法は，ある行為をした者に一定の報酬を与える旨の懸賞広告（529条以下）を契約の成立の問題として位置づけ，その撤回の方法（530条），報酬を受ける権利を有する者の決定方法（531条）に関する規定を置いている。比較的詳細な規定が置かれているが，その社会的な重要性は必ずしも高くない。

(5) 契約内容に関する有効要件（②-2）

契約の内容は，当事者が自由に定めることができるのが原則である（契約内容の自由）。しかしながら，公序良俗（90条）や種々の強行規定に反する内容の契約（91条参照）については，当事者の合意した内容どおりの効力は認められない。契約の内容を規制する重要な特別法として，消費者法，労働法と総称される法領域に属する法律のほか，借地借家法，利息制限法などがあげられる。

(6) 契約の成立時期（③）

現行法の下では，隔地者間の契約は，承諾の通知が発された時

第15節　契約の成立

に成立する（526条1項）。このように，意思表示が発信された時にその効力を生じるという規律を発信主義という。526条1項は，意思表示は相手方に到達した時にその効力を生じるという原則（到達主義）（97条1項）の重要な例外である。

　526条1項が発信主義を採用した理由は，承諾の発信時に契約の成立を認めることが取引の迅速に資するという配慮にあると指摘されている。しかしながら，通信手段の発達した今日の社会状況を前提とするとそのような配慮が必要だとは考えにくい。また，承諾が申込者に到達していないにもかかわらず契約の成立が認められると申込者が思わぬ不利益を被る可能性がある。そのため，526条1項の採用する発信主義には立法論として大きな問題があると考えられてきた。このような問題点を踏まえて，2001年に成立した「電子消費者契約及び電子承諾通知に関する民法の特例に関する法律」（以下，電子消費者契約・電子承諾通知法）4条は，インターネットを介するなど電気通信回線を通じて行われる電子承諾通知については民法526条を適用せず，民法97条1項の定める原則どおり到達主義が適用されることとしている。

　また，申込者の意思表示によって，または，慣習によって承諾の通知を必要としない場合には，契約は，承諾の意思表示と認めるべき事実があった時に成立する（526条2項）。このような形での契約の成立を，一般に意思実現という。

　以上が契約の成立時期に関する民法の規律であるが，企業間の契約において一定期間にわたる交渉を通じて詳細な契約条件が定められる場合など，承諾の通知の発信によって契約が成立すると考えるのは実態にそぐわない場面も多い。このような場面については，両当事者の間で契約の重要部分について確定的な合意がなされた時に契約が成立すると考えるべきだとする見解が主張され

367

ている。

 ## 改正の議論と改正法の内容

(1) 改正法の基本的内容

改正法は,契約の成立に関する規律についてもいくつかの改正を行っているが,とりわけ重要なのは次の2点である。第1に,改正法は,これまで民法に規定されていなかった基本原則について明文の規定を置くという方針に沿って,契約に関する基本原則を確認するいくつかの規定を新設している。第2に,改正法は,契約の成立時期に関する発信主義を放棄し,到達主義を採用している。以下では,この2点を中心に,現行法に関する説明に対応させた形で改正点を概観する。

(2) 契約の締結へ向けた交渉に関する問題 (①)

改正作業においては,契約交渉段階に関する規律として,契約の締結へ向けた交渉の不当破棄を理由とする責任,および,当事者の情報提供義務に関する規定を設けることが検討され,具体的な規定の提案も示されていた(中間試案・第27)。しかしながら,判例を通じて形成されてきた準則をどのような形で規定するべきか意見の一致を見ることができず,最終的にはこれらの問題に関する規定を置くことは見送られた。今後も,これらの問題は判例における法形成に委ねられることになる。

契約の締結へ向けた交渉に関係する改正としては,当事者は契約をするか否かを自由に決定することができるという原則(契約締結の自由)を確認する規定が新たに置かれたにとどまる(改正

第 15 節　契約の成立

521 条 1 項）。

(3)　契約の成立のための形式的要件（②-1）

　契約の成立のための形式的要件に関する改正として，改正法は，
第 1 に，契約の内容を示してその締結を申し入れる意思表示（申
込み）に対して相手方が承諾をしたときに成立するという基本原
則を確認する規定を新たに置いている（改正 522 条 1 項）。

　第 2 に，申込みの効力について，承諾の期間の定めのある申込
みと承諾の期間の定めのない申込みのいずれについても，申込者
が撤回する権利を留保した場合，撤回が認められる旨を明らかに
する規定が置かれた（改正 523 条 1 項ただし書・改正 525 条 1 項ただ
し書）。また，対話者間における申込みの効力についても規定が
新設されている。それによると，対話者間の申込みは，対話が継
続している間はいつでも撤回することができ（改正 525 条 2 項），
対話が継続している間に申込者が承諾の通知を受けなければ，申
込者が別段の旨を表示していた場合を除き，申込みはその効力を
失う（同条 3 項）。改正 525 条 2 項および 3 項は，改正前に一般的
に受け入れられていた解釈論を条文として規定するものである。
改正 525 条 3 項の新設により，同じ趣旨を定めている商法現 507
条は削除されている。

　方式の自由については，法令に特別の定めがある場合を除き，
契約の成立には書面の作成などの方式を具備する必要がないこと
を確認する規定が新たに置かれている（改正 522 条 2 項）。なお，
改正法は，事業に係る債務についての保証契約に関して公正証書
によらなければならないなどの規制を新たに導入することとして
いる（改正 465 条の 6 以下）が，この点については，**第 11 節**にお
いて説明されている。

369

第2章　改正法の内容

⑷　懸賞広告

　改正法は，懸賞広告に関する規定についても若干の修正を行っている。具体的には，懸賞広告において指定された行為をした者が広告を知らなかった場合であっても懸賞広告者の報酬支払義務が発生する旨が明らかにされている（改正529条）ほか，懸賞広告の撤回の可否およびその方法に関する規定が整備されている（改正529条の2以下）。

⑸　契約内容に関する有効要件（②-2）

　契約の内容に関する有効要件について，改正法は，当事者が法令の制限内において契約の内容を自由に決定することができるという原則を確認する規定を新たに置いている（改正521条2項）。

　契約内容の自由を制限する規定として，改正へ向けた議論の中では，約款の不当条項規制に関する規定を民法に置くことも検討されていた（中間試案・第30-5参照）が，最終的には実現しなかった。もっとも，改正法は，改正548条の2以下において「定型約款」に関する規定を新たに置いており，定型約款の一定の条項について合意をしなかったものとみなす改正548条の2第2項は，契約の内容規制に関する規定だということができる。定型約款に関する規定については，**第16節**において説明される。

⑹　契約の成立時期（③）

　規律の内容が実質的に変更されるのは，契約の成立時期に関する規定である。

　上述のとおり，現526条1項の採用する発信主義は立法論として問題が大きいと指摘されていた。そこで，改正法は同項を削除

し，承諾についても，民法 97 条 1 項の定める原則どおり，申込者に到達した時に効力を生じることとしている。これにより，改正法の下では，承諾の意思表示が申込者に到達した時に契約が成立することになる。

現 526 条 1 項が削除されたことにともない，改正法は，関連するいくつかの規定についても修正を行っている。

第 1 に，現 522 条によると，承諾の期間の経過後に承諾の通知が申込者に到達した場合であっても，通常であれば期間内に到達すべき時に承諾の通知が発送されたことが分かるときは，申込者は遅滞なく相手方に対して延着の通知をしなければならず，申込者が延着の通知を怠った場合，承諾の通知は期間内に到達したものとみなされる。しかしながら，契約の成立について到達主義を採用した改正法は，承諾の意思表示についてのみ他の意思表示と異なった扱いをする必要はないとして，同条を削除している。改正法の下では，承諾の通知が延着するリスクは，他の意思表示と同様，承諾の意思表示をする者が負担することになる。

第 2 に，現 527 条は，申込みの撤回の通知が承諾の通知を発した後に承諾者に到達した場合であっても，通常であれば承諾の通知の発信前に到達すべき時に撤回の通知が発送されたことが分かるときは，承諾者は遅滞なく申込者に対して延着の通知をしなければならず，承諾者が通知を怠った場合，契約は成立しなかったものとみなす旨を定めている。現 527 条は承諾の通知について発信主義が採用されていることを前提とした規律であったため，到達主義を採用した改正法は同条も削除している。改正法の下では，申込みの撤回の通知と承諾の通知のいずれが先に到達したかによって契約の成否が決まることになる。

また，民法において発信主義が放棄される以上，民法の特則を

371

第 2 章　改正法の内容

定める電子消費者契約・電子承諾通知法 4 条はその意味を失うことになる。そこで，今回の改正の整備法（「民法の一部を改正する法律の施行に伴う関係法律の整備等に関する法律」）は，同条を削除し，電子承諾通知に関する民法の特則を失う同法の名称を「電子消費者契約に関する民法の特例に関する法律」に改めている。

〔吉政知広〕

第 16 節
定 型 約 款

□約款よりも狭い「定型約款」という新しい概念を創設（改正 548 条の 2 第 1 項）……①
□定型約款の法的拘束力の根拠を「みなし合意」に求め，定型約款準備者がその定型約款を契約内容とする旨を「あらかじめ表示」すれば要件を満たすとした（改正 548 条の 2 第 1 項）……②
□定型約款の条項が不当なもののほか不透明で不意打ち性があれば，合意をしなかったとみなされる（改正 548 条の 2 第 2 項）……③
□約款の組入れ要件として開示を求めるのではなく，定型約款の内容の表示ないし交付を求める（改正 548 条の 3）……④
□定型約款の変更に関するルールを創設（改正 548 条の 4）……⑤

1 改正の趣旨・経緯

(1) 「約款」をめぐる規律の必要性

　改正法では，契約「総則」（第二章第一節）の最後に「定型約款」に関する新たな「款」が創設されている。これにより，大量取引を迅速かつ効率的に行うために用いられている「約款」をめ

第2章　改正法の内容

ぐる法的問題に関するルールが民法典に導入されることとなる。

契約自由の原則を前提とすれば，当事者間で交渉を経て契約内容が決められることになるが，「約款」が用いられた取引では，契約条項が「総体として」内容を逐一吟味する機会もないままセットで提示され，あとは契約を締結するか否かの選択があるのみで，個別に実質的な交渉をする可能性はほとんどないのが実情である。くわえて，とりわけ「約款」に多くの条項がある場合には，相手方はその個々の条項の内容について十分に認識しないまま契約締結に至ることも多い（「約款の隠蔽効果」）。結果的に，契約内容の合理性を担保するプロセスそのものが機能する前提を欠くことになる。「約款」に含まれる条項の内容が不当である場合にその効力を否定する不当条項規制が必要とされ，「約款」を用いた取引も契約である以上は相手方がその内容を認識したうえで合意をすることが必要であるとして「組入れ要件」として約款の開示が語られ，相手方が約款に含まれていることを予測できない「不意打ち条項」については合意の拘束力を及ぼし得ないとされてきたのは，このためである（学界における諸提案については，部会資料11-2・60頁以下，同13-2・1頁以下参照）。

(2)　難航した審議

今日の取引の現実に目を向ければ，おおよそ「約款」を用いない取引を想定するのが難しいほどに「約款」は広く，深く浸透している。その意味でこの問題は，民法制定以来の社会・経済の変化のなかでもとりわけ「国民の日常生活や経済活動にかかわりの深い」（諮問第88号）ものであり，それ故に，改正作業のなかで最も審議が難航したもののひとつであった。

結論を端的にいえば，紆余曲折を経て改正法に結実した内容は，

374

第16節　定型約款

審議の最終段階において，必ずしも法制審議会における議論を経ない折衝において妥結したものと目されるものが少なくないうえ，必ずしもこれまで「約款」に関する法的規律のあり方をめぐって展開されてきた議論を踏まえたものとはなっていない。このような事情から，本節では，現行法，あるいは現行法下で展開されてきた議論との対比には立ち入らないこととし，改正法によって新たに創設される規律の内容の解説とその検討に焦点を合わせることとしたい。

② 改正法の内容

(1) 概　観

各論的検討に先立って，「定型約款」に関する規律の枠組みを概観しておくのが便宜であろう。一般論としていえば，「約款」に関する規律は諸外国においても立法化されている例は多いが，それらとの比較という観点からいえば際立ってミニマムなものとなっている。その一方で，定型約款の変更（改正548条の4）は，経済界のニーズに応える形で，諸外国にもあまり例のない，新規の規律を導入するものである（→**改正のポイント⑤**）。

先に，改正法に結実した内容は，従来からの議論を踏まえたものとは言い難いと述べた。この点を明らかにするために，従来の議論に近い内容の「中間試案」（平成25年2月26日決定）と改正法との対照表を作成してみた。とくに特徴をなす概念や要件については下線を付している。ここでは，(1)中間試案【約款の組入要件の内容】が，改正法【定型約款の合意・1】と【定型約款の内容の表示】とに分断されたうえ，約款準備者への要求を緩和する

375

第2章　改正法の内容

方向で改編されていること，(2)中間試案での【不意打ち条項】と
【不当条項規制】が改正法【定型約款の合意・2】に統合されてい
ることを指摘しておきたい。

中間試案	改正法
【約款の定義】 約款とは，多数の相手方との契約の締結を予定してあらかじめ準備される契約条項の総体であって，それらの契約の内容を画一的に定めることを目的として使用するものをいう。	【定型約款】 定型約款とは，定型取引（ある特定の者が不特定多数の者を相手方として行う取引であって，その内容の全部又は一部が画一的であることがその双方にとって合理的なものをいう）において，契約の内容とすることを目的としてその特定の者により準備された条項の総体をいう。
【約款の組入要件の内容】 契約の当事者がその契約に約款を用いることを合意し，かつ，その約款を準備した者（以下「約款使用者」という）によって，契約締結時までに，相手方が合理的な行動を取れば約款の内容を知ることができる機会が確保されている場合には，約款は，その契約の内容となる。	【定型約款の合意・1】 定型取引を行うことの合意をした者は，次に掲げる場合には，定型約款の個別の条項についても合意をしたものとみなす。 1　定型約款を契約の内容とする旨の合意をしたとき。 2　定型約款を準備した者があらかじめその定型約款を契約内容とする旨を相手方に表示していたとき。 【定型約款の内容の表示】 ①　定型約款準備者は，定型取引

376

第16節 定型約款

合意の前又は後相当の期間内に相手方から請求があった場合には，遅滞なく，相当な方法でその定型約款の内容を示さなければならない。ただし，定型約款準備者が既に相手方に対して定型約款を記載した書面を交付し，又はこれを記録した電磁的記録を提供していたときは，この限りではない。

② 定型約款準備者が相手方の請求を拒絶⇒一時的な通信障害の発生その他正当な事由がない限り，「みなし合意」適用を排除。

【不意打ち条項】
約款に含まれている契約条項であって，他の契約条項の内容，約款使用者の説明，相手方の知識及び経験その他の当該契約に関する一切の事情に照らし，相手方が約款に含まれていることを合理的に予測することができないものは，契約の内容とはならない。

【不当条項規制】
契約の内容となった契約条項は，当該条項が存在しない場合に比し，約款使用者の相手方の権利を制限し，又は相手方の義務を加重するものであって，その制限又は加重の内容，契約内容の全体，契約締

【定型約款の合意・2】
合意をしたとみなされる定型約款の個別の条項のうち，相手方の権利を制限し，又は相手方の義務を加重する条項であって，その定型取引の態様及び実情並びに取引上の社会通念に照らして信義則に反して相手方の利益を一方的に害すると認められるものについては，合意をしなかったものとみなす。

377

第2章 改正法の内容

結時の状況その他一切の事情を考
慮して相手方に過大な不利益を与
える場合には，無効とする。

【約款の変更】
次のいずれにも該当するときは，
約款使用者は，当該約款を変更す
ることにより，相手方の同意を得
ることなく契約内容の変更をする
ことができる。
ア　当該約款の内容を画一的に変
更すべき合理的な必要性があるこ
と。
イ　当該約款を使用した契約が現
に多数あり，その全ての相手方か
ら契約内容の変更についての合意
を得ることが著しく困難であるこ
と。
ウ　アの必要性に照らして，当該
約款の変更の内容が合理的であり，
かつ，変更の範囲及び程度が相当
なものであること。
エ　当該約款の変更の内容が相手
方に不利益なものである場合にあ
っては，その不利益の程度に応じ
て適切な措置が講じられているこ
と。

約款の変更は，約款使用者が，当
該約款を使用した契約の相手方に，
約款を変更する旨及び変更後の約

【定型約款の変更】
定型約款準備者は，次に掲げる場
合には，定型約款の変更をするこ
とにより，変更後の定型約款の条
項について合意があったものとみ
なし，個別に相手方と合意をする
ことなく契約の内容を変更するこ
とができる。
1　定型約款の変更が，相手方の
一般の利益に適合するとき。
2　定型約款の変更が，契約をし
た目的に反せず，かつ，変更の必
要性，変更後の内容の相当性，定
型約款の変更をすることがある旨
の定めの有無及びその内容その他
の変更に係る事情に照らして合理
的なものであるとき。

定型約款準備者は，定型約款の変
更をするときは，その効力発生時
期を定め，かつ，変更等につき適

第16節　定型約款

款の内容を合理的な方法により周知することにより，効力を生ずる。	切な方法により周知しなければならない。 上記2の変更については，周知をしなければ，変更の効力は生じない。 変更要件については，組入れの除外規定を適用しない。

(2)　改正のポイント①：「定型約款」という概念の創設

（i）**定義とその特徴**　　「約款」とは，保険約款，預金規定，ホテルの宿泊約款，宅配便運送約款，コンピュータ・ソフトウェアの利用規約など，多数の者との取引を画一的に処理するために，一方当事者があらかじめ作成し提示する契約条項の総体をいうと理解されてきた。近時の学説においては，保険約款のような浩瀚な文書に限らず，切符の裏面に印刷された少数の難なく理解し得る条項なども含めて「約款」を広く捉える傾向がみられた（山本豊「約款」内田貴＝大村敦志編『民法の争点』ジュリスト増刊〔有斐閣，2007 年〕219 頁）。これに対して，改正法が「定型約款」という概念を創設したのは，規律の対象を一定のものに絞り込むことを目的とするものである。

　すなわち，「定型約款」とは，「定型取引」において，契約の内容とすることを目的として特定の者により準備された条項の総体をいう，と定義され（改正 548 条の 2 第 1 項），この「定型取引」は，ⓐ「不特定多数」の者を相手方として行う取引であって，かつ，ⓑ内容の画一性が「双方にとって合理的」であるという二つの要

379

第 2 章　改正法の内容

件からなるとされている（改正 548 条の 2 第 1 項）。

　(ii)　**趣　旨**　このような新しい概念が創設されたのは，新た
に創設される規律が，契約書のひな型，労働契約の就業規則，一
定の事業者間取引（「B to B 取引」）についてまで及びかねないお
それを払拭しておく必要があるからだとされている（部会資料 86-
2・1 頁）。すなわち，契約書のひな型は，当事者間での交渉によ
ってその内容について修正の余地があれば，一方当事者が準備し
た条項の総体をそのまま受け入れる合理性（ⓑ）を欠くことから，
定型取引に該当しないことになる。就業規則については，労働者
の個性に着目して締結されていることから，不特定多数の者を相
手とする（ⓐ）ものではないと説明されている。しかしながら，
就業規則については労働者・使用者間の特性に着目して労働契約
法の特則に委ねられるというべきであろう。

　また B to B 取引については，例えば，製品の原材料の供給契
約などは，その内容の画一性は主として（交渉力において優位にあ
る）発注者の便宜によるものであって，双方にとって合理的なも
の（ⓑ）には該当しない。他方，企業が一般に普及しているワー
プロのソフトウェアを購入するような場合であれば，これに該当
するとされている。

　ところで，近時，最高裁判決（最判平成 26 年 12 月 19 日判時 2247
号 27 頁）で問題となった普通地方公共団体が一般競争入札に付し
た公共工事を落札した共同企業体（ジョイントベンチャー）との間
で締結した工事請負契約に添付された工事請負契約約款は，「定
型約款」に該当するであろうか。公共工事の公平性からすれば，
相手方が特定されていることはあり得ず（ⓐ），契約内容の画一
性についても，地方公共団体が契約条件について交渉することは
なく，請負会社も条件を変更する可能性はないことから，双方に

380

第 16 節 定型約款

とって合理的ということができる（ⓑ）と考えられ（→「定型取引」に該当），契約の内容とすることを目的として地方公共団体により準備された条項の総体として「定型約款」に該当するであろう。

　他方，事業者・消費者間の消費者取引（「B to C 取引」）も，基本的にはこれに該当し，定型約款の規律の適用対象となろう。もっとも，消費者契約に当たるものについては，消費者契約法で定められている，より具体的で細かな不当条項規制（消費者契約法 8 条〜10 条）の適用下に置かれることになる。

⑶　改正のポイント②：「定型約款」を契約に組み入れる合意：「みなし合意」

　（ⅰ）　**定型取引を行うことの合意＋α＝個別の条項についても合意をしたものとみなす**　　定型約款の法的性質やその法的拘束力の根拠をめぐっては，従来から議論があったところであるが，改正法は，「定型取引を行うこと」の合意にくわえ，次にみる 2 つのいずれかの場合に該当すれば，「定型約款」に含まれる個別の条項についても包括的に「合意をしたものとみなす」と，基本的には合意による契約であるとの考え方をとっている（改正 548 条の 2 第 1 項）。この点は，当事者が現実に約款の存在やその内容を具体的に認識していなかったとしても，約款による旨の意思を推定することによって「当事者間に別段の特約がない限り……当事者において約款によって契約をしたものと認められる効力を生ずる」としてきた判例（大判大正 4 年 12 月 24 日民録 21 輯 2182 頁〔保険約款〕，最判昭和 37 年 2 月 6 日集民 58 号 513 頁，商事法務研究 248 号 31 頁〔証券取引における受託契約準則〕ほか）とも整合的である。

　「みなし合意」の要件を構成する 2 つの場合とは，ⓐ定型約款

381

第2章　改正法の内容

を契約の内容とする旨の合意をしたとき，または，ⓑ「定型約款
準備者があらかじめその定型約款を契約の内容とする旨を相手方
に表示していたとき」である。ⓐの合意の対象は，契約内容その
もの（定型約款の内容）ではなく，あらかじめ準備された「条項の
総体」を包括的に「契約に組み入れる」ことであり，またⓐとⓑ
が並列的に規定されていることからすれば，ⓐは明示的合意があ
った場合を，ⓑは黙示的な合意があった場合を定めるものと捉え
るのが合理的であろう。このⓑの黙示の合意を認めるには「相手
方が異議を述べなかった」ことを要件とすべきではないかも問題
とされたが，定型約款に異議があれば契約を締結しないはずであ
るとの理由から見送られている。

　そのⓑは，定型約款準備者に，「あらかじめ」「その定型約款」
を「契約の内容とする旨」の「表示」を求めている。「あらかじ
め」の表示が要件とされていることから，ここにいう表示は，
（ⓐと異なり）定型取引の合意に先行してなされるものが想定され
ているといえよう。また，指示代名詞（その）が付されているこ
とから，当該定型取引で用いられる定型約款，および，当該定型
約款が契約に組み入れられる旨の「表示」が必要である。

　先に触れた公共工事の工事請負約款は，工事請負契約の固有事
情を記載した契約書に添付されていたものであるが，そこに双方
が押印していた事実をもってⓐの合意を認定することになるであ
ろう（調印前にⓑにいう「表示」があったと認定される可能性もあろう
か）。また，定型約款を記載した書面が既に相手方に「交付」さ
れていたことで(5)で述べる「定型約款の内容の表示」（改正548条
の3）もあったといえ，契約に組み入れられていたといってよい
であろう。

　ここでもう一度，改正法で採用された規律の枠組みの特徴を確

第16節 定型約款

認しておくこととしたい。従来いわれてきた【約款の組入要件】は，約款による取引にも契約の成立を認めるからには「約款の内容を知ることができる機会」が確保されていたか否かを問うものであったのに対して，改正法の「みなし合意」のルールは，〈定型約款を契約の内容とする〉という，いわば『外殻の合意』があれば，定型約款に含まれる個別の条項についても（その『中身』の認識如何は問わずに）合意があったとみなすもので，『中身』を知る機会の保障は別途手当てするというものである。後者が，(5)で扱う「定型約款の内容の表示」に関するルールである（改正548条の3）。ⓑの「表示」で求められている内容が，約款の開示を前提に相手方の実質的な合意を追求してきた従来の【約款の組入要件】論とは，明らかに一線を画するものであるのは，このためである。

(ii) 「みなし合意」の要件の例外——「表示」でなく「公表」　しかしながら，鉄道，バスなどの旅客の運送に係る取引，電気通信役務の提供に関する取引などでは，当該取引の合意に先行して（あらかじめ），逐一，特定の定型約款やそれが契約に組み入れられる旨の「表示」をなすことまで期待するのは難しい。そこで，これら取引自体の公共性が高く，かつ，約款による契約内容補充の必要性が高いものについては，個々の特別法において，ⓑの「表示」を「公表」で代えることを認める措置が講じられる（「民法の一部を改正する法律の施行に伴う関係法律の整備等に関する法律」による改正：鉄道営業法18条の2，道路運送法87条，航空法134条の3，電気通信事業法167条の2ほか）。

383

第2章　改正法の内容

⑷　改正のポイント③：組入れの除外規定：不当条項規制，不意打ち条項規制，解釈による隠れた内容規制の融合

（ⅰ）　**消費者契約法 10 条との異同**　　以上の「みなし合意」による契約への組入れには，組入れからの除外規定という重要な限界が画されている。「相手方の権利を制限し，又は相手方の義務を加重する条項であって，その定型取引の態様及びその実情並びに取引上の社会通念に照らして第 1 条第 2 項に規定する基本原則に反して相手方の利益を一方的に害すると認められるものについては，合意をしなかったものとみなす」というのが，それである（改正 548 条の 2 第 2 項）。いうまでもなく「第 1 条第 2 項に規定する基本原則」とは，いわゆる信義誠実の原則（信義則）のことである（「権利の行使及び義務の履行は，信義に従い誠実に行わなければならない」）。

　一見して，この条文の策定にあたって消費者契約法 10 条が影響を及ぼしたことがわかる。すなわち，「民法，商法その他の法律の公の秩序に関しない規定の適用による場合に比し，消費者の権利を制限し，又は消費者の義務を加重する消費者契約の条項であって，民法第 1 条第 2 項に規定する基本原則に反して消費者の利益を一方的に害するものは，無効とする。」という条文である。

　両者は，信義則に反して相手方に一方的に不利な条項かどうかを基準としている点も共通である。しかし，消費者契約法 10 条は有効に成立した契約に含まれる条項を無効とするのに対して，この規定は「合意をしなかったものとみなす」と，定める効果が異なるほか，下線を施した部分が信義則違反となるか否かの考慮事情に加わっている点も異なる。これらは，不当条項規制の導入に向けた議論が暗礁に乗り上げていたところ，不意打ち条項規制

384

と一本化することで打開が図られた（部会資料83-2・39頁以下），という審議の経緯を抜きにして理解するのは難しい（この点については，次に述べる）。

本条と消費者契約法10条とは，その法的介入根拠をも異にしている。すなわち，消費者契約法10条は，「消費者と事業者の間の情報の質及び量並びに交渉力の格差」を前提に（同法1条），優位に立つ事業者が一方的に設定した契約条項の内容が，任意法規が定めるデフォルトルールを変更して信義則に反するほどに消費者に一方的に不利なものとなっているかを問い，これが認められれば当該契約条項の効力を否定するものである。これに対して，組入れの除外規定は，契約内容を具体的に認識しなくとも法律の規定により個別の条項につき合意したとみなされることに対するカウンターバランスをとる安全弁としての機能を担わされたもので，信義則違反の有無を判断するにあたっては，定型約款特有の事情のほか，契約締結の態様，取引慣行その他の取引全体に関わる事情が広く考慮される。したがって，ここでは「当該条項そのものでは相手方にとって不利であっても，取引全体を見ればその不利益を補うような定めがあるのであれば全体として信義則に違反しないと解されることになる」（部会資料86-2・4頁）。

(ii) **不当条項規制，不意打ち条項規制，解釈による隠れた内容規制の融合**　先にも述べたとおり，規定の文言を決定づけたのは，不当条項規制と不意打ち条項規制の一体化である。信義則違反に該当するような条項でない限度で合意があったとみなして当事者を拘束するという形で不当条項規制の基本構造を維持しつつ，相手方によって予測し難い不意打ち条項の内容を容易に知り得る措置が講じられているか否かといった事由をも含めて信義則違反を判断するための考慮事由が拡充されている。後者は，約款の透明

385

第2章　改正法の内容

性（分かりやすさ）が加味されることを意味する。

　しかしながら，組入れの除外規定は，多元的な機能を託された規範である。具体的には，不当条項規制と不意打ち条項規制が一本化されたことにくわえて，解釈による隠れた内容規制という裁判実務の継承が企図されていることも指摘するに値するであろう。具体的には，規定の趣旨に照らした限定解釈（最判昭和62年2月20日民集41巻1号159頁〔期間内の通知がない事案で自動車保険免責規定の適用否定〕，最判平成5年3月30日民集47巻4号3262頁〔通知のない事案で住宅火災保険免責の適用否定〕，最判平成15年2月28日判時1829号151頁〔高価品が滅失した事案でホテル側に故意・重過失がある場合に免責条項の適用否定〕）や，条項の存在を明確に認識していないとして拘束力を否定してきた裁判実務（最判平成17年12月16日判時1921号61頁〔敷金から通常損耗の修補も含め控除する条項〕）がそれにあたる。すなわち，この条文の策定にあたって，「相手方の認識の程度を加味した上で当該条項の不当性を広めに判断する……裁判実務の運用が困難になるおそれがあることから，これに対応するため」という考慮もなされていたことを踏まえれば（部会資料86-2・3頁），これまで積み上げられてきた裁判官による解釈を通しての隠れた内容規制に法的基礎を提供する意味をも併せ持っているといえるであろう。

　これとの関連では，近時，公共工事の請負契約約款に受注者『乙』に対する公正取引委員会による排除措置命令等が確定した場合には賠償金を支払う旨の条項（「本件賠償金条項」）がある場合，『乙』が共同企業体（構成員はAおよびY）で，Aに対する排除措置命令等は確定したがYは審判を請求したために排除措置命令等が確定していないときでも，発注者『甲』（地方公共団体）は本件賠償金条項を根拠にYに賠償金を請求できるかが争われた事

第16節　定型約款

件で，最高裁が下した判決（最判平成 26 年 12 月 19 日判時 2247 号
27 頁）は，興味深い問題提起を含んでいる。すなわち，本件賠償
金条項は，共同企業体だけでなく，その構成員について排除措置
命令等が確定した場合にも賠償金支払義務を生じさせるが，『乙』
が『A 又は Y』と『A 及び Y』のいずれを意味するか一義的に
明らかではないとしたうえで，前者の意味を持たせようというの
であれば，「『乙』の後に例えば『(共同企業体にあっては，その
構成員のいずれかの者をも含む。)』などと記載するなどの工夫が
必要」と約款の起草段階での対応の不十分さを根拠に，複数の解
釈の可能性が残る不明瞭な条項の解釈において相手方（Y）に
「不測の不利益を被らせること」を回避する内容での合意の成立
を認めたものである。この判示は，「条項使用者不利の原則」に
相当するものといえ，組入れの除外規定の射程が改めて問題とな
ろう。すなわち，約款に含まれる条項については，一般的な契約
解釈の手法，すなわち，当事者の共通の意思を探求し，共通の意
思がない場合には当該契約に関する事情の下で当事者がそのよう
に理解するのが合理的であるかを探求したとしてもなお複数の解
釈の可能性が残る場合には，約款の使用者（定型約款準備者に相
当）に不利な解釈を採用すべきであるとの考え方で，審議におい
てコンセンサスが得られず中間試案にも盛り込まれなかったもの
である（中間試案の補足説明 364 頁以下）。

　なお，これらの裁判実務が新設される「定型約款」に限られる
ものではなく，従来からの約款一般に対する法理として幅広く発
展していくのかは注目に値するであろう。

⑸　改正のポイント④：定型約款の内容の表示

（i）**原則とその例外**　　定型取引において定型約款を契約の内

387

第2章　改正法の内容

容とするには，先の「みなし合意」にくわえて，「定型約款の内容の表示」が必要とされている。すなわち，定型約款準備者は，定型取引合意前または合意後相当の期間内に「相手方から請求があった場合には，遅滞なく，相当な方法でその定型約款の内容を示さなければならない」（改正548条の3第1項）。

　この規律の特徴は，相手方に契約内容を認識させるべき責任（約款の開示）を定型約款準備者に課すのではなく，逆に，相手方に定型約款の内容に関する開示請求権を認め，この権利行使がなされた場合への対応に限定している点である。定型取引合意の「前」と「後相当の期間内」の請求を同列に扱っている点も目を引く。これは，相手方も定型条項の中身を逐一見ようとしない場合が多いという実情と，相手方が定型条項の内容を確認できるようにする必要性とのバランスを考慮したためである。

　しかしながら，この原則には例外が認められており，定型約款を記載した「書面」や「電磁的記録」を既に交付・提供していれば，定型約款準備者には，相手方の請求に応じる義務が免除される（改正548条の3第1項ただし書）。書面交付，ファイル送信等によって相手方が定型約款の内容を確認する機会は確保されているとの考えによるものである。

　(ii)　**みなし合意の例外則**　　もっとも，「定型約款の内容の表示」に不備があれば，「みなし合意」の効果が否定され，定型約款が契約の内容となることがなくなる（改正548条の2第2項）。そのような場合として改正法が規定しているのは，定型約款準備者が定型取引合意前に相手方のした請求を拒んだ場合である。もっとも，一時的な通信障害の発生，その他の正当な事由があった場合は，この例外則も妥当しない（改正548条の3第2項ただし書）。

388

第 16 節　定型約款

(6)　改正のポイント⑤：定型約款の変更のためのルール

（ⅰ）　**規定導入の背景・趣旨**　　改正法では，定型約款の変更に関する規律も導入されている（改正 548 条の 4）。先に述べた通り，かならずしも議論が蓄積していないなかで（中間試案の補足説明 373 頁），経済界からの要望（第 11 回部会）を受けて置かれた，新規のルールである。

その内容は，経済環境の変化や社会的要請から，契約を締結した後から「追加的に導入を求められるような条項」がある場合に，一定の要件を満たせば，所定の手続を経ることで「合意があったものとみなし，個別に相手方と合意をすることなく契約の内容を変更すること」を可能とするもので，言い換えれば，変更された定型約款の効力に法的疑義が生ずるリスクを遮断しようというものである。

審議過程において引き合いに出されたものとして「反社会的勢力排除条項」がある。確かに，平成 19 年 6 月に政府により企業に反社会的勢力とは取引を含め一切の関係を遮断することを基本原則とする指針（企業が反社会的勢力による被害を防止するための指針）が策定されたことを受け，翌 20 年には金融庁の監督指針が改正され，業界団体等の自主規制において，取引の相手方が反社会的勢力であることが判明した場合に事業者側に解除権を認める「反社会的勢力排除条項」の導入が求められてきたところである。

しかしながら，これらの一連の取組みも直ちに個々の契約の効力に影響を及ぼすものではなく，例えば，監督指針改正後の平成 20 年に成立した保険法に基づく保険契約の解除（保険法 57 条 3 号の信頼関係破壊等の保険契約存続を困難とする重大な事由）と，「反社会的勢力排除条項」との関係についての理解も帰一するところは

389

ない（大野徹也「保険契約における暴力団排除条項と重大事由解除の規律」金法 2035 号〔2016 年〕38 頁）。その意味で，保険契約や預金取引など長期間にわたる契約において，このような条項を新たに追加することは契約内容に変更をくわえることになるが，定型約款によって取引をする意味を損なうことなく，これを迅速・確実に行うためのルールを策定するニーズがあったということはできるであろう。実際，銀行が既存の預金契約に反社会的勢力排除条項を追加し，これに基づいて解約したことに対し，預金者の属性のみに着目して一方的な解約を可能とするもので預金者の経済活動の自由および平等原則を侵害し公序良俗に反して無効である等と主張して銀行を訴えるという事態も生じている（福岡地判平成 28 年 3 月 4 日金法 2038 号 94 頁は変更を有効としている〔福岡高判平成 28 年 10 月 4 日金法 2052 号 90 頁も同判断を維持〕）。もっとも，このようなニーズの射程は，別途問われる必要があるように思われる（→次に検討する）。

　ところで，筆者の知見の限りでは，このような問題を扱う立法例は諸外国にも見出し難いように思われる。わずかに，契約条項につき一方的な変更権を留保する条項を不当条項に該当するとブラックリストに例示列挙する例（消費者契約における不公正条項に関する 1993 年 4 月 5 日付けヨーロッパ共同体閣僚理事会指令付表 1 項(j)）はあるものの，そのような条項が置かれていない場合も含めて，約款の変更につき包括的に規律する例は，みられない。その意味でも「新規」なものではないか。

　(ii)　**実体的要件**　　このルールの適用が認められるのは，定型約款の変更が，次のいずれかの要件を満たしている場合である（改正 548 条の 4 第 1 項）。

　ⓐ　「相手方の一般の利益に適合するとき」（同項 1 号）

第 16 節　定型約款

ⓑ 「契約をした目的に反せず，かつ，変更の必要性，変更後の
内容の相当性，この条の規定により定型約款の変更をすること
がある旨の定めの有無及びその内容その他の変更に係る事情に
照らして合理的なものであるとき」（同項 2 号）

審議過程においては，「相手方から契約内容の変更についての
同意を得ることが著しく困難であるときに限る」ため，変更の時
点においても相手方が不特定多数であることを要件として定める
ことも検討された。しかし，サービスの需要が縮小して相手方が
減少して相手方が少数かつ特定となることも想定され得るところ，
「定型約款」が用いられている取引であれば，その性質上，契約
締結後にも契約内容の画一性が維持される必要性は高いとして，
当該絞込みは見送られている（部会資料 81B・17 頁以下）。

このルールの適用範囲については，定型約款のなかに「変更条
項」がある場合に限定されるべきではないかも議論されたが，変
更の「合理性」を基礎づける一要素として位置づけられている
（点線を施した部分）。なお，海外では逆に，一方的な変更権を留保
する条項は不当条項とする例もあることは先に述べた。

変更の「合理性」審査で考慮される「その他の変更に係る事
情」として想定されているのは，例えば，相手方にとって不利益
変更となる変更について不満があれば解除権を与えるといった措
置が講じられていることや，個別の同意を得ようとすればどれ位
の困難が伴うかなどの事情である（部会資料 83-2・41 頁）。

これらのⓐとⓑの要件は，組入れの除外規定を定める改正 548
条の 2 第 2 項よりも厳格なテストであるから，後者の適用は必要
ない。改正 548 条の 4 第 4 項はその旨を規定したものである。

(ⅲ)　**手続的要件**　定型約款の変更が以上の実体的要件をみた
す場合，次の手続的要件を履践することによって「変更後の定型

391

約款の条項について合意があったものとみなし……契約の内容を変更する」という効力が生ずる。すなわち、ⓐ変更の効力発生時期を定めたうえで、ⓑ定型約款を変更する旨、変更後の定型約款の内容、効力発生時期をインターネットの利用その他の適切な方法により「周知」しなければならない（改正548条の4第2項）。

改正548条の4第1項第2号の変更は、「周知」を変更の効力発生時期が到来するときまでに行わない場合、変更の効力が生じない（改正548条の4第3項）。

これとの関連で、「定型約款」に該当すると考えられる先物取引の受託契約準則の改正の効力が争われた事案がある。旧受託契約準則では追加証拠金を「求めなければならない」とされていたのが「求めることができる」に変更されていた。委託者は、旧準則上は顧客が追加証拠金を拠出しない場合に取引員は手仕舞いをする義務が生じ、その時点で取引は終了するから、その後に生じた差損金の支払義務はないと主張して争ったというもので、最高裁（最判昭和44年2月13日民集23巻2号336頁）は、受託契約準則がいわゆる普通取引約款で当事者が具体的に了知しなくとも契約したものと認められることをもって「受託契約準則が改正された場合には、改正後の受託契約準則は、改正後の右売買取引の委託については、右と同様に、委託者をも拘束するものと解すべきである」としたが、改正法の適用下では上記変更の要件をみたすか、「周知」方法の適切性が問題となり得よう。

第16節　定型約款

ここにも注意！　　経過措置

　改正法は，公布の日から起算して3年を超えない範囲内において政令で定める日から施行されることになっているが（附則〔第189回国会閣法第63号〕1条），「定型約款」に関する規定については若干の注意が必要である。というのも，定型約款の変更について迅速な対応が求められたこともあって，施行日前に締結された定型取引に係る契約についても適用されるからである。もっとも，旧法（現行法）の規定によって生じた効力は妨げられない（附則33条1項）。これに対しては，施行日までの間に当事者が「反対の意思の表示」を書面で行えば，適用を否定することができるとの例外措置も認められている（附則33条2項・3項）。

〔角田美穂子〕

第2章　改正法の内容

第17節
売　　買

Ｉ　売主・買主の義務

改正のポイント

□売主が対抗要件具備義務を負うことにつき，明文の規定が新たに設けられた。

□権利の全部が他人に属する場合だけでなく，権利の一部が他人に属する場合にも，売主の権利取得移転義務が認められることが，条文上明示された。

1　現行制度の概要

　売主および買主の義務に関し，現行法では，555条において，売主の財産権移転義務と買主の代金支払義務について合意がなされることによって売買契約が効力を生じる旨定められている他は，他人物売買において権利を取得し移転すべき売主の義務（560条）に関する規定が置かれているにとどまる。特定物の売買において

394

瑕疵のない目的物を供与すべき売主の義務や，売買の目的物を受け取るべき買主の義務が認められるのかについては，明文の規定を欠いており，その肯否や具体的な要件などをめぐって学説上も見解が分かれている。

 ## 改正の議論と改正法の内容

(1) 売主の対抗要件具備義務の明文化

改正法においては，まず，売主が買主に対し登記・登録等の対抗要件を備えさせる義務（対抗要件具備義務）を負うことについて，明文の規定が新たに設けられた（改正560条）。売買契約の成立要件について定める冒頭規定（555条）においてではなく，「売買の効力」の款において規定されている（売買契約として成立するための冒頭規定所定の要件には含められていない）点に留意を要する。

(2) 全部他人物・一部他人物の売主の権利取得移転義務

他人物売買をめぐる規律として，権利の全部が他人に属する場合だけでなく，権利の一部が他人に属する場合においても，売主が権利を取得し移転する義務（権利取得移転義務）を負うことが明文化された（改正561条）。なお，権利取得移転義務の不履行に基づく責任に関しては，権利の一部が他人に属する場合と権利の全部が他人に属する場合とでは取扱いが異なり，前者は権利に関する契約不適合と同様の規律に服するのに対し（改正565条），後者は債務不履行の一般規定によって規律されることになる（以上に関し，Ⅲ2(1)を参照のこと）。

第2章　改正法の内容

(3)　契約内容に適合した物・権利を供与すべき売主の義務の承認

　契約内容に適合した物・権利を供与すべき売主の義務に関しては，この義務が認められることを前提として，その債務不履行の責任として担保責任の制度の見直しが図られているものの（後述Ⅱを参照），この義務に関する明文の規定を置くことについては見送られた。売主の修補義務を前提とした追完請求権等の規定（改正562条等）が置かれている以上，それらの救済手段に関する規定に重ねて以上の供与義務についてまで条文化する必要はない，との理由による（部会資料83-2・42頁）。

　以上の点と関連して，特定物売買における売主の義務と改正400条における特定物の保管義務の関係については，次のように整理される。すなわち，改正400条では，特定物の保管義務の程度を定める「善良な管理者の注意」は，債権の発生原因たる契約等から切り離されて抽象的に定まるものではないということを明らかにするため，それが「契約その他の債権の発生原因及び取引上の社会通念に照らして定まる」ことを条文上明示するように改められている。もっとも，売買においては，売主は契約内容に適合した物を引き渡すべき義務を負っている以上，引き渡した物が契約に適合しない場合には，改正400条における保管義務を尽くしていたとしても，それをもって契約不適合を理由とする責任を当然に免れることにはならない。したがって，契約不適合を理由とする売主の責任との関係における保管義務の意義は，損害賠償請求権（改正564条・改正415条）の要件である売主の帰責事由の有無を判断する場合などに際して，保管義務の履践の有無が考慮要素の一つとなり得る，といった点に求められるに過ぎない（以上につき，中間試案の補足説明91頁を参照）。以上の帰結については，

第 17 節 売　　買

目的物の引渡しまでその滅失・損傷の危険は売主に留まるとする
改正 567 条 1 項の規律と併せ，売買契約においては厳格な保管責
任を売主に負担させる趣旨に基づくものとして理解されよう。

⑷　**買主の義務についての取扱い**

　買主の義務に関しては，売買の目的物を受け取る義務（受領義
務）や対抗要件具備に必要な協力をする義務（対抗要件引取義務）
を明文化することについて検討された。しかし，この点に関して
は，受領義務の違反について損害賠償や解除まで認めるのは行き
過ぎであって売主からの濫用的な目的物の押し付けによる消費者
被害につながる恐れがある，といった反対意見があり，明文の規
定を置くことは見送られた（部会資料 75A・34 頁）。

Ⅱ　売主の担保責任をめぐる　　規律の見直し（総論）

改正のポイント

□契約内容に適合した物・権利を供与すべき義務を売主が負うことを
　承認した上で，それに基づいて各種の担保責任に関する規律の見直
　しが図られた（契約責任説の採用）。
□物の瑕疵と権利の瑕疵を区分しつつ個別の場面に応じて細分化され
　た規律を定める現行法上の担保責任の構造を改め，契約不適合を理
　由とする債務不履行責任として，担保責任に関する規律を一元的に
　統合して規定することとなった。

397

第 2 章　改正法の内容

 現行制度の概要

　担保責任とは，当事者が給付した目的物や権利に瑕疵がある場合に当事者が負うべき責任をいう。売主の担保責任に関し，現行法では，権利の全部または一部が他人に属する場合，目的物に用益物権や抵当権などの他人の権利が付着している場合，および目的物に隠れた瑕疵がある場合などについて，それぞれ一定の要件の下で損害賠償請求権や解除権等の救済手段を買主に認める規定が，以上の各場面に応じて個別的に定められている（561 条以下）。

　しかし，以上の各担保責任と債務不履行の一般原則との関係については，規定上必ずしも明確なものとはなっていない。特に，物の瑕疵に関する瑕疵担保責任（570 条）に関しては，その法的性質の理解における対立を前提として，瑕疵の修補や代替物の引渡しといった履行の追完を求める権利が買主に認められるかなどをめぐって学説上の主張は様々に分かれており，判例の立場についての一貫した理解も必ずしも容易ではないのが現状である。この点に関し，瑕疵担保責任の法的性質をめぐっては，①特定物売買においては目的物の品質・性能等は契約内容とはならないため（特定物ドグマ），売主の義務は当該特定物を現状にて引き渡すことに尽きるが，契約当事者間の衡平の観点から法が（特定物の）売主に対して特別に認めた責任が瑕疵担保責任であると解する見解（法定責任説；柚木馨『売主瑕疵担保責任の研究』〔有斐閣，1963 年〕166 頁以下，我妻栄『債権各論・中巻一』〔岩波書店，1957 年〕270 頁以下など）が，かつては通説であった。しかし，近時においては，②特定物・不特定物を問わず，当該契約において予定された性能・品質等を備えた目的物を引き渡す義務が売買契約の内容にな

り得ることを前提として、その義務の違反によって生じる債務不履行責任の特則として瑕疵担保責任を位置付ける見解（契約責任説：北川善太郎『契約責任の研究——構造論』〔有斐閣，1963年〕168頁以下，星野英一「瑕疵担保の研究——日本」同『民法論集　第3巻』〔有斐閣，1972年〕211頁以下，森田宏樹『契約責任の帰責構造』〔有斐閣，2002年〕241頁以下，潮見佳男『契約各論Ⅰ』〔信山社，2002年〕190頁以下など）が，学説上支配的となっている。判例も，不特定物の瑕疵をめぐる売主の責任に関する最判昭和36年12月15日民集15巻11号2852頁において，①債権者は瑕疵の存在を認識した上でこれを履行として認容して瑕疵担保責任を問うこともできるが，②それ以外の場合には，債権者は受領後もなお完全履行請求権や債務不履行に基づく損害賠償請求権および解除権を有する，と判示しており，不特定物売買に関しては瑕疵担保責任の規定が適用されないとする典型的な法定責任説の立場に立つものではないことを明らかにしている。

2　改正の議論と改正法の内容

(1)　契約不適合を理由とする債務不履行責任への統合

売主の担保責任をめぐる問題に関し，改正法においては，契約の内容に適合した権利の移転・目的物の引渡しをなすべき義務を承認することを前提として（契約責任説の採用），その義務の不履行に対する買主の救済手段に関する統一的な規定を定めるという方向で，担保責任に関する現行法の規定につき抜本的な変更が行われた。その理由については，①特定物に瑕疵があっても債務不履行を構成せず，（現570条に定められていない）売主の追完義務は

第2章 改正法の内容

一律に否定されるという典型的な法定責任説の考え方は，工業製品等の種類物が売買目的物の中心となっている現代の取引実務に適合的でないこと，②いわゆる権利の瑕疵に関する売主の責任についても，売主が権利の移転をどこまで引き受けていたかについての契約解釈が重要となることを踏まえ，当事者の引き受けた契約内容に適合した権利を移転する義務に対する不履行として（契約責任説の観点から）その規律を整備すべきであること，といった点が挙げられている（中間試案の補足説明 399 頁，401 頁参照）。

これにより，現行法では物の瑕疵と権利の瑕疵とを区分して個別的に規定され，また一般の債務不履行責任とは異質のものとして理解されることもあった売主の担保責任の制度は，物・権利に関する契約不適合を理由とする債務不履行責任についての規律として，一元的に整理・統合されることとなった。

なお，以上の改正に伴い，特定物債権については品質・性状は契約内容とはならない（現状にて引き渡せば足りる）とする特定物ドグマと結び付けて理解されることのあった現 483 条についても，物の品質における契約適合性が契約上の義務内容となる売買契約等については本条の規律は適用されないということが明らかとなるように，「引渡しをすべき時の品質を定めることができないとき」という要件が追加された（改正 483 条）。

(2) 売買以外の契約類型における担保責任制度

また，契約の内容に適合した物・権利を供与すべき義務を承認した上で，その債務不履行責任の問題として担保責任の制度をとらえ直すという改正法の規律方針は，売買だけでなく他の契約類型（贈与，使用貸借，請負など）における担保責任の制度との関係でも，等しく妥当するものと考えられている。すなわち，各契約

400

第 17 節 売　　買

類型における担保責任の制度によって従来扱われていた問題については，契約の内容に適合した物・権利を供与すべき義務に対する債務不履行の問題として位置付けた上で，各契約類型の特質に鑑みて，債務不履行の一般規定と異なる内容の規律が必要とされる限りにおいて，かつ有償契約には売買の規定が包括的に準用されることを前提としてもなお一定の規律が必要とされる場合につき，個別の担保責任の規定が置かれることとなった。

　また，現 570 条などにおいて用いられていた物や権利の「瑕疵」という表現については，他の契約類型における担保責任に関する規定とともに，「契約の内容に適合しない」ことという表現に改められている（消費貸借につき改正 590 条，請負につき改正 636条を参照のこと）。この点についても，担保責任制度に関する以上の全体的な規律方針に従った取扱いとして理解される。

　このように，改正法では，売買だけでなくその他の契約類型に関しても契約責任説からの規律が貫徹され，民法典全体として契約不適合に関する責任についての構造と規律の統合化が図られている。

Ⅲ　物・権利に関する契約不適合に対する買主の救済手段

改正のポイント

　□契約不適合の場合一般における買主の救済手段として，追完請求権と代金減額請求権に関する規定が新設された。

□物・権利に関する契約不適合を理由とする損害賠償および解除については，特則は置かれず，債務不履行の一般規定に従うこととされた。

1 現行制度の概要

　現行法における担保責任の規定では，損害賠償請求や解除などの救済手段については担保責任の各場面に応じて個別的に定められている。その結果，代金減額請求権については，権利の一部の移転不能や数量不足の場合（563条・565条）に限って規定されており，損害賠償や解除の要件などについても各担保責任の類型ごとにそれぞれ異なった内容となっている。また，瑕疵の修補や代替物の引渡しといった履行の追完を求める権利に関しては，請負においては瑕疵修補請求権に関する規定（634条）が置かれているのに対し，売買においては明文の定めはない。

　また，以上の担保責任に関する規律につき，債務不履行責任に関する一般規定と異なる点としては，①担保責任の発生に際して売主の帰責事由は要件とされていないこと，②物・権利の瑕疵を知っていることを理由として買主の救済が排除または制限される場合があること（561条・565条・566条等），③物の瑕疵に関する救済は，瑕疵が「隠れた」ものである場合に限られていること（570条），④他人の権利の売買において善意の売主に解除権が認められていること（562条），といった点が挙げられる。

改正の議論と改正法の内容

(1) 契約不適合に対する買主の救済手段に関する規律の基本構造

改正法における具体的な規律の構造としては、まず、物に関する契約不適合を理由とする買主の救済手段として、追完請求権（改正562条）、代金減額請求権（改正563条）、損害賠償請求権および解除権（改正564条）についての規定が置かれ、その上で、以上の諸規定が権利の契約不適合の場合についてもそのまま準用される（改正565条）。このように、改正法においては、物の不適合か権利の不適合かを問わず、同一の規定によって規律されることになる。

以上の改正565条に関しては、権利の一部が他人に属する場合についても権利に関する契約不適合の場合と同様に扱われる一方、権利の全部が他人に属する場合については本条の適用対象から除外されている、という点に注意が必要である。すなわち、改正562条から改正564条までの規定は、物・権利の契約不適合という不完全履行の場合に関する規定であって、債務の履行が何らなされていない無履行の場合については、債務不履行の一般規定の適用によって処理されることが想定されている。全部他人物の売買において売主がその権利の全部を移転しないときは、権利移転義務についての無履行であり、債務不履行の一般規定をそのまま適用すれば足りる、と考えられたためである（部会資料84-3・13頁）。

このように、物に関する契約不適合と（権利の一部が他人に属する場合を含めた）権利に関する契約不適合について共通して適用

第2章　改正法の内容

されることになる，改正562条以下の規定の具体的内容については，以下の通りである。

(2)　瑕疵についての買主の善意・悪意などの主観的要件を定める規律の排除

　物の種類・品質における契約適合性に関し，現570条では「隠れた」瑕疵という要件（買主側の善意無過失を意味するものと解されている）が課されていたのに対し，改正法では，この「隠れた」という要件が外されている（改正562条等）。目的物に関する欠陥等を当事者がどこまで契約に織り込んでいたのかを踏まえて行われる契約適合性の要件判断において，「隠れた」という要件が課されていた趣旨は評価し尽されていると考えられたためである（中間試案の補足説明404頁，407頁）。

　瑕疵についての買主の善意・悪意などの主観的要件に従って救済を画一的に排除または制限する現行法の諸規定（現561条・565条・566条等）についても，契約不適合に関する売主の責任は売主がいかなる内容の義務を引き受けたのかによって定まるという改正法の規律方針とは合致しないため，買主側の善意・悪意等を要件とした規律は改正法では設けられていない（中間試案の補足説明418頁）。

　もちろん，以上の取扱いは，契約に適合した履行として求められるべき行為義務の内容や売主・買主の帰責事由等について具体的に判断するに際し，契約当事者の認識内容や主観的事情が重要な考慮要素となり得ることを否定する趣旨ではない。例えば，他人物の売主が負う権利取得移転義務に関しては，目的物が他人の物であることを当事者双方が認識していた場合とそれ以外の場合とではその義務の内容が定型的に異なるということを基本的前提

第17節 売　　買

とした上で，具体的な契約解釈によってその義務内容や帰責事由
の有無に関する判断がなされるべきことになろう。

(3)　契約不適合を理由とする追完請求権（改正562条）

　改正法では，契約不適合一般についての統一的な救済手段とし
て，買主の追完請求権に関する規定が新たに設けられ，目的物の
修補・代替物の引渡し・不足分の引渡しによる履行の追完を求め
る権利が買主に認められている（改正562条）。追完請求権に関し
ては，債務不履行一般における救済手段として規定を置くことも
検討されたものの，最終的には，そのような一般規定を置くこと
は断念された（部会資料53・35頁参照）。そのため，改正562条の
規定は，追完請求権に関する不文の一般的規律に対する売買の特
則としての意義を有している。

　(i)　買主の追完請求権に関する具体的規律としては，まず，修
補か代替物の引渡しか等の追完方法の選択に関しては買主側が選
択して主張することができるとした上で，買主に不相当な負担を
生ぜしめない限りにおいて，売主はそれとは異なる方法での追完
をすることができる旨規定されている（改正562条1項）。

　(ii)　追完請求権が認められない場合としては，契約不適合が買
主の責めに帰すべき事由による場合が定められている（改正562
条2項）。各救済手段に関する規律は相互に整合的である必要が
あるところ，買主側に帰責事由がある場合には解除権や代金減額
請求権が認められないこと（改正543条・改正563条）との均衡か
ら，この場合には追完請求権についても排除されるべきである，
と考えられたことによる（部会資料81-3・9頁）。以上の規律は，
履行請求権に関する一般規定においては定められていない排除事
由を，売買における追完請求権との関係において設けるものであ

り，以上の取扱いを本来の履行請求権との関係でどのように位置付けるか——履行請求権と基本的に同一の性質を有する追完請求権に関する（売買についての）特則として理解するのか，あるいは，ここでの追完請求権を履行請求権とは性質を異にする救済手段として理解するのか，など——については，解釈に委ねられている。

また，追完が不能（改正412条の2第1項）の場合にも追完請求権は排除されると考えられているものの，この点に関しては，追完請求権についても履行不能の規律が適用されることは明らかであるとして，明文化は回避されている（部会資料75A・13頁参照）。

(4) 契約不適合を理由とする代金減額請求権（改正563条）

買主の代金減額請求権については，現行法では数量不足の場合等に限ってしか認められていなかったところ，改正法においては，代金減額請求権によって対価的均衡を維持する必要性は，以上の場合に限らずより一般的に認められるものと考えられた結果，代金減額請求権は契約不適合の場合一般における救済手段として認められることとなった（中間試案の補足説明409頁）。

代金減額請求権の要件に関しては，代金減額請求権が一部解除としての性質を有することを前提として，解除と同様の枠組みが採用されている（部会資料75A・15頁）。すなわち，①代金減額請求をするためには，催告解除の場合（改正541条本文）と同様，追完の催告をした上で相当期間の経過を待たなければならない（改正563条1項），②無催告で代金減額請求をすることができる場合につき，無催告解除の場合（改正542条）に準じた要件が定められている（改正563条2項），③代金減額請求と帰責事由との関係についても，解除の場合と同様，売主の帰責事由は代金減額請求の要件とはならない一方，契約不適合が買主の帰責事由による場

第17節 売　買

合には代金減額請求は認められないこととなる（改正563条3項）。このように，売主に帰責事由がないことによって損害賠償請求権が認められない場合や，履行請求権の排除事由があることによって追完請求権が排除される場合においても，代金減額請求権については行使可能であるという点にその存在意義が認められる。

(5) 債務不履行の一般規定の適用による損害賠償・解除（改正564条）

物・権利に関する契約不適合に対する救済としての損害賠償請求および解除に関しては，その要件・効果につき債務不履行の一般規定に従うものとされており（改正564条），この場面に関する特則的な規定は置かれていない。したがって，改正法の下では，契約不適合に関する売主の責任についても，売主に帰責事由がない場合には損害賠償請求は認められず，また損害賠償の範囲については履行利益にも及び得ることなどが，規定上明らかとなっている。

解除の要件に関しては，現行法では契約目的達成不能の場合に限って解除が認められる場合があったところ（現566条・570条），改正法においては，契約目的の達成が不能であるかを問わず，解除の一般規定（改正541条以下）に従った取扱いがなされることとなる。

(6) 担保責任に関するその他の規定の見直し

担保責任に関するその他の規定については，以下のような改正が行われている。

(i) まず，他人の権利の売買における善意の売主の解除権（現562条）については，権利移転義務を履行しない売主の側に契約

第 2 章　改正法の内容

離脱の選択肢を特に与えることには合理性が乏しいため，以上に関する規律は設けないこととされた（中間試案の補足説明 418 頁）。

(ii)　競売における担保責任については，規定の対象が「強制競売」（現 568 条 1 項）から「競売」一般に拡張されたものの，具体的な規律内容に関しては現行法の規定がほぼ維持されている（改正 568 条）。この点に関し，法制審議会での審議過程においては，競売の目的物の瑕疵についての担保責任を否定する現 570 条ただし書の規定につき，物の瑕疵であっても権利の瑕疵と比肩すべき重大な不利益となる場合があり得るとしてこれを削除する旨の提案が示されたが（中間試案の補足説明 420 頁以下），競売手続の結果が覆されることによる関係当事者の不利益や執行裁判所の負担を考慮して現行法の規律を維持すべきであるとの反対意見が強く，この点に関する改正は見送られることとなった（部会資料 75A・25 頁以下）。

(iii)　目的物に抵当権等がある場合における売主の担保責任に関する現 567 条については，抵当権等の行使によって買主が所有権を失った場合における解除（1 項）および損害賠償（3 項）の規定が削除された（改正 570 条）。所有権の喪失前であっても契約の解除を認めるべき場合があること等を考慮すれば，この場面における解除および損害賠償についてはそれぞれの一般原則に委ねるのが相当であるとの理由による（部会資料 75A・21 頁）。

第 17 節　売　　買

Ⅳ　契約不適合を理由とする買主の 権利についての期間制限

改正のポイント

□物の種類・品質における契約不適合の場合に限定して，買主の権利 の期間制限に関する特則が設けられた。

□買主が事業者の場合における目的物検査義務および適時通知義務に 関する規定の新設（商法 526 条参照）については，見送られた。

1　現行制度の概要

　現行法では，物・権利の瑕疵を理由とする売主の担保責任に関 し，買主の権利行使につき 1 年の期間制限が課されている場面が ある。すなわち，①権利の一部が他人に属する場合および数量不 足等の場合には，買主が善意のときは事実を知った時から 1 年， 悪意のときは契約時から 1 年（564 条・565 条），②目的物に用益 物権等が付着している場合には，事実を知った時から 1 年（566 条 3 項），③目的物に隠れた瑕疵があった場合（瑕疵担保責任）に つき，事実を知った時から 1 年（570 条・566 条 3 項），という各期 間内に買主は権利行使をしなければならない旨定められている。 それ以外の場合（権利の全部が他人に属する場合など）については， 債権の消滅時効に関する一般規定（167 条 1 項）に従った 10 年の 消滅時効のみが妥当する。

　また，判例によれば，瑕疵担保責任に関する期間制限につき，

409

第2章　改正法の内容

①買主が権利を保存するためには裁判上の権利行使までは必要とされず，この期間内に「売主の担保責任を問う意思を裁判外で明確に告げること」で足りる（最判平成4年10月20日民集46巻7号1129頁），②瑕疵担保責任を理由とする権利については，1年の期間内に権利を保存する必要があることに加え，一般の債権と同じく，目的物の引渡しから10年の消滅時効に服することになる（最判平成13年11月27日民集55巻6号1311頁），とされている。

2 改正の議論と改正法の内容

(1)　買主の権利の期間制限に関する特則（改正566条）

　以上の現行法に対し，法制審議会では，まず物に関する契約不適合につき，消滅時効の一般原則とは異なる短期の期間制限を定める必要があるか否かにつき，検討が行われた。この点に関し，短期の期間制限を設けないとする提案については，履行が完了したものと考えている売主の地位を長期間にわたって不安定にし，また不適合を早い段階で知ることができない場合には売主の追完の費用が不必要に増大する恐れがあるなどの反対意見があり，採用されなかった（部会資料75A・23頁）。その結果，物の種類・品質における不適合を理由とする買主の権利については，消滅時効の一般原則とは別に，買主が不適合の事実を知った時から1年間の期間制限を維持することとなった。すなわち，目的物の種類・品質における契約不適合を知った買主は，不適合を知った時から1年以内に不適合の事実を売主に対して通知する義務を負い，この義務を怠った場合には買主は契約不適合を理由とする権利を行使できないこととされた（改正566条）。その理由については，①

第 17 節　売　　買

目的物の引渡しによって履行は完了したという売主の期待を保護する必要があること，②物に関する不適合の有無は使用や時間経過による劣化等によって比較的短期間で判断が困難となるため，短期の期間制限によって早期に法律関係を安定させる必要があることなどが挙げられている（部会資料 75A・23 頁）。なお，従来の判例は，権利の保存のために 1 年の期間内に行うべきことにつき，「売主の担保責任を問う意思を裁判外で明確に告げること」で足りるとしつつ，その具体的内容として，「売主に対し，具体的に瑕疵の内容とそれに基づく損害賠償請求をする旨を表明し，請求する損害額の算定の根拠を示す」ことなどが必要となるとしていたのに対し（前掲最判平成 4 年 10 月 20 日），改正法においては，不適合があることの通知のみで買主の権利が保存されることになり，判例の立場よりも買主の権利保存にとってより緩和された取扱いとなる点に留意を要する（以上につき，中間試案の補足説明 412 頁）。

　また，買主の通知義務を基礎とした以上の 1 年の期間制限については，引渡しの時に売主が不適合を知りまたは重大な過失によって知らなかったときは，そのような売主に関しては短期期間制限によって保護すべき必要性は認められないため，改正 566 条ただし書によりこの期間制限を適用しないものとされている（中間試案の補足説明 412 頁）。

　なお，以上の短期期間制限に関する規律は，消滅時効の一般原則の適用を排除するものではなく，期間内の通知によって保存された買主の権利は，債権に関する消滅時効の一般原則に従うものとされている（部会資料 75A・24 頁）。すなわち，物の種類・品質における不適合を理由とする買主の権利が，引渡し時から 10 年または不適合を知った時から 5 年という二重の時効期間の下で，消滅時効にかかることとなる（改正 166 条 1 項）。

411

第2章　改正法の内容

(2)　権利および(物の)数量に関する契約不適合についての取扱い

　権利に関する契約不適合については，権利移転義務の不履行に
関しては短期間でその不履行の判断が困難になるとは考え難く，
消滅時効の一般原則と異なる短期の期間制限を必要とする趣旨が
妥当しないとの理由により，短期の期間制限に関する特則を設け
ないこととされた（中間試案の補足説明 419 頁）。したがって，この
場合には，消滅時効の一般原則に従った取扱いのみが妥当するこ
とになる。

　物の数量における契約不適合についても，物の種類・品質に関
する契約不適合の場合とは異なり，1 年の期間制限に関する改正
566 条の適用対象に含められていない。この点に関しては，数量
不足は外形上明白であり，履行が終了したとの期待が売主に生じ
ることは考え難く，買主の権利行使期間を制限してまで売主を保
護する必要性は乏しい，との理由が示されている（部会資料
75A・24 頁以下）。

(3)　商人間の売買における買主の目的物検査義務および通知義務
（商法 526 条）

　法制審議会では，商人間の売買における買主の目的物検査義務
および通知義務について規定する商法 526 条に関し，当事者双方
が商人である場合のみを対象としている同条の適用範囲と規律内
容に修正を加えた上で，買主が事業者である場合のルールとして
民法に規定を設ける旨の提案も示された（中間試案の補足説明 413
頁）。しかし，商人概念を拡張する「事業者」概念が明確にされ
ていないことや，「事業者」が売買の専門家ではない場合にも検
査義務が課されるのは酷であることなどに関する反対意見を考慮

し，この点についての規定の新設は見送られた（部会資料 75A・34 頁）。

V　危険の移転

改正のポイント

□売買の目的として特定した目的物の引渡しにより，目的物の滅失・損傷に関する危険が買主に移転する旨の規定が新設された。
□買主の受領遅滞中における目的物の滅失・損傷に関し，その危険が買主に属する旨の規定が新設された。

1　現行制度の概要

　売買契約の目的物が売主の帰責事由によらずに滅失・損傷した場合につき，現 534 条によれば，その滅失・損傷の危険は買主が負担することとなる。しかし，本条の定める危険負担の債権者主義については，少なくとも買主に実質的な支配が移転する以前において買主が危険を負担すべき合理的根拠は存在しない，といった批判が強く向けられている。また，目的物に対する支配が移転した時に危険の移転を認めるとしても，引渡し・所有権移転・登記移転といったメルクマールのいずれをもって支配の移転を認めるかについては，学説上見解が分かれている（以上につき，谷口知平 = 五十嵐清編『新版注釈民法(13)〔補訂版〕』〔有斐閣，2006 年〕650 頁以下〔甲斐道太郎〕を参照のこと）。

413

第2章　改正法の内容

　改正の議論と改正法の内容

(1) 引渡しによる買主への危険の移転

　改正法においては，解除制度と危険負担制度の見直しに伴って，危険負担の債権者主義を定める現534条は削除されたものの（→**第7節2**(3)(i)を参照のこと），実質的な支配の移転があった時点以降における危険について買主への移転が認められるかどうかといった危険の移転をめぐる問題については，危険負担に関する一般規定においては取り扱われていない。より具体的には，何らかの事由による危険の移転をもって，危険負担の債務者主義を定める改正536条に基づく反対債務の履行拒絶権やその他の救済手段（解除権など）が遮断されることになるのか，という問題がなお残ることとなる。

　この点に関し，改正法においては，危険の移転が最も典型的に問題となる売買契約に関する規定として危険の移転のルールを新設することとし，またその内容に関しては，契約実務においては目的物の引渡しの時に目的物の滅失等の危険が売主から買主に移転するとの考え方が定着している点などを踏まえ，目的物の滅失・損傷に関する危険の移転時期を目的物の引渡し時とする規律を定めることとなった（中間試案の補足説明428頁）。その結果，目的物の引渡し時以降に当事者双方に帰責事由なくして目的物が滅失・損傷した場合には，買主は，その滅失・損傷を理由とする救済手段（追完請求，代金減額請求，損害賠償請求，解除）を行使することができず，また代金の支払を拒絶することができない旨の規定が定められた（改正567条1項）。ここでは，引渡しによる危険

の移転の効果に関し，反対債務の履行拒絶権の排除という対価危険の移転にかかる効果だけでなく，追完請求権等の排除という給付危険の移転にかかる効果も含まれている点が，重要である（対価危険の問題との関連における改正567条の意義については，**第7節2(3)(ii)**も参照のこと）。なお，買主への危険の移転により権利行使が否定されるのは「その滅失又は損傷を理由」としたものに限られるため，引渡し以前に生じていた契約不適合等を理由とした権利行使は妨げられない。

改正567条1項の規律内容に関しては，目的物が「売買の目的として特定」されている場合に限られている点に，留意を要する。特定物および特定した種類物がここでの規律の対象となることを明確にする趣旨に基づくものであり（部会資料83-2・43頁），種類物たる目的物に契約不適合があることによって特定が生じない場合には，引渡し後であっても危険は買主に移転しないことになる（なお，どのような内容・程度の契約不適合がある場合に本条における「特定」が妨げられ得るのかについては，今後の解釈に委ねられている）。

以上の規定に関しては，目的物たる種類物が特定した後，引渡し前に目的物が滅失・損傷した場合における危険の移転（特に，給付危険の移転）についてどのように考えるのか，という問題がある（この問題点につき，山野目章夫「民法（債権関係）改正のビューポイント⑫」NBL1049号〔2015年〕36頁以下を参照のこと）。この点に関しては，改正567条1項の反対解釈により，引渡しがなされない限りは特定が生じていても買主に危険は移転しないという帰結が導かれ得るが，そのような解釈以外の可能性——例えば，引渡しによる危険の移転について規定する改正567条1項は，引渡し以外の事由による危険移転の可能性を否定するものではなく，給付危険については401条2項における「特定」の効果としても

415

第2章 改正法の内容

移転する，といった解釈——が文言上当然に排除されているわけ
ではない。また，具体的な契約解釈の帰結として，特定が生じた
場合には危険が移転する旨の個別の合意が認定されるような場面
も，少なからず存在し得るものと考えられる。もっとも，特定物
債務に関しては，（買主の受領遅滞の場合等を除けば）引渡し前には
買主への危険移転の契機は存在せず，契約に適合した目的物を引
き渡すことに関する重い責任と危険を売主が負担することに鑑み
れば，種類物債務に関する危険の移転についてのデフォルト・ルー
ルとしても，特定が生じていても引渡しがなされるまでは買主
に危険（給付危険を含む）は移転しないものと解するのが整合的で
あろう。

(2)　買主の受領遅滞中の目的物の滅失・損傷に関する危険

改正法においては，債権者が受領遅滞中に当事者双方の責めに
帰することができない事由によって債務の履行が不能となった場
合には，その不能は債権者の帰責事由によるものとみなす——そ
の結果，債権者からの解除および反対債務の履行拒絶の主張が排
除される（改正536条2項・改正543条）——という規定が新設さ
れている（改正413条の2第2項）。受領遅滞中に生じた危険につ
いては債権者に負担させる趣旨であるが，以上の規定の適用場面
は，受領遅滞中の不能の場合に限られている。この点，受領遅滞
中の目的物の滅失・損傷に際して履行の追完が可能であるような
場合についても，履行不能の場合と同様に債権者が危険を負担す
べきであるとして，その場合をも適用対象に含める形で売買契約
上のルールとして規律を整備したのが，改正567条2項の規定で
ある（部会資料75A・31頁）。すなわち，売主が契約の内容に適合
した目的物の引渡しを提供したにもかかわらず買主側での受領拒

416

絶・受領不能があった場合には，買主に危険が移転し，1項と同様の規律に服することとなる。

Ⅵ 贈　与

改正のポイント

□他人の財産の贈与であっても有効に成立することが，条文上明確化された。
□贈与者の担保責任につき，贈与の目的として特定した時の状態での物の引渡し・権利の移転を約したものと推定する旨の規定へと改められた。

1　現行制度の概要

　贈与契約の意義につき，現549条では「自己の財産」を無償で相手方に与えることと規定されているが，他人の財産を目的とする贈与（他人物贈与）であっても有効に成立するものと解するのが通説となっている（我妻栄『債権各論　中巻一』〔岩波書店，1957年〕227頁以下，柚木馨＝高木多喜男編『新版注釈民法(14)』〔有斐閣，1993年〕20頁〔柚木馨＝松川正毅〕など）。

　また，贈与者の担保責任に関しては，贈与の目的である物・権利の瑕疵または不存在につき，知りながら受贈者に告げなかったときに限り，贈与者は責任を負う旨定められている（551条1項）。贈与契約の無償性を考慮し，贈与者には売主よりも軽減された責

任のみを負担させる趣旨であると解されている（我妻・前掲232頁，来栖三郎『契約法』〔有斐閣，1974年〕237頁以下など）。なお，負担付贈与の場合に関しては，その性質に反しない限り双務契約に関する規定が準用されるほか（553条），贈与者はその負担の限度で売主と同様に担保責任を負う旨の規定（551条2項）が置かれている。

改正の議論と改正法の内容

(1) 他人物贈与の有効性の明確化

贈与契約の規定に関する改正点としては，まず，贈与契約の意義に関し，「ある財産」を無償で相手方に与えることと改めることにより，他人物贈与であっても有効に成立することが条文上明確化された（改正549条）。

(2) 贈与者の担保責任に関する規定の見直し

（i）贈与者の担保責任に関しては，贈与者の責任を軽減する現551条1項の規律内容を実質的に維持しつつ，契約に適合した財産を供与することが贈与者の負うべき債務の内容となること（担保責任に関する契約責任説）を踏まえた規定に改めることとなった。すなわち，改正551条1項は，「贈与者は，贈与の目的である物又は権利を，贈与の目的として特定した時の状態で引き渡し，又は移転することを約したものと推定する」という意思推定の規定となった。これは，贈与の目的となる物・権利の契約適合性については，売買等の場合よりも軽減された内容となるのが当事者の通常の意思である，という観点に基づいて端的に規律を整備した

ものである（部会資料81B・19頁）。これにより，特定物贈与においては契約時の状態にて，また種類物贈与においては「特定」時の状態にて引き渡すことが，当事者の合意の内容として推定されることになる。なお，以上の規定は，現行法上の準用関係と同様に，使用貸借についても準用される（改正596条）。

（ⅱ）　他人物贈与における贈与者の責任については，権利の取得義務までは負わないとしつつ，その権利を取得した場合にはそれを受贈者に移転する義務を負う旨の規定が提案されていたが（部会資料81B・20頁），権利取得義務を負わないとすることが任意規定（デフォルト・ルール）の内容として適切かどうかについて疑念が向けられ，規定化は見送られた。したがって，贈与契約に適合した権利を供与すべき義務の具体的内容として，他人物を贈与した者がいかなる内容の義務を負うことになるのかについては，その点に関する明文の任意規定が存在しないことを前提とした契約内容の確定作業の帰結に委ねられることとなる。

（ⅲ）　負担付贈与における贈与者の責任に関しては，中間試案の段階では，現551条2項の規律内容に関する一般的な理解に従ってその具体化・明確化を図る趣旨に基づいて（中間試案の補足説明436頁），契約不適合の事実があることによって受贈者の負担の価額がその受け取った物・権利の価額を超えるときは，受贈者は，その超える額に相当する負担の履行を拒みまたは履行した負担の返還を請求することができる，という規定の導入が提案されていた（中間試案・第36-2⑷）。しかし，受贈者側に負担の縮減を認めるとしても，その要件をいかに定めるべきか，また損害賠償や解除といった他の救済手段との関係についていかに規律すべきかといった点について，一義的な解決を与えるのは困難であったため，現551条2項の見直しに関する以上の提案の採用は見送られた

第 2 章　改正法の内容

（部会資料 81-3・11 頁）。

(3)　贈与者の困窮または受贈者の著しい非行による贈与者の解除権の取扱い

　贈与者が契約時に予見し得なかった契約後の事情変更によって贈与者の生活が著しく困窮した場合，および推定相続人の廃除事由（892 条）に該当し得る著しい非行が受贈者にあった場合につき，それぞれ贈与者に解除権を認める旨の規律の導入についても検討された（中間試案の補足説明 437 頁以下）。しかし，具体的な要件を定めることの困難性などが指摘され，以上の点に関する規定の新設はいずれも見送られた（部会資料 75A・35 頁以下，81-3・11頁）。

〔石川博康〕

第18節
賃　貸　借

改正のポイント

□契約終了のルールの明文化……①
　——賃貸借の冒頭規定で目的物の返還義務を明確に位置づけた
　——借主の原状回復義務を明記
□敷金に関する判例法理の明文化……②
□不法占拠等に対する妨害排除請求権の明文化……③
□不動産の証券化・流動化を支える法制度：賃貸人の地位を留保する特約……④
□賃貸借期間の上限引上げ……⑤
□自然災害と向き合う……⑥
　——居住困難になった場合の賃料減額請求権・解除
　——賃借物が全部滅失した場合の当然終了
　——賃借物が損壊した場合の賃借人による修繕

改正の趣旨・概観

(1) 生活・事業活動の基盤としての不動産賃貸借

　本節で扱う賃貸借については，その利用形態について現行民法典の起草者の誤算があったことからはじめることとしたい。「他

第 2 章　改正法の内容

人の土地において工作物又は竹木を所有するため，その土地を使用する権利」や「他人の土地において耕作又は牧畜をする権利」として，民法典の起草者は，「地上権」（現 265 条）や「永小作権」（現 270 条）を想定していたところ，実際にはこれらの利用が振るわず，主として「物の使用及び収益を相手方にさせることを約し，相手方がこれに対してその賃料を支払う」賃貸借（現 601 条）が利用された。

　このような利用実態を受けて，裁判実務と学説は，生活や事業活動の基盤を提供するという社会的要請に応える形で，漸進的に不動産賃借人の保護の拡充を実現してきた。その結果，賃貸借契約の法的紛争の解決の指針となってきたのは，民法典の規定というよりはむしろ，これら漸進的に形成されてきた判例法理であるという状況にあった。今回の改正では，不動産賃貸借に関する判例法理が明文化されることで，民法典は紛争解決の指針を提供する機能を獲得することになる。**改正のポイント**の①，②，③がそれに関わる。

　賃貸借に関わる改正法の第 2 のキーワードは「ビジネス環境の整備」である。④は，不動産の証券化・流動化を支える法制度を創設することを企図して，従来の判例を変更してのルール創設となるほか，⑤も経済界のニーズに応えての改正である。

　もうひとつキーワードを挙げるとすれば，⑥「自然災害と向き合う」であろう。賃貸目的物が被災して使用・収益に支障が生じたとしても，賃借人だけでなく，賃貸人も被災している可能性があるなかで，不動産賃貸借は生活や事業活動の基盤を提供しているが故に，賃貸人・賃借人の権利義務関係が明確になっていないとすれば復興の妨げとなりかねない。このような観点から，判例法理の明文化のほか，規律の明確化が図られている。

第18節　賃　貸　借

⑵ 「賃貸借」法の現代化ならず

　ところで，賃貸借契約は，賃料を支払うことで「物」を使用・収益できるという契約であるが，物には，不動産のみならず「動産」も含まれる。審議過程では，民法制定以来の社会・経済の変化，とりわけ，経済のサービス化・ソフト化を踏まえ，目的物に「物」のみならず「権利」もくわえるか（ライセンス契約），相手方が選定した目的物を取得して引き渡して使用収益させるが，相手方は使用収益のみならず目的物取得費用等込みの対価に相当する金銭を支払う「ファイナンス・リース契約」の規定を置くことの是非も検討されたが（中間試案・第38-15），コンセンサスを得るには至らなかった。

　くわえて，賃貸借の規定の体系をより分かりやすくするために「一般則／不動産賃貸借／動産賃貸借」に再整理するべきではないかとの問題提起もあったものの，見送られている（部会資料69A・49頁以下ほか）。現行の「総則／効力／終了」の枠組みは維持されたうえで，末尾に「敷金」という新しい「款」が設けられ，各条文のなかで「不動産の」という文言が入れられているのはそのためである。具体的には，

　　改正605条（不動産賃貸借の対抗力），

　　改正605条の2（不動産の賃貸人たる地位の移転），

　　改正605条の3（合意による不動産の賃貸人たる地位の移転），

　　改正605条の4（不動産の賃借人による妨害の停止の請求等）がこれにあたる。

423

2 改正法の内容

(1) 改正のポイント①：契約終了のルールの明文化

（i）**賃貸借とは**　「賃貸借とは何か」を定める冒頭規定において，現行法では貸主になる者が「物の使用及び収益を相手方にさせること」を約し，借主になる者が「これに対してその賃料を支払う」ことを約することによって，その効力を生ずると規定されている。これに対して改正法では，借主になる者の合意内容に「引渡しを受けた物を契約が終了したときに返還すること」が加わる（改正601条）。当然のことと理解されてきたものの，条文には記載されていなかったことを明文化するものである。

　現行法上は，現616条が使用貸借に関する規定（現597条1項：借用物の返還時期）を準用するのに止まっていた。改正法は，目的物を返還する債務は賃借人の基本的な債務にあたることを踏まえ，これを冒頭規定に盛り込むものである。

（ii）**原状回復義務の明文化**　目的物の返還義務を明確に位置づけたことにくわえて，原状回復義務も規定された。賃借人は，賃貸物を受け取った後に生じた損傷があれば，賃貸借が終了したときに，その損傷を「原状に復する義務」を負うというのがそれである。ここにいう「損傷」には，通常損耗や経年変化は含まれないこと，また，賃借人の「責めに帰することができない事由による」ものは含まれないこともあわせて規定されている点も重要である（改正621条）。

　前者は，判例法理（最判平成17年12月16日判時1921号61頁）の明文化であるが，この判決は，賃貸借契約書別紙の「退去跡補

修費等負担基準」で「床仕上材」は「生活することによる変色・汚損・破損」は退去者（賃借人）負担とする条項を根拠に，退去時にほとんど敷金が返還されなかったことを，明確な認識をさせずになされた点で不当である，としたものであったことから明らかなように，賃借人保護という面でも明文化の意味は小さくない。

退去時の清算は，トラブルの多い問題であり，この規定は，国土交通省住宅局の「原状回復をめぐるトラブルとガイドライン」（再改訂版平成23年8月），各地方自治体のトラブル防止条例（東京都の賃貸住宅トラブル防止ガイドライン〔改訂版平成25年4月〕ほか）で示されたルールを下支えする民事ルールと位置づけられよう。

(2) 改正のポイント②：敷金に関する判例法理の明文化

古くから不動産賃貸借の締結に伴って授受されてきた「敷金」について，その法的権利義務関係が明確にされることも歓迎される。現行民法において「敷金」という言葉は，不動産賃貸借によって生じた債権を担保する目的の動産の先取特権のうち，不動産賃貸によって生じた債権の先取特権の被担保債権の範囲を定める規定（現316条），賃貸借期間が満了しても使用・収益を継続する場合に更新が推定されるとき，敷金は担保であるが期間満了によっても消滅しない旨を定める規定（現619条）に，僅かに顔を出すに過ぎなかったことからすれば大きな前進である。

改正法では，敷金とは，「賃料債務その他の賃貸借に基づいて生ずる賃借人の賃貸人に対する金銭の給付を目的とする債務を担保する目的で，賃借人が賃貸人に交付する金銭」と定義され（その名目如何は問わない），ⓐ賃貸借が終了して，かつ，賃貸物の返還を受けたとき，または，ⓑ賃借人が適法に賃借権を譲渡したときに，賃貸人は，受領した額から（終了時に計算される）賃借人の

第2章　改正法の内容

債務額を控除した残額を返還しなければならない，とされている（改正622条の2第1項）。これも判例法理（@につき，最判昭和48年2月2日民集27巻1号80頁，⑥につき，最判昭和53年12月22日民集32巻9号1768頁）の明文化である。

　賃借人の立場からみるとこうなる。賃貸借契約を締結したときに賃貸人に差し入れた「敷金」は，賃料や賃借物を破損・汚損した場合の損害賠償（退去時の原状回復との線引きが問題である）等の支払債務を担保することを目的としたもので，このような債務がない限りは契約終了時に返還される。「敷金返還請求権」は，@契約が終了したときは返還（＝明渡し）時，または，⑥適法な賃借権譲渡時に発生し，差し入れた金額からの債務額の控除は，相殺のような意思表示を必要とすることなく当然におこなわれる。

　また，賃貸不動産が譲渡されて「賃貸人たる地位」が譲受人に移転する場合（→後述(4)(i)）は，敷金返還に係る債務は「譲受人……が承継する」ものとされた（改正605条の2第4項）。もっとも，賃貸人たる地位が移転する場合でも，元賃貸人との間で延滞賃料等があれば充当されるというのが判例（最判昭和44年7月17日民集23巻8号1610頁）であるが，この「承継する」ことの具体的意味内容はオープンである（部会資料45・11頁）。

(3)　改正のポイント③：不法占拠等に対する妨害排除請求権の明文化

　(i)　不動産賃借権の物権化　　債権は，物権とは異なり，債権者が債務者という特定の者に対してしか，その効力を主張することができないのが原則であり（所有権に関する現206条参照），賃貸借契約に基づき賃借人が目的物を使用・収益する権利も債権であることから，賃貸人に対してしか主張することができないのが原

則である。だとすれば，例えば，土地や家屋を賃借したものの，その土地・家屋を不法占拠している者がいる場合，土地や家屋の所有者と賃貸借契約を締結し，その利用権原を正当に取得したにもかかわらず，賃借人は，自らの権利をその不法占拠者・第三者に対しては何ら主張できないのであろうか。

このような場合，不動産の賃借人が「対抗要件」を備えたときは，例外的に，第三者に対しても自らの使用収益権能を主張することが認められてきた（不動産賃借権の物権化：最判昭和30年4月5日民集9巻4号431頁ほか確立した判例法理）。ここにいう「対抗要件」とは，不動産賃貸借の登記（現605条），借地であれば借地上建物の登記（借地借家法10条），借家であれば引渡しを受けていること（借地借家法31条）などを指す。このうち，不動産賃貸借の登記は，賃借人と賃貸人が共同で申請しなければならないためにほとんど利用されることがなく，借地上建物の登記や，借家の引渡しといった賃借人が単独でおこなえる「対抗要件」具備がほとんどであった。この実態が，今回の改正法では，民法典に明文化された。

具体的には，賃借人は，不動産の占有を第三者が妨害しているときは妨害の停止を，不動産を第三者が占有してしまっているときは返還を請求することができる（改正605条の4）。

(ii) **不動産賃貸借の対抗力**　なお，この「対抗要件」の意味，効果についても，改正法では明確化がなされている。改正605条がそれに当たり，登記をした不動産賃貸借は，「その後その不動産について物権を取得した者に対しても，その効力を生ずる」と定める現605条から，ⓐ「その後」を削除したうえで，ⓑ「その不動産について物権を取得した者」の後に「その他の第三者」をくわえることとしている。ⓐは不動産賃貸借の前に登場していた

第 2 章　改正法の内容

者も含み，対抗要件具備の先後で対抗問題を決するとの判例法理
（最判昭和 42 年 5 月 2 日判時 491 号 53 頁）を，ⓑは二重賃貸や不動
産を差し押さえた者も含むことを明らかにする趣旨である。

⑷　改正のポイント④：不動産の証券化・流動化を支える法制
　度：賃貸人の地位を留保する特約

（ⅰ）　賃貸人たる地位の移転に関する原則に対する例外則のニーズ
　　不動産賃貸借に「対抗要件」（前述）が備えられている場合，
賃貸不動産が譲渡されたときは，その不動産の賃貸人たる地位は，
その譲受人に移転する（改正 605 条の 2 第 1 項）。これは，賃貸借
契約上の「賃貸人たる地位」は新たな賃貸不動産所有者に移る，
言い換えれば，契約当事者が変更されることになることを意味す
るが，賃借人の同意がなくとも当然に契約関係が承継されること
は古くから判例で認められており（大判大正 10 年 5 月 30 日民録 27
輯 1013 頁），これを明文化したものである。
　　今回，この原則に対する例外に関するルールが創設されること
になる。それが，賃貸不動産が譲渡され，その所有権は移転する
ものの賃貸人たる地位は移転させない，すなわち，留保すること
を可能とするルールである。このルールは，後述する判例（最判
平成 11 年 3 月 25 日判時 1674 号 61 頁）で指摘された問題を立法的に
解決することで，賃貸不動産の証券化ビジネスの環境整備を実現
するものである。つまり，賃貸不動産を証券化する投資スキーム
においては，賃貸不動産を信託によって譲渡を受けた者は「賃貸
人」になることには関心がないうえ，賃借人にとっても従前の賃
貸人（＝旧所有者＝不動産会社等）が依然として賃貸人であり続け
る方が，不動産管理のノウハウという面においても便宜である。
そもそも，賃貸人たる地位には，賃貸物件の修繕義務（現 606 条）

428

第 18 節　賃　貸　借

や，修繕費用を償還する義務（現608条）等々の負担が伴うが，
これらの負担を負わないことを前提にスキームを構築する取引実
務上のニーズがあったところであり，これは，前述の判例法理を
前提に，旧所有者に賃貸管理委託契約を結ぶことで実現できるも
のではない（中間試案の補足説明450頁以下）。

　(ii)　**例外則：賃貸人たる地位を譲受人に移転させない合意**　　改
正法によれば，不動産の譲渡人と譲受人の間で，「賃貸人たる地
位を譲渡人に留保する旨」にくわえて「その不動産を譲受人が譲
渡人に賃貸する旨の合意」をしたときには，賃貸人たる地位は譲
受人に移転せず，くわえて，この場合において，賃貸物件の譲渡
人と譲受人（またはその承継人）の間の賃貸借が終了したときは，
譲渡人に留保されていた賃貸人たる地位は譲受人（またはその承
継人）に移転するとされている（改正605条の2第2項）。下線を施
した部分をくわえることによって，譲渡人・譲受人間の関係がど
う展開しようと，不動産賃借人は従前の内容での不動産賃借人と
しての地位を保持できることとなっている。

　実は，最判平成11年3月25日判時1674号61頁では，譲渡
人・譲受人の関係の展開如何では賃借人が転借人のような不安定
な地位に置かれることが考慮されたために，賃貸人たる地位を留
保する旨の特約があるだけでは，上述した原則の例外則としての
「特段の事情」には当たらないとの判断がなされていた。すなわ
ち，転借人は，原賃貸借を前提とする以上，原賃貸借が借主（転
貸人）の債務不履行によって終了すると，借主としての権利を対
抗できないこととなってしまう（原賃貸借が合意解除の場合は例外，
改正613条3項はその旨の判例法理を明文化するものである）。改正法
は，これを立法的に解決したものである（前掲最判平成11年3月
25日の藤井裁判官の少数意見参照）。

429

第2章　改正法の内容

(5)　改正のポイント⑤：賃貸借の存続期間の上限引上げ

現行法においては，賃貸借の存続期間は 20 年を超えることができず，契約でこれより長い期間を定めても，期間は 20 年となるとされている（現 604 条）。20 年が上限とされたのは，民法典の起草者は長期の利用権については地上権や永小作権が設定されると考えたことによるが，それが実態を反映していないことは先に指摘した。

改正法では，この上限を 50 年に引き上げることとされている（改正 604 条）。この存続期間の上限には借地借家法や農地法といった特別法によって例外が認められているものの，大型のプロジェクトや重機・プラントのリース契約などそれらの特別法の適用のない領域においても 20 年を超える賃貸借の存続期間を定めるニーズが存在していることを踏まえ，これらに応えるものである。審議過程では一時，この規定の削除も検討されたが，過剰に長期間の賃貸借がもたらす所有者への負担とのバランスを考えて，永小作権（現 278 条）に平仄をあわせることとした結果である（部会資料 83-2・44 頁以下）。

(6)　ポイント⑥：自然災害と向き合う

先に指摘した通り，改正法では，賃貸目的物が被災して使用・収益に支障が生じた場合のルールが整備されている。賃貸目的物，賃借人だけでなく，賃貸人も被災している可能性があるなかで，不動産賃貸借は生活や事業活動の基盤を提供しているが故に，賃貸人・賃借人の権利義務関係が明確になっていないとすれば復興の妨げとなりかねないとの考慮による（部会資料 33-6・436 頁以下，465 頁〔日弁連〕，442 頁〔民法協〕，中間試案の補足説明459 頁以下など）。

430

第18節 賃 貸 借

（i）**被災して借家に居住することが困難になった場合の賃料**
現行法では，「賃借物の一部が賃借人の過失によらないで滅失したとき」に，滅失した割合に応じた賃料の減額を請求することができるとされているが（現611条），改正法は，基本は維持しつつ賃借人にとって不利益が生ずることを回避する措置が講じられている。

　まず，適用対象を賃借物が「滅失」した場合に限らず，「その他の事由により使用及び収益をすることができなくなった場合」に拡張している。くわえて，その効果を賃料の「減額を請求することができる」から，当然に「減額される」に変更することとしている。これは，賃料は，使用・収益に対する対価であることから，給付を受けていない以上は反対給付の履行を拒絶することができるという，危険負担の考え方を具体化したものである。また，「過失によらないで」という文言を「賃借人の責めに帰することができない事由による」に改めているのも（改正611条1項），危険負担に平仄をあわせたものである。

　「残存する部分のみでは賃借人が賃借をした目的を達することができないとき」は，賃借人は，契約を解除することができる（改正611条2項）。賃貸借契約の目的を達成することができなくなった以上，帰責性を問わないで契約からの解放を認めるものである。

（ii）**賃借物が全部滅失してまったく「使用及び収益をすることができなくなった」場合**　　賃借物の全部が滅失その他の事由により使用および収益をすることができなくなった場合には，賃貸借は，これによって「終了する」（改正616条の2）との規定が新設される。これは，異論のない判例法理（最判昭和32年12月3日民集11巻13号2018頁）を明文化するものである。

431

第 2 章　改正法の内容

(iii)　賃借物が損壊した場合に賃借人自身による修繕も可能に

　賃借物が損壊し，修繕の必要が生じた場合には，賃借人は，遅滞なく賃貸人に対し通知しなければならないが（現615条，ただし，賃貸人が既に知っている場合は不要），使用・収益に供するのに必要な修繕を行う責任を負っているのは，基本的には，賃貸人である（現606条1項）。しかし，今回の改正により，賃貸人に修繕の必要性を通知し，または，賃貸人がその旨を知ったにも関わらず，相当の期間内に修繕をしてくれない場合のほか，急迫の事情があれば，賃借人が「修繕をすることができる」との規定が創設される（改正607条の2）。

　もちろん，その費用は賃貸人に請求が可能で，そのタイミングは，「必要費」であれば直ちに，「有益費」であれば賃貸借の終了のときとされている（現608条）。この点は現行法と変わらない。

〔角田美穂子〕

第19節
役務提供契約

I 役務提供契約・総論

改正のポイント

☐ 新たな役務提供型の契約に対応するために、役務提供契約に関する通則的規定の新設や、役務提供一般を対象とする射程の広い典型契約の新設に関する提案がなされたが、いずれについても採用は見送られた。
☐ 役務提供型の契約の受け皿となっている準委任に関する規定の見直しについても、見送られた。

1 現行制度の概要

契約の相手方に一定の内容の役務を提供する役務提供型の契約に関し、現行法では、雇用・請負・委任・寄託という4種類の契約類型が定められている。これらの契約類型の中で、他人の事務の処理を目的とする契約における通則的な契約類型となるのが委

任であると解されるようになり、その結果、法律行為以外の事務の委託に関する法律関係を広く包摂し得る準委任が、雇用・請負・寄託に該当しない役務提供を目的とした契約の受け皿として、幅広い適用範囲を備えるものと学説上理解されてきた（我妻栄『債権各論　中巻二』〔岩波書店、1962年〕666頁以下など）。

しかし、準委任が包括的に準用している委任の規定の中には、当事者がいつでも契約を解除できる旨定める651条など、役務提供型の契約について一般的に適用することが合理的ではないと考えられるような規定も含まれており、役務提供型の契約の受け皿として準委任を位置付けることに伴う実際上の不都合性も指摘されている（以上につき、中間試案の補足説明501頁）。

改正の議論と改正法の内容

法制審議会では、①医療や教育などの具体的な役務を目的とする新たな典型契約を設けるという考え方、②既存の役務提供型の契約類型（委任や請負など）と並んで、役務提供一般を対象とする射程の広い典型契約を新たに設けるという考え方、③既存の契約類型を含めた役務提供型の契約全体に適用される通則的な規定を設けるという考え方などが示されたものの（役務提供契約の規律方法に関する具体的な立法提案として、松本恒雄「サービス契約」山本敬三ほか『債権法改正の課題と方向』〔商事法務、1998年〕235頁以下、民法（債権法）改正検討委員会編『詳解債権法改正の基本方針V』〔商事法務、2010年〕3頁以下などを参照のこと）、いずれも十分な支持を得るには至らなかった。①については、様々な役務提供型の契約の中から、一定の具体的な役務のみを取り出して新たな典型契約として定めることは困難であること、②については、役務提供型の

第 19 節　役務提供契約

契約の中には当事者間における情報や交渉力の格差などの点で相当に性格を異にするものが混在しており，それらを包摂した契約類型を設けて一律に妥当する規律を設けるのは困難であること，③については，役務提供に関する既存の典型契約の上位に通則的な規定を設けた場合には，具体的な契約に適用されるべき規定が分散して置かれることになり，分かり易さが損なわれること，といった問題点が指摘されたことによる（以上につき，中間試案の補足説明 501 頁以下参照）。

以上の審議経過を受け，次なる改正の方針として，準委任に関する規定を，役務提供型の契約の受け皿としての機能を考慮した内容に改めることで，役務提供型の契約一般に妥当する規律をより適合的なものとするという考え方が示された。すなわち，法律行為でない事務の委託を目的とする契約たる準委任の内部において，①委任の規定が全面的に準用される類型と，②（契約において受任者の個性が重視されていないため）委任の規定のうち自己執行義務・任意解除権・委任の終了事由に関する規定が準用されない類型とを区分すること，また，後者の類型については「受任者の選択に当たって，知識，経験，技能その他の当該受任者の属性が主要な考慮要素になっていると認められるもの以外のもの」として表現することが提案された（中間試案の補足説明 502 頁以下）。しかし，委任の規定が準用されない②の類型には多様な役務提供契約が含まれ得るため，それらについて一律に適用される規律を定めることは困難であるとされ，この案についても採用されないこととなった（部会資料 81-3・22 頁）。

以上のように，最終的には，新たな役務提供型の契約に対応するための改正に関するいずれの提案も採用されず，準委任に関する規定を含め，現行法の規律内容が改正法においても引き続き妥

435

第2章　改正法の内容

当することとなった。したがって，役務提供型の契約に関する改正としては，雇用・請負・委任・寄託の各契約類型の内部における個別的な問題点についての見直しが行われたに過ぎない。中間試案において具体的に試みられたように，準委任の内部において委任の規定が準用されるべきものと準用されるべきではないものとを一定の基準によって区別することは，重要な理論的・実践的課題ではあるものの，今後の解釈論上の問題として残されることとなった。なお，この点に関しては，準委任の内部での区分を試みるのであれば，帰するところ，委任と同様の実質を有する本来の準委任というカテゴリーに含められるべき取引関係をより適切に把握するための理論枠組みを構築すること，そして本来的な委任・準委任とされるものの実質をより精密に捉えること――雇用・請負を原型とする一般の役務提供契約と「本来的な委任・準委任」との本質的な差異を識別し，それを類型として切り出して形作ること――こそが，まず取り組まれなければならない理論的課題となるものと考えるべきであろう。

‖ 雇　　　用

改正のポイント

□雇用が中途で終了した場合等において履行の割合に応じた報酬請求を認める規定が，新設された。

第 19 節　役務提供契約

 現行制度の概要

　雇用における報酬に関する規定としては，報酬の支払時期を定める 624 条が存在するのみであり，労務を中途で履行することができなくなった場合における報酬の取扱い等に関しては明文の規定を欠いている。この点に関し，雇用は労務の履行に対する対価として報酬が支払われる契約類型であり，労務の履行が中途で終了した場合であっても（またそれが労働者の帰責事由によるものであるか否かにかかわらず），既履行部分に対応する割合的な報酬を請求することができるという理解が，ほぼ異論なく受け入れられている（幾代通=広中俊雄編『新版注釈民法(16)』〔有斐閣，1989 年〕58 頁以下〔幾代通〕）。

　また，使用者の帰責事由によって労務の履行ができなくなった場合については，536 条 2 項を根拠として，実際の労務の履行を要せずして対応する期間について全額の報酬請求権の発生を認めるのが，判例（最判昭和 37 年 7 月 20 日民集 16 巻 8 号 1656 頁等）・通説である（我妻栄『債権各論・中巻二』〔岩波書店，1962 年〕582 頁，幾代=広中編・前掲 39 頁以下〔幾代〕）。

 改正の議論と改正法の内容

(1)　中途終了の場合等における割合的な報酬請求（改正 624 条の 2）

　改正 624 条の 2 は，使用者の責めに帰することができない事由によって労働に従事することができなくなった場合（1 号）およ

437

第 2 章　改正法の内容

び雇用が履行の中途で終了した場合（2 号）においては，既にした履行の割合に応じて報酬を請求できる旨定めている。労務を中途で履行することができなくなった場合において割合的な報酬請求が認められることに関し，現行法下での異論のない解釈について明文化する趣旨に基づく（中間試案の補足説明 506 頁）。

　使用者の帰責事由によって労務を中途で履行できなくなった場合については，現 536 条 2 項の規律内容を，雇用の規定として（かつ報酬請求権の根拠規定であることが明確となるような表現において）定めることが提案されたが，採用は見送られた。雇用に関してのみそのような規定を設けるのは，同内容の規律に服すべき請負や委任に関する取扱いとの間で均衡を失し，請負や委任における報酬請求権に関する解釈を不明確にする恐れがある，との理由による（以上につき，部会資料 83-2・49 頁）。したがって，以上の場合については，536 条 2 項によって報酬請求権の発生が根拠付けられるという現行法下での解釈が引き続き妥当することとなる。

(2)　雇用に関するその他の改正事項

　雇用に関するその他の改正事項としては，期間の定めのある雇用の解除（現 626 条）および期間の定めのない雇用の解約の申入れ（現 627 条）に関する規律につき，労働契約に関する特別規定（労働基準法 14 条・20 条など）に対する一般的な補充規範として適合的なものとなるように規定が整備されている（労働者からの解除・解約申入れのための予告期間を 2 週間とする〔改正 626 条 2 項・改正 627 条 1 項〕など）。

第 19 節　役務提供契約


```
▚  III  請　　負  ◢
```

改正のポイント

□請負人の仕事が完成に至らなかった場合において，既に行われた部
　分により注文主が受ける利益に対応した報酬請求ができるとする規
　定が，新設された。
□請負人の担保責任については，物の種類・品質における契約不適合
　に関する売主の責任と同等の規律となるように，売買の規定の包括
　的準用を前提とした規定へと改められた。

1 現行制度の概要

　請負は，請負人が仕事の完成を約し，注文主がその仕事の結果
に対して報酬を支払うことを約する契約であり（632条），雇用と
同様，対価としての報酬の支払がその不可欠の契約内容となって
いる。

　請負における報酬に関する規定としては，633条において報酬
の支払時期に関する規律が定められるにとどまっており，請負人
の仕事が完成しなかった場合における報酬請求権の帰趨といった
点については，現行法では明文の規定は置かれていない。この点
に関し，判例によれば，①注文主の帰責事由によって仕事を完成
できなかった場合には，536条2項に従って，請負代金全額につ
いて報酬を請求することができる（最判昭和52年2月22日民集31

439

第 2 章　改正法の内容

巻 1 号 79 頁），②仕事の内容が可分であり，かつ注文主が既に完成した部分の給付について利益を有するときは，特段の事情のない限り，完成した部分については契約を解除することができず，その完成部分に対応した報酬請求が認められる（最判昭和 56 年 2 月 17 日判時 996 号 61 頁），との立場が示されている。

　また，請負人の担保責任に関しては，目的物の瑕疵を理由とする担保責任（瑕疵担保責任）に関する一連の規定が置かれている（634 条以下）。売買における担保責任に関する規定と比較すると，特に，①「隠れた」瑕疵であることが担保責任の要件とされていないこと，②瑕疵修補請求に関する規律が明文で定められていること（634 条），③瑕疵の存在によって契約目的が達成不能となった場合に限って，解除権が与えられていること（635 条），④瑕疵が注文主側の原因に由来する場合には担保責任が生じないこと（636 条），⑤担保責任の権利行使期間に関し，引渡し時から 1 年に限られていること（637 条），⑥建物その他の土地の工作物に関する特則が置かれていること（解除権の制限につき 635 条ただし書，担保責任期間の延長につき 638 条），といった点に特色がある。

2 改正の議論と改正法の内容

(1)　仕事が完成に至らなかった場合における割合的な報酬の請求

　改正法では，前述の判例法理を踏まえ，請負人の仕事が完成に至らなかった場合において，既に行われた部分により注文主が受ける利益に対応する報酬請求が認められる旨の規定が新設された（改正 634 条）。すなわち，①注文者の責めに帰することができない事由によって仕事の完成が不能となった場合（1 号），または②

第19節　役務提供契約

請負が仕事の完成前に解除された場合（2号）において，既に行われた仕事の結果のうち可分な部分の給付によって注文主が利益を受けるときは，その部分について仕事が完成したものとみなされ，その結果として，請負人は注文主が受ける利益の割合に応じて報酬を請求することができる旨定められている。なお，当事者が報酬とは別に費用を支払う旨の合意をした場合において，報酬と同様の割合的な費用の請求が認められるかについては，明文の規定を置かずに解釈に委ねることとされた（部会資料83-2・47頁）。

　注文主の帰責事由によって仕事の完成が不能となった場合における報酬請求に関しては，請負における特別の規定は設けられず，（現行法におけるのと同様に）改正536条2項の規律によって報酬請求権の発生が基礎付けられることとなった（部会資料81-3・18頁）。

(2)　仕事の目的物が契約の内容に適合しない場合における請負人の責任

　改正法では，売主の担保責任につき，契約に基づく一般の債務不履行責任と同質なものとして整理されることになっている（**第16節Ⅱ**）。そのため，性能・品質等において契約の内容に適合した仕事を完成させる義務を負っている請負人の担保責任に関しても，以上の売主の責任と同質のものとして，売主の担保責任に関する新たな規律に準じて取り扱うこととされた。

　また，具体的な規定の整備に当たっては，559条（改正後も同じ）の規定に従って，売買に関する規定が請負を含む他の有償契約に準用されることを踏まえ，売買と同趣旨の規定については以上の包括的な準用規定に委ねることとされ，それと異なる規律を定めるべき必要性および合理性が認められる場合に限って特別の規定を置くことになった（部会資料84-3・16頁以下）。その結果，

441

第2章　改正法の内容

　改正法においては，現行法における請負人の担保責任に関する規定の多くは削除され，売買に関する規定の準用による処理に基本的に委ねられている。

　(i)　改正法の規律についてより具体的に見ると，まず，仕事の目的物の瑕疵に基づく注文主の瑕疵修補請求・損害賠償請求・解除について定める現634条・現635条は削除され，目的物の種類・品質における契約不適合を理由とする追完請求・代金減額請求・損害賠償請求・解除に関する売買の規定（改正562条〜564条）の準用によって，売買と同様の規律に服することとなった。また，担保責任を負わない旨の特約の効力に関する現640条についても，売買における改正572条の準用による処理で足りるとして，削除された。なお，損害賠償債務と報酬支払債務の同時履行に関する現634条2項後段については，同時履行の抗弁に関する一般規定（改正533条）の新たな規律に委ねることを理由として——改正533条では，自己の債務と同時履行の関係に立つ相手方の債務に関し，「（債務の履行に代わる損害賠償の債務の履行を含む。）」というかっこ書が追加されている——，売買における現571条とともに削除されている（部会資料84-3・17頁）。

　改正法における以上の取扱いに関し，請負人の担保責任に関する現行法上の規律からの内容上の変更点としては，次の4点が重要である。

　①　現行法上は，仕事の目的物の瑕疵を理由とする報酬の減額請求に関する規定は存在していなかったところ，改正法では，売買における契約不適合による代金減額請求の規定（改正563条）の準用により，注文主に報酬減額請求権が認められることとなる。

　②　仕事の目的物の瑕疵を理由とする解除に関する現635条が削除されているが，建物等の土地の工作物については解除権が排

第19節　役務提供契約

除される旨の現635条ただし書の規律については，合理性が乏しいため単純に削除されたのに対し（中間試案の補足説明479頁），現635条本文の規律については，（売買の場合と同様に）解除の一般規定の適用に委ねられることとなっている。その結果，改正法の下では，契約目的が達成不能となっていない場合でも（軽微でない不履行であれば）催告解除が可能となっている。

③　現634条2項前段においては，修補請求が可能であっても修補に代わる賠償請求が直ちに可能であるように文言上規定されていたところ，改正法では以上の規定が削除され，履行に代わる損害賠償請求に関する一般規定（改正415条2項）――改正415条2項では，履行に代わる損害賠償請求の認められる場合が，履行不能・債務者による明確な履行拒絶・債務不履行による解除権の発生または解除の実行という各場面に限られている――の解釈・適用に委ねられている。

④　追完請求（修補請求）に関しては，瑕疵が重要でなくかつ修補に過分の費用を要するときには修補請求ができない旨の現634条1項ただし書の規定が削除され，また，その規律内容に相応し得る履行請求権の一般規定の導入も見送られている（中間試案の段階では，履行請求権の限界事由の一つとして，履行に要する費用が履行により債権者が得る利益と比べて著しく過大な場合〔中間試案・第9-2イ〕が，明文で挙げられていた）。もっとも，この点に関しては，改正法における履行（追完）請求権の限界に関する一般的規律としては，履行や追完に要する債務者側の費用がそれによる債権者側の利益と比べて著しく過大な場合における履行・追完の請求は，目的達成のための手段としての均衡性を欠いた濫用的な権利行使として――比例原則を基礎とした権利濫用禁止の観点から――，「契約その他の債務の発生原因及び取引上の社会通念に照

443

第2章　改正法の内容

らして不能」（改正412条の2第1項）であり，この改正412条の2
第1項の規定に従って履行（追完）請求権は排除されるものと解
される。したがって，以上の解釈を前提とすれば，現634条1項
ただし書の規律内容は，改正412条の2第1項の定める履行（追
完）請求権の限界に関する以上の一般的規律の中に維持・統合さ
れたものとして，理解される（この点に関し，部会資料81-3・18頁
を参照のこと）。

（ii）　仕事の目的物の契約不適合を理由とする注文主の権利の期
間制限については，（期間制限の規律との関係において）目的物の引
渡しを要しない場合には仕事の終了を引渡しと同視する旨の現
637条2項の規律を取り込みつつ，権利行使の期間制限に関する
売買の規律（改正566条）に即した内容に改められた（改正637条）。
これに伴い，建物その他の土地工作物に関する担保責任の存続期
間についての特則（現638条），および担保責任の存続期間の伸長
に関する規定（現639条）についても，権利行使の期間制限に関
する売買の一般的規律（およびそれに対応した請負の規律）と異な
る取扱いをすべき必要性に乏しいとして，削除された。

（iii）　仕事の目的物の瑕疵が材料の性質または注文主の与えた指
図によって生じた場合につき，その材料または指図が不適当であ
ることを請負人が知りながら告げなかった場合を除いて担保責任
を負わない旨規定する現636条については，目的物の種類・品質
における契約不適合を理由とする責任（および救済手段）に関する
規定として表現上の調整が施された上で，その規律内容が維持さ
れている（改正636条）。

(3)　注文主についての破産手続の開始による解除

　注文主が破産手続開始の決定を受けた場合に，請負人および破

産管財人に解除権を認める現 642 条 1 項前段の規定については，請負人からの解除が認められるのは請負人が仕事を完成しない間に限られる旨の規律が追加されている（改正 642 条 1 項ただし書）。この場面で請負人に解除権が認められている趣旨が，注文主による報酬の支払が危殆化した後にも請負人が引き続き仕事を完成させなければならないとした場合には，請負人に多額の損害が生じる恐れがあるという点にあることからすれば，仕事が既に完成している場合についてまで請負人に解除権を認める必要はない，と考えられたためである（中間試案の補足説明 486 頁）。現 642 条におけるその他の規定については，改正 642 条 2 項および 3 項として，その規律内容が維持されている。

Ⅳ 委 任

改正のポイント

□受任者の報酬につき，成果完成型の報酬支払方式が採られている場合の規律が追加され，また委任が履行の中途で終了した場合における割合的な報酬請求を受任者の帰責事由の有無にかかわらず認めるなど，その規律が整備された。

□受任者の利益をも目的とする委任における委任者の任意解除権およびその場合における損害賠償義務につき，明文の規定が新たに設けられた。

□復委任の要件および効果につき，受任者が自己執行義務を負うことを前提として，任意代理における復代理人の選任の場合に準じた規律が定められた。

第2章 改正法の内容

現行制度の概要

委任は，受任者が委任者からの委託を受けて事務の処理を行う契約であり，報酬を受ける場合（有償委任）と受けない場合（無償委任）とがある。委任における報酬に関する648条においては，①特約がなければ委任者に報酬を請求することができないこと（1項：無償性原則），②報酬の支払時期は，委任事務を履行した後であること（2項），③委任が受任者の責めに帰することができない事由によって中途で終了した場合には，既に行われた履行の割合に応じた報酬請求が認められること（3項）について，規定が置かれている。

現行法における委任の規定は，当事者間の信頼関係を基礎として委任者のために行われる契約であるという委任契約の基本的特質に沿って定められており，委任は各当事者がいつでも解除できる旨の規定（651条）についても，その委任の特質に由来する規律として理解されている（我妻栄『債権各論・中巻二』〔岩波書店，1962年〕689頁以下など）。以上を前提として，判例は，委任が受任者の利益をも目的とする場合については，委任者は原則として651条に基づいて委任を解除することはできないとし（大判大正9年4月24日民録26輯562頁），ただし，委任者が解除権を放棄したものとは解されない事情があるときには委任者は解除をすることができ，受任者がこれによって受ける不利益については委任者からの損害賠償によって塡補されれば足りるとしている（最判昭和56年1月19日民集35巻1号1頁）。また，「受任者の利益をも目的とする場合」の意義については，委任事務処理に対する報酬を支払う旨の特約があるだけでは，受任者の利益をも目的とするもの

第19節　役務提供契約

とは言えない，とされている（最判昭和58年9月20日判時1100号55頁）。

2　改正の議論と改正法の内容

(1)　受任者の報酬に関する規定の整備

受任者の報酬に関する現648条の規定に関し，改正法では，無償性原則を定める1項の規律については従前の内容のまま維持されたのに対し，2項および3項の規律については，いわゆる成果完成型の報酬支払方式が採られている場合の規律（改正648条の2）の追加を含め，規定の整備が図られている。

(i)　まず，報酬の支払時期に関する後払いの原則を定める現648条2項については，以上の規定は報酬が委任事務の履行に対して支払われるという委任における原則的な支払方式を基礎としたものであり，法制審議会の審議においても，この規定自体については変更する必要性は見当たらないものとされた（中間試案の補足説明492頁）。ただし，委任事務の履行の結果として一定の成果が達成された折にはその成果に対する報酬が支払われるという報酬支払方式（成果完成型の報酬）が合意されることも，実務上は比較的多く見受けられるため，現648条2項の規定に並置して，この場合についての規定を新たに設けることとなった。

その結果，成果完成型の報酬に関する支払時期については，成果に対する対価として報酬が支払われるという方式が請負の方式と類似していることに鑑み，請負に関する633条の規律と同様に，その成果が引渡しを要するときはその引渡し時が報酬支払時期となる旨の規定が，改正648条の2第1項において定められた（な

第2章　改正法の内容

お，成果が引渡しを要しないときには，改正648条2項本文の規定に従って，成果が完成した後に報酬の支払請求が可能となる。以上につき，中間試案の補足説明492頁以下を参照のこと）。

　(ii)　委任が履行の中途で終了した場合における割合的な報酬請求に関しては，現648条3項において，委任が受任者の責めに帰することができない事由によって中途で終了したことがその要件とされていたところ，改正法では，委任が終了した原因が受任者の帰責事由によるものであるか否かにかかわらず，既に履行した割合に応じた報酬請求が認められることとなった。現648条3項は，報酬が委任事務の履行に対して支払われるという支払方式を前提として受任者に割合的な報酬請求を認めた規定であるところ，報酬支払方式においてこれと類似する雇用につき，労働者の帰責事由によって労務を中途で履行することができなくなった場合においても割合的な報酬請求が認められること（改正624条の2）に鑑みると，この点に関して委任を雇用と別異に取り扱うべき合理的な理由は見当たらない，との理由による（部会資料72A・13頁以下）。その結果，改正648条3項では，雇用に関する改正624条の2の規律と同様に，委任者の責めに帰することができない事由によって委任事務の履行をすることができなくなった場合（1号）および委任が履行の中途で終了した場合（2号）には，既にした履行の割合に応じて報酬を請求できる旨規定されている。

　以上に対し，成果完成型の報酬支払方式が採られた場合における割合的な報酬請求については，この場合には報酬の支払方式において請負と類似することに鑑みると，請負と同様の規律に服することが適切であるとされ（部会資料72A・14頁），請負に関する改正634条の規定が準用されることとなった（改正648条の2第2項）。

448

第 19 節　役務提供契約

(iii)　このように，改正法では，割合的な報酬請求に関する以上
の規律を始めとして，役務提供に関する契約類型相互間での取扱
いの連続性を確保するための規律の整備が図られているという点
およびその具体的帰結について，留意する必要がある（復委任
〔改正 644 条の 2〕と再寄託〔改正 658 条〕に関する規律の統一化なども，
これと同様の文脈に位置付けられる）。

(2)　受任者の利益をも目的とする委任における委任者の任意解除権

　委任における任意解除権に関しては，現 651 条の規律自体は維
持しつつ，受任者の利益をも目的とする委任における委任者の解
除権につき，従来の判例法理を基礎とした規律が，任意解除の場
合の損害賠償義務に関する本条 2 項の規定の中に新たに組み込ま
れることとなった。すなわち，改正 651 条 1 項の任意解除権に基
づき，①相手方に不利な時期に委任を解除したとき，または②委
任者が受任者の利益（もっぱら報酬を得ることによるものを除く）を
も目的とする委任を解除したときは，やむを得ない事由がない限
り，相手方の損害を賠償しなければならない旨規定されている
（改正 651 条 2 項）。この規定によると，やむを得ない事由も解除
権を放棄したものとは解されない事情もない場合でも，受任者の
利益をも目的とする委任を委任者が任意解除できることになるが，
この点は，そのような場合における受任者の不利益は損害賠償に
よって填補されれば足り，必ずしも任意解除を否定して委任契約
を存続させるべき必要性はないと考えられたことに基づく（部会
資料 72A・16 頁以下）。

(3) 受任者の自己執行義務

受任者が復受任者を選任して委任事務を委ねることができるかに関しては，現行法では明文の規定は置かれていないところ，当事者間の信頼関係を基礎とする委任の特質に照らし，受任者は原則として自ら事務処理を行うべきもの（自己執行義務）と一般に解されている（我妻・前掲 673 頁，来栖三郎『契約法』〔有斐閣，1974年〕523 頁など）。その上で，復受任者の選任が例外的に認められる要件に関しては，復代理に関する 104 条を類推適用すべきであるとする学説（我妻・前掲 673 頁，幾代通 = 広中俊雄編『新版注釈民法(16)』〔有斐閣，1989 年〕228 頁〔中川高男〕など）が有力であることを踏まえ，改正法では，104 条と同様の要件において復委任を容認する旨の規律——委任者の許諾を得たとき，またはやむを得ない事由があるときに限り，復受任者を選任することができる（改正 644 条の 2 第 1 項）——が，委任の規定として新たに設けられた（部会資料 72A・9 頁以下）。

復受任者の選任に際して受任者および復受任者が代理権を有する場合において，委任者と復受任者の間にいかなる内容の権利義務が生じるのかについては，改正 106 条 2 項における規律のうちの本人と復代理人の関係に関する部分と同様の規律——復受任者は，その権限の範囲内において，委任者に対し受任者と同一の権利義務を有する（改正 644 条の 2 第 2 項）——が定められた。

第 19 節　役務提供契約

Ⅴ　寄　託

改正のポイント

□再寄託の要件および効果につき，委任における復委任の規律に対応
した規定に改められた。

□第三者が寄託物について権利を主張する場合における受寄者の通知
義務につき，訴えの提起等の事実を寄託者が知っている場合には受
寄者は通知義務を負わない旨の規定が設けられた。

□特殊の寄託につき，①混合寄託に関する規定が新設され，また，②
消費寄託に関しては，原則として寄託の規定を適用することとし，
預貯金契約に関する特則も新たに導入された。

1　現行制度の概要

　寄託は，受寄者が寄託者のために物を保管する契約であり，
665条により委任の規定が準用されることによっても示される通
り，他人のための事務処理を目的とする委任の特殊類型としての
性質を有している。寄託に関する個別の規定としても，受寄者に
よる寄託物の使用および第三者への再寄託は寄託者の承諾のない
限り認められないこと（658条1項）や，返還時期が定められてい
る場合でも寄託者はいつでも寄託物の返還を請求できること
（662条）などは，委任契約上の関係の特質を反映した規定として
理解されている。ただし，受寄者が寄託物（金銭など）を消費で
きる消費寄託については，消費貸借の規定が包括的に準用されて

451

第2章　改正法の内容

いる（666条）。

　また，寄託は，受寄者が物を受け取ることによって成立する要物契約として現行法上規定されているが（現657条），この点に関する改正をめぐる状況については，**第20節**において改めて取り上げることとする。

2　改正の議論と改正法の内容

⑴　再寄託をめぐる法律関係と受寄者の自己執行義務（改正658条2項・3項）

　改正法では，現658条の規律のうち，まず，受寄者による寄託物の使用が原則として禁止される旨の規律については，現状のまま維持されている（改正658条1項）。他方，再寄託に関する規律については，受寄者が委任と同様の自己執行義務を負担することを踏まえ，委任における復委任に関する規定（改正644条の2）に対応した規律に改められた。すなわち，①現行法における「寄託者の承諾を受けたとき」に加え，「やむを得ない事由があるとき」にも再寄託ができるものとされ（改正658条2項），また②寄託者と再受寄者の法律関係については，再受寄者は寄託者に対し，その権限の範囲内において受寄者と同一の権利義務を有することとされている（同条3項）。

　なお，現658条2項では，復代理に関する現105条の準用により，適法に再寄託された場合における受寄者の責任が選任・監督上の責任に限定されていたが，寄託者が再寄託を承諾しただけで責任が限定されることの正当化は困難であるとの批判等を踏まえ，以上の規定については削除された。したがって，この場合の受寄

452

第 19 節　役務提供契約

者の責任については，履行を補助する第三者の行為に基づく責任に関する一般原則に従って処理されることになる（中間試案の補足説明 513 頁）。

(2) 寄託物についての第三者の権利主張（改正 660 条）

現 660 条は，寄託物について権利を主張する第三者による訴えの提起・差押え・仮差押え・仮処分がなされた場合につき，受寄者に通知義務を課している。改正法では，以上の規律については維持しつつ，賃貸借に関する 615 条の規律と平仄を合わせる趣旨から，訴えの提起等の事実を寄託者が知っている場合には受寄者は通知義務を負わない旨の規定が設けられた（改正 660 条 1 項）。

さらに，改正法では，①寄託物について第三者からの権利主張があっても，受寄者は原則として第三者ではなく寄託者に対して寄託物を返還しなければならず，また寄託者への引渡しの結果として第三者に損害が生じた場合でも受寄者は賠償の責任を負わないこと（改正 660 条 2 項本文・3 項），②ただし，受寄者の通知後（または通知を要しない場合）に寄託物を第三者に引き渡すべきことを命ずる確定判決があった場合には，受寄者が第三者に寄託物を引き渡しても，寄託者に対する返還義務の不履行の責任を負わないこと（改正 660 条 2 項ただし書）について，明文の規定が置かれている。

(3) 寄託者の返還請求による受寄者の損害の賠償（改正 662 条 2 項）

寄託者は寄託物につきいつでも返還請求できる旨の現 662 条の規律については，改正法においても変更はない（改正 662 条 1 項）。ただし，期限前の返還請求によって受寄者に生じた損害を賠償し

453

第2章　改正法の内容

なければならないこと（幾代通＝広中俊雄編『新版注釈民法(16)』〔有斐閣・1989年〕351頁〔打田畯一＝中馬義直〕参照）について，学説上異論のない解釈を明文化する趣旨に基づき，明文の規定が設けられている（同条2項）。

(4)　寄託者の損害賠償請求権および受寄者の費用償還請求権に関する期間制限

寄託物の一部滅失・損傷によって生じた寄託者の損害賠償請求権および受寄者の費用償還請求権に関する期間制限につき，現行法では特に規定は置かれていない。この点に関し，改正法では，使用貸借および賃貸借における規律（改正600条・改正622条）と同様の規定——以上の権利の行使期間を寄託者が返還を受けた時から1年とし，また，返還を受けた時から1年間は損害賠償請求権の時効の完成が猶予される——が新たに設けられた（改正664条の2）。損害賠償や費用償還に関する債権債務関係を早期に処理することが望ましいという点では，使用貸借や賃貸借の場合と寄託の場合とで異なるところはない，との考慮による（中間試案の補足説明521頁）。

(5)　混合寄託に関する規定の新設（改正665条の2）

現行法では，混合寄託（複数の者から種類・品質が同一の物を寄託された場合に，これらを混合して保管し，寄託された物と同数量の物を返還する特殊な寄託）に関する規定は置かれていないところ，改正法ではこの点に関する明文の規定が新設されている（改正665条の2）。すなわち，①複数の寄託者からの寄託物を混合して保管するためには全ての寄託者の承諾が必要であること（1項），②その場合の効果として，寄託した物と同じ数量の物の返還を，各寄託

者がそれぞれ単独で請求できること（2項），③混合寄託された寄託物の一部が減失した場合には，寄託者は，総寄託物に対する自身の寄託物の割合に応じた数量の物の返還を請求できること（3項）が定められている。

(6) 消費寄託に関する規律の見直し（改正666条）

消費寄託に関しては，現行法では消費貸借に関する規定が包括的に準用されていたところ（現666条），改正法は，消費貸借の規定を準用する範囲を，目的物の処分権が移転することに伴う規定——貸主の引渡義務および借主の価額償還に関する規律（改正590条・改正592条）——に限定し，その他の点については寄託の規定を原則的に適用することとしている（改正666条1項・2項）。消費寄託は，寄託物を受寄者の保管に委ねることによって寄託者が自ら保管することに伴う危険を回避するためのものであり，寄託の利益は寄託者にあるという点で，消費貸借とは本質的にその性質を異にするためである（中間試案の補足説明524頁）。

改正666条3項では，預貯金に係る契約についての特則として，消費貸借に関する改正591条2項・3項の準用により，受寄者は金銭をいつでも返還できる（ただし，期限前返還によって寄託者が損害を受けた場合には，寄託者は受寄者に対し損害の賠償を請求できる）旨規定している。預貯金契約は，受寄者が預かった金銭を運用することを前提とした，受寄者にとっても利益がある契約であるという点で，他の消費寄託契約とは異なっているため，受寄者に一方的に不利なルールである663条2項の適用は相当でなく，期限前返還を可能とする旨の特則を設ける必要がある，という考慮に基づく（部会資料81-3・26頁）。なお，寄託者からの期限前返還請求を認める改正662条に関しては，預貯金契約に関する特則は設

第2章　改正法の内容

けられていない——したがって，少なくともデフォルト・ルール
としては，期限の定めのある預貯金契約であっても寄託者は期限
前返還を求めることができる——という点にも，留意を要する
（以上の点につき，浅田隆「消費寄託」金融法務事情 2024 号〔2015 年〕
43 頁を参照のこと）。

〔石川博康〕

第20節
要物契約の諾成契約化

Ⅰ 要物契約・総論

改正のポイント

□消費貸借・使用貸借・寄託について，要物性の要請を緩和し，諾成的合意によって各類型の契約として成立し得ることが承認された。

□要物性の見直しに伴い，目的物受取り前における解除権や（諾成的消費貸借に関する）書面要件など，従来の要物性の要請に代替する規律が，それぞれの契約類型ごとに整備された。

1 現行制度の概要

　要物契約とは，目的物の引渡しが行われることによって成立する契約のことであり，現行法上，消費貸借・使用貸借・寄託の3種類が要物契約として規定されている。もっとも，消費貸借の予約に関する規定（589条）が示すように，要物契約に関しても，目的物が引き渡される前の段階において一定の債権債務関係が発

生することが,現行法上も否定されているわけではない。学説上も,有償の場合には合意のみによる消費貸借や寄託の成立が認められるとする見解(於保不二雄「無償契約の特質」『契約法大系Ⅰ』〔有斐閣,1962年〕78頁以下,来栖三郎『契約法』〔有斐閣,1974年〕257頁以下・589頁,諾成的な消費貸借・寄託を承認しつつ無償の場合には550条が類推されるとする広中俊雄『債権各論講義〔第6版〕』〔有斐閣,1994年〕110頁以下・297頁など)や,より一般的に諾成的消費貸借等を一種の無名契約として認める見解(我妻栄『債権各論・中巻一』〔岩波書店,1957年〕354頁)などが主張されている。

改正の議論と改正法の内容

　改正法では,消費貸借・使用貸借・寄託における要物性の要請についての見直しが行われている。もっとも,この要物性の見直しによっても,諾成的合意がなされただけでは,目的物引渡し後の要物契約におけるのと同様の完全な拘束力がその契約に認められるわけではない,という点には留意を要する。ここでは,あくまでも「契約の成立」との関係において,物の引渡しをその不可欠の成立要件とすることが否定されたに過ぎない。したがって,改正法では,要物契約とされてきた以上の各類型の契約について諾成的合意による成立が認められる一方で,その拘束力について制限または緩和する旨の各種の規律が――要物性の要請に代替する形で――導入されている。すなわち,改正法では,諾成的な消費貸借に関しては書面によって行うことが必要とされており,また,目的物の受取り前の段階における各契約の拘束力については受取前解除権の制度等によって一定程度緩和されている(具体的な規律内容については,Ⅱ以下を参照のこと)。

それらの代替的規律については，消費貸借・使用貸借・寄託の各契約類型の特性と，各類型における要物性の要請の趣旨とを踏まえて，契約類型ごとに異なる個別化された内容での手当てが行われている。要物契約に関する従来の民法典上の枠組みが，引渡し前の段階における当事者の利益保護を単純かつ画一的な構造をもって図るものであったことと比較すれば，改正法における各規律の個別性はより明瞭なものとなろう。もっとも，その上で，要物性の要請に代替する規律については，使用貸借と（無償）寄託における目的物受取り前の解除権に関して連続的な規律が設けられているように，契約構造や利益状況の類似性を踏まえた契約類型相互間における水平的な整合化も，一定程度考慮されている。

 ## Ⅱ 消費貸借における要物性の見直し

改正のポイント

□要物契約としての消費貸借と要式契約としての消費貸借（書面でする諾成的消費貸借）とを，並列的に規定することとなった。
□書面でする諾成的消費貸借に関し，貸主から金銭等を受け取るまでは借主は契約を解除することができる旨の規律が導入された。
□準消費貸借の成立に際しては，書面ですることは不要とされた。

第 2 章　改正法の内容

 現行制度の概要

　消費貸借とは，金銭等の代替物を借り受けて，それと種類・品質・数量の等しい物を返還する契約である。587 条において消費貸借は要物契約として規定されているところ，実務上は諾成的消費貸借が広く利用されており，判例（最判昭和 48 年 3 月 16 日金法 683 号 25 頁）においても諾成的消費貸借の有効性が承認されている。実際上も，融資の約束がなされても金銭が引き渡されるまでは消費貸借契約が成立し得ないとすれば，その融資の実行を前提とした運用計画を立てることが困難となるなどの不都合が借主に生じ得る，といった問題が指摘されている（中間試案の補足説明 442 頁）。また，「特定融資枠契約に関する法律」によって規律されるいわゆるコミットメントライン契約の法的性質につき，本契約としての諾成的消費貸借の成立を目的とする一方の予約として理解されているように（揖斐潔＝古閑裕二「特定融資枠契約に関する法律の概要」NBL663 号〔1999 年〕8 頁，潮見佳男『契約各論 I』〔信山社，2002 年〕337 頁など），特別法上の規定としても，諾成的消費貸借の有効性を前提としたものが存在している。

 改正の議論と改正法の内容

(1) **要物契約としての消費貸借と書面でする諾成的消費貸借との並列化**

　改正法においては，諾成的消費貸借を認めるべき実務上の必要性を踏まえつつ，消費貸借に関する合意が安易になされることを

第20節　要物契約の諾成契約化

防止するべく，諾成的合意による消費貸借は書面ですることを要する旨の規律が導入された（改正587条の2第1項）。その一方で，従来の要物契約としての消費貸借に関する規律（587条）も維持されており，改正法では，要物契約としての消費貸借と要式契約としての消費貸借（書面でする諾成的消費貸借）とが，契約の成立要件にかかる典型契約冒頭規定のレヴェルで二元的に並置されることとなった。したがって，消費貸借に関する単なる諾成的合意（書面によらない諾成的消費貸借）には，消費貸借契約としての（またはそれと同等の）法的効果は与えられないこととなる。

　なお，諾成的消費貸借がその内容を記録した電磁的記録によってなされた場合も，書面によってなされたものとみなされる（改正587条の2第4項）。書面を成立要件とする保証契約における改正446条3項と同趣旨の規律である。

(2)　書面でする諾成的消費貸借における目的物受取り前の借主の解除権

　書面でする諾成的消費貸借が成立した場合でも，貸主から金銭等を受け取るまでは，借主は契約を解除することができる（改正587条の2第2項前段）。目的物の引渡しを受ける前に借主の側での資金需要がなくなる場合があり，そのような場合にまで借主に目的物の受領およびそれに基づく利息の支払等が強制されるべきではない，との趣旨に基づく（部会資料70A・51頁）。したがって，借主による受取前解除権の行使によって貸主に損害が生じた場合には，貸主は借主に対して損害賠償を請求することができるが（改正587条の2第2項後段），約定の利息額や貸付金の調達費用などがここでの損害賠償請求の対象としての損害に当然に含まれるわけではない（中間試案の補足説明443頁参照）。

461

第2章　改正法の内容

　また，借主の返還義務に関しても，書面でする諾成的消費貸借においては貸主から「受け取った物」と種類・品質・数量の同じ物が返還義務の対象となる旨規定されており（改正587条の2第1項），少なくとも貸主から目的物を受け取るまでは借主の返還義務は発生しないことが，規定上明確にされている。

　以上のように，改正法は，要物契約としての消費貸借とともに書面でする諾成的消費貸借を並列的に規定することと，借主に受取前解除権を付与することをもって，従来の要物性の要請に代替する規律となし，特に借主側の諾成的消費貸借上の債務の拘束力を制限または緩和すべき必要性に対応している。なお，諾成的消費貸借に関する規律を設けるに当たって，利息の有無（有償か無償か）に従った取扱いの区別をしていない――従来の学説の中には，要物性の要請を無償性と結び付いたものと理解することにより，有償の場合には諾成的消費貸借が認められると解する立場（来栖・前掲257頁以下など）もあったが，改正法ではそのような理解は採用されていない――という点にも，留意を要する。

(3)　当事者の一方が破産手続開始の決定を受けた場合における諾成的消費貸借の効力

　改正587条の2第3項では，書面による諾成的消費貸借につき，借主が目的物を受け取る前に当事者の一方が破産手続開始の決定を受けた場合にその効力が失われる旨の規定が置かれている。これに伴い，当事者の一方の破産手続開始決定により消費貸借の予約の効力が失われる旨定めていた現589条の規律については，削除された。諾成的消費貸借によって貸主に貸す義務を負わせることが可能である以上，その法的効果を目的として（要物的）消費貸借の予約が行われるべき実際上の必要性の多くは失われており，

また，諾成的消費貸借の予約の場合を含め，改正587条の2第3項の適用または類推適用によって消費貸借の予約に関しても同様の帰結を導くことが可能であり，それとは別に現589条のような規定を定めることは不要と考えられたためである（部会資料70A・53頁）。

なお，中間試案の段階では，消費貸借の予約に関する規律として，現589条の規律内容を維持する規定や，消費貸借の予約は書面でしなければならないとする規定を置くことが提案されていた（中間試案・第37-2）。最終的な改正法の内容としては，現589条の規律を含め，消費貸借の予約に関しては何らの規定も置かれないこととなったため，例えば，予約完結権者の意思表示によって契約が成立するいわゆる完結権型の予約──利息付きの消費貸借に関しては，売買の一方の予約に関する規定が準用される（559条・556条）──を諾成的消費貸借で行う場合において，書面がどの段階で必要となるのか（本契約成立時に書面を取り交わすことで足りるのか，それとも予約自体を書面でする必要があるのか）といった問題については，解釈に委ねられている。この点に関しては，諾成的消費貸借は書面でしなければならないとする改正法の規律の趣旨に鑑みれば，予約完結権の行使という一方的な意思表示によって諾成的消費貸借を成立させるためには，消費貸借に関する諾成的合意に相当する予約の合意自体が書面で行われている必要があると解すべきであろう（以上の問題点につき，鎌野邦樹「消費貸借」瀬川信久編『債権法改正の論点とこれからの検討課題』〔商事法務，2014年〕185頁，潮見佳男『民法（債権関係）改正法案の概要』〔金融財政事情研究会，2015年〕253頁を参照のこと）。

463

第 2 章　改正法の内容

⑷　準消費貸借に関する規定

　現 588 条は，「消費貸借によらないで金銭その他の物を給付する義務を負う者がある場合において，当事者がその物を消費貸借の目的とすることを約したときは，消費貸借は，これによって成立したものとみなす」と規定している（準消費貸借）。この準消費貸借につき，改正法は，「消費貸借によらないで」という文言を削除した上で現 588 条の規定を維持しており，準消費貸借の成立に際して書面ですることを要求していない（改正 588 条）。消費貸借に基づく債務を旧債務とする場合でも準消費貸借の成立を認める判例法理（大判大正 2 年 1 月 24 日民録 19 輯 11 頁）を明文化するとともに，目的物の引渡しを前提としない準消費貸借に関しては，要物性に代わる成立要件としての書面性を要求しない趣旨である（中間試案の補足説明 445 頁）。

⑸　消費貸借における利息の取扱い

　利息に関しては，現行法では明文の規定が欠けていたところ，改正法では，特約がなければ利息を請求できないこと（無償性原則），および貸主が請求できるのは（諾成的消費貸借においても）借主が金銭等を受け取った日以降の利息であることについて，規定が置かれている（改正 589 条）。後者の規定は，利息は元本の利用の対価である以上，元本が利用可能となる受領日以降について利息が生じるとする判例法理（最判昭和 33 年 6 月 6 日民集 12 巻 9 号 1373 頁）を踏まえ，諾成的消費貸借の場合にも妥当する形でその規律を明文化したものである（中間試案の補足説明 445 頁以下）。

第 20 節　要物契約の諾成契約化

III　使用貸借の諾成契約化

改正のポイント

□使用貸借を，要物契約から諾成契約へと変更することとなった。
□借主が借用物を受け取るまでは，貸主は契約を解除することができることとし，書面による使用貸借についてはこの解除権が与えられないこととする規定が新設された。
□借主側の解除権については，借主はいつでも契約を解除できる旨の規定が導入された。

1　現行制度の概要

　使用貸借とは，他人の物を無償で使用・収益する契約である。現行法上，使用貸借は要物契約として規定されており（593条），諾成的合意による使用貸借にいかなる法的効果が与えられるのかについては，規定上必ずしも明らかではない。この点に関し，使用貸借は無償性がその本質であり，血縁等を背景とした情誼的な人的関係がその基盤となっていることが比較的多いと考えられるが，その一方で，直接の対価を伴わない貸借が経済的な取引関係の一部を構成する形で行われる場合も存在している（会社が所有する社宅をその従業員が無償で利用する場合など）。そのような場合についてまで要物性の要請を妥当させ，諾成的合意によって貸主に貸す義務が生じることを否定することは，合理的な理由を欠いて

おりまた社会的な必要性にも相応していない，との指摘がなされている（以上につき，部会資料 70A・60 頁参照）。

改正の議論と改正法の内容

(1) 使用貸借の諾成契約化

改正法では，諾成的合意による使用貸借を認めるべき上記の必要性を踏まえ，使用貸借が要物契約から諾成契約に改められている。すなわち，貸主が借用物の引渡しを約し，借主が受け取った物を無償で使用・収益して契約が終了したときに返還することを約することによって，使用貸借の成立が認められる（改正593条）。なお，本条に関する改正点としては，使用貸借に際して借主が合意すべき義務の内容につき，「契約が終了したとき」に借用物を返還することである旨が明示された点も挙げられる。

(2) 借用物受取り前の解除権に関する規定

使用貸借が諾成契約化することに伴い，従来の要物性の要請に代替する規律として，改正法では，借用物の受取り前における各当事者に解除権を認める規定が導入されている。ただし，貸主と借主とではその規律が異なっている点に，留意を要する。

（i）まず，貸主の解除権につき，借主が借用物を受け取るまでは貸主は契約を解除できるとする一方，書面による使用貸借の場合については，この解除権が与えられない旨定められている（改正593条の2）。諾成的使用貸借においては，①軽率に無償の諾成的合意をした貸主を保護するため，借用物を引き渡すまでは貸主に使用貸借契約から離脱する権利を認める必要がある一方，②書

面による使用貸借の場合には，貸主の意思の確実性・明確性が書面を通じて確保されているため，貸主に借用物受取り前の解除権を与えることを要しない，と考えられたためである（部会資料70A・60頁以下）。このように，貸主の保護にかかる使用貸借上の要物性の要請は，改正法においては，使用貸借が書面によらない限り借用物受取り前における貸主は契約から離脱できる，という内容の規律によって代替されることとなった。

なお，書面によらない使用貸借における貸主の受取前解除権を放棄する旨の特約の効力については，諾成的合意の効力を補完すべき書面の方式性を解除権放棄特約という当事者の合意のみによって代替することを認めるのは規律構造上の背理と言うべきであり——貸主の受取前解除権に関する以上の規定は，書面の方式性に依拠することによって借用物受取り前における諾成的合意に十全な拘束力を付与するという，要式的な規律構造を採用したものと解される——，否定されるべきことになろう（書面によらない無償寄託における受寄者の受取前解除権〔改正657条の2第2項〕や書面によらない贈与の解除権〔改正550条〕を放棄する特約の効力についても，同様に解される）。

(ii)　他方，借主の解除権に関しては，改正598条3項において，借主はいつでも契約を解除できる旨定められている。無償で使用収益する権利を借主はいつでも自由に放棄できるものとする趣旨に基づき，かつその趣旨は借用物の受取り前の段階においても等しく妥当するものと考えられたためである。この規定により，借用物の受取りの前後や書面による使用貸借であるか否かを問わず，借主には契約を任意に解除する権利が認められることになる。

(iii)　このように，改正法では，諾成化された使用貸借に関し，借用物受取り前の段階においては契約の拘束力が緩和されている

467

ものの，その具体的な規律内容は，借主側と貸主側とでその構造も趣旨も大きく異なったものとなっており，またそこには使用貸借という契約類型の構造や特質が強く投影されていることが分かる。その意味では，改正法における要物契約の諾成契約化は，要物性の要請に代替する個別的規律を通じて，要物契約の各契約類型の特質をより具体的な形で表現するという帰結をもたらしている。今般の要物性の見直しをめぐっては，むしろ以上の点にこそ，その重要な理論的意義が見出されよう。

Ⅳ　寄託の諾成契約化

改正のポイント

□寄託を，要物契約から諾成契約へと変更することとなった。
□寄託物受取り前における寄託者の解除権を認め，その解除による受寄者の損害について受寄者からの賠償請求を認める旨の規定が新設された。
□書面によらない無償寄託の受寄者につき，寄託物受取り前における解除権を認め，それ以外の場合の受寄者については，寄託物が引き渡されない場合には相当期間を定めた催告をもって解除権を認める旨の規定が新設された。

1　現行制度の概要

寄託は，寄託者のために受寄者が物を保管する契約である。現行法上，寄託は受寄者が目的物を受け取ることによって成立する

第20節　要物契約の諾成契約化

要物契約として規定されているが（657条），商法上の倉庫営業に関する規定（商法597条以下）の対象となる倉庫寄託については，諾成的な寄託と解するのが通説である（幾代通＝広中俊雄編『新版注釈民法(16)』〔有斐閣，1989年〕319頁［明石三郎］参照）。実務上も，以上の倉庫寄託の場面に加え，消費寄託におけるゼロ円新規預金（金銭の預入れを伴わない預金口座の開設）など，諾成的合意によって寄託契約が成立することを前提とした取扱いが広く普及している。なお，倉庫寄託に関しては，寄託の予約という形式が用いられることも多いが，寄託の予約に基づいて受寄者は寄託物の引受義務を負うものとされており（以上につき，江頭憲治郎『商取引法〔第7版〕』〔弘文堂，2013年〕365頁以下を参照のこと），これについても諾成的寄託とほぼ同様の実質と効果を備えるものとして特徴付けることができる。

 改正の議論と改正法の内容

(1) **寄託の諾成契約化**

改正法では，取引の実態や学説の状況を踏まえ，寄託は要物契約から諾成契約に改められ，諾成的合意のみによって成立することとなった（改正657条）。寄託の諾成契約化に伴って，寄託物の受取り前における各当事者に解除権が認められているが，その内容や趣旨は寄託者と受寄者のそれぞれにおいて異なったものとなっている。

なお，寄託契約の成立要件を定める改正657条の規律に関しては，寄託物の返還を約すること（寄託物返還義務についての合意）を明文で要求することも検討されたが，この点についての明文化

469

第2章　改正法の内容

は見送られることとなった。「保管することを……承諾する」という文言には保管した物を相手方に返還することを約するという意味が含まれており，この点について重ねて表記する必要はない，と考えられたためである（部会資料81-3・23頁）。

(2)　寄託物受取り前における寄託者の解除権

まず，改正657条の2第1項において，受寄者が寄託物を受け取るまで，寄託者は契約の解除ができるとし，また，その解除によって受寄者に損害が生じた場合には，受寄者は寄託者に対してその賠償を請求できるとしている。また，寄託物の受取り後においては，寄託物の返還の時期を定めたときであっても寄託者はいつでも寄託物の返還を請求できるとされ（改正662条1項〔現662条に同じ〕），その返還請求によって受寄者に損害が生じた場合には寄託者に対する受寄者の損害賠償請求が認められている（改正662条2項）。このように，改正法は，寄託者が任意に寄託契約から離脱する権利を，寄託物の受取りの前後を通じて同一の規律構造の下で承認している。これは，寄託は寄託者のために行われる契約であるため（現657条参照），契約締結後に目的物を寄託することを寄託者が望まなくなった場合や寄託物を返還してもらう必要が寄託者に生じた場合には，寄託者の意思に反して契約関係を存続させる必要はなく，それによって受寄者に生じる不利益についてはその損害の賠償を認めれば足りる，という考慮に基づいている（中間試案の補足説明510頁）。寄託者の解除権に関する以上の規律は，契約による利益を享受する側からの任意の終了を（目的物の受取りの前後を通じて）認めるという意味において，使用貸借における借主側の規律と類似した取扱いになっていると言える。

470

第20節　要物契約の諾成契約化

(3)　寄託物受取り前における受寄者の解除権

　寄託物受取り前における受寄者の解除権に関しては，書面によらない無償寄託の場合とそれ以外の場合とで規律が分けられている。

　(i)　まず，改正 657 条の 2 第 2 項は，書面によらない無償寄託の受寄者は，寄託物を受け取るまで契約を解除することができる旨規定している。無償寄託に関しては，使用貸借の諾成契約化に伴う取扱いと同様（改正 593 条の 2 参照），軽率に無償寄託の引受けをした場合等における受寄者保護のために，寄託物受取り前における受寄者の解除権を認めつつ，受寄者の意思の確実性・明確性が書面を通じて確保されている場合（書面による寄託の場合）についてはその解除権を与えない趣旨である（部会資料 73A・11 頁）。このように，要物性に代替する規律の取扱いをめぐっては，（無償）寄託と使用貸借との間における水平的な整合化が図られていることが分かる。

　(ii)　以上に対し，書面によらない無償寄託以外の場合，すなわち，有償寄託または書面による無償寄託の場合については，改正法では，寄託物受取り前における寄託契約の拘束力が端的に――要物性に代替する規律を伴うことなく――承認され，受寄者は寄託引受義務を免れ得ないものとされる。ただし，書面によらない無償寄託以外の場合については，寄託物を受け取るべき時期を経過してもなお寄託物が引き渡されないときは，相当期間を定めた引渡しの催告をもって受寄者は契約を解除することができる旨定められている（改正 657 条の 2 第 3 項）。これは，受寄者が寄託引受義務を免れない場合でも，寄託物が引き渡されないにもかかわらず受寄者がその契約にいつまでも拘束され続けるのは不合理で

471

第 2 章　改正法の内容

あり，この場合の受寄者に解除権を認める必要がある，と考えられたことによる。また，以上の規律は，寄託者における寄託物の引渡義務の有無にかかわらず，債務不履行解除の場合と同様の要件の下で受寄者に法定の解除権を認めるものである，という点にも留意を要する（以上につき，中間試案の補足説明 510 頁参照）。

〔石川博康〕

第21節
組　　合

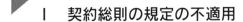 **Ⅰ　契約総則の規定の不適用**

改正のポイント

□同時履行の抗弁権および危険負担に関する規定が組合契約には適用されないこと，および，他の組合員の債務不履行を理由とした組合契約の解除は認められないことが明文化された。

1　現行制度の概要

現行法の下では，契約の解除，同時履行の抗弁権，危険負担に関する組合契約の場合の特則は定められていないが，通説は組合契約が単なる契約ではなく団体的な性格を有する合同行為であることから，組合契約にはこれらの契約総則の規定がそのまま適用されるわけではないとしている（学説の概要として，山本敬三『民法講義Ⅳ-1』〔有斐閣，2005年〕778頁以下参照）。

具体的には，通説によれば組合員の一人が出資する債務を履行

しない場合であっても，他の組合員は同時履行の抗弁権を主張することができないのが原則であるが，業務執行者が定められず，各組合員が業務を執行する権限を有している場合に，出資を請求する組合員が未履行であるときは，請求された他の組合員は同時履行の抗弁権を行使することができる。また組合員の脱退・除名・解散に関する規定がある以上，組合員の一人に債務不履行がある場合に，他の組合員が当該債務不履行を理由とする組合契約の解除を行うこともできない（大判昭和14年6月20日民集18巻666頁）。さらに，例えば組合員の一人の出資債務が履行不能になった場合であっても，他の組合員はなお出資債務を履行しなければならない（534条以下の危険負担の規定の不適用）。

改正の議論と改正法の内容

　学説においては，前述した通説を明文化することが提案されていた（民法（債権法）改正検討委員会編『詳解債権法改正の基本方針Ⅴ』〔商事法務，2010年〕273頁以下）。法制審議会でもこの提案を受けて審議がなされ，中間試案では，「(1)組合員は，他の組合員が出資債務の履行をしないことを理由として，自己の出資債務の履行を拒むことができないものとする。(2)組合員は，他の組合員が出資債務の履行をしない場合であっても，組合契約の解除をすることができないものとする」との規定案が採用された。

　前述した通説とは異なり，中間試案ですべての場合に組合員の同時履行の抗弁権の主張を認めないこととしたのは，組合の業務の円滑の観点から，業務執行者が定められていない場合に出資を請求する組合員が未履行であっても履行の請求を受けた組合員にその履行を拒むことを許すべきではないという批判をふまえたも

のである（中間試案の補足説明 528 頁）。なお，危険負担については危険負担制度そのものの在り方を見直すこととされていることから，中間試案ではとりあげられていない。

その後，上記中間試案の(1)の書き方を，端的に 533 条および 536 条の不適用という形に変え，また，(2)を出資債務のみならず，組合契約に基づく債務の履行をしない場合一般に妥当するものであることを明文化した上で（部会資料 81-3・26 頁以下），改正に至った。

改正によって，組合契約については同時履行の抗弁権（改正 533 条）および危険負担（改正 536 条）の規定は適用されない旨，および，組合員は他の組合員の債務不履行を理由に組合契約を解除することができない旨が明文化された（改正 667 条の 2）。これによって，組合契約に基づく出資債務を履行しない組合員は，組合からの出資債務の履行請求に対して，他にも出資債務を履行していない組合員がいることを理由に同時履行の抗弁権を主張して履行を拒絶することはできず，また，ある組合員の出資債務が履行不能になったことを理由に他の組合員が自己の出資債務の履行を拒絶することもできない（潮見佳男『民法（債権関係）改正法案の概要』〔金融財政法務事情研究会，2015 年〕305 頁）。さらに，他の組合員の出資債務の不履行を理由に組合契約の解除をすることも認められない。

第2章　改正法の内容

II　組合員の一人についての 意思表示の無効等

改正のポイント

□組合員の一人について意思表示の無効または取消しの原因があって
も，他の組合員の間においては組合契約はその効力を妨げられない
ことが明文化された。

1　現行制度の概要

　錯誤や詐欺・強迫などによって組合契約を締結した場合に，意
思表示に関する民法総則の規定が適用されるか否かについて，現
行法は明文の規定を置いていない。これについて通説は，組合が
第三者と取引関係に入る前であれば当該意思表示は無効または取
消しの対象となるが，組合が第三者と取引関係に入った後は団体
の存在の外形を信頼して取引関係に入った第三者を保護するため，
また，組合財産が複雑化して組合員相互間の利害調整にも混乱を
もたらすおそれがあることから，意思表示の無効または取消しの
対象に関する規定の適用は制限されるとしてきた（部会資料18-
2・9頁以下）。

2　改正の議論と改正法の内容

　学説では，通説および会社法等における類似規定（会社法832

第21節　組　　合

条1号・839条・845条，一般社団法人及び一般財団法人に関する法律267条1号・274条・276条1項）をふまえて，組合が第三者と取引関係に入った後においては，組合員の一人または数人について組合契約を締結する意思表示に無効または取消しの原因がある場合であっても他に二人以上の組合員がいるときは，組合契約の効力は妨げられない旨を定める規定や，無効または取消しを第三者に主張できない場合の求償権，無効または取消しの将来効を定める規定が提案された（民法（債権法）改正検討委員会編・前掲275頁以下）。

　法制審議会でも以上の学説の提案をふまえて議論がなされた。もっとも，第三者と取引をする前であっても残りの組合員の団体設立の方向での意思を尊重して組合契約の効力を認める必要があるという点や，第三者との取引開始前か後かをめぐる紛争が生じるのではないかという懸念もあり，中間試案では，第三者との取引開始前か否かを問わない規定案が採用された。また，無効または取消しの原因がある意思表示によって組合契約を締結した者が善意の第三者を保護する規定等によって損害を被った場合の組合に対する求償権の取得については，解釈に委ねれば足りるとして中間試案ではとりあげられなかった。その後，文言の修正を経て改正に至った。

　改正によって，組合員の一人について意思表示の無効または取消しの原因があっても，第三者との取引開始の前後を問わず，組合契約は他の組合員の間においてはその効力を妨げられないことが明文化された（改正667条の3）。

　2点補足する。第1に，法律行為に無効または取消しの原因がある組合員は，組合に対し，当該原因に基づく無効または取消しの効果を主張し，出資した財産がある場合には，原状回復として

477

その返還を求めることができるが，他の組合員の間においては当該原因に基づく無効または取消しの効果が及ばない。第2に，法律行為に無効または取消しの原因がある組合員を除くと二人以上の組合員が残らない場合には，組合の解散事由の有無の問題として処理すべきであると考えられている（部会資料75A・44頁）。

III 組合の債権者の権利の行使

改正のポイント

□組合の債権者は組合財産についてその権利を行使することができるという点が明文化された。また，現675条の規律内容を維持しつつ，主張・立証責任の所在が明確化された。

1 現行制度の概要

組合財産は総組合員の共有に属する（668条）が，組合の場合には各組合員は持分の処分や清算前の分割請求ができない（676条1項・2項）点で物権法における共有とは異なり，しばしば合有と呼ばれる。このことから，後に述べるように組合員の債権者は組合財産を差し押さえることができない。しかし，組合の債権者が組合員の個人財産にかかることはできる（675条参照）。その場合の割合は，675条にあるように，組合員の損失分担の割合によるが，債権者がそれを知らないときは平等の割合での分割債務と

なる。

改正の論議と改正法の内容

　学説では，組合の債権者は組合財産に対してその権利を行使することができるという，当然のこととされている原則を明文化すること，および，現675条を維持しつつ，債権者に「知らなかったこと」の証明責任があるとするよりも，原則が均等割合であることを示すべく修正することが提案された（民法（債権法）改正検討委員会編・前掲283頁以下）。中間試案でもこの提案が採用された。

　しかし，その後の審議で，「組合の債権者は，その選択に従い，各組合員に対して損失分担の割合又は等しい割合でその権利を行使することができる」と文言が修正された。組合の債権者が均等割合によって各組合員に対して権利行使をすることができるとしているのは，組合内部での取決めに過ぎない損失分担割合を知らなかった債権者を保護するためである以上，債権者がその債権の発生の時には各組合員の損失分担の割合を知らず，後に知るに至った場合には，債権者の選択により，損失分担の割合によって権利行使をすることも可能であると考えられるからである（部会資料84-3・18頁）。

　改正によって，組合の債権者は組合財産についてその権利を行使することができるという点が明文化された。また，現675条の規律内容を維持しつつ，主張・立証責任の所在が明確化された（改正675条）。

第 2 章　改正法の内容

Ⅳ　組合員の持分の処分等

改正のポイント

□組合員の債権者は組合財産についてその権利を行使することができず，また，組合員は組合財産である債権についてその持分についての権利を単独で行使することができないという通説・判例が明文化された。

1　現行制度の概要

　組合財産の独立性ゆえ，組合員個人の債権者が組合財産を引当てにすることができないというのは，学説でも一致した考え方であるが，明文の規定はなく，676 条で各組合員の持分処分が禁止されていることの解釈から導かれているに過ぎない。

　また，組合財産は総組合員に合有的に帰属することから，組合財産に属する債権は総組合員が共同してのみ行使することができるのであり，組合員の一人が単独で行使することはできない。判例も個々の組合員が組合財産に属する債権を自己の持分に応じて分割して行使することはできないという理解にたっている（大判昭和 11 年 2 月 25 日民集 15 巻 281 頁，大判昭和 13 年 2 月 12 日民集 17 巻 132 頁等）。

第21節 組　合

 改正の議論と改正法の内容

　学説では，以上のように組合財産の独立性，および，組合財産に属する債権は総組合員が共同してのみ行使することができる点を明文化すべきとの提案がなされた（民法（債権法）改正検討委員会編・前掲279頁以下）。中間試案でもこの旨を明文化することが提案され，文言の修正を経て，改正に至った。

　改正によって，組合員の債権者は，組合財産についてその権利を行使することができないことが明文化された（改正677条）。この中には，現677条で定められた，組合員の債権者がその債権と組合に対する債務とを相殺することができないという点も含まれている（潮見・前掲310頁）。また，組合員は，組合財産である債権について，その持分についての権利を単独で行使することができないという，通説・判例が明文化された（改正676条2項）。

V　業務執行者がいない場合における組合の業務執行

改正のポイント

□業務執行者がいない場合における組合の業務決定に加えて執行に関する規律が設けられた。

481

第2章 改正法の内容

1 現行制度の概要

670条1項は,「組合の業務の執行は,組合員の過半数で決する」と定めている。これについては,業務執行の意思決定は過半数で決するが,各組合員が業務執行権を有するというのが一般的な理解である。

2 改正の議論と改正法の内容

学説では各組合員が業務執行権を有するという点を明文化すべきであるという提案がなされた。この提案は法制審議会でも採用されるに至った。

改正によって,現670条1項に,「各組合員がこれを執行する」という文言が付け加わり,意思決定を実行する方法（業務執行権）に関する規律が明文化された（改正670条1項）。

なお,現670条3項の規定は維持されるため（改正670条5項),組合の常務は,各組合員が単独で行うことができること,ただし,その完了前に他の組合員が異議を述べたときはこの限りでないことは改正後も同様である。

第21節 組　合

▼ VI 業務執行者がいる場合における
組合の業務執行

改正のポイント

□業務執行者がいる場合における組合の業務決定・執行方法が明文で
具体化された。

1 現行制度の概要

670条2項は，組合の業務の執行は，「組合契約でこれを委任
した者（次項において「業務執行者」という。）が数人あるとき
は，その過半数で決する」と定めている。これについて，組合契
約で定めれば組合員だけでなく組合員以外の第三者に対しても組
合の業務執行を委任できるという点，および，業務執行者が複数
存在する場合に，業務執行の意思決定は業務執行者の過半数で行
い，その実行は各業務執行者が行うことができるという解釈は学
説上異論がない。さらに，業務執行者を定めた場合であっても，
組合員全員が共同して業務を執行することは認められると考えら
れている（民法（債権法）改正検討委員会編・前掲289頁）。

2 改正の議論と改正法の内容

改正論議においては，現670条2項，3項の考え方を維持しつ

483

第 2 章 改正法の内容

つ，以上のような通説の考え方を明文化する旨の提案が学説によってなされた（民法（債権法）改正検討委員会編・前掲 289 頁以下，民法改正研究会編『民法改正国民・法曹・学界有志案』〔日本評論社，2009 年〕222 頁）。これを受けて法制審議会でも同様に議論され，改正に至った。

改正によって，次の 3 点が明文化された。

第 1 に，組合の業務決定および執行は，組合契約の定めるところにより，一人または数人の組合員または第三者（「業務執行者」）に委任することができる（改正 670 条 2 項）。

第 2 に，業務執行者は組合の業務を決定し，これを執行する。この場合において，業務執行者が複数名いる場合，組合の業務決定は業務執行者の過半数で決定するが，その執行は各業務執行者が行うことができる（改正 670 条 3 項）。

第 3 に，業務執行者の定めがあっても，総組合員の同意によって組合の業務を決定，または執行することは妨げられない（改正 670 条 4 項）。

なお，組合の常務は各業務執行者が単独で行うことができること，ただし，その完了前に他の業務執行者が異議を述べたときはこの限りでないことは改正後も同様である（現 670 条 3 項，改正 670 条 5 項）。

第21節 組 合

Ⅶ 組合代理

改正のポイント

□組合の対外関係について，業務執行者がいない場合といる場合に分けた上で通説が明文化された。

1 現行制度の概要

組合が対外的業務を行うにあたって誰が組合を代理するのかについて明文の規定は存在しないが，学説では対内関係において業務執行権を有している者が対外的業務についての代理権を有すると解されている。具体的には，業務執行者がいない場合には各組合員が組合員の過半数の決議に基づいて代理権を有するとされており（大判明治40年6月13日民録13輯648頁），業務執行者がいる場合には業務執行者が代理権も有するとされている（山本・前掲765頁以下，内田貴『民法Ⅱ〔第3版〕』〔東京大学出版会，2011年〕313頁）。

また，組合員の代理権に組合契約上付された制限を超えて取引がなされた場合の第三者保護については，判例（最判昭和38年5月31日民集17巻4号600頁）に従って善意無過失の第三者は保護されると考えられている。

485

第 2 章　改正法の内容

  改正の議論と改正法の内容

　組合の対外関係について，組合代理に関する学説の理解をふまえて明文化することは学説でも提案されていた（民法（債権法）改正検討委員会編・前掲 292 頁以下，民法改正研究会編・前掲 224 頁）。

　法制審議会の中間試案では「誰が組合を代理するのか」という点について，業務執行者がいる場合といない場合に分けた規定案が採用された。さらに，業務執行者が複数名いる場合に，どの業務執行者が代理権を有するかについては業務執行者の過半数をもって決定すべきであるという点も中間試案で盛り込まれた。その後，表現の修正を経て，改正に至った。

　改正によって，組合の対外関係について通説の内容が以下のように明文化された。

　まず，業務執行者がいない場合，各組合員が組合業務を執行するときは，組合員の過半数の同意を得れば他の組合員を代理することができることが明文化された（改正 670 条の 2 第 1 項）。もっとも，組合の常務を行うときは，単独で組合員を代理することができる（同条第 3 項）。

　これに対して，業務執行者がいる場合には，組合員を代理することができるのは業務執行者のみである。業務執行者が複数名いる場合には，各業務執行者は，業務執行者の過半数の同意を得たときに限って組合員を代理することができる（改正 670 条の 2 第 2 項）。もっとも，各業務執行者は，組合の常務を行うときは，単独で組合員を代理することができる（同条第 3 項）。

　なお，第三者保護規定の明文化は見送られたが，組合代理も代理の一種である以上，表見代理に関する規定の適用があり（部会

第 21 節　組　　合

資料 75A・51 頁以下），また，第三者保護に関する前掲最高裁昭和 38 年判決の判例法理も維持される（潮見・前掲 308 頁）。

Ⅷ　組合員の加入

改正のポイント

□組合員の加入に関する規定が新設された。

1　現行制度の概要

　現行法は組合成立後の新たな組合員の加入に関して特段の規定を置いていないが，一部の組合員がその資格を失っても組合は同一性を失わずに存続するとされていることから（678 条〜681 条），通説・判例（大判明治 43 年 12 月 23 日民録 16 輯 982 頁）は，新たに組合員を加入させることを認めている。その際の加入の要件としては，原則として加入しようとする者と組合員全員との間の加入契約によるとされている。

　また，新たに加入した組合員が，自己の加入前に生じた組合の債務について自己の個人財産をもって責任を負うかについて，学説では否定的な見解が有力である（山本・前掲 793 頁）。

487

第2章 改正法の内容

 改正の議論と改正法の内容

学説においては，以上の学説・判例を明文化することが提案されていた（民法（債権法）改正検討委員会編・前掲307頁以下）。これをふまえて，法制審議会でも以上の学説・判例の明文化について検討された。当初は，組合の事業が経済事業を目的とするものであって，全ての組合員が事業者である場合には，組合の成立後に加入した組合員も，その加入前に生じた組合債務について連帯して弁済する責任を負うという規定を設けることが提案されたが（部会資料47・97頁），中間試案ではこの提案は採用されず，以上の通説・判例を明文化する改正に至った。

改正によって，組合員は総組合員の同意によって，または組合契約の定めるところにより，新たに組合員を加入させることができること，および，新たに加入した組合員は，加入前に生じた組合の債務については，これを弁済する責任を負わないことが明文化された（改正677条の2）。

IX 組合員の脱退

改正のポイント

□脱退前に生じた組合の債務に関する脱退した組合員の責任，および，脱退した組合員が組合債務を弁済したときの求償権が明文化された。

第21節 組　合

 現行制度の概要

　任意脱退については，①組合の存続期間の定めがない場合またはある組合員の終身の間組合が存続すべきことが定められている場合には，各組合員はいつでも脱退することができるが，やむを得ない事由がある場合を除いて組合に不利な時期に脱退することはできず，②存続期間の定めがある場合でも，各組合員はやむを得ない事由があるときには脱退することができると定められている（678条）。なお，やむを得ない事由があっても脱退を許さない旨の組合契約は判例上，無効である（最判平成11年2月23日民集53巻2号193頁）。

　非任意脱退については，組合員が①死亡した場合，②破産手続開始の決定を受けた場合，③後見開始の審判を受けた場合，④除名があった場合に，組合員は脱退すると定められている（679条）。

　組合脱退者と組合の間での財産上の清算については681条で定められている。

 改正の議論と改正法の内容

　改正論議において，学説ではまず脱退事由について現678条，679条を維持した上で，やむを得ない事由があっても組合員が脱退できないと定める組合契約の規定を無効とするという判例を明文化することが提案された。また，組合員が脱退した場合の財産上の清算に関する規定については，現681条を維持した上で，脱退前に生じた組合の債務に関する脱退した組合員の責任についての通説の理解を明文化することが提案された。具体的には，脱退

前に生じた組合の債務について，①脱退した組合員はその債務が組合の弁済その他の事由によって消滅するまでは責任を負うという点，②この場合において，脱退した組合員は他の組合員に対して，自己に対してこの債務からの免責を得させること，または，相当な担保を供することを求めることができるという点を明文化するというものである（民法（債権法）改正検討委員会編・前掲309頁以下）。

以上の学説の提案が中間試案でも採用された。その後の審議では，脱退後に組合債務を履行した場合の求償に関する規律を明文化することが提案された。これに対して，やむを得ない事由があっても組合員が脱退することができないことを内容とする合意を無効とする旨の規律については明文化は見送られた（部会資料75A・55頁）。

改正によって，脱退組合員が脱退前に生じた組合債務についても自己の財産をもって責任を負うことが明文化された。もっとも，債権者が全部の弁済を受けない間は，脱退組合員は組合に対して担保を供させ，または自己に免責を得させることを請求することができる（改正680条の2第1項）。

また，脱退した組合員は，組合債務を弁済したときは，組合に対して求償権を有する旨が明文化された（改正680条の2第2項）。脱退した組合員が脱退後に組合債務を弁済することは他人の債務の弁済に当たるからである（潮見・前掲312頁）。

第21節　組　　合

X　組合の解散事由

改正のポイント

□組合の解散事由に，学説で異論のない解散事由である組合契約で定
められた存続期間の満了，組合契約で定められていた事由の発生，
総組合員の同意が追加された。

1　現行制度の概要

　現行法では，組合は，その目的である事業の成功またはその成
功の不能によって解散するとされている（682条）ほか，やむを
得ない事由があるときは，各組合員は，組合の解散を請求するこ
とができるとされている（683条）。

　しかし，学説ではこれらの解散事由に加え，①組合契約で定め
られた存続期間の満了，②組合契約で定められた解散事由の発生，
③組合員全員による解散の同意のほか，④組合員が一人になった
場合にも組合は解散すると解されている。

2　改正の議論と改正法の内容

　学説では，以上の通説の明文化が提案され（民法（債権法）改正
検討委員会編・前掲312頁以下，民法改正研究会編・前掲224頁以下），
法制審議会ではこの提案をめぐって議論がなされた。中間試案

491

第2章　改正法の内容

（第44-8）では，組合の解散事由として，①組合の目的である事業の成功またはその成功の不能，②組合契約で定められた存続期間の満了，③組合契約で定められた解散事由の発生，④総組合員による解散の同意を列挙して明文化するという方向性が示され，そのまま改正に至った。

　これに対して，組合員が一人になった場合を組合の解散事由として明文化するという点については，一人になった場合に直ちに解散することとなると実務上支障が大きいという反対意見や，社員が一人になった場合が解散事由とはなっていない会社法の規定（641条4号参照）等，他の法律との関係もあり，明文化は見送られた（部会資料75A・56頁）。

　改正によって，組合の解散事由として現行法で掲げられている①組合の目的である事業の成功またはその成功の不能に，②組合契約で定めた存続期間の満了，③組合契約で定めた解散の事由の発生，④総組合員の同意が追加された（改正682条）。組合員が一人になった場合にこれが解散事由となるかについては解釈に委ねられる。

　なお，現683条および現684条は維持される。

〔大澤　彩〕

第3章

改正債権法と市民社会

第3章　改正債権法と市民社会

　本章では，法改正に至るまでの議論のあり方を振り返り，その特徴を「市民社会による民法改正の実現」「民法改正による市民社会の成熟」という観点から検討することを主眼とする。

Ｉ　理念なき改正？

　今回の民法改正に対しては，一部の論者から「理念なき改正」であるという批判がなされてきた。形式的に見れば，改正作業を通じて，何らかの理念が公式に示されたわけではない。ただ，法制審議会での審議が始まるにあたって，法務大臣の諮問第88号では，①「制定以来の社会・経済の変化への対応」と②「国民一般に分かりやすいものとする」という二つの留意点が示されていた。これは直接に改正の理念を示すものではないとしても，そこに一定の考え方を読み取ることができないわけではない。そこで，本章においては，①②（とりわけ②）が達成されたかどうかを検討することを通じて，巨視的な観点から債権法改正作業を評価するとともに，この評価をふまえつつ成立後の新債権法の運用に関する展望を試みたい。それは同時に，「理念なき改正」という先の批判の当否を論ずるということにもなるだろう。

　本章においては「市民社会」，**第4章**においては「取引社会」という観点からの検討が行われるが，二つの視点は「民法」に関する二つの定義と重なり合う。民法の定義は一つではない。よく挙げられる定義は，α＝「民法は私法の一般法である」というものだが，これは法体系の中で民法を位置づけるための定義である。これとは別に，社会との関係で民法の役割を示すための定義もあ

る。たとえば，20 世紀半ば以降有力になった定義は，β＝「民法は資本主義経済社会の法である」（川島武宜など）というものである。さらに，20 世紀末には，γ＝「民法は市民社会の構成原理（基本法）である」（星野英一など）という定義も現れた。定義 β はいまも妥当する。だからこそ，中国をはじめとして，社会主義から資本主義に移行しようとする国々は，民法典を制定しようとしている。また，ドイツやフランスが，グローバリゼーションの潮流の中で，生き残りを賭けて民法改正を行っているのもそれゆえのことであろう。他方，定義 γ の登場は，社会主義の崩壊以降，「市民社会」が再び着目されるに至ったことと密接に関係する。

　冒頭に掲げた諸問における二つの留意点は，直前に述べた民法の二つの定義（あるいは二つの側面）と交錯する。①の「社会・経済の変化」が，「取引社会」の大きな変化を想定していることはもちろんである。また，②の「国民一般」は「市民一般」と言い換えることができる。その意味では，①＝取引社会の観点，②＝市民社会の観点，と一応は整理できる。しかし，①には，（取引社会とは区別される意味での）「市民社会」の重要性の増大も含めうるだろう，②の「国民」から市民一般ではなく，取引社会のプレイヤーを抽出することも不可能ではない。そう考えるならば，「市民社会」という観点に立つとしても，①を軽視することはできないのだが，以下においては，②に焦点をあわせるところから出発し，①にも及ぶというアプローチをとりたい。

　序論の最後に，本章でいう「市民」「市民社会」につき注記を加えておく。「市民」とは自ら社会を形成する主体を指し，「市民社会」とはそのような主体が形成する社会を指している。したがって，「市民」は「住民」「庶民」とイコールではないし（メディ

495

アのいう「市民生活への影響」は本章の対象ではない），「市民社会」は「経済社会」「非営利セクター」の双方，さらには私生活の領域や立法・行政・司法などを含む（「市民社会」「取引社会」という対比は同一次元のものではない）。この定義に従うと，冒頭で述べたように，「市民社会」の観点からは，「市民社会」が一体となって民法改正の実現に参与できたか，また，反対に，民法改正の過程が「市民社会」の成熟に寄与したか，が問われることになる。

繰り返しになるが，本章では，②の「国民一般に分かりやすい」民法という指針を手がかりに，この問題を検討していく。その際の具体的な順序としては，まず，今回の民法改正作業の開始時における手続上の特徴を（Ⅱ），続いて，その結果として現れた改正法の内容上の特徴を指摘する（Ⅲ）。この間の落差の認識が，今回の改正を評価する際の基礎となる。その評価をふまえて，最後に若干の展望を示すことにしたい（Ⅳ）。

Ⅱ 改正作業開始時の特徴

  「立法中心」は何を意味していたか？

今回の民法改正作業は，1990年代後半以降の「第三の法制改革期」の掉尾を飾るものであった。この時期は「大立法時代」とも呼ばれたが，この時期に見られた「立法中心」の考え方は民法改正にも共通する。別の言い方をするならば，民法においても，「判例の時代」から「立法の時代」へ，という大きな転換が試み

られたと言える。もちろん、その場合にも、判例がますます重要なものとなりつつあることは前提とされていたが、その上で、これまでの判例法の集積を条文化することが目指された。「一般国民に分かりやすい」民法とは、まず第一に、(a)「ルールの可視性が相対的に高い民法」ということであった。後述するように、債権者代位権・詐害行為取消権、あるいは債務引受け・契約上の地位の移転などについては、この目的は相当程度まで実現されたが、暴利行為や不実表示・情報提供義務などうまくいかなかったものも少なくない。

　もう一つ注意すべきは、今回の民法改正作業においてなされた提案の中には、従来の判例をふまえるにとどまらず、新たなルールの形成を支援しようとするものも含まれていたということである。たとえば、役務提供契約や継続的契約に関するルールの提案などはこのタイプのものであった。そこに見られたのは、反映型から先導型へ、縛る法ではなく助ける法を、という発想であった。「一般国民に分かりやすい」民法として、現状追認にとどまらず一歩進んで、現代社会にふさわしい(b)「先導性・活用可能性のある民法」を提供しようというわけである。もっとも、これも後述するように、こうした試みはほとんど失敗に終わっている。

2　「学者主導」は何を意味していたか？

　今回の民法改正においては、特にその初期の段階において、複数の学者グループによる立法提案が注目を集めた。具体的には2008年から2009年にかけて三つの立法提案が公表された（そのうち一つは時効のみにかかる限定的なものであった）。そのため、実務の側からは学者主導で民法が改正されることになるのではないか、

第 3 章　改正債権法と市民社会

という危惧の念が示され，それと呼応する形で，このような（広義の）立法過程に対する批判も現れた。

　もちろん，実務的な観点からの要請は，立法を促す一つの重要な要因であることは確かである。その意味で，実務的な観点を捨象した立法は考えられない。実際のところ，今回の改正作業においても，実務的な観点が考慮されなかったわけではない。むしろ後述するように，「実務」の観点には十分な（時には過剰なほどの）配慮がなされた。しかしながら，問題設定の段階においては，可能な限り視野を広げるために，必ずしも実務的な要請が強くない問題をも取り上げるという態度が示されたことに留意する必要があろう。従来，日本の立法は，問題が生じれば最小限の手当てをするということを繰り返してきたが，こうした「火消し立法」的な態度とは異なる態度が示されたのである。「国民一般に分かりやすい」という観点に照らして言えば，(c)「全体として整合性のある民法」が目指されたと言えよう。成功例としては，代理や組合，弁済に関する規定の整理などを挙げられるが，債務不履行に対する救済や定型約款については評価が分かれることだろう。

　もう一つ大事な問題として，民法の裁判規範の面にのみ着目していればよいのか，行為規範の面にも留意する必要があるのか，ということがある。たとえば，無償契約は関連の裁判例が少なく，司法実務上の重要性は大きいとは言えない。これに強い関心を持つ業界も特にあるわけではない。こうした部分に光をあてるのは学説の一つの役割であろう。ここでの「国民一般に分かりやすい」民法とは，(d)「裁判外の行為規範をも含む民法」ということになる。

　Ⅱでの考察によれば，「国民一般に分かりやすい」という指針

が多義的・多層的であること，いくつかの異なる「分かりやすさ」のうち，あるものは実現したが，あるものは実現しなかったことがわかるだろう。Ⅲでは，改正法の内容に即した形で，「市民社会」の観点から見て，実現したのは何であり，実現しなかったのは何であるのか，また，それはなぜなのかを考えてみたい。

Ⅲ　改正法の特徴

1　そして何もなくなった？──技術の残存・原理の排除

　法制審議会での審議は，途中で公表された「論点整理」「中間試案」「要綱仮案」という三つの文書によって，それぞれに至る3段階に画される。このうちの「論点整理」の段階ではもちろんのこと，「中間試案」に至っても，当初検討された提案の相当部分がなお残されていた。しかし，その後，激しい議論の対象となった提案の多くは脱落し，最後に「要綱仮案」に遺されたのは，定型約款を別にすると，大きな異論のないものだけとなった。日本の債権法改正案の特徴として，それまで世界中で語られていたことの大部分は消え去ったと言っても過言ではない。

　それでも，立法がかなりの成果を挙げたと評しうる部分はある。ある程度までうまくできた部分は，技術的な整理を施した部分であり，その典型例は，判例を巧みにリステイトし（さらには倒産立法との整合性をはかった）債権者代位権・詐害行為取消権の部分であろう。これに対して，強行規定的な規律を明文化しようとし

499

た部分と新しい任意規定を定立しようとした部分に関しては，実現できたことは少ない。実現できなかったものとしては，暴利行為，不実表示，情報提供義務，役務提供契約，継続的契約，契約の解釈準則や消費者概念の導入など多くの例を挙げることができる（このうち，暴利行為については**第2章第1節**参照）。時効，債権譲渡，保証などのうちの重要部分についても同様である。このほかに，基本的な枠組だけが変わったように見える部分（無償契約など），玉虫色の解決に落ち着いた部分（債務不履行の救済など）など，うまくいったのかどうか評価が難しい部分もある。

　全体として見ると，法技術的な整備はある程度まで行うことができたが，新しい考え方として判例・学説に現れているものを明文化するという試みはほぼ実現しなかったと言っても大過ないであろう。

　不在の意味をどう考えるか？──市民社会の未成熟

(1) なぜ明文化されないか？──判例への不信・消費者への警戒

　では，判例の明文化のうち重要な部分が実現しなかったのはなぜか。たとえば，暴利行為や情報提供義務に関しては多くの下級審裁判例があるだけでなく，関連の最高裁判例も存在するにもかかわらず，なぜこれらの明文化は見送られたのだろうか。法制審議会の審議過程においても，判例によって形成された規範が存在すること自体には異論はなかった。しかし，その定式化にあたって，暴利行為や情報提供義務が広い範囲で認められるのではないか，という懸念が産業界から繰り返し表明された。

　一般条項（公序良俗や信義則）の解釈を通じての法形成と，具体

的な根拠条文が設けられた後での法形成との間には違いがあるのではないか。ひとたび根拠条文が与えられれば，判例（特に下級審）はより大胆な解釈を採るのではないか。そこには，こうした判例への不信が伏在していた。それだけではなく，明文化によって，暴利行為あるいは情報提供義務という規範が存在することを国民が改めて認識することになるが，このことに伴う弊害を恐れる気持ちもあった。ある委員の（会議席上での）表現を借りるならば，「寝た子は寝たままに」しておきたいという願望が，明文化を妨げることになったということになる。ここにあるのは，一般市民（ここでは特に消費者）への警戒であろう。

(2)　なぜ消費者がいないのか？──民法＝市民社会への危惧

　この点は，消費者に適用される規定（消費者規定と呼んでおく）の民法典への導入が実現しなかったこととも密接に関連する（さらに言えば，労働契約への影響が極力排除されたこととも繋がるが，この点については省略する）。

　法制審議会の審議の初期においては，消費者契約法の規定のうち民法の特別法になっている部分（4条や8条～10条）については，その重要性に鑑みて民法典に取り込んではどうかという問題が提起されていた。これに対する形式論のレベルでの反対としては，「民法は私法の一般法である」という民法の定義（前掲Ⅰの定義α）が援用された。しかし，民法典に含まれている規定の一般性の程度は様々である。たとえば，民法典は契約一般について定めるべきだという観点に立てば，契約各則は民法典の外に置くべきことになる。他方，各国の民法典を見ても，消費者契約（や労働契約）を民法典に取り込んでいる例は少なくない。

　実質論のレベルでは，前述のように，消費者保護がさらに進む

501

第3章 改正債権法と市民社会

のではないかという反対が考えられる。消費者契約法の規定の内容に変更を加えず，規定が置かれる場所を変えるだけであるならば，消費者保護がさらに進むという批判は当たらないようにも思われる。しかしながら，民法典に消費者規定が登場すること自体が消費者保護を加速させることになる。いわば消費者を焦点化させることになる。産業界はこのような危惧感を抱いていた。ところが，消費者保護を望む弁護士会もまた（少なくとも当初は），消費者契約に関する規定を民法典に置くことに反対していた。その理由は，民法典に消費者規定が置かれると迅速な改正が妨げられる（今後の改正が硬直化する）という点に求められていた。以上のように，消費者の観点から見て，消費者契約法の規定の移管がプラスになるかマイナスになるかにつき，産業界と弁護士会とは認識を異にしたのであるが，移管に反対という結論において一致が見られ，この提案は実現することがなかった（ちなみに，消費者代表の委員は産業界と同様の認識に立った上で，それゆえにこそ提案に賛成していた）。

　ここに見られるのは，民法への不信＝市民社会への危惧感であろう。消費者問題（あるいは労働問題）については，民法という「市民社会の基本法」（定義γ）において原理を定めるのではなく，消費者契約法（あるいは労働契約法）という特別法で規律したい。消費者や労働に関することは民法改正に関与する人々には十分に理解してもらえないので，事業者・消費者の間の（使用者・労働者の間の）利益調整によって解決したいというわけである。「自分たちのことは自分たちのことで」という点で，一見するとこれは自治・自律を重視する立場のように見えるが，ここでの自治・自律は，普遍性を持った「市民社会」における自治・自律ではなく，特殊な領域ごとの自治・自律にほかならない。

502

専門の人々が専門的な観点から議論することには，大きな意味がある。しかし，そうした議論を民法＝市民社会と接続することを避けたいというのは，民法＝市民社会が信頼されていない，ということにほかならない。

(3)　なぜ枝番なのか？――変化への不安

　以上の議論のうち，改正の硬直化に対する懸念はわからないではない。今回の民法改正を見ても，現状維持の力が強く働いたことは，これまでに見て来た通りである。さらにもう一つ，民法典の編成についての見直しが全くされなかったこと，そのために枝番が目立つ法律ができあがったことも，現状維持の現れとして付け加えることができるだろう。もちろん，現行のパンデクテン体系を根本的に改めることには異論もある。しかし，債権総則と契約総則の統合，各種契約の配列順の整理，意思能力規定の配置など，ほぼコンセンサスができていたと言える問題についても，実質的な検討はなされなかった。

　ある意味では，これは奇妙なことであった。「第三の法制改革期」を代表するその他の立法――会社法・保険法・信託法・破産法・会社更生法――においては，改正にあたって法律の編成は根本から見直されていることを考えると，民法についても同様の見直しをする可能性はあったはずだからである。もちろん，今回の改正が全面改正でなかったことが編成の見直しを妨げた面もある（しかし，単行法としての「会社法」「保険法」のように「契約法」を制定することはできた。比較法的にもスイス債務法の例がある）。また，会社法や保険法などは「特別法」であり，「私法の一般法」としての民法（定義α）については同様に考えられないということかもしれない。

第 3 章　改正債権法と市民社会

　直接的には，政策課題によって推進された上記の諸改正の場合とは異なり，立案当局（法務省のみに限られない）の中で，現状維持を指向する力が上回ったというほかないが，その背後には，間接的にこれを支えるものとして，変えないでよいものを変える必要はない，あるいは，変えるのは不安だという現状維持の力が既存の法律家層に働いたことも指摘しておかなければならない。

IV　それでも希望は残る？
──Unbuilt を可視化する──

　判例への不信・消費者への警戒，民法＝市民社会への危惧，変化への不安──。120 年近くにわたって封印されていたパンドラの箱がようやく開かれたいま，そこに現れたのは負の要素ばかりであったかのように見える。もっとも，希望が残らなかったわけではない。

　民法改正は全体として見れば始まったばかりである。法制審議会の審議開始から起算するとしても，今回の民法改正は法案成立までに 7 年余を要している（法務省が債権法改正の構想を持っていると報じられた 2006 年から通算すると，足かけ 12 年になる）。しかし，これはまだ始まりの終わりに過ぎない。これからも続く民法改正の第 1 段階において，必ずしも十分な成果を挙げえなかったとしても，この改正の中には，未来の市民社会に繋がりうるものも含まれている。

　たとえば，「敷金」や「定型約款」に関する規定を見てみよう。前者はこれまでの判例を明文化したものだし，後者は通説の見解を相当後退させたものであって，すでに複数の批判も現れている。

504

それでも,「敷金」や「定型約款」という問題が存在することに光を当てた,問題そのものを民法＝市民社会が承認したという意味で,規定が設けられたこと自体に意味がある。関連の規定を手がかりに,判例・学説はより充実した法理を形成していくに違いない。

あるいは,「組合」や「使用貸借」に関する規定が整備されたことにも注目したい。私たちは様々な目的のために団体的な関係を創り出す。「組合」はそのための法的ツールの一つであるが,これは市民社会の構成部分（経済社会・非営利セクター・私生活の領域）のいずれにとっても有用なものである。また,「使用貸借」の規定の整備は,非営利セクターや私生活の領域における「無償なるもの」の存在意義に光を当てる。実は,「無償なるもの」は経済社会にも無縁のものではないが,いまはこの点について立ち入らない。

さらに改正法には,「契約自由の原則」が盛り込まれた。規定自体は当然の内容を定めただけであるが,「裁判外の行為規範をも含む民法」という観点に立つならば,この原則が宣言されたことの意味は決して小さくはない。「契約の当事者は,法令の制限内において,契約の内容を自由に決定することができる」（改正521条2項）。これは,市民が自主的に社会関係を結ぶことを承認・奨励するとともに,法令によって自由の外縁を画することを通じて,立ち現れる社会関係の形を市民社会が成形していくという原則の宣言にほかならない。

では,残った希望を受け継いで,民法＝市民社会を育てていくにはどうすればよいか。一言で言えば,立法によって播かれた一粒の麦を,判例,学説そして市民社会が共同で育てていく必要があろう。新法の規定が判例・学説や実務の批判にさらされて後退

第3章　改正債権法と市民社会

を強いられることがあることは，比較法的にもよく知られている現象である。日本でもたとえば，貸金業規制をめぐる立法史を振り返れば，このことは容易に理解される。しかし，新法の規定を出発点に，判例・学説や実務が新たな規範の生成を担っていくこともある。たとえば，戦後における財産分与規範の発展などがその例である。

　今回の民法改正の場合，実際には実現しなかったものの，すでに種が播かれていることが確認された例は少なくない。私はこれを，施工には至らなかったが，その意義は十分に評価された設計構想になぞらえて Unbuilt と呼んでいる。今後必要なのは，地中に眠ったままの種の存在に注意を促し，発芽に向けて可能な手を打っていくことであろう。これが実現されるか否かは，未来の民法＝市民社会の試金石となる。そして，これを実現するためには，優れた市民と優れた法律家の育成が必要であることは言うまでもない。

〔大村敦志〕

第 4 章

改正債権法と
取引社会

第4章　改正債権法と取引社会

▶ Ⅰ　は じ め に ◀

　債権法の改正においては，個々の制度に関して興味深い点もある。しかし，それらは本書の**第2章**各節で詳しく解説されているところに譲り，ここでは，債権法改正と日本の社会との関係について，若干の感想めいたことを述べてみたいと思う。

　もっとも，「日本の社会」というだけでは茫漠としすぎている。そこで，大きく2つの視点を分ける。すなわち，「市民社会」と「取引社会」である。もちろん，「市民社会」を，たとえば「封建的社会体制から解放され自由と平等を獲得した自立的個人である市民によって成り立つ社会」と考えるとき，自由な取引はその経済的基盤であるから，「市民社会」と「取引社会」は対立する概念ではない。ここでは，「一般の個々人の視点」，「企業の視点」といった曖昧な意味で用いている。

　そして，本章では，「企業の視点」，「商取引の視点」から，つまり，取引社会と債権法改正との関係を考えてみることにしたい。

▶ Ⅱ　取引社会にとって望まれる民法 ◀

(1)　民法は，婚姻や相続も扱うし，一般の自然人間の取引についても規律する。しかし，商法等に特則のない限り，企業取引にも適用されるものである。そして，企業取引の観点から見るとき，まず，民法に要求されるのは，予見可能性（predictability）であ

508

る。つまり，ある一定の事由が生じれば，ある一定の結果が生じることが，あらかじめ明確にわかっているということである。そうではなく，裁判所の裁量が広く認められることになると，予見可能性は低くなり，企業にとってリスクの計算が難しくなる。しかし，予見可能性にあまりにこだわると，具体的な事件で実際に妥当な結論を導くことが困難になる。

あるべき取引法という観点から考えるとき，イングランドにおいては，現在でも，予見可能性に絶対の重要性が置かれている。たとえば，金銭債務の支払が，1日でも1ポンドでも遅れれば，解除条項や期限の利益喪失条項は，何らの限定もなく発動される。そのようなイングランド法の態度を硬直的だと批判することもできるが，取引の予見可能性を高めるという意味で，一定の価値を有している。そして，それが現在でも大規模な国際取引において，しばしばイングランド法が準拠法とされることの理由になっているのである。

これに対して，イングランド法を継受したアメリカ合衆国法では，この硬直性の修正が行われた。契約解除が認められるためには，実質的な債務不履行（material breach of contract）が必要であり，債務の履行については，実質的な履行（substantial performance）が行われれば，後は金銭賠償だけで調整されるという法理が発達してきた。このようなアメリカ合衆国法の態度は，実質的妥当性を導くものとして，十分に評価できる。ただ，ここでも，「実質的な債務不履行」，「実質的な履行」という概念が定められることによって，紛争が生じたときの「議論の場」が明確になっていることに注意しなければならない。争いの対象となるのは，その債務不履行が実質的か否か，であり，「実質性」をめぐって様々な主張や証拠が提出されることになる。結果に対する予見可

509

第4章　改正債権法と取引社会

能性はイングランド法に比べて低くなっているが，何が争いになるのか，ということの予見可能性は確保されているのである。

　同じことは，契約書の文言の解釈や制定法の文言の解釈にも妥当する。制定法の文言の解釈についてはもちろんのこと，契約書の文言の解釈についても，イングランドの裁判所は，実質的妥当性を考慮しないのが原則である。アメリカ合衆国の裁判所は，若干異なった態度を示すが，裁判所の介入の度合いはさほど大きくない。

(2)　それでは，日本民法についてはどうであろうか。

　まず，条文の解釈において，文言からは導くことのできない解釈が，裁判所や学説によって行われてきた。これは，法典を制定し，その法典が頻繁に改正されないものであるならば，当然のことである。文言は以前のままである条文による規律を，法典制定後に変化した社会に対応させなければならない。もっとも，判例法理などの進展は，その進展の内容を知っている者にとっては，さほど困った事態ではない。判例などを含めて，法を理解すればよいだけである。

　しかしながら，現代社会において，法は，それを頻繁に用い，実務を行う者に対してだけ理解可能なものであればよいわけではない。法の透明性が確保されていること，つまり，日本法がいかなる状態であるのかをわかりやすく外部に提示することは，日本法に対する信頼を確保するためにも重要であるし，国内的にも，法の民主的なコントロールのために必要なことである。

　次に，「議論の場」が明確でないことが多かった。すでに述べた解釈による法の修正が，たとえば，現行民法466条2項ただし書にいう「善意」とは「善意かつ無重過失」という意味である，

510

というだけならば，それなりに「議論の場」は明確である。「善意かつ無重過失」か否かを争えばよい。ところが，法の修正は，しばしば信義則（1条2項）によってされてきた。そうすると，「議論の場」は不明確になる。もちろん，どのような場合が信義則に反するかが明確になっている場合もある。しかし，信義則による修正は，その性質上，当該事件における事実の特殊性に由来することが多く，どのような事情が決め手になって修正が行われたのか，また，将来行われうるのかはわかりにくいのである。

(3) さて，日本における債権法改正が，仮にルール自体を変えてしまおうとするものであったとすると，以上の話はあまり関係ない。実際，研究者の間には，一定の場面においてはルール自体を変えるべきだとの見解も強かった。しかし，実際に行われようとしているのは，ルールの改正ではなく，失われた予見可能性の回復であるように思われる。ところが，その予見可能性の回復も十分になされなかった。

　以下では，このことをいくつかの例をあげながら明らかにし，その原因を考えてみたい。

Ⅲ　債権法改正の実相

(1) 民法典制定後の判例法理の進展により，条文の文言からはわかりにくくなった日本法の状況を，確立した判例法理を明文化することによって明らかにする——この目的が達成できた箇所も多い。

第4章　改正債権法と取引社会

（ⅰ）　たとえば，現行民法93条は，

> 「意思表示は，表意者がその真意ではないことを知ってしたときであっても，そのためにその効力を妨げられない。ただし，相手方が表意者の真意を知り，又は知ることができたときは，その意思表示は，無効とする。」

と規定している。

　これに対して，現行民法94条は，

> 「1　相手方と通じてした虚偽の意思表示は，無効とする。
> 　2　前項の規定による意思表示の無効は，善意の第三者に対抗することができない。」

としている。つまり，同じ無効であっても，心裡留保による無効，つまり民法93条ただし書による無効については，その意思表示によって形成された法律関係を前提にして，新たに法律関係に入った第三者を保護する規定がなく，他方，虚偽表示による無効，つまり民法94条1項による無効については，第三者保護の規定が存在するという状況になっているのである。

　ところが，判例（最判昭和44年11月14日民集23巻11号2023頁）は，民法93条ただし書によって意思表示が無効となる場合でも，その意思表示によって形成された法律関係を前提にして，新たに法律関係に入った第三者は民法94条2項の類推によって保護される，としていた。判例法理によるルールの変容が生じていたのである。

　そこで，改正法は，民法93条に2項を付け加え，

> 「前項ただし書の規定による意思表示の無効は，善意の第三者

> に対抗することができない。」

としている。これは，民法の規定の表面からはわからない判例法理を明文化しようとするものであり，予見可能性を増すものである。

　(ii)　同様に，確立した判例法理が明文化された箇所は多い。たとえば，改正109条2項は現行109条と110条を重ねて適用し，また，改正112条2項は現行112条と110条を重ねて適用し，それぞれ表見代理の相手方を保護するという判例法理を明文化したものである。同様の例は，改正124条1項，130条2項，413条，415条1項，422条の2，424条3項，466条2項・3項など，もちろん数え方にはいろいろありうるが，50箇所以上はある。

(2)　しかし，確立された判例法理を明文化しようという点では意見の一致が見られたものの，明文化の具体的な方法について，争いが生じたところもある。

　「動機の錯誤」と呼ばれる類型の規定が，その一例である。現行民法95条は，

> 　「意思表示は，法律行為の要素に錯誤があったときは，無効とする。ただし，表意者に重大な過失があったときは，表意者は，自らその無効を主張することができない。」

としており，いわゆる「動機の錯誤」が，どの範囲で認められるかは，「法律行為の要素に錯誤があったとき」という文言の解釈として決められるものとして，判例法理が発展してきた。ところが，これでは条文からはわかりにくいということで，何とかこの判例法理を明文化することが試みられた。そして，最終的に，改

513

第4章　改正債権法と取引社会

正 95 条（1 項 1 号，2 項）では，

> 「表意者が法律行為の基礎とした事情についてのその認識が真実に反する錯誤」「による意思表示の取消しは，その事情が法律行為の基礎とされていることが表示されていたときに限り，することができる。」

とされた。しかし，2013 年 2 月の中間試案の段階では，

> 「意思表示の前提となる当該事項に関する表意者の認識が法律行為の内容になっているとき。」

とされていたのである。

　たしかに，判例には，「動機が表示されていれば，その動機の錯誤は，民法 95 条の錯誤となる」としているものもある。しかし，たとえば，最判昭和 47 年 5 月 19 日民集 26 巻 4 号 723 頁は，定期貯金の解約にあたって，「売買契約の解除による返還債務の弁済のため」と表示していたとしても，売買契約解除の有効性に関する錯誤については，民法 95 条の錯誤にはならない，としている。「支払の動機のごときは，Y に表示されたかどうかにかかわりなく，右定期貯金の解約および支払委任という法律行為の要素となるものではない」というのである（なお，改正法案提出後の判決であるが，最判平成 28 年 1 月 12 日民集 70 巻 1 号 1 頁は，「動機は，たとえそれが表示されても，当事者の意思解釈上，それが法律行為の内容とされたものと認められない限り，表意者の意思表示に要素の錯誤はないと解するのが相当である」としている）。逆に，表示がなくても，前提についての重要な思い違いは，民法 95 条の錯誤となるとするものもある（最判昭和 37 年 11 月 27 日判時 321 号 17 頁）。

　そうすると，「動機の錯誤」が，民法 95 条の「法律行為の要

514

素」についての錯誤に当たるか否かの判断の分かれ目は，「表示」とは別のところにあるとも思われる。しかし，中間試案のように，「法律行為の内容になっているとき」という言葉では，ある事項が，いろいろな状況からの総合的な判断により，「法律行為の内容」となっているとされて，錯誤が認められることが生じてしまいそうである。そのことは，商取引にとって，妥当でない結果をもたらしかねない。もちろん，「表示」という言葉を用いても，明示の「表示」がないときに，いろいろな状況から黙示の「表示」がある，とされる場合はある。しかし，「法律行為の内容」という言葉よりも，形式的に扱われる可能性が高く，取引の安定に資するのではないか，と考えられたのだと思う。

　よりわかりやすく言えば，次のとおりである。企業と消費者との間の取引で，消費者側が錯誤を主張することがある。中間試案のようなルールであると，消費者側は，いろいろな事情をあげ，「この事項は『法律行為の内容』になっている」と主張することになる。これが企業にとって負担だと考えられたのであり，形式的な「表示」という文言を用いることによって，「『表示』がないのだから，該当しない」と言えるようにしたかった，ということであろう。

　しかし，すでに述べたように，「表示」という言葉を用いても，明示の「表示」がないときに，いろいろな状況から黙示の「表示」がある，とされる場合もある。やはり，状況ごとに当該具体的な法律行為では何が重要だと考えられるのか，また，当事者は何が重要であると考えていたのか，ということが問題になるはずであり，あたかも形式的な意味での「表示」がポイントとなっているかのような改正法は，本当の「議論の場」を明らかにしないものであるということもできる。

第4章　改正債権法と取引社会

(3)　さらに問題なのは，「議論の場」を明確にしないことが選択された箇所も多い，ということである。

(i)　たとえば，中間試案においては，民法 90 条に関連して，

> 「相手方の困窮，経験の不足，知識の不足その他の相手方が法律行為をするかどうかを合理的に判断することができない事情があることを利用して，著しく過大な利益を得，又は相手方に著しく過大な不利益を与える法律行為は，無効とするものとする。」

という条文案が提示されていた。いわゆる暴利行為を規制するものである。

「他人の窮迫軽卒もしくは無経験を利用し，著しく過当な利益の獲得を目的とする法律行為は，善良の風俗に反する事項を目的とするものであり，無効である」というのは，古くからの判例法理（大判昭和 9 年 5 月 1 日民集 13 巻 875 頁）であり，その後も様々な裁判例が現れている。したがって，一定の暴利行為が無効であることは，誰もが認めるところであった。

しかし，この判例法理を明文化することには，経済界から強い反対があった。たしかに法律行為が暴利行為であることを理由に無効になることはあるが，それを明文化すると，訴訟の多発が予想される，というのである。さらには，信義則や公序良俗規範のような一般条項で処理されていたことの一部を切り出して明文化することは，一般条項性を失わせることになり，妥当ではない，という意見も出された。

前者の「訴訟の多発」という点は，一言でいえば，判例法理を知らない人にはわからないようにしておきたい，ということにほかならない。また，後者の一般条項性については，そのようなことをいうのであれば，民法の条文は，信義則の 1 条だけで足りる，

516

ということになる。いずれも，まったく理由になっていない。

(ii) また，現行法434条は，

> 「連帯債務者の一人に対する履行の請求は，他の連帯債務者に
> 対しても，その効力を生ずる。」

としている。この条文については，連帯債務者がお互いによく知っており，共同で債務を負ったような場合を念頭に置いているものであるところ，そのような関係のない連帯債務者間に適用するのはおかしい，という意見が以前から強かった。そして，そのためもあって，具体的妥当性の確保のために，判例・学説は，不真正連帯債務という概念を用いて，連帯債務に関する条文の適用を否定する場合を広く認めてきたのである。

そこで，改正法は，この条文を削除し，連帯債務一般について，連帯債務者の一人に対して履行の請求があっても，他の連帯債務者に対しては，その効力が及ばないこととした。

しかし，そうすると，逆に，連帯債務者がお互いによく知っており，共同で債務を負ったような場合には妙な結論になってしまう。そのような場合には，債権者は一人に対して請求すれば，全員に対して請求したつもりになるであろう。そこで，法制審議会民法（債権関係）部会における議論の途中までは，連帯債務者間に「協働関係」がある場合には，一人に対する請求は全員に対する請求となる，という案も提示されていた。この案は，「議論の場」を明らかにしよう，という目的を有していた。

ところが，この案は，「協働関係」という言葉が新奇なものであり，一義的な判断基準にならないこと，つまり，「協働関係」があるか否かが明確に定まるわけではないことを理由に早い時期に否定された。しかし，このような批判は，「議論の場」を作る，

517

第4章　改正債権法と取引社会

という条文概念の意義を理解しないものだと思う。民法には，「正当な理由」，「過失」など，それがあるか否かが明確に定まらず，事案ごとの判断になる概念はいくらでも存在する。ポイントは，「正当な理由」があるか否か，という「議論の場」を設定することなのであり，ここでも「協働関係」の存否という「議論の場」を設定することが重要であったように思われる。

(4)　ここまで，経済界の態度について論じてきた。しかし，ある意味で，裁判所も，様々な場面で，経済界と同じ方向の意見を表明した。

同じ方向の意見とはいえ，そのような意見を述べる理由は異なる。

裁判所は，これまで，曖昧な条文の中で，様々な事情を考慮しながら，広い裁量権を持って判断を下してきた。ところが，概念が明確化され，判断要素が列挙され，「議論の場」が設定されると，自らの自由度が下がってしまう。自分たちは，多様な要素を考慮しながら，実質的に妥当な判断を下しているのであり，考慮された要素は判決文に挙げられたものに限らないし，条文の文言に明らかにできるようなものではない，自分たちに任せておけ，というのである。

このような経済界と裁判所の奇妙な共闘により，実現されなかったことは多い。

Ⅳ　債権法改正に見る日本社会

(1)　今回の債権法改正については，危険負担を廃止すること，解除と債務者の帰責事由と切り離すこと，詐害行為取消権の効果は

債務者に及ばないとしていたのを債務者に及ぶことにすることなど，見かけ上の変化が生じたところに注目が集まりがちである。しかし，これらの変更の現実的な意味は，実はあまり大きなものではない。それよりも，債権法改正の過程において見られた人々の行動・態度の方が，私には興味深い。

債権法改正において見られたのは，明確にすることは嫌だという態度である。

経済界は，それが消費者保護につながり，訴訟の増加を生み，自らに好ましくない，と考える。裁判所は，自らの裁量権の縮小につながることを危惧する。そして，経済界は，予見可能性が乏しくなるという理由で裁判所の裁量に反対するのではなく，裁判所が適切に裁量権を行使してくれることを期待し，信頼する。

(2)　このような裁判所への信頼によって，現在の日本社会はうまく運営されているのかもしれない。また，消費者保護については，民法とは離れ，消費者庁が主管となって様々な立法を行うので，それに任せておけばよいのかもしれない。しかし，法の内容を明確化し，国民はもちろん，諸外国にもわかりやすく提示することは重要である。ところが，そのことは十分な共感を得られなかった。それが，今回の債権法改正であり，債権法改正と取引社会との関係であると思う。

〔道垣内弘人〕

条文索引

改正民法
（平成 29 年法律第 44 号による改正）

3 条の 2 ················· 12, 15, 16, 17

13 条 1 項 ································ 36

90 条 ······························· 12

93 条 ······························· 12

  1 項 ····························· 24

  2 項 ························ 24, 512

95 条 ·························· 12, 23

  1 項 ··················· 12, 20, 23

  2 項 ···················· 12, 20

  4 項 ····························· 25

96 条 ······························· 12

  2 項 ····························· 24

  3 項 ····························· 25

97 条 ······························· 12

  1 項 ····························· 27

  2 項 ····························· 30

101 条 ·························· 32, 33

  1 項 ························ 33, 34

  2 項 ························ 33, 34

102 条 ······························ 35

105 条 ······························ 38

106 条 2 項 ························ 450

107 条 ······························ 43

108 条 ······························ 44

  1 項 ····························· 41

  2 項 ························ 40, 41

109 条 2 項 ····················· 46, 513

112 条 ······························ 49

  2 項 ························ 50, 513

117 条 2 項 ·························· 51

120 条 1 項 ·························· 36

121 条の 2 ················· 12, 26, 151

  2 項 ····························· 26

  3 項 ····························· 27

124 条 1 項 ························· 513

130 条 2 項 ························· 513

145 条 ······························ 80

147 条 ······························ 71

148 条 ······························ 72

149 条 ······························ 73

150 条

  1 項 ····························· 73

  2 項 ························ 73, 76

151 条 ······························ 74

  1 項 ····························· 75

  2 項 ····························· 76

  3 項 ····························· 76

  4 項 ····························· 75

152 条 ······························ 73

158 条〜161 条 ···················· 77

161 条 ······························ 77

166 条 ······························· 8

  1 項 ·········· 58, 63, 150, 161, 411

167 条 ······························ 63

168 条 1 項 ·························· 66

169 条 ······························ 72

400 条 ····························· 396

404 条 ··························· 8, 87

  1 項 ····························· 89

412 条 2 項 ························· 117

412 条の 2

  1 項 ············ 101, 104, 406, 444

  2 項 ···························· 107

413 条 ····························· 513

521

1 項···················133	424 条の 7
2 項···················133	1 項·············199, 204
413 条の 2	2 項·············199, 200
1 項···················118	424 条の 8··········200, 202
2 項········134, 165, 166, 333, 416	1 項···················201
414 条···················102	2 項···················201
1 項···················102	424 条の 9···········201
2 項···················102	1 項·········199, 202, 203
415 条···············107, 396	2 項···················202
1 項············116〜, 152, 513	425 条···········200, 205
2 項············117, 147, 443	425 条の 2········205, 206, 208, 209
417 条の 2·················94, 98	425 条の 2〜425 条の 4··········205
419 条 1 項················90, 98	425 条の 3·················206〜
422 条の 2············108, 130, 513	425 条の 4·················207〜
423 条	426 条···················212
1 項···················169	428 条···········235, 243, 244
2 項···················170	429 条···········240, 244
3 項···················170	430 条···················234〜
423 条の 2·················173	432 条···········238, 239, 244
423 条の 3·················175	432 条〜435 条·················241
423 条の 4·················176	433 条···········240, 242, 244
423 条の 5·············178, 179	434 条···················241
423 条の 6·················180	435 条···········235, 241, 242, 244
423 条の 7·················182	435 条の 2·················241, 244
424 条···················193	436 条···········214, 295
1 項···········186, 194, 203	438 条···········234, 258
3 項···········186, 513	439 条···················217
4 項···················187	1 項···················258
424 条の 2·············187, 189	2 項···········218, 296
424 条の 2〜424 条の 4··········189	440 条···········232, 234〜, 258
424 条の 3·············187, 190, 192	441 条····216, 217, 223, 224, 234, 258
1 項···················191	442 条 1 項·················226
2 項···········191, 194	443 条
424 条の 4········187, 193, 194, 207	1 項···················228
424 条の 5·················196	2 項···················229
424 条の 6·················198	444 条

1 項 ································ 231	465 条の 7 ······················· 270
2 項 ································ 230	465 条の 8 ······················· 270
3 項 ································ 231	465 条の 9 ·················· 270, 271
445 条 ······················ 220, 222	465 条の 10
446 条 3 項 ······················ 461	1 項 ································ 271
448 条	2 項 ································ 272
1 項 ································ 246	3 項 ································ 272
2 項 ································ 246	466 条
457 条	2 項 ·············· 279, 280, 347, 513
2 項 ································ 248	3 項 ···················· 280〜, 291, 513
3 項 ································ 248	4 項 ················· 281, 291, 352
458 条 ····························· 258	466 条の 2 ······················· 338
458 条の 2 ······················· 272	1 項 ································ 282
458 条の 3	2 項 ···················· 282, 283
1 項 ································ 272	3 項 ···················· 282, 283
2 項 ····················· 272, 273	466 条の 3 ·············· 283, 291, 352
3 項 ································ 273	466 条の 4
459 条の 2 ······················· 252	1 項 ·············· 283, 284, 285
3 項 ································ 253	2 項 ···················· 284
460 条 ····························· 252	466 条の 5
462 条 ····························· 253	1 項 ································ 284
3 項 ································ 253	2 項 ································ 285
463 条	466 条の 6
1 項 ····················· 255, 256	1 項 ································ 293
2 項 ····················· 255, 256	2 項 ································ 293
3 項 ································ 256	3 項 ···················· 294, 351
465 条の 2 ······················· 263	467 条 ····························· 328
465 条の 4	1 項 ···················· 288, 293
1 項 ································ 263	468 条
2 項 ································ 263	1 項 ································ 291
465 条の 5 ······················· 264	2 項 ································ 291
2 項 ································ 264	469 条 ····························· 274
465 条の 6 ······················· 8, 369	1 項 ································ 350
1 項 ································ 270	2 項 ···················· 350, 351
2 項 ································ 270	3 項 ································ 352
3 項 ································ 270	470 条

523

1項 ……………………295, 296	488条 ……………………………318
2項 …………………………295	1項〜3項 ……………318, 355
3項 …………………………295	4項 ……………………318, 355
4項 ……………………295, 296	488条〜490条 …………………319
471条	489条 …………………………355
1項 …………………………296	1項 …………………………318
2項 …………………………296	2項 …………………………318
472条	490条 …………………………318
1項 …………………………296	491条 …………………………319
2項 ……………………297, 360	492条 …………………………333
3項 …………………………297	494条
472条の2	1項 …………………………338
1項 …………………………297	2項 …………………………338
2項 …………………………297	497条 …………………………339
472条の3 ………………298, 360	498条
472条の4 ……………………361	1項 …………………………339
1項 …………………………298	2項 …………………………339
2項 …………………………298	499条 ……………………327, 328
3項 …………………………298	500条 …………………………327
4項 …………………………298	501条
5項 …………………………299	1項 ………………………328〜
473条 ……………………307, 318	2項 ……………………328, 329
474条	3項 ……………………329, 330
1項 …………………………307	502条
2項 ……………………307, 308	1項 …………………………330
3項 ……………………308, 328	2項 …………………………331
4項 …………………………307	3項 …………………………331
476条 …………………………309	504条
477条 ………………285, 313, 314	1項 …………………………331
478条 ……………………309, 310	2項 ……………………331, 347
482条 …………………………335	509条 ……………………348, 349
483条 ……………………313, 400	511条
484条	1項 …………………………349
1項 …………………………314	2項 ………………………349〜
2項 …………………………314	512条 …………………………356
486条 …………………………327	1項 …………………………355

2項	355	541条〜543条	144
3項	355	542条	135, 145, 147〜, 164, 406
512条の2	356	1項	108, 135, 146, 147,
513条	359		149, 161, 166
514条		2項	149, 150
1項	359	543条	144, 162, 165, 405, 416
2項	360	545条3項	151
515条		548条	150
1項	360	548条の2	8, 370
2項	360	1項	373, 379, 380, 381
518条	298	2項	370, 373, 384, 385, 388, 391
1項	361	548条の3	373, 382, 383
2項	361	1項	388
520条の2〜520条の20	274	2項	388
521条		548条の4	373, 375, 389
1項	362, 368	1項	390〜
2項	362, 370, 505	2項	392
522条		3項	392
1項	362, 369	4項	391
2項	362, 369	549条	418
523条1項	369	550条	467
525条		551条1項	418
1項	369	559条	166
2項	369	560条	395
3項	369	561条	395
529条	370	562条	396, 403〜
529条の2	370	1項	405
533条	333, 442, 475	2項	405
534条	134	562条〜564条	442
536条	163, 414, 475	563条	403, 405, 406, 442
1項	159, 160〜, 164〜	1項	406
2項	134, 161, 162, 165,	2項	150, 406
	333, 416, 441	3項	407
537条	295	564条	148, 396, 403, 407
539条の2	299	565条	148, 395, 403
541条	135, 145〜, 406, 407	566条	410, 411, 444

567 条 ···· 152, 163, 165, 166, 397, 415	613 条 3 項 ·················· 429
1 項 ············· 164, 165, 414, 415	616 条の 2 ·················· 431
2 項 ············· 134, 165, 333, 416	621 条 ····················· 424
568 条 ····················· 408	622 条 ····················· 454
570 条 ····················· 408	622 条の 2 第 1 項 ·········· 426
572 条 ····················· 442	624 条の 2 ········· 163, 437, 448
587 条の 2	626 条 2 項 ················· 438
1 項 ·················· 461, 462	627 条 1 項 ················· 438
2 項 ····················· 461	634 条 ············· 163, 440, 448
3 項 ·················· 462, 463	636 条 ·············· 401, 444
4 項 ····················· 461	637 条 ····················· 444
588 条 ····················· 464	642 条
589 条 ····················· 464	1 項 ····················· 445
590 条 ·················· 401, 455	2 項 ····················· 445
591 条	3 項 ····················· 445
2 項 ····················· 455	644 条の 2 ············· 449, 452
3 項 ····················· 455	1 項 ····················· 450
592 条 ····················· 455	2 項 ····················· 450
593 条 ····················· 466	648 条
593 条の 2 ·············· 466, 471	2 項 ····················· 448
596 条 ····················· 419	3 項 ·················· 163, 448
598 条 3 項 ················· 467	648 条の 2 ·················· 447
600 条 ····················· 454	1 項 ····················· 447
601 条 ····················· 424	2 項 ····················· 448
604 条 ····················· 430	651 条
605 条 ·················· 423, 427	1 項 ····················· 449
605 条の 2 ············· 299, 423	2 項 ····················· 449
1 項 ····················· 428	657 条 ····················· 469
2 項 ····················· 429	657 条の 2
4 項 ····················· 426	1 項 ····················· 470
605 条の 3 ············· 299, 423	2 項 ·················· 467, 471
605 条の 4 ············· 423, 427	3 項 ····················· 471
607 条の 2 ·················· 432	658 条 ····················· 449
611 条	1 項 ····················· 452
1 項 ····················· 431	2 項 ····················· 452
2 項 ····················· 431	3 項 ····················· 452

条文索引

660 条 ················· 453
　　1 項 ················· 453
　　2 項 ················· 453
　　3 項 ················· 453
662 条 ················· 455
　　1 項 ············· 453, 470
　　2 項 ········· 453, 454, 470
664 条の 2 ············· 454
665 条の 2 ············· 454
　　1 項 ················· 454
　　2 項 ················· 455
666 条 ················· 455
　　1 項 ················· 455
　　2 項 ················· 455
　　3 項 ················· 455
667 条の 2 ············· 475
667 条の 3 ············· 477
670 条
　　1 項 ················· 482
　　2 項 ················· 484
　　3 項 ················· 484
　　4 項 ················· 484
　　5 項 ············· 482, 484
670 条の 2
　　1 項 ················· 486
　　2 項 ················· 486
　　3 項 ················· 486
675 条 ················· 479
676 条 2 項 ············· 481
677 条 ················· 481
677 条の 2 ············· 488
680 条の 2
　　1 項 ················· 490
　　2 項 ················· 490
682 条 ················· 492
724 条 ················· 61, 63

724 条の 2 ··············· 63

附則 1 条 ················· 393
附則 33 条
　　1 項 ················· 393
　　2 項 ················· 393
　　3 項 ················· 393

民法の一部を改正する法律の施行に伴う関係法律の整備等に関する法律（平成 29 年法律第 45 号）
　3 条 ··················· 59

現行民法
　1 条
　　2 項 ········· 266, 364, 384, 511
　3 条 ················· 14, 15
　4 条 ··················· 15
　7 条 ··················· 16
　13 条 1 項 ············· 35, 36
　90 条 ········· 127, 128, 366, 516
　91 条 ················· 366
　93 条 ········· 24, 43, 365, 512
　94 条 ················· 512
　　1 項 ················· 512
　　2 項 ············· 25, 512
　95 条 ············· 32, 33, 514
　　1 項 ················· 514
　　2 項 ················· 514
　96 条 ··················· 33
　　2 項 ············· 33, 268
　97 条 1 項 ········· 27, 362, 367, 371
　101 条 ··················· 33
　　1 項 ················· 32, 33
　102 条 ··················· 34
　104 条 ················· 37, 450

527

105 条 ··········36〜, 112, 118, 452	1 項 ····················65〜
106 条 ····················38, 113	169 条 ··········54, 64, 65, 67
108 条 ··········39, 40, 41, 43	170 条 ····················55
109 条 ····················44〜, 513	170 条〜174 条 ·············54〜
110 条 ··········44〜, 306, 513	172 条 1 項 ·············55
112 条 ··········46〜, 513	173 条 ····················56
113 条 ····················41, 44	174 条の 2 ··········54, 72
114 条 ····················41	176 条 ····················154
115 条 ····················41	205 条 ····················305
116 条 ····················278	206 条 ····················426
117 条 ····················41, 44	265 条 ····················422
1 項 ····················50	270 条 ····················422
2 項 ····················50, 51	278 条 ····················430
120 条 ····················211	316 条 ····················425
121 条 ····················27	400 条 ····················132, 311
125 条 ····················150	401 条 ····················415
126 条 ····················54, 211	2 項 ····················154, 165
144 条 ····················78, 80	402 条 1 項 ·············311
145 条 ····················78	404 条 ····················81
147 条 ··········68, 69, 72, 185	412 条 ··········109, 110, 132
149 条 ····················69	1 項 ····················91, 137
150 条 ····················69	2 項 ····················111, 137
151 条 ····················69	3 項 ··········91, 117, 137, 281
152 条 ····················69	413 条 ····················131, 132, 337
153 条 ····················69, 73	414 条 ··········99, 101, 136
158 条 ····················61	1 項 ····················98, 100
1 項 ····················69	2 項 ··········99, 101, 102
2 項 ····················69	3 項 ····················99, 101
158 条〜161 条 ·············77	4 項 ····················99, 102
159 条 ····················69	415 条 ··········109, 110, 113, 136,
160 条 ····················61, 69	143, 152, 333
161 条 ····················69, 77	416 条 ····················120〜
166 条 1 項 ·············53, 56	1 項 ····················119, 123
167 条 ····················54, 78	2 項 ····················122, 123
1 項 ····················142, 409	418 条 ····················124, 126
168 条 ····················54	419 条 ····················81

条文索引

1 項……………………82, 90
420 条
　1 項……………………126〜
　3 項……………………333
423 条……………………171, 174
　1 項……………………168
　2 項……………168, 169, 170
424 条………………184〜, 200
　1 項………185, 188, 195, 203
425 条……………………204, 205
426 条………………54, 210〜
427 条……………………237, 322
428 条………233, 237, 238, 242, 243
429 条………………233, 237
　1 項………233, 234, 240, 243, 244
　2 項………………234, 242〜
430 条……………………214, 233
431 条……………………237
432 条……………………213, 215
434 条………215, 216, 257, 258, 517
434 条〜440 条……………………233
435 条……………………257, 258
436 条
　1 項……………………217, 257
　2 項………………218, 257, 258
437 条………219, 220, 257, 258
438 条……………………257
439 条………221, 222, 257, 258
440 条………………223, 224, 257
442 条……………………252
　1 項……………………225
　2 項……………………249
443 条……………………253
　1 項………………226〜, 255
　2 項………227, 228, 254, 255
444 条……………………229〜

445 条……………………231, 232
446 条
　2 項………………265, 299, 366
　3 項……………………265
448 条……………………245, 246
456 条……………………322
457 条 2 項……………247, 248
458 条……………………257, 257
459 条……………………249, 251
　1 項………………249, 252, 346
　2 項……………………249
460 条………………249, 251〜
461 条……………………250
462 条……………………254, 256
　1 項………………251, 253, 346
　2 項………253, 255, 303, 346
463 条……………………253, 254
　1 項……………………255, 256
　2 項……………………254, 256
465 条……………………322
465 条の 2………………259, 263
　1 項……………………259
　2 項……………………259
　3 項……………………259
465 条の 2〜465 条の 5……261, 262
465 条の 3……………260, 263, 264
　1 項……………………260, 261
　2 項……………………260
　3 項……………………260
　4 項……………………260
465 条の 4………………260
465 条の 5………………261, 264
466 条……………………274
　1 項………275, 276, 279, 357
　2 項………276, 278, 342, 345, 510
467 条……………………274, 287

529

1 項‥‥‥‥‥‥‥‥286, 288	2 項‥‥‥‥‥‥‥‥‥337
2 項‥‥‥‥‥‥‥‥286, 292	496 条 1 項‥‥‥‥‥‥‥‥338
468 条‥‥‥‥‥‥‥‥‥‥274	497 条‥‥‥‥‥‥‥‥338, 339
1 項‥‥‥‥289, 290, 356, 358〜	498 条‥‥‥‥‥‥‥‥‥‥338
2 項‥‥‥‥‥‥‥289, 291, 345	499 条
469 条〜473 条‥‥‥‥‥‥274	1 項‥‥‥‥‥‥‥‥‥‥321
474 条	2 項‥‥‥‥‥‥‥‥‥‥321
1 項‥‥‥‥‥‥‥‥302, 307	500 条‥‥‥‥‥‥‥‥‥‥321
2 項‥‥‥302, 304, 307, 321, 357	501 条‥‥‥‥320, 322〜, 328, 329, 330
476 条‥‥‥‥‥‥‥301, 304, 309	502 条 1 項‥‥‥‥‥‥‥‥325
477 条‥‥‥‥‥‥‥‥‥‥309	504 条‥‥‥‥‥‥‥326, 327, 331
478 条‥‥‥‥‥‥‥301, 305, 306	505 条
479 条‥‥‥‥‥‥‥‥305, 309	1 項‥‥‥‥‥‥‥‥341, 353
480 条‥‥‥‥‥‥‥301, 306, 310	2 項‥‥‥‥‥‥‥‥‥‥342
481 条‥‥‥‥‥‥‥‥‥‥310	506 条
1 項‥‥‥‥‥‥‥‥‥‥306	1 項‥‥‥‥‥‥‥‥‥‥341
2 項‥‥‥‥‥‥‥‥‥‥307	2 項‥‥‥‥‥‥‥‥‥‥353
482 条‥‥‥‥‥‥‥304, 334, 357	509 条‥‥‥‥‥‥‥342, 343, 348
483 条‥‥‥‥‥‥‥311, 313, 400	509 条〜511 条‥‥‥‥‥‥342
484 条‥‥‥‥‥‥‥‥312, 314	511 条‥‥‥343, 344, 346, 347, 349
486 条‥‥‥‥‥‥‥‥‥‥320	512 条‥‥‥‥‥‥‥‥353, 355
487 条‥‥‥‥‥‥‥‥304, 320	513 条
488 条‥‥‥‥‥‥‥317, 318, 354	1 項‥‥‥‥‥‥‥‥‥‥357
1 項‥‥‥‥‥‥‥‥316, 353	2 項‥‥‥‥‥‥‥356, 357, 359
2 項‥‥‥‥‥‥‥316, 353, 354	513 条〜518 条‥‥‥‥‥‥334
489 条‥‥‥‥316〜, 339, 354, 355	514 条‥‥‥‥‥‥‥‥357, 360
490 条‥‥‥‥‥‥‥‥‥‥317	515 条‥‥‥‥‥‥‥‥358, 360
491 条‥‥‥‥‥‥‥‥354, 355	516 条‥‥‥‥‥‥356, 358, 359, 360
1 項‥‥‥‥‥‥‥316〜, 354	517 条‥‥‥‥‥‥356, 358, 360
2 項‥‥‥‥‥‥‥‥317, 318	518 条‥‥‥‥‥‥‥‥359, 361
492 条‥‥‥‥‥‥‥‥131, 333	519 条‥‥‥‥‥‥‥‥‥‥297
493 条‥‥‥‥‥‥‥‥332, 337	521 条‥‥‥‥‥‥‥‥363, 365
494 条‥‥‥‥‥131, 279, 281, 287,	522 条‥‥‥‥‥‥‥‥‥‥371
333, 337, 338	524 条‥‥‥‥‥‥‥‥‥‥365
495 条	526 条‥‥‥‥‥‥‥‥‥‥367
1 項‥‥‥‥‥‥‥‥‥‥337	1 項‥‥‥‥‥362, 367, 370, 371

2項	367	553条	418
527条	371	555条	394, 395
528条	365	556条	463
529条	366	559条	441, 463
530条	366	560条	394
531条	366	561条	141, 398, 402, 404
533条	137, 143, 160, 333, 475	562条	402, 407
534条	140, 152, 154, 155, 158,	563条	402
	163, 164, 413, 414, 474	2項	141
1項	132, 154	564条	409
2項	154, 165	565条	402, 404, 409
535条	152, 155, 158, 163	566条	402, 404, 407, 412
1項	155	1項	136, 141, 148
2項	155	3項	409
536条	160, 475	567条	164
1項	154〜	1項	141, 408
2項	156, 162, 437〜	3項	408
539条	296	568条1項	408
540条	136, 157	570条	136, 141, 148, 398, 399,
1項	142, 157		401, 402, 404, 407〜
541条	113, 136, 137, 145, 333	571条	442
541条〜543条	137	587条	460, 461
542条	137, 138, 147	588条	463, 464
543条	137〜, 144, 146, 158	589条	457, 462, 463
545条		593条	465
1項	26, 143	597条1項	424
2項	26, 143	601条	422
3項	26, 143	604条	430
546条	143	605条	427
547条	142	606条	428
548条	142, 150	1項	432
549条	417	608条	429, 432
550条	458	611条	431
551条		615条	432, 453
1項	417, 418	616条	424
2項	418, 419	619条	425

624 条··············162, 437	1 項··············482
626 条··············438	2 項··············483
627 条··············438	3 項··············482〜
632 条··············439	675 条··············478, 479
633 条··············162, 439, 447	676 条··············480
634 条··············402, 440, 442	1 項··············478
1 項··············104, 443, 444	2 項··············478
2 項··············442, 443	677 条··············481
635 条····136, 141, 148, 440, 442, 443	678 条··············489
636 条··············440, 444	678 条〜681 条··············487
637 条··············440	679 条··············489
2 項··············444	681 条··············489
638 条··············440, 444	682 条··············491
639 条··············444	683 条··············491, 492
640 条··············442	684 条··············492
642 条··············445	703 条··············25
1 項··············445	704 条··············25, 81
643 条··············249	705 条··············228
648 条··············446, 447	709 条··············124, 364
2 項··············162, 447	712 条··············15
3 項··············448	713 条··············15
649 条··············250	717 条 1 項··············348
650 条··············249	719 条··············216
651 条··············434, 446, 449	1 項··············214
657 条··············452, 469, 470	722 条 2 項··············124, 125
658 条··············452	724 条··············54, 60, 61
1 項··············451	761 条··············214
2 項··············118, 452	826 条··············39
659 条··············132	1 項··············39, 41
660 条··············453	860 条··············39
662 条··············451, 453, 470	881 条··············276
663 条 2 項··············455	892 条··············420
665 条··············451	969 条··············270
666 条··············452, 455	969 条の 2··············270
668 条··············478	1016 条 2 項··············38, 118
670 条	1042 条··············54

532

民法施行法

5 条 1 項 …………………… 286

旧民法

財産編 322 条 1 項 …………… 103

財産編 539 条 1 項 …………… 103

財産編 543 条 ………………… 129

恩給法

11 条 3 項 …………………… 168

一般社団法人及び一般財団法人に関する法律

118 条 ………………………… 214

267 条 ………………………… 477

274 条 ………………………… 477

276 条 1 項 …………………… 477

動産及び債権の譲渡の対抗要件に関する民法の特例等に関する法律（動産債権譲渡特例法）

4 条 2 項 ……………………… 293

8 条 2 項 ……………………… 293

動産・債権譲渡登記規則

9 条 1 項 ……………………… 293

電子消費者契約及び電子承諾通知に関する民法の特例に関する法律（電子消費者契約・電子承諾通知法）

4 条 …………………… 367, 372

借地借家法

10 条 ………………………… 427

31 条 ………………………… 427

信託法

93 条 2 項 …………………… 284

商 法

507 条 ………………………… 369

508 条 1 項 …………………… 365

511 条 1 項 …………………… 214

514 条 …………………… 82, 89

520 条 …………………… 312, 314

522 条 ………… 54, 58, 59, 142

524 条 ………………………… 338

　2 項 ………………………… 339

525 条 ………………………… 139

526 条 …………………… 409, 412

597 条 ………………………… 469

会社法

430 条 ………………………… 214

581 条 ………………………… 248

641 条 ………………………… 492

832 条 ………………………… 476

839 条 ………………………… 477

845 条 ………………………… 477

849 条 4 項 …………………… 180

865 条 2 項 …………………… 211

保険法

57 条 ………………………… 389

手形法

48 条 1 項 …………………… 89

小切手法

44 条 ………………………… 89

民事訴訟法

53 条 ······················180, 199

115 条 1 項 ······················179

非訟事件手続法

85 条〜91 条 ······················170

民事執行法

43 条〜167 条の 14 ············99

145 条 ······················307

　1 項 ······················307

152 条 ······················168

156 条 1 項 ······················282

167 条の 15 ············99, 101

167 条の 16 ············99, 101

168 条〜170 条 ············99

171 条 ······················99

　1 項 ······················102

172 条 ············99, 100

173 条 ············99, 101

174 条 ······················99

181 条 3 項 ······················329

195 条 ······················72

196 条 1 項・2 項 ············73

196 条 ······················72

民事保全法

20 条 ······················307

　2 項 ······················169

破産法

2 条

　5 項 ············346, 350

　11 項 ······················191

67 条 1 項 ············346, 349

72 条 1 項 ············346, 347

99 条 1 項 ······················83

160 条 2 項 ······················193

160 条〜162 条 ············188

161 条 1 項 ······················190

162 条 ······················193

　1 項 ············190, 191, 192

170 条 1 項 ············195, 197

170 条の 2 ······················210

170 条の 3 ······················210

176 条 ············211, 212

253 条 1 項 ······················348

民事再生法

87 条 1 項 ······················83

88 条 2 項 ······················83

134 条 1 項 ······················197

134 条の 2 ······················210

134 条の 3 ······················210

139 条 ······················212

会社更生法

93 条 1 項 ······················197

93 条の 2 ······················210

93 条の 3 ······················210

98 条 ······················212

136 条 1 項 ······················83

労働基準法

14 条 ······················438

20 条 ······················438

国民年金法

24 条 ······················276

生活保護法

59 条 ······················276

消費者契約法

1 条····································385

4 条····································501

  1 項·····································22

8 条〜10 条·····················381, 501

10 条·································384, 385

金融商品取引法

40 条·······································17

鉄道営業法

18 条の 2····························383

道路運送法

87 条····································383

航空法

134 条の 3·························383

電気通信事業法

167 条の 2·························383

事項索引

あ　行

Unbuilt の可視化 ······················· 504
意思能力 ································· 15
意思表示の効力発生時期 ············· 27
意思表示の到達 ······················· 28
一部の解除 ···························· 149
一部弁済による代位 ········· 325, 330
委　任 ································· 445
請　負 ································· 439
　──解除 ···························· 442
　──契約不適合 ···················· 441
　──減額請求 ······················· 442
　──修補請求 ······················· 443
　──割合的報酬請求 ············· 440
売　主
　──権利取得移転義務 ··········· 395
　──対抗要件具備義務 ··········· 395
　──担保責任 ······················· 397
役務提供契約 ··················· 433, 500
枝　番 ································· 503

か　行

解除権の消滅 ························· 150
解除の効果 ····················· 143, 151
解除の要件 ····················· 137, 144
学者主導 ······························· 497
隔地者間の意思表示 ················· 27
瑕疵担保責任の法的性質 ··········· 398
過失責任主義 ························· 111
過失相殺 ······························· 123
危険の移転 ····················· 163, 413
危険負担 ····················· 152, 159

　──解除との関係 ················· 157
寄　託 ····················· 451, 468
　──混合寄託 ······················· 454
　──再寄託 ························· 452
　──消費寄託 ······················· 455
寄託物についての第三者の権利主張
 ··································· 453
協議を行う旨の合意による時効の完
　成猶予 ····························· 74
議論の場 ······························· 510
組　合
　──解散事由 ······················· 491
　──業務執行 ······················· 481
　──債権者 ························· 478
組合員
　──加入 ···························· 487
　──脱退 ···························· 488
　──持分 ···························· 480
組合員の一人についての意思表示の
　無効等 ····························· 476
組合代理 ······························· 485
経済界と裁判所の共闘 ············· 518
継続的契約 ························· 500
契　約
　──解釈準則 ······················· 500
　──清算ルール ···················· 25
　──成立時期 ······················· 370
契約交渉の不当破棄 ········· 364, 368
契約上の地位の移転 ················· 299
契約締結上の過失 ················· 107
契約不適合 ························· 399
　──買主の救済手段 ············· 403
　──買主の権利の期間制限 ······ 409

事項索引

原始的履行不能 …………………… 105
原状回復義務 …………………… 424
懸賞広告 …………………… 366, 370
更　改 …………………… 356
公序良俗 …………………… 19
個人保証の制限 …………………… 269
国会での審議経過 …………………… 7
雇　用 …………………… 436
　──中途終了 …………………… 437
混合寄託 …………………… 454

さ 行

再寄託 …………………… 452
債　権
　──準占有者 …………………… 305
　──消滅 …………………… 300, 315, 318
　──消滅時効の期間 …………………… 57
　──消滅時効の起算点 …………………… 57
　──請求力 …………………… 101
債権者代位権 …………………… 167
　──相手方の抗弁 …………………… 176
　──強制執行により実現すること
　　のできない債権 …………………… 170
　──債務者の取立てその他の処分
　　の権限等 …………………… 177
　──差押えを禁じられた債権 … 169
　──訴訟告知 …………………… 179
　──代位行使の範囲 …………………… 170
　──代位債権者への支払または引
　　渡し …………………… 173
　──転用 …………………… 182
　登記または登録の請求権の保全
　　…………………… 181
債権者による担保の喪失・減少
　　…………………… 326, 331
債権譲渡 …………………… 274

　──債務者の抗弁 …………………… 288
　──譲渡制限の意思表示 …………… 279
　──譲渡制限の意思表示と差押え
　　…………………… 283
　──将来債権 …………………… 291
　──対抗要件 …………………… 285
　──預貯金債権 …………………… 284
債権譲渡と相殺 …………………… 345, 350
裁判上の代位の許可制度の廃止 … 170
裁判所への信頼 …………………… 519
債務者の帰責事由 ……… 111, 115, 118
債務の引受け …………………… 294
　──併存的債務引受 …………………… 295
　──免責的債務引受 …………………… 296
詐害行為取消権 …………………… 184
　──過大な代物弁済等 …………………… 193
　──期間の制限 …………………… 210
　──行使の効果 …………………… 203
　──行使の方法等 …………………… 197
　──相当の対価を得てした財産の
　　処分行為 …………………… 189
　──転得者 …………………… 194
　──特定の債権者に対する担保の
　　供与または債務の消滅に関す
　　る行為 …………………… 190
詐欺・錯誤
　──善意・無過失の第三者 ……… 24
錯誤の効果 …………………… 23
差押えと相殺 …………………… 344, 349
敷　金 …………………… 425
事業者概念 …………………… 14
時効期間の単純化・統一化 ……… 56
時効の完成猶予および更新 ……… 67
　──協議を行う旨の合意による時
　　効の完成猶予 …………………… 74
自己契約・双方代理 …………………… 38

537

市民社会 …………………… 494
受寄者
　　──自己執行義務 …………… 452
　　──損害賠償義務 …………… 453
　　──費用償還請求権 ………… 454
受託者の損害賠償請求権 ……… 454
受任者
　　──自己執行義務 …………… 450
　　──報酬 ……………………… 447
受任者の利益をも目的とする委任
　　………………………………… 449
受領権者としての外観を有するもの
　　………………………………… 309
受領遅滞 ………………… 130, 416
準消費貸借 ……………………… 464
商事消滅時効の廃止 ……………… 58
使用貸借 ………………………… 465
消費寄託 ………………………… 455
消費者（概念） ………… 14, 501
消費貸借 ………………………… 459
情報提供義務 ………… 364, 368, 500
消滅時効
　　──援用権者 ………………… 78
　　──期間 ……………………… 57
　　──起算点 …………………… 57
　　──効果 ……………………… 78
　　生命・身体の侵害による損害賠償
　　　請求権 …………………… 62
　　不法行為による損害賠償請求権
　　………………………………… 60
将来債権の譲渡 ………………… 291
職業別の短期消滅時効の廃止 …… 55
心理留保
　　──善意の第三者 …………… 24
生命・身体の侵害による損害賠償請
　　求権の消滅時効 …………… 62

絶対的効力事由（連帯債務） …… 215
相　殺
　　──禁止・制限 ……… 342, 347
　　──効果 …………………… 352
相殺と債権譲渡 ………… 345, 350
相殺と差押え …………… 344, 349
相対的効力事由（連帯債務） …… 215
相当因果関係 …………………… 120
贈　与 …………………………… 417
贈与契約の解除 ………………… 420
贈与者の担保責任 ……………… 418
損害賠償額の予定 ……………… 126
損害賠償の範囲 ………………… 119

た　行

代金減額請求権 ………………… 406
第三者詐欺 ………………………… 24
第三者による弁済 ……… 302, 307
第三者保護 ………………………… 24
代償請求権 ……………………… 128
代物弁済 ………………………… 334
代理権の濫用 ……………………… 42
代理行為の瑕疵 …………………… 32
代理人による詐欺 ………………… 33
代理人の行為能力 ………………… 34
対話者間における申込み ……… 369
諾成的消費貸借 ………………… 461
他人物贈与 ……………………… 418
中間利息控除 ……………………… 92
賃借人の修繕権限 ……………… 432
賃借物の使用不能 ……………… 431
賃貸借 …………………………… 421
　　──存続期間 ……………… 430
賃貸人の地位の留保 …………… 428
追完請求権 ……………………… 405
定期金債権等の消滅時効 ………… 64

事項索引

定型約款‥‥‥‥‥‥‥‥‥373, 379
　——公表‥‥‥‥‥‥‥‥‥‥383
　——変更‥‥‥‥‥‥‥‥‥‥389
動機の錯誤‥‥‥‥‥‥‥‥‥‥20
登記または登録の請求権を保全する
　ための債権者代位権‥‥‥‥‥181
特定物の引渡し‥‥‥‥‥311, 313
取引社会‥‥‥‥‥‥‥‥‥‥508

な　行

任意代位‥‥‥‥‥‥‥‥321, 327
根保証‥‥‥‥‥‥‥‥‥‥‥258

は　行

売買以外の契約類型における担保責
　任制度‥‥‥‥‥‥‥‥‥‥400
109条と110条の重畳適用‥‥‥‥44
110条と112条の重畳適用‥‥‥‥46
112条の「善意」の意味‥‥‥‥‥47
ファイナンス・リース‥‥‥‥‥423
不意打ち条項‥‥‥‥‥‥‥‥384
不可分債権‥‥‥‥‥‥‥‥‥242
不可分債務‥‥‥‥‥‥‥‥‥232
復代理人を選任した任意代理人の責
　任‥‥‥‥‥‥‥‥‥‥‥‥36
不実表示‥‥‥‥‥‥‥‥‥22, 500
不動産賃貸借の対抗力‥‥‥‥‥427
不当条項‥‥‥‥‥‥‥‥370, 384
不当利得‥‥‥‥‥‥‥‥‥‥25
不法行為による損害賠償請求権の消
　滅時効‥‥‥‥‥‥‥‥‥‥60
併存的債務引受‥‥‥‥‥‥‥295
弁　済
　——充当‥‥‥‥‥‥‥315, 318
　——制限‥‥‥‥‥‥‥306, 310
　——当事者‥‥‥‥‥‥‥‥301

　——場所・時間‥‥‥‥‥‥314
弁済供託‥‥‥‥‥‥‥‥‥‥336
弁済者の行為能力‥‥‥‥‥‥304
弁済者の行為能力の制限‥‥‥‥308
弁済受領者‥‥‥‥‥‥‥304, 309
弁済による代位‥‥‥‥‥320, 327
弁済の提供‥‥‥‥‥‥‥‥‥332
変動利率制‥‥‥‥‥‥‥‥‥84
妨害排除請求権‥‥‥‥‥‥‥426
法制審議会‥‥‥‥‥‥‥‥‥4
　——民法（債権関係）部会‥‥‥4
法定代位‥‥‥‥‥‥‥‥321, 327
法定代位者相互の関係‥‥‥322, 328
法定利率‥‥‥‥‥‥‥‥‥‥81
暴利行為‥‥‥‥‥‥‥‥18, 500
法律行為‥‥‥‥‥‥‥‥‥‥13
保　証‥‥‥‥‥‥‥‥‥‥‥245
　——主たる債務者の有する抗弁等
　　‥‥‥‥‥‥‥‥‥‥‥247
　——保証契約締結後の主債務の加
　　重‥‥‥‥‥‥‥‥‥‥245
保証契約
　——情報提供義務‥‥‥‥267, 271
　——説明義務‥‥‥‥‥‥‥267
保証債務の付従性‥‥‥‥‥‥245
保証人の求償権‥‥‥‥‥‥‥249
保証人保護‥‥‥‥‥‥‥‥‥264

ま　行

みなし合意‥‥‥‥‥‥‥‥‥381
民法（債権関係）部会‥‥‥‥‥4
無権代理人の責任‥‥‥‥‥‥50
免責的債務引受‥‥‥‥‥‥‥296
申込みの効力‥‥‥‥‥‥‥‥369

539

や　行

約　款 ···································· 375
要物契約 ······························ 457
予見可能性 ··························· 508
預貯金口座への払込み ········ 311, 313
預貯金債権 ··························· 284

ら　行

利益相反行為 ························· 38
履行拒絶権
　——解除権との併存 ············· 161
履行拒絶権構成 ····················· 159
履行請求権の限界 ··················· 103
履行不能概念 ························· 103
履行補助者 ··························· 112
立法中心 ····························· 496

連帯債権 ····························· 237
連帯債務 ····························· 213
連帯債務者間の求償関係 ·········· 224
　——償還をする資力のない者の負
　　担部分の分担 ··············· 229
　——通知を怠った連帯債務者の求
　　償の制限 ··················· 226
　——連帯の免除をした場合の債権
　　者の負担 ··················· 231
連帯債務の効力
　——時効 ····················· 221
　——相殺 ····················· 217
　——相対的効力の原則 ········· 223
　——免除 ····················· 219
　——履行の請求 ··············· 215
連帯保証人について生じた事由の効
　力 ·································· 256

解説　民法（債権法）改正のポイント

2017 年 10 月 10 日　初版第 1 刷発行
2019 年 8 月 30 日　初版第 5 刷発行

編　者	大村　敦志
	道垣内　弘人
著　者	石川　博康
	大澤　彩
	加毛　明
	角田　美穂子
	筒井　健夫
	幡野　弘樹
	吉政　知広
発行者	江草　貞治
発行所	株式会社 有斐閣

郵便番号　101-0051
東京都千代田区神田神保町 2-17
電話　（03）3264-1314〔編集〕
　　　（03）3265-6811〔営業〕
http://www.yuhikaku.co.jp/

印刷・大日本法令印刷株式会社／製本・大口製本印刷株式会社
©2017, A. Omura, H. Dogauchi, H. Ishikawa, A. Ohsawa, A. Kamo,
M. Sumida, T. Tsutsui, H. Hatano, T. Yoshimasa. Printed in Japan
落丁・乱丁本はお取替えいたします。
★定価はカバーに表示してあります。

ISBN 978-4-641-13735-6

JCOPY 本書の無断複写（コピー）は、著作権法上での例外を除き、禁じられてい
ます。複写される場合は、そのつど事前に（一社）出版者著作権管理機構（電話03-
5244-5088, FAX03-5244-5089, e-mail：info@jcopy.or.jp）の許諾を得てください。

本書のコピー，スキャン，デジタル化等の無断複製は著作権法上での例外を除き禁じられています。本書を代行業者等の第三者に依頼してスキャンやデジタル化することは，たとえ個人や家庭内での利用でも著作権法違反です。